杨树军 著

中国经济出版社
CHINA ECONOMIC PUBLISHING HOUSE
北 京

图书在版编目（CIP）数据

子曰·我曰/杨树军著.
北京：中国经济出版社，2014.12（2023.8重印）
ISBN 978-7-5136-3376-5

Ⅰ.①子… Ⅱ.①杨… Ⅲ.①儒家 ②《论语》—研究 Ⅳ.①B222.25

中国版本图书馆CIP数据核字（2014）第179871号

责任编辑　崔姜薇　黄傲寒
责任印制　马小宾
封面设计　任燕飞装帧设计工作室

出版发行　中国经济出版社
印 刷 者　三河市同力彩印有限公司
经 销 者　各地新华书店
开　　本　710mm×1000mm　1/16
印　　张　17
字　　数　300千字
版　　次　2014年12月第1版
印　　次　2023年8月第2次
定　　价　58.00元
广告经营许可证　京西工商广字第8179号

中国经济出版社 **网址** www.economyph.com **社址** 北京市东城区安定门外大街58号 **邮编** 100011
本版图书如存在印装质量问题，请与本社销售中心联系调换（联系电话：010-57512564）

序一

北京师范大学文学院院长、教授　过常宝

孔子死后，弟子们纂辑孔子生前的语录成《论语》一书，其目的是要使孔子因立言而不朽，身列君子之林。这是孔子的梦想，也是弟子们的敬意。但历史很快就赋予孔子圣人之名，地位大大超过君子，而《论语》也被高度经典化，成了中国传统文化的圣经。

与《诗》《书》《礼》《易》《春秋》五经不同，《论语》多讲做人做事之道，虽然多为训诫之辞，但语言朴实，循循善诱，显得很亲切，古代无人不读，社会影响力要远远超过五经。对于学者来说，《论语》的格言体制也有很大的发挥空间，所以，社会构成的法则、人际交往的道理、立身成人的门径等，都从《论语》这个根基上生长出来，成为中国传统文化的主脉。

历史上那些有使命感、有学识的人，很自然会亲近《论语》。每个人所关心的问题不同，性情资质学养不同，悟解的方法不同，见解也就不可能完全一致。抛开学术趣味不谈，仅从一般读者的角度来看，因为都是基于《论语》文本，各家阐释往往殊途同归，或多或少都能有所贡献。学派、学者之间有争辩、有批评，但无非是为了强调自己正确，最终是各种观点都会照样存在，就如同摆在超市中的商品一样，任后人挑拣、选取，各有所用。总之，讲《论语》的人，只要不是哗众取宠，都有利于文化发展，有利于社会人心，根基既是牢固的，枝杈不妨旁逸斜出，婀娜多姿。值得警惕的，倒是那些卫道士们：或自居正统，死守教条，是为迂腐；或苛责他人短处，以求上位，是为虚伪。

当今时代，人们竞相逐利，贤人遂发思古之幽情，期望从古老的传统中，重新找到前行的道路。这是《论语》当下的机遇和使命。但奇怪的是，在全社会热衷于《论语》的同时，各路专家却哑然无言，俨然“礼失而求诸野”的状况。显然，皓首穷经，无助于《论语》意义的生成，而身体力行，做修行的功夫，才是真正的、鲜活的“克己复礼”。两千年的文化传统，使得《论语》已经成为中国人的起点和归宿，成为存在的方式，值得每一个个体认真地去体悟和实践。

本书作者杨树军是我的大学同学，思虑敏锐，性情温和，有君子之风，现为深圳一所学校的校长。作为一个教育家，有不少论教育教学的文章和专著，有一个在“自然长大”理念中成长的爱女，还在学校里开辟了十余块菜地给学生种，显然，这是一个有着强烈责任感、有智慧，并能够身体力行的人。树军和《论语》的遇合，有着冥冥中的必然性。树军自云对《论语》有两年涵泳的功夫，但作为一个教育家，他所关心的是学生的成长及其成长的社会环境，关心的是人类的未来，有着急切的认同、批判和疗救的愿望，所以，他反对学术的趣味，无意将《论语》还原为历史的事实，也无意作哲学的思辨，而是用体悟和揣摩的方式，再现孔子的人生境界，在古圣智慧的大炉中熔铸当代文化碎片，有意无意中勾勒出自己的文化理想图景。幽默，甚或是刻薄，是思维敏锐思想活跃的表现，也是非学术化的一个标志，在本书中也很突出。但是，树军归根到底是一个教育家，有着与孔子一样的职业，负有传道授业的使命，而孔子的做法是推己及人，知无不言，却并不强加于人，这是忠恕之道，是温柔敦厚，也是这本书最主要的特点。

书名“子曰·我曰”，我想，大约不是要和孔子并驾齐驱，自立为“杨子”。我的理解：孔子是孔子，我也只是我，不可同日而语；但此刻当下，谁又能说孔子不是我，而我又不是孔子呢？你认真对待它，“我曰”便是一家之言；你喜欢高头讲章，“我曰”便是姑妄言之。总之，“我曰”充其量只是大树上的一根枝丫，但却与千载之上的“子曰”有一气相贯，对于一个教师来说，这算是上等的事业了。

（过常宝，北京师范大学文学院院长、教授。主要研究领域为中国上古文学和文化，著有《楚辞与原始宗教》《原史文化及文献研究》《先秦散文研究——上古文体及话语方式的生成》《依然旧时明月——唐诗宋词中的生命和情感》等多部学术著作。）

序二　每个中国人心里都有一个孔子

《论语》存续了2500年，再过一个2500年，我们都会消失，而《论语》依然会存在，这就是《论语》的意义。

作为一所学校的校长，我经常想的问题是我能为她留下点什么，这样说多少有点不自量；事实上，几乎所有的学校都在做着同样的事情，这些事情过去也一直在做，大部分人甚至不会觉得这有什么问题，觉得有问题的也不一定能找到解决的办法。当然，我也不认为自己能够真正改变什么。

子之武城，闻弦歌之声。夫子莞尔而笑，曰："割鸡焉用牛刀。"在孔子看来，武城是小地方，当不起他的礼乐大道。

什么是学校的"礼乐大道"？我相信对所有人来说，这都是一个问题。

我花了两年多的时间将《论语》解读了一遍，听众就是我的同事，频率是每月两讲，每次90分钟左右。在本书中，我做的工作主要是将讲座的口头语言转换成书面语言。两年多的时间里，同事中真正对《论语》发生兴趣的人的比例并不高。我则好像拥有无穷无尽的时间一样，一直把《论语》装在心里，而且固执地希望我的同事也这样做。

此时此刻，当这部书稿成形时，我也越发清楚自己的寡陋，在一片莽莽山林中我发现自己只是迷失在一个浅薄的洞穴里，甚至不知道即使这个洞穴深入进去也可以洞察整个山林的秘密。很多时候我们急于表达意见却不自觉轻浮，我们没有耐心去了解和思考，从这个意义上讲，回归经典——我现在正在做的事情是有价值的，尽管微不足道，但是一个正确的端绪。

这是一个没有圣贤的世代，众多儒者也仅仅是在搞学问，他们的纯学术式的研究，与其自身修养可以完全无关；我们没有这种研究动机，我们也不打算复兴儒学。

人们对孔子要么顶礼膜拜，要么嘲弄奚落，其实，他既不伟大，也不可笑。意必固我是孔子明确反对的，孔子的主张是无可无不可，即不主动、不刻意——甚至根本不起意。

我原本的目的也不为传播儒学，那太宏大了，即便是可以传递某种价值观已经属于意外之获了，诸如信守中庸，努力在形式与内容之间做出适当选择等等。

这也是一个"无礼"的时代。在传统中国社会中，礼首先表现为礼俗，它无所不在，无人不包。中国历史上春秋战国及残唐五代是礼崩乐坏的两个高潮，礼坏与社会动乱之间有着十分明显的因果关系，接下来的汉代尊孔，宋明也是儒家大发展时期。今日中国，我们的物质生活越来越丰富，可我们最终发现自己并不快乐！

“四书五经”是“太学”的主要课程，今日大学的主流功课则是科学知识，以前培养的是一群无用书生，今天造就的是一帮难有信仰的有用之才。

所以我们决定潜心阅读《论语》，即便我们什么也改变不了，我们还有机会改变自己的内心，在心里自我重现传统中国式的美好时光。

解读中国人的密码在《论语》里，走进中国人心灵的通道也在《论语》里。我相信孔子的意义首先在于他让我们成为中国人。

百家争鸣因他而起。平王东迁后周天子在各诸侯心目中迅速贬值，尽管名义上周天子还是天下“共主”，但实际上没有人真拿他当回事，正所谓礼崩乐坏，一地鸡毛；当历史的进程演绎到东周后期时，各种社会矛盾开始显现，有见识的人都知道社会出了毛病，但究竟是哪里出了毛病？应该如何矫正？第一个站起来发言的是孔子，恢复周礼、施行仁政，从那以后群贤毕至，大家争着发表自己的意见，其中有赞同孔子的，更多的人是将孔子当作批判的靶子，而这几乎成了他们的思维定式。

中国思想史上最辉煌的时代当属孔子所处的春秋及接下来的战国时期，从文化史和学术史的角度看也不难得出相同的结论，而且这样的高度在数千年的中国历史中从未被重复或超越。

就像青藏高原是中国大江大河的发源地一样，诸子百家坐而论道，百家争鸣风起云涌，这些共同构成了中国文化当之无愧的源头。

儒家文化由他创立。孔子死后儒家一分为八，其中一支由曾子而子思、孟子、荀子，一路演绎下来，连道家和法家跟孔子都脱不了干系。汉代大儒董仲舒“罢黜百家，独尊儒术”正式确立儒家的宗主地位，宋代是读书人的朝代，朱熹算是一个集大成者，清朝则是中国儒家文化史上的最后一个高峰。

五四运动打倒的是孔家店，还原的是孔子的本来面目，他既非“内圣”，也非外王，他就是中国最早的理想主义者，他运气一般，但他孤独而执着，他甚至觉得自己就是一只狗——一只一身本事的丧家狗。

科举进行了1300年，“子曰”被天下读书人诵读了千万遍，在这种永不停歇的重复中他们当然就会认可并信服，等这些读书人都信服了，普罗大众当然也就信服了，儒家的价值取向就是这样深深地根植于每一个中国人的内心的。

《论语》各篇章虽然没有集中的主题，但其整体教化力量却非常强悍，两千多年过去了，这里有历代帝王的刻意为之，也有士农工商、万千黎民的自然选择。无论是偶然还是必然，在很大程度上，孔子塑造了中国人的民族性格和文化心理架构，是没有什么疑问的。出自《论语》的数百个成语早已渗透在我们每个人的言语中，每一个讲汉语的华人都能随口说出一些《论语》里的“道理”，而他自己甚至根本就不知道其出处。

仁义礼智信忠勇恕，这些品质说起来都很值得推崇，即使自己做不到，板起面孔要求别人去做总是没有错的，久而久之便形成了一种独特的民族气质：含蓄、内敛、节俭、隐忍、热爱自然、重视家庭、爱面子、讲排场，诸如此类。

东西方文化的差异很多时候是可以从生活细节上加以辨别的。西方人往墓地送鲜花，中国人送食物，这大概从孔子站在家门口眼巴巴地等待鲁君分送祭肉就开始了；西方人一年到头想方设法将自己晒黑，世界知名化妆品牌的美白产品的主要销售对象都是中国人，因为孔子认定读书做官最要紧，耕田种菜是没有出息的，那些老农、老圃当然是粗黑的，他们一直都需要将自己漂白；西方人天天洗澡，中国人天天洗衣服，因为衣服是穿给别人看的，随便不得——这是礼！

“衣冠南迁”说的是文化的转移，如果说儒家文化之前浸润的还只是黄河流域的话，从司马东晋开始，这种影响迅速扩展至长江流域。

不管我们喜欢与否，我们永远都是中国人，如果追根溯源，我们可以在孔子那里找到所有蛛丝马迹——这就是《论语》的真正意义。

孔子生活在2500年前，《论语》成书也超过了两千年，解读《论语》的著作据说超过两千种。隋文帝开科举1300年，800名状元、10万名进士只是跳过了龙门的幸运者，他们背后则是不计其数的寒窗苦读人，所有这些人花费无数个春秋悉心揣摩的都是子曰和诗云。我们说有一千个读者便有一千个哈姆雷特，孔子的读者则应该是数以亿计了吧？因此我相信我讲的《论语》全部是拾人牙慧——尽管他们的理解也多有分歧，即便有一两处暂时没有找到出处，相信也只是自己的涉猎所限。好在孔子本人也奉行“述而不作”，我打算做的工作也仅仅是转述，但转述也有一个选择的问题，如果说其中有我的劳动价值的话，那便是如何选择的问题了。

因为在《论语》里浸润的时间还不够，我讲的基本上就是我知道的全部，除此之外，讲《论语》单单读《论语》肯定是不够的，对诸子百家、历史文化也应当有所了解，这就更不是两三年的工夫所能达到的。

怎么来讲《论语》呢？前贤的做法大多是重点字词注释加翻译，今人也喜欢加上自己的体悟，也有人只是将孔子作为一个由头，其实是在自说自话，还有人干脆把孔子当成反面教材横挑鼻子竖挑眼的。

《论语》尽管是当时的白话，但毕竟过了两千多年，今天我们读起来已经十分拗口了，因此一些字词与现代汉语之间的联系是必须讲清楚的；我想尽量避免去翻译，又要照顾忠实原文，更专业的学者往往设法让原文的每个字都有着落，如此较真，还要传情达意，对历代大儒都不是一件容易的事情。另外，如果能借助《论语》学习一些历史文化知识，也算是额外收获吧！

我们毕竟不是给文学院里的学生上课，也不是搞学术研究，精准对我们来说没有那么重要。重点字词要照顾到，但“解读”当能更准确表达我们做的事情；一些篇章历史上的歧义很多，这里只介绍我比较倾向的一种，必要时也会兼顾其他。

在讲《论语》之前，还有几个背景必须让大家先了解一下。

第一，孔子并不知道自己生活在“春秋时期”。

“如有用我者，吾其为东周乎!”平王东迁，史称东周，孔子的意思只是在东方复兴周公之道。东周又可以划分为春秋和战国两个时期，大家今天讲的春秋、战国，只是因为时间接近而借用了《春秋》《战国策》两部书名而已。

我们常说的五千年中华文明是如何计算的呢？目前学界勘定夏朝应该从公元前2070年算起，从夏朝算到现在大约是4000年，如果从黄帝算起，大致再往前推一千年，这样加在一起就有了5000年。

孔子不止一次提到尧舜，至少在孔子时代，大家已经相信中国的历史要从“尧”算起。但是在他之前，人们心目中最早的“圣人”只是禹，而黄帝和神农的“出现”却是在战国时期，到了秦代才开始讲“三皇”，至于盘古的传说则是汉代以后的事情了。

有文字记载的历史是3000年，这算是目前的“信史”。如果中华文明能够算到5000年的话——南怀瑾说中国的文化史甚至可以上溯至百万年前——2500年前的孔子刚好处在其中点，这是从时间上看。

从孔子对整个中华文化的贡献看，他的价值也是承上启下的。孔子说自己是“述而不作”，关于孔子对“六经”的贡献，历来的说法是“删诗书、定礼乐、修春秋、序易传”，比如《诗》原已有之，按照司马迁的说法，《诗》原本有三千余篇，是孔子让其成为“诗三百”。《乐经》亡佚后，六经变成了五经。两千年来，四书五经对全体中国人内心的实质影响大体等同于《圣经》对西方人的影响和《古兰经》对穆斯林的影响。

站在5000年中华文明中点的孔子，对他之前的2500年中国文化进行了一次系统而全面的梳理总结，如果没有孔子的这项工作，中华文化能否延续下去以及如何延续将是一个问题。孔子之后的2500年里，我们处处可以嗅到孔子的气息。

从世界范围看，在孔子生活的年代，先后出现了亚里士多德、柏拉图、苏格拉底、释迦牟尼及犹太教的先贤——所谓的轴心时代——是这些真正的大师撬动了人类5000年文明史。

孔子当然知道自己是周天子的子民，在孔子生活的时代，周天子迁都洛阳也已经过了300年，但西周和东周的说法只是源于后代便于区分表述它们，正如我们今天又将东周划分为春秋和战国两个阶段一样。我们现在习惯说孔子是东周春秋时期鲁国人，但孔子自己并不清楚这一点。

第二，孔子的一生孤独而执着。

孔子的履历比较清晰，大致分六个阶段：

1岁到33岁，孔子生活在鲁国。"圣人之后"对孔子而言是一件十分重要的事情，武王灭纣后，封纣的庶兄微子启于宋，尽管是庶出，但有确切的证据证明，孔子就是微子启的后裔。孔子一脉以孔为姓始于其六世祖，那位高权重名叫"孔父嘉"的先辈，他名嘉，字孔父，绵延到孔子的曾祖父便正式以"孔"为姓了。

孔氏一族后来家道中落，到孔子的曾祖父时"移民"到了鲁国，有证据证明，孔子曾经在年轻时回宋居住过一段时间。孔子的父亲叔梁纥做过鲁国郰地的行政长官，算是一个"县级干部"，据说孔子的父亲身高十尺，力大无穷，是一个典型的赳赳武夫。

这位"县级干部"一口气生了九个女儿，就是生不出儿子；娶了一个妾终于生了个儿子，取名孟皮，却有腿疾，不是祭祀祖先的合适人选。后来他到颜家求亲，颜家有三个女儿，老大、老二都嫌叔梁纥老，老三不嫌，她就是颜征在，也就是孔子的母亲。当时，孔子的父亲已70岁，而孔子的母亲只有20岁，有一种说法，这种老夫少妻生出来的孩子不是白痴就是天才。孔子身高九尺六，通过换算，其身高应该超过2.2米，而他从小就显露出的不同寻常之处绝非身高这么简单。

孔子3岁丧父，17岁丧母，19岁娶妻，20岁生了孔鲤。孔子从小受了不少冷眼，吃了不少苦，但跟一般孩子玩游戏过家家不一样的是，孔子跟一群小伙伴玩的是摆放礼器、演习礼仪。按照孔子自己的说法，他15岁立志要做学问，主要是自学。孔子三十而立，就当时情况而言，就是在"礼"上已经颇具成就。孔子开私学先河，他设坛授徒当自此前后开始。

齐景公和晏婴到鲁国访问时，曾经当面向孔子请教礼的事实，足以证明孔子当时已算是"名人"了。

34岁到35岁，孔子赴周适齐。这两年孔子大概两次出国，一次是去洛阳，一次是去齐国。去洛阳是到周的国家档案馆向老子问礼，电影《孔子》对此事有涉及，但孔子到底见没见过老子还是个问题；孔子去齐国却是《论语》中有提到的，齐景公和晏婴都算是孔子的熟人，但孔子在齐国并没有找到合适的工作，还是回到了鲁国。齐景公不用孔子，据说是晏婴在中间起的作用，但孔子此次到齐国也不是毫无收获，主要是听到了韶乐，韶乐之妙让孔子“三月不知肉味”。

36岁到50岁，孔子返鲁。如果说33岁之前的孔子已经在鲁国小有名气，36至50岁这段居鲁时光，则让孔子真正成为文化大师。孔子主要做了两件事：读书和教书。

客观上，是鲁国当时的混乱局面让孔子可以潜下心来做学问的。当时的鲁国是君弱臣强，三家把持国政，大夫又控制着三家，鲁君听季氏的，季氏则听阳货、公山弗扰他们的，乾坤倒转，让孔子实在看不过眼。阳货曾经逼孔子出来从政。

50岁之前，孔子研读了《易》，认清了自己的命，他的命就是去做官，这应该是孔子卜卦的结果。

51岁到54岁，孔子仕鲁。这是孔子最辉煌的三年，电影《孔子》在此处落墨甚多。从中都宰开始，到司空、大司寇并摄行相事，鲁国为他提供了实现人生价值的大舞台，诛少正卯、夹谷之会、隳三都也让人们见识了一个读书人的雄才大略。

但是礼崩乐坏日久，人心早已不古。家臣不可救药，三桓不可救药，鲁君同样无药可救。对齐国而言，鲁国的强大对自己终非好事，于是设法让鲁国疏远孔子。

这一年，齐国送了一批美女给鲁君，季氏接受了，竟三日不朝，这让孔子恼羞成怒；这一年，鲁君甚至把分发祭肉这么重要的事情都省了，孔子明白自己离开的时候到了。

55到68岁，孔子周游列国。孔子周游列国是去找工作，去找官做，六十多岁的老人即使在今天也已不太适宜上路，但孔子还是义无反顾地选择了出发。

孔子师徒先到了卫国，其间有在匡地被围困的惊险桥段，那一次孔子被人当成了阳货，据说他们的长相有些相似，因为阳货曾经为害于匡。最被孔子看不上眼的人竟然长得像他，听起来真是一件闹心的事情。他在卫国出仕的时间是两到三年。

孔子离开卫国后，又在陈国待了两三年。在去陈国的路上，孔子险些被宋国的司马氏杀害。

孔子离开陈国转了一圈，又回到了卫国，有轻薄文人相信孔子再次回到卫国，是因为那个叫南子的美女。其间还有陈蔡绝粮的惨痛经历，这一次他在卫国的工作也只持续了三年多。还是不顺，于是孔子又回到了鲁国。

颠簸了14年，断断续续工作了八九年，其他时间大致都在路上。脚步没有跨出今天的河南和山东两省，没有一份工作如意，没有一天舒心的日子，剩下的事情只有回家了。有钱没钱，回家过年。

69岁到73岁，孔子返鲁。孔子这次回国本来是受季康子之召回来的，但人家想用的是他的学生，而不是老迈的他，但是我们宁愿相信，此时此刻的孔子其实已经无所谓了。

问题在于孔子的晚年依然凄凉。69岁那年儿子孔鲤卒，家里也没有什么余粮，“有棺而无椁”属于薄葬，孔子情愿别人相信自己这样做只是依礼而行。

隔了一年，鲁哀公捕获了一只麒麟——其实就是一只鹿——这是孔子心目中的仁兽，仁兽被捕获该是一件多么悲哀的事情！这一年他最宝贝的学生颜渊卒，孔子伤心欲绝。这一年，孔子绝笔。

第二年忠勇的老子路被人剁成了肉酱，一切都在预料之中，跟颜渊的离去比起来，孔子这一次看起来平静了许多。此时的孔子已年过七十，所谓的“从心所欲不逾矩”，这是一种什么样的境界——越守礼就越自由。

又过了一年，已入化境的孔子永远离我们而去。

钱穆说，《论语》之难在意蕴，不在文字。更多的文字乃至意蕴的问题，我们在《论语》的阅读中慢慢体会吧。

儒家是中国人的粮店，道家是中国人的药店，药店不是人人时时需要，粮店却是须臾不能离开的。

《逃离德黑兰》结尾有一句台词：“如果想听到掌声，我们当初就加入马戏团了。”马戏团没有什么不好，但在美国中情局工作，很多时候注定只能做无名英雄。我们也不太有机会站在聚光灯下，比这更重要的是，那原本不是我们追逐的部分。

段子曰：理想如大便，有时候你努力了很久，发现只是一个屁。

与孔子共勉。

杨树军

2014.6

目 录

“子曰·我曰”之：学而第一

1.1　子曰：“学而时习之，不亦说乎？有朋自远方来，不亦乐乎？人不知而不愠，不亦君子乎？”

开学第一课——

这算是最早的“开学第一课”了。“说”和“乐”，这里都是愉悦的意思，“君子”则是孔子的理想人生。老师在第一堂课里试图告诉他的学生：为学原本是一片欢喜大境界。

“学而时习之，不亦说乎？”孔门四科包括德行、言语、政事和文学，说是研究生院里的四个专业也算恰当；“六艺”可算是当时设定的六门必修课，大致包括了礼仪、音乐、射箭、驾车、书法和算法六种能力，因而这里的“习”单说是复习肯定是不够准确的，它至少还包括了练习、温习、实习等含义。作为一种知识或技能，学会并不难，某种形式的“重复”也是必要的，不断的重复中知识才能变成你的能力。“驭”是驾车，或牛车或马车，今天我们也驾车，假以时日，五年驾龄十万公里后人车合一的境界对大多数人都不算问题。

“重复”也适用于我个人对阅读的体会。第一遍你觉得自己读懂了，等你潜下心来去读第二遍时你会觉得其实你原来根本不能算读懂了，读第三遍时你一定又会有新的收获。经典就是那些你正在重读的书，有些书就是这样被我们读成了“经典”。

值得我们“重复”做的事情又岂止经典阅读，我希望自己电脑硬盘里存足100部经典电影，跟这一样重要的是自己还有时间和心情常常把它们翻找出来。

“習（习)”，从羽，原意是小鸟在阳光下练习飞行时飞出去又飞回来，其场景是如此清新而活泼。

“有朋自远方来，不亦乐乎？”在以贝壳为货币的远古时期，一串贝壳是“月”，两串就叫“朋”了，其意义极为吉祥；“同门曰朋，同志曰友”，这里的“朋”应该是指同学，而不是我们今天语义中的朋友。

孔子说，有新的同学加入进来跟我们一起学礼习乐，堪称人生一大乐事。孔子的声音在当时肯定不是主旋律，孔门师徒也不是什么快男超女，有人认同他们、加入他们让人受宠若惊。

所有的工作都是不同程度的重复，教师的意义在于我们总有机会迎接新生，这些新人们稚嫩、青涩却又有满身的希望。工作的内容大致一样，但因对象变了，新鲜感也就有了，因此每逢有崭新的学童来到我们身旁时，我们应该学会用掌声和微笑表达我们内心的愉悦。

孔子一生孤独，“知我者，其天乎？”便是夫子的慨叹，但《论语》中的孔子有说有笑、风趣、睿智而豁达，他反复告诉自己的学生，别人不了解你，那是正常的，我们的道行不通，我们也是一早就知道了的，既然如此，我们该说的就说，该做的就做，至于结果……天应该是知道的吧？

这就是“人不知而不愠，不亦君子乎”？

凡是不能让受教育者感觉愉快的教育都是错误的教育。这才是人生原本应该有的欢喜大境界。

《论语》20篇、500章中本章名气最大，但凡识得几个中文字的没有不知道本章的吧？这就是第一的好处——《论语》中的第一章，同时也说明开头总会给人更深刻的印象。

编撰《论语》的弟子们在讨论把哪一章放在开篇时一定争论了半天，但最后大家取得了共识，因为一定有弟子说这一章也可以看作夫子一生的真实写照。

孔子的少年——学而时习之；

孔子的中年——有朋自远方来；

孔子的老年——人不知而不愠。

孔子年轻时期的学习主要是自学，他可以请教的人不多，但好在“文武之道，未坠于地，在人”。孔子好学而善学，30岁之前在鲁国已算是小有名气。

孔子的价值很大程度上在于他培养了一大批学生并最终涵养了整个中华文化。《史记·孔子世家》中言及孔子的学生数量之多时说：“弟子盖三千焉，身通六艺者七十有二人。”从30岁到70岁40年间孔子大约每年要接收七八十名学生，这些英气勃发的后学才俊纷至沓来，让“诲人不倦”的孔子喜不自胜。

奔波了一辈子，扰攘了数十年，鲁国、卫国、陈国，国君、家君没有一个真心实意听他的，他能听到的更多的是冷嘲热讽甚至是面斥，但这都不能真正影响已入化境的孔子了，他知天命、耳已顺，随心所欲但永远都不会违反什么。他是不跟人一般见识吗？我觉得更多的是内心的一种淡定。

为什么要生气呢？如果原本并没有什么太多的指望，也就谈不上生气了，其实别人是否了解你真的没有你想象的那么重要。

其实，本章三节之间真的有这些逻辑关系吗？

1.2　有子曰：“其为人也孝弟，而好犯上者，鲜矣；不好犯上，而好作乱者，未之有也。君子务本，本立而道生。孝弟也者，其为仁之本与！”

有子曾经扮“尸”——

把谁放在第二的位置，相信也曾经让那些编纂者纠结了很久，最后大家争吵妥协的结果是目前这个样子，把有子放在曾子前边——怎么能说《论语》杂乱无章呢？在一些枝节问题上可能是这样，涉及原则问题岂可马虎？

有子，名若，一位老实巴交的道德先生，这些都没有什么特别之处，我坚信有子能有今天的位置跟他长得酷似孔子有很大的关系。

起码我们知道有两个人长得像孔子，除了有子还有阳货，"子畏于匡"，孔子周游列国时师徒一行曾经在匡地受阻，起因就是当地人把孔子当成了阳货。一个是得意门生，一个是想起来都厌恶的人，长的样子却都像他。

孔子身长九尺六，研究者换算出这一高度相当于今天的2.2米。就算山东人个子高，就算今天的山东人已经退化了，一个身高2.2米的家伙怎么都算是一个"异类"吧？很难让人相信阳货刚好也是这样一个异类；另外，如果孔子真有这样的高度，那次在郑国跟学生走散，别人在描述这位落魄先生时可能只就其身高落墨即可，"丧家犬"的名号从此不为人知矣。

当然有子像孔子应该是眉眼上比对的结果，疑似率在百分之八十以上吧。

祭祀先人时不能凭空想象，否则容易走神。最早时就让死者的某个子孙坐在前边，其余子孙们的悲戚便比较容易有具体的指向，这个坐在前边的人叫"尸"，演变到后来变成了"牌位"，一个写着死者名字的木牌。前些年就已经有人把灵堂设在了互联网上，跟亲人会面的频率及时长主要取决于你所在地区的网速和流量收费标准。

有子曾经扮演过孔子的"尸"，因为孔子死时他唯一的儿子鲤已经不在了，有子取得这一资格是因为他的长相。睹物思人，一群跪在下面的学生不禁悲从中来。但这事因为曾子的反对没有搞成，有人说曾子反对的理由是有子的学问不足以应付学生们的提问。

孝悌是儒家最重要的价值观，"三谏不从，号泣而随"，看着父亲正在步入险地劝谏又不听，如果你是孝子唯一的选择便是哭着紧跟在父亲的身后——义无反顾地一同涉险。《论语》第二章即由有子来强调这一概念算是合情合理。善事父母为孝，敬事兄长为悌，其实孝悌原本只限于父亲和嫡长子，因为只有嫡长子才是父亲的合法继承人。按照礼的要求，如果嫡长子先死，父亲也需要守三年孝。弟，通悌。父慈子孝，兄良弟悌。父慈子孝最后上升为君仁臣忠，兄良弟悌扩展至朋友有信。

犯上作乱属大逆不道，至少儒家相信避免犯上作乱的最有效途径就是弘扬孝悌，事父事兄者自然会听从领导，听从领导者当然也会遵守社会秩序。

孝悌还是仁的基础，仁是儒家的核心价值观，仁，人其人，把自己当人，也把别人当人，这可不是一个低标准，很多时候我们不把自己当人，也不把别人当人，当什么？当畜生，所有的底线都可以放弃；当神仙，无爱无恨、不生不死。

君子守护住这一基础，"道"即由此而生。道是君子们的终极追求。

1.3　子曰："巧言令色，鲜矣仁！"

一个拍马逢迎的人——

巧言，花言巧语。令色，讨好谄媚的表情。两者的根本问题在于它们都不是出于真心真情，舞台上跳舞的小学生、赛场上女子体操队员和飞机上空姐的笑容大体都可归入"令色"一类。

孔子升任大司寇第七天就杀了少正卯，少正卯是鲁国大夫，据说他的讲堂就设在孔子旁边，孔子的学生都跑过去了，只有颜回没去。少正卯是以什么理由被杀的呢？孔子列举了他五大罪状，但能够坐实的似乎只是一条“言伪而辩”，换句话说，在孔子看来他就是一个巧言令色的“佞者”，而佞者当然是该死的！

孝悌者仁，巧言令色者不仁。口头表达能力强、表情丰富与巧言令色的区别在哪里？孔子是一味地反对巧言令色者吗？孔门四科中就有言语科，言语科的看家本事不就是嘴皮子吗？

但就孔子对学生的态度看，能言善辩的学生都讨不到老师的欢心，就算他们能力很强。子贡和宰予始终都像是后娘生的，多嘴多舌的子路也常常招来老师的破口大骂，好人只有一个，名叫颜回——吾与回言终日，不违，如愚。

孔子喜欢的人原本就不多，颜回却是他唯一的宝贝，这事比较奇怪。是因为颜回是少正卯与孔子的较量中唯一立场坚定的学生吗？更多的人相信颜回是跟孔子最像的学生：好学、不得志。说得好听是用行舍藏，其实是“藏”了一辈子，颜回39岁就死了，几乎从来就没有被“用”的机会，亏死了。

木讷跟巧言令色刚好相反，木是面无表情，讷是笨嘴拙舌。孔子说：刚毅木讷，近仁，好像说的就是颜回。

如果你拿不准你身边的人能否深交，巧言令色可以作为唯一的指标，说的比唱的还好听，挤眉弄眼，善以色相动人者不会是好人。

防火防盗防记者，建议把巧言令色者也作为选项，记者不全是坏的，巧言令色的人里真没好的。

1.4 曾子曰：“吾日三省吾身：为人谋而不忠乎？ 与朋友交而不信乎？ 传不习乎？”

终于轮到曾子了——

相信曾子对自己的排位并不满意，尽管孔门弟子中名正言顺称“子”的除了有若便是他了。孔子的学问得以发扬光大功劳最著者当属曾子，一般认为曾子也是《大学》和《孝经》的作者，曾子的衣钵传给了孔子的孙子，一个叫子思的人，再传给孟子，孔孟之道似乎是靠曾子衔接起来的。曾子是著名的道德先生，但孔门十哲中没有他，是宋儒最大限度地发掘了他的道德潜力，并将他送上了圣哲的祭台。

这样说还是比较抽象，有两个小故事可以帮助我们记住曾子此人。

曾子，名参，字子舆，其父曾皙，名点，就是那位将“春服既成，冠者五六人，童子六七人，浴乎沂，风乎舞雩，咏而归”作为自己人生理想的人，他们父子都是孔子的学生。两父子有一天一同在田里锄地，儿子不小心锄掉了一棵庄稼苗，一旁的父亲挥起锄头将儿子打昏在地，儿子苏醒的第一件事就是跟父亲道歉，因为自己的不小心惹父亲生这么大气，实在是不孝，回家后还以欢快的琴声向父亲传达自己欣然接受父亲责打的心声。听说此事的孔子都坐不住了，小杖受，大杖则走，等着父亲打伤是陷父亲于不义，如果被父亲打死，做儿子的更是罪莫大焉。

曾子家里比较穷，常常以野菜充饥。有一次曾子的妻子因为没能把那天的野菜煮烂，第二天便被曾子休了，别人质疑女人没犯“七出”之罪为什么就被休了呢？曾子的逻辑是一个连菜都敢不煮熟的女人还有什么事情是不敢做的呢？他儿子也来替母亲求情，曾子的说法是：万一哪一天你母亲让我把你打死，而我又听信了她的谗言，那将是一件多么可怕的事情啊，为了避免这种情况的出现，还是趁早写一份休书给她吧。

比这更雷人的是曾子从此一辈子不再续娶，并最终成就了一位道德楷模，楷模的业绩主要是建立在对自己女人近乎蛮横的伤害上的。宋元之后的读书人都以他为榜样，其实那也只是嘴上说说，最多再扮出一副不苟言笑的样子，只要有条件哪个不是三妻六妾，大红灯笼高高挂；江南贡院旁边就是著名的秦淮河，一水秦淮多少梦，十里香艳，六朝金粉。

孔子对曾参的评价是一个字：鲁。一般认为曾参不是蠢笨，不是智力不行，而是——憨、拙，有点像金庸笔下的郭靖，大智若愚的样子，这种人最适宜练降龙十八掌，孔门的学问可能也有点像降龙十八掌，适宜曾参修炼。

“三省吾身”，是三次反省、多次反省，还是从三个方面反省，历来有歧义。后文的反省内容包括为人谋、与朋友交和传，“三省”理解为“从三个方面反省”很通，但杨伯峻说如果是想表达这个意思，按照《论语》的表述习惯应该说“日省吾身者三”。

另外，根据曾子近乎道德洁癖的性格，他反省的内容也应该不止这三样。

我每天三番五次地反省自己，为别人谋事有没有尽心尽力，在跟朋友交往中有没有守信，老师传授的知识有没有按时复习。

这三条之间有什么关系呢？每天问问自己有没有糊弄别人，有没有糊弄朋友，有没有糊弄老师。

不用心做事，其实是糊弄自己。

1.5　子曰：“道千乘之国，敬事而信，节用而爱人，使民以时。”

仁道也是权术——

古代打仗主要是靠战车，强国战车数量多；车离不开马，马很长时间里都是战争胜败的关键，汉武帝与匈奴的较量在很大程度上也是拿马说事，蒙古人的剽悍一多半的功劳也要算在马身上。现代战争争的是制空权，歼-20超声速、隐身、第五代，它一飞冲天，便举世哗然。

乘（胜音），四马一车为一乘，四匹马并排拉车，中间两匹叫服马，外边两匹叫骖马。古代的车主要是战车，分小车和大车，分别由马和牛拉行，马车有速度，战场上冲锋陷阵，牛车载重大作为运输车，主要是辎重。小车还可细分为驰车和革车，前者无防护，轻便速度快，也是四匹马，叫驷；后者车和马都有皮革、金属防护，是真正的乘。牛车一般是一头牛拉一辆车，平时人坐的车叫“安车”，由一匹马拉行。

一乘的标准配备除了车马，还包括车上甲士3人（居中者驾车），步卒72人，另配后勤保障人员25名，加在一起是100人。看“二战”时期的纪录片，前边坦克开路，紧跟后面的端着步枪的士兵，合在一起叫一个战斗单位，坦克是核心。

“千乘之国”，一千辆车，四千匹马，十万兵士，不是小数，因为当时整个“中国”可能只有几百万人口。千乘之国是大国，从表述口气说的也是大国。“道”是领导。

一个领导者要尽忠职守，信义著于四海，对自己要节俭，对别人要仁爱，要爱惜民力。

“爱人”“使民”都是对别人，但人和民的区别很大，民才是今天的人民，百姓、黎民、大众，在古代也叫庶人；相对应的“人”是士人，跟今天的贵族接近，包括知识分子和公务员阶层。士农工商，后三种人不能叫“人”，只能称“民”。“使民以时”，老百姓的主业是种地，种地农时最重要，农闲时用用他们没有关系，农忙时还是放他们回去，要不大家吃什么？

孔子是圣人之后，又做过卿相，当然属于贵族阶层，他的所有发言也都是站在贵族阶层的。因此千万别跟他说种庄稼、种菜的事，有生意头脑的人，像子贡，有经济实力，会说话，对老师又忠诚，但是在孔子那里就是不讨好。

1.6 子曰：“弟子，入则孝，出则弟，谨而信，泛爱众，而亲仁。行有余力，则以学文。”

读书没有那么重要——

入孝出弟，在家要尽孝道，出门要友爱兄弟朋友。“谨而信”是说要谨慎守信，这是孔子反复强调的美德。

“泛爱众，而亲仁”，泛爱原不是儒家思想，孔子讲仁爱，墨子才讲兼爱，兼爱就是泛爱。但孔子这里的落脚点是“亲仁”，你要爱所有的人，但只能亲近真正有仁德的人。

孔子周游列国的第一站就到了卫国，那一天冉有给孔子赶车，看见卫国人丁兴旺，孔子就表达了一个观点：人口多了要做的第一件事就是设法让他们富裕，第二件事才是教育他们。我们改革开放30年的治国理念跟这差不多，先让一部分人富起来，然后让大家一起富起来，最后才发展教育；现在很多人还不算富裕，所以发展教育还使不上劲。

这里孔子表达了类似的观点：行有余力，则以学文。行是放在“学文”前边的，该做的都没做好就去“学文”，太奢侈！“文”不是今天的文学，主要指的是诗书礼易那些经典，跟“文化”的概念重合部分较多。

没有知识能富裕起来吗？如果都已经富裕起来了，还学什么文化呢？

1.7 子夏曰：“贤贤易色；事父母，能竭其力；事君，能致其身；与朋友交，言而有信。虽曰未学，吾必谓之学矣。”

经学大师出场——

子夏，名商，孔子晚年收的弟子，当之无愧的经学大师。孔子死后，子夏到西河讲学，有名的学生很多，对儒家的传承贡献很大，并直接影响了法家。能在第一章出现的学生都非泛泛之辈。四科十哲中他属文学科。

子夏的话包含两层意思，第一层意思里有4句话。

贤贤易色，第一个“贤”是动词，第二个“贤”是名词，指那些有贤德的人，意思是把喜欢美色的心改换成尊崇有贤德者的心，或者说要像喜欢美色一样尊崇贤德之人。

孔子并不迂腐，他承认人的某些本性，“好德如好色”什么的，德跟色有什么可比之处吗？假如说好色是人的本能，在孔子看来好德大概也可以。

还有一种理解更值得注意，贤贤易色专指夫妇一伦，是说丈夫注重妻子的贤德而忽略其容貌，只要心灵美，老妻如母。结合下文，这种理解似乎更顺畅。下文讲应如何对待父母、君上和朋友。夫妇、父子、君臣、朋友另加兄弟是为五伦，君臣和朋友属家庭之外的关系，叫人伦；其余三伦都属于家庭内部的关系，叫天伦，天伦之乐是家庭里的快乐。朋友是兄弟的延伸，这里只讲“四伦”也算合乎逻辑。

对待父母要尽心竭力，只要努力了结果并不重要，这就是孝。百善孝为先，原心不原迹，原迹家贫无孝子；万恶淫为首，论迹不论心，论心世上无好人。传统观念认为精神出轨是可以接受的，身体才是底线。电影《非诚勿扰》中葛优和舒淇曾经在这个问题上纠结过，舒淇说自己的身体绝对不会背叛对方，但对方要允许自己的心偶尔开点小差；葛优说自己的心不会背叛对方，可以允许自己的身体有时候开点小差吗？不行！女人说。灵魂与肉身同在一处看来不是很容易。

孝心为重，淫行当止。这是儒家的观点。

对待君上、国家要勇于献身，对工作要全身心投入——要用心做事。

第二层意思——能做到上述四条，学不学的已经不重要了。

1.8 子曰：“君子不重则不威；学则不固。主忠信。无友不如己者。过则勿惮改。”

谁是你的朋友——

这一章前儒们的争论集中在“无友不如己者”，一方解作：没有朋友不如自己的，意思是说谁都有优点，要虚心向所有的人学习。更多的人解读为：不要跟不如自己的人交朋友。

前解是往圣人脸上贴金，孔子应该是谦虚的，向身边的所有人学习；后解则直指人心。朋友有三种，超过你的，跟你差不多的，不如你的。跟第一种人交往当然最划算，一起吃饭自然由他去买单，什么你的我的，这一餐还是你请客，我就不跟你争了；一起聊天你总能增长见识，受启发，总之赚翻了。跟第二种人来往吃饭一般都是AA制，除非谁评上了先进，中了大奖主动请客；一起聊天算是平等交流、互相启发，不亏不赚，大致持平。碰上第三种人就亏死了，什么都跟在你屁股后面，永远只说一句话“我随便”。

三道算术题第一道是加法，第二道是加加减减，第三道则是减法，结局大家算得清，孔子也算得清。

就全章而言，孔子是在描述君子的整体属性，对照孔子关于君子的概念——修己以敬，君子做好自己的事情就可以了，作为君子只做对自己有利的选择似乎并无不妥。综观《论语》，其实孔子算不上是很谦虚的人，更多的时候他是一个内心骄傲的人。最后一句：过则勿惮改。也是对君子的要求，君子还是可能犯错误的，一个人犯点错误不可怕，犯了就改，改了再犯，犯了还改，然后就进步了。

“不重则不威”，重，老成持重的重，大约就是要常常板着脸孔、没事端着，这样才够威严。因为孔门的学习不重知识，礼乐射御，没有言传身教不行，不摆点谱也不行。“近之则不逊，远之则怨”虽然说的是小人和女人，但道理是通用的，很多时候太亲近了他跟你没大没小、嬉皮笑脸，不利于传授本事。

“学则不固”有两种断句法，其一，紧跟前句，固是“坚固、牢固”；其二，单独成句，意思是学习以后人就不再固陋。两相比较二解更顺。

主忠信，固守忠信。意思与“谨而信”接近，孔子很看重这一点，后面还要多次强调。

1.9　曾子曰：“慎终追远，民德归厚矣。”

死给人看——

中国人不怕死，因为中国人视死若生。帝王将相可以调动的资源多，在阴间照样要富贵，为此往往会大费周章地修建陵墓，按生前的气派修，修陵墓是新皇帝即位后的头等大事。秦始皇算是一个顶峰，日月江河、三山五岳，为了皇权永固他让整个兵团埋伏在自己身边，为了怕自己死后孤寂，陪侍他左右的还有万千个后宫佳丽。

中国人重死，其主要表现在中国人的死极具观赏性。对死者而言这算是一个交代，对生者而言这更多的是面子。

刚死的人要认真面对，这叫葬之以礼；以前死的人也不能掉以轻心，要隆重祭祀，这就叫祭之以礼，合在一起就叫慎终追远。曾子认为这两者都做好了民风自然就会淳厚。

“兴灭国，继绝世”是秦汉之前的传统。周灭殷商封商的后代于宋，封夏之后于杞，尧舜黄帝其后代皆有分封。没有人相信自己有朝一日会被别人革了命，但他们还是相信被革了命的王朝只是子孙不争气，纣王虽然残暴，并不能因此否认汤曾经施行的王道，列祖列宗还是要按时祭祀；古人相信祖先只接受自己后代提供的祭品，于是便封一块领地给他们后代，便于祭祀。

杞人忧天、守株待兔便是夏和商之遗民创造的经典小品，遗老遗少就是一代不如一代的意思，一直到清朝八旗子弟。

这一传统终于汉高祖刘邦，他原本也打算效仿古人分封项羽的后人，但张良用事实告诉刘邦他并没有这个实力而且情况早已改变；此后大家讲究的是斩草除根、赶尽杀绝。从此世风日下、人心不古矣。

看来曾子的话还是有道理。

1.10　子禽问于子贡曰：“夫子至于是邦也，必闻其政，求之与？抑

与之与？”子贡曰：“夫子温良恭俭让以得之。夫子之求之也，其诸异乎人之求之与？”

看不清楚的子贡——

中国没有真正的商业文明，士农工商中商永远都排名最后。农业社会讲求一亩三分田、精耕细作，日出而作，日落而息，守土重迁；传统商业靠的是买空卖空，赚取差价。前者靠的是德行和体力，人会骗人，土地不会，你把汗水挥洒进去了，大地就一定会给你回报，所以中国人爱做长远打算，几千年不算长，汉民族的所有美德都来源于此。游牧民族逐水草而居，他们把日子安放在马背上，走到哪里，哪里是家。

做生意讲究奇货可居，头脑灵光，眼界活泛，但这样的人注定不讨孔子喜欢，尽管孔子也看不上耕种。

子贡是个做生意的天才，司马迁在《仲尼弟子列传》中给了子贡最多的篇幅。今天“老板”已经不吃香，“儒商”才够品位，今天的儒商往往就是那些书读不好、生意也不能真正做大的人。要说儒商，子贡就是他们的祖师爷。

子贡的学问也很好，《论语》中子贡和孔子的互动很多，问的问题有水平。冉有搞不清楚老师是否真打算帮卫君做事，子贡说我去问问吧，他见了孔子提出的问题是——伯夷、叔齐何人也？孔子的回答是——古之贤人也。子贡又问——怨乎？孔子回答——求仁得仁，有何怨？子贡走出来告诉冉有说咱们老师不会帮卫君做事的。是接近于禅宗式的答问。子贡还获得了与孔子“言诗”的资格，下文会讲到。

子贡最突出的是外交才能。据《史记》记载又一次齐国准备攻打鲁国，鲁国上下人心惶惶，子贡出去走了一圈，人们就看到了一个匪夷所思的结果：吴国灭亡了、越国称霸了、晋国强大了、齐国乱了，鲁国平安无事了，感觉子贡就是一条能量无限的鲇鱼。子贡相鲁相卫，纵横捭阖，算是一代奇才。

子贡有情有义，坚决捍卫孔子的地位。孔子死后，等别的好学生坏学生都陆续散去后又独自为老师守墓三年。

子禽，即陈亢，可能是子贡的学生，他在《论语》中是个挑衅者，有人说他不像粉丝像媒体。

在子禽看来主动问别人和别人主动告诉你区别很大，四处打探总有些不地道，无意中听来的不同，他想知道孔子属于哪种情况。子贡的回答——孔子是一个温良恭俭让之人，他需要主动问别人吗？就算有时候是他老人家打听的，但也可以说是别人主动告诉他的。

原来只有“闻”字，既可以是听来的也可以是问来的，‘问”是后来才有的，表示主动向别人打听。子禽觉得兹事体大，不可不察也，子贡觉得对老师来说这根本就不是一个问题。

学习先要放低自己的身段，如果总是气汹汹的，居高临下等于是先将自己关闭了，别人的好处如何吸纳呢？

温良恭俭让，温和、善良、谦恭、节俭、礼让，温文尔雅，谦卑有礼，是子贡心目中的孔子，但不是孔子的全部，孔子是个内心骄傲的人。

1.11　子曰：“父在，观其志；父没，观其行；三年无改于父之道，可谓孝矣。”

人生有几个三年——

父亲还在的时候，一个人是否孝就看他的志向，父亲不在了，他的孝主要体现在他的行动上。如果连续三年都能按父亲说过的办，那就可以算是孝了。

以前是男权社会，孝的对象主要是父亲，在丧礼和祭礼上嫡长子享受的待遇等同于父亲而高于母亲，据说是武则天改变了规则，让父母的地位真正平等了起来。

父亲盯着，做儿子的不太可能有什么独立行动，所以只能从他的志向上去判定，即使父亲不在了，三年之内做儿子的还是不能改变什么，如果坚持了三年，我想以后多半也懒得去改了，因为已经习惯了。这还是普通人家的规矩，贵族家庭做儿子的连父亲聘用的“臣”都不能随便改，那就更别想别的了。

孝道常常害人，在你还是绝对的弱势群体时就被教导要完全服从、顺从，不能有自己的想法，长大后多半唯唯诺诺、循规蹈矩，嘴里讲的也多是陈词滥调。

中国人的国民气质一半来源于此。

1.12　有子曰：“礼之用，和为贵。先王之道，斯为美。小大由之，有所不行。知和而和，不以礼节之，亦不可行也。”

“礼”与“和”——

车马象仕帅，为什么有的吃肉，有的要吃草，怎样才能顺利地把肉吃到嘴里，怎样让吃草的也甘之如饴呢？这的确需要一种东西让大家对现状都予以遵循。不同的车马服饰可以将彼此区分开，某种仪式可以对这种区别加以强化和确认。按规定你见了他必须跪下来磕头，时间长了只要一看见他你的膝盖自然就会发软，这就是俯首称臣，即表示这七尺肉身就交给他了。

学校里规定学生见了先生要主动问好并行礼，不能直呼其名，这是现代学校礼仪，坚持这样做的学生就是有礼貌的好学生。

礼是什么？都说是周公制礼作乐，其实历代居上位者都有贡献。《礼记》里说：“道德仁义，非礼不成。君臣上下，父子兄弟，非礼不定。”毕竟有五千年的文明史，中国是礼仪大国，中国所有文化遗存的每一个碎屑上都可以找到礼仪文化。

礼是对人与人之间距离的确认，也是对这种距离的具体描述。

日常起居、婚丧嫁娶、宾介君臣每个人应该有的权利和义务是什么，都必须有明确的规定，否则就会一片混乱。先将这种“距离”划定，每个人都认可它并来遵守它，这就是“礼”的理想。如果没有“礼”，无论是家庭内部还是各社会成员之间，人与人之间的地位不可能平齐，凭什么让大家心甘情愿地各归其位呢？礼是这样规定的。这是一种虚假的“公平”，但它很容易让人接受。

有子说，礼的本质就是调和，和谐是硬道理；所有的事情都应该遵循和谐的原则。

和谐是和谐，礼还是底线，如果逾越了礼，那和谐不要也罢。

社会从来就是不公平的，“礼”是它的润滑剂。从这个角度讲，礼与现代社会的“法律”十分接近，只是法律是靠强迫的，它背后是强大的国家机器做保证。礼也是约束性的，但它要求的是大家自觉遵守，因为不具强制性，所以要反复说教。《礼记》里是礼仪规范，《论语》里的礼仪说教也很多。

从另外一个角度讲，礼是由上至下的，礼对居上者更有利，法律更多体现的是下层民众的诉求，法律的理想是保护弱者。

从最高的“道”开始，周公讲德，孔子讲仁，孟子讲义，荀子讲礼，到了他的学生韩非、李斯只能讲法用法了，礼已经是底线了。老子是讲“道”的，在他看来德仁义礼都只是降低标准之后的无奈选择。

中国规矩多其实就是礼多，虽说是礼多人不怪，历代有损益，但总的趋势是删繁就简。

就在不久之前我们家乡的日常生活中还能寻到许多规矩，老人出殡日有一项仪式叫“路祭”，我曾经目睹过一次“路祭”，从早上一直持续到傍晚，棺木就摆在村口，子孙亲友依次上前祭拜；高潮部分是几个女婿的拜礼，最烦琐的一个要整整磕够八十一个响头，历时一个多时辰，仪式演绎到后半部分几乎成了一出滑稽剧。

现在是连懂这些“老礼”的人都快死光了。

1.13　有子曰：“信近于义，言可复也。恭近于礼，远耻辱也。因不失其亲，亦可宗也。”

一切都是有条件的——

信也有大信和小信之分，“尾生与女子期于梁下，女子不来，水至不去，抱梁柱而死。”尾生之信当然是小信；事关民族国家的、跟“义”能扯在一起的当然都是“大信”，大信要去兑现，小信要看心情。

孔子说：言必信，行必果，硁硁然小人哉——孔子言直指人心。

孟子说：大人者，言不必行，行不必果，惟义所在——孟子言气势威严。

恭顺当然是对的，但也要以礼而行，否则常常是自取其辱。

姻亲本没有血缘关系但也算是最亲的人，作为同宗来祭拜也是可以的。因，这里读作姻。

1.14　子曰：“君子食无求饱，居无求安，敏于事而慎于言，就有道而正焉，可谓好学也已。”

一个好学生的标准画像——

孔子说如果富贵是可求的，再低贱的事都值得做。

孔子还说过：“不义而富且贵，于我如浮云。”

相信在孔子的逻辑里读书注定是不可能富贵的，阳货也相信：为仁不富，为富不仁。

一生贫苦的颜回因营养不良而早死，但他总是深得老师的欢心，孔子对“家累千金”的子贡总是不冷不热的。

“敏于事而慎于言”，做事要勤快，说话要谨慎。

“就有道而正焉”，向有道之人请教。

其实贫困和好学之间真的是成正比吗？

有一次，孔子派公西华去办事，作为管家的冉有想给他发点补贴，孔子同意发六斗四升粮食（够一个人吃一个月），最后冉有竟发了八百斗——按照钱穆的考证，这大约是一个人十年的口粮。

从这件事看孔子家可不穷。

1.15　子贡曰：“贫而无谄，富而无骄，何如？”子曰：“可也；未若贫而乐（道），富而好礼者也。”子贡曰：“诗云：‘如切如磋，如琢如磨’，其斯之谓与？”子曰：“赐也，始可与言诗已矣，告诸往而知来者。”

一次师生之间的切磋——

人穷气短，容易卑躬屈膝、低三下四，见到有钱有势者习惯阿谀奉承，潜意识里大概是想得一点好处吧？财大气粗，有钱人更相信没有钱搞不定的，温总理希望开发商血管里流淌的也应该是道德的血液，开发商则相信自己已经绑架了国家经济。

子贡是有钱人，也是读书人，他知道没钱的时候不谄媚，有钱的时候心平气和、低调行事并不是一个太低的要求。

老师的境界当然更高，不谄媚？不够！最好是将贫穷忽略，专心于道的追求，有钱人最好再植入文化，做有钱人里最有文化的人，这样有钱人就更有余力去讲礼了。

老师的开导让子贡浮想联翩，“如切如磋，如琢如磨”是否也可以这样解读呢？切、磋是治骨牙，琢、磨是治石玉，骨器、象牙、玉石要打磨成器都讲究先粗后细、精益求精，越到后边的工序要求越细越严，这跟穷人先要不谄媚、最好乐道是一样的道理，与有钱人先要“无骄”、最好“好礼”也是一样的道理。

切磋、琢磨两个词即来源于此，但词义已变。现代考古发现旧石器时代已经有精美的玉制器物，玉的硬度远高于普通金属，很难想象七八千年前的古人可以将一件圆润、规整的玉猪龙打造出来。

孔子把《诗》看得很重，不学诗无以言，如果不把《诗》学好连话都不会说；诗言志，在公开场合能够恰当地引用《诗》在当时是一件十分风雅的事情，李零说这跟“文革”时人们说话先引用《毛主席语录》的情形差不多。

能够对《诗》有这样的解读，孔子认为可以给予最高的奖赏——与言诗，跟你谈《诗》。这个奖项孔子颁发过两次，还有一次颁给了子夏，那次子夏是把《诗》里“巧笑倩兮，美目盼兮，素以为绚兮”跟“礼”巧妙地联系在了一起。

20世纪八九十年代是文学的黄金时期，大学里盛产诗人，诗人当然常常要与人言诗，碰上老是要跟你言诗的家伙其实是一件很不爽的事情。

对子贡而言，仿佛是一次有准备的“请教”，不知能否算是学生对老师的启发。

1.16　子曰：“不患人之不己知，患不知人也。”

孔子的口是心非——

至此《论语》第一篇算是完结了，第一章结尾说，人不知而不愠才是君子，这里进行呼应并补充——君子更重要的是去了解别人。

这个意思孔子后面还要反复说到。

不被人理解在孔子看来真的那么不重要吗？孔子一生颠沛流离、口干舌燥就是为了让别人理解他。

“子曰·我曰”之：为政第二

2.1　子曰：“为政以德，譬如北辰，居其所而众星共之。”

“天上的星星参北斗”——

人文源自天文，儒家十三经以《周易》为首，道家“三玄”也以《周易》为首，《周易》的基本语言是阴阳，最大的阴阳是天地和日月。伏羲氏仰观于天、俯察于地，始画八卦，斗转星移、雷电风火让古人既恐惧又好奇，这是天文学发展的原始动力。远古没有污染，空气澄澈，天上的星星密密麻麻让人无法不仰望。

中国古代没有纯粹的天文学，立竿测影是一次充满科学精神的尝试，借助于它我们的祖先相当精准地知道了一天的长短，四时的演变，但也仅此而已。中国文化缓慢演进了五千年但始终没能真正迎来科学的春天，火药和指南针很早就被发明了，但它们一直不具备工程学上的意义，中国人更习惯在庆典和风水勘定时派他们上场；炼丹术与古典化学真的有传承关系吗？“天行健，君子以自强不息”，中国人了解自然的真正目的是认识自己；中医治病讲究的是合天地、合四时，因为中医认为人体也是一个小宇宙，天人合一是属于中国人的智慧。

北辰，即北极星，将北斗星斗口两颗星连接再顺延五倍到达的最亮的那颗星就是北极星。古人观察北极星的位置是固定的，北斗星一年四季围绕着北极星旋转，其他行星也是绕着它转，古人认为北辰就是天的中心——天上的星星参北斗。共，是拱，环绕。

孔子认为德就像北极星，居上位者能以德治天下，百姓自然就会云集响应，羸粮而影从。

另外一种情况就是“道之以政，齐之以刑”，建设法治社会。出身草根的朱元璋深恶贪官，发誓用严刑苛法除尽天下邪恶，但让朱皇帝百思不得其解的是人性的堕落：衙门口展示的人皮草袋尚未干透——剥取该衙门前主人的人皮里边包上稻草，继任者已经开始重复前任的错误了，前赴后继，死而后已。

一个组织的管理大致有三种形式：人治、法治和文治。第一种可以是仁治王道，也可能是极权，一切都只能寄希望于当政者的道德水平，尧舜禅让天下，因为他们都是圣人；子路片言可以折狱，因为子路的赤子之心可昭日月，这些都属于可遇而不可求的个案。法治社会是现代国家的追求目标，但不一定是人类社会的最高理想，大不了就是一出永不落幕的警匪大片，主角是一只变态的猫与一只痛苦的老鼠；文治——文化管理则是一座海市蜃楼，也许我们可以超越凡俗、不食人间烟火，一起居住在这座最理想的楼里，否则我们还是心向往之吧。

孔子这里讲的德政还属于人治的范畴。

2.2　子曰：“诗三百，一言以蔽之，曰：思无邪。”

诗之失，愚——

《礼记》里说：“温柔敦厚，诗教也；诗之失，愚。”这两句话可以参照《礼记》里另外两句来理解——洁静精微，易教也；易之失，贼。《周易》研究得法可以让一个人洞察世事，既有人文情怀，又有科学精神；弄不好人就会显得贼头贼脑。

《诗经》也是这样，一个人温柔敦厚、从容淡定可能是它的功劳，一个迂腐的人也可能是它教化的结果。

孔子非常注重“诗”的学习，他认为一个不学习“诗”的人连话都不会说，孔子就是这样教训自己儿子的；诗言志，古人让“诗”来帮自己说话，说话时引用“诗”在当时是一件很风雅的事情。

《诗经》是中国最早的文学作品，就其内容可分为风、雅、颂三部分，赋、比、兴是其中常见的表述方式。“窈窕淑女，君子好逑”是第一篇，开宗明义，先民们似乎也没有那么多忌讳。

一言以蔽之，现在是成语。

思无邪，前人考据繁杂，大致意思就是：思想正派。总的来说，教人温柔敦厚才是诗经的主流价值，这也是儒家的核心价值；还有一种理解说“无邪”是直抒衷曲，毫无伪饰，也符合《诗经》的风格。

学生问王阳明：“思无邪”为什么能概括三百篇？王阳明说：“岂特三百篇，《六经》只此一言便可该贯，以至穷古今天下圣贤的话，‘思无邪’一言也可该贯。此外更有何说？此是一了百当的功夫。”王阳明是说诗书礼乐易春秋体现的都是儒家的价值观吗？

“诗三百”实际是311篇，说诗三百是取其整数。唐代是诗歌的黄金时期，留下来的诗歌数万首，清人蘅塘退士晚年与自己心爱的女人在耳鬓厮磨间编选了一本《唐诗三百首》，这部流传最广的唐诗选本竟是一次爱情的结晶，也是311首，仿的就是《诗经》。

2.3　子曰：“道之以政，齐之以刑，民免而无耻；道之以德，齐之以礼，有耻且格。”

从儒家到法家——

孔子思想的核心是“仁”，其实在现实中仁从来都行不通，发展到孟子开始讲“义”，仁是发自内心的，义已经有强迫成分了；再发展到荀子只能讲“礼”了，不管你内心怎么想，甚至怎么做也顾不上了，只要还顾及表面的“礼”就可以了。等礼都没有人肯守的时候呢？荀子有两个主要学生：韩非子和李斯，他们是法家的代表人物，一个重理论，一个重实践。法家讲的是利害、权术和结果。

天冷了是锻炼身体还是添加衣物，儒家选择了前者，法家选择了后者。前者没有约束性，来得也慢，其理想是从根本上解决问题；法家简单而有成效，但副作用也明显。

政和刑对应的是德和礼，前者指的是政令、刑法，后者是道德和礼仪。靠政令和刑法管制国家，老百姓的反应只能是设法逃避这种管制，一旦成功就会得意扬扬，更不会有什么羞耻感；靠道德和礼仪呢？刚好相反，是解决言行一致的理想途径。“民免而无耻”的局面离天下大乱不远矣，有信仰的人内心会有一种约束，这是一种自我约束，它的力量可以无限强大，面对超级自然灾害，大和民族的内敛和自持令人震撼；如果大家都设法去突破某种东西，他唯一的心理障碍只是东窗事发、血本无归。

传统中国社会治理的核心是自治——皇权不下县，儒者或者绅士依据礼俗通过示范、调解等方式管理各社会成员，绅士们更多的是在遵从内心的伦理道德。宗族是社会管理的基本单位，它的管理方式是柔性的，虽然也有家法的威慑，但执行家法的过程却是一个让执行者与被执行者都痛苦的过程，其本身的教育意义也许更深刻。现代官僚管理社会的依据是法律。从内心讲，礼俗是大家的，法律首先是别人的。现代管理者是持尺度者，他存在的意义在于度量他人，在这个过程中与他本人的道德水平没有关系。

道和齐是递进关系，道更多的是引导，正面的、积极意义更多；齐是下一步，政令不畅，刑法伺候。就算你心里没有什么道德约束，基本的礼仪还是要讲的。

前边像是法家的做法，后边才是儒家的理想境界。理想实现不了，法家是最后的底线，传统中国政治是两者并存，起码表面上是这样。准确的说法是内法外儒，表面上忠孝仁义、一团和气，严刑酷法是最后保证。

春秋战国礼崩乐坏一日不如一日，秦灭六国，苛政猛于虎狼；汉初开始矫枉过正，到了武帝，全国一统奉儒家为正宗，其实只是表面现象，骨子里还是法家那些东西。

第一章讲“为政以德”，这里讲“道之以德，齐之以礼”，更全面，而且从正反两方面来讲，更透彻。

2.4　子曰：“吾十有五而志于学，三十而立，四十而不惑，五十而知天命，六十而耳顺，七十而从心所欲，不逾矩。”

孔子的墓志铭——

孔子这句话的蛊惑性是显而易见的。15 岁开始立志对现在人似乎不是一件难事，我们6 岁入学，15 岁完成 9 年义务教育，其文化程度大致已经相当于过去“秀才”的水平，大小也算个知识分子了。三十而立，立什么？立的原始含义是一个人在一块平地上站住，按于丹一贯宏大而雄辩的说法它“并不是一个外在的社会坐标衡量你已经如何成功，而是内在的心灵标准，衡定你的生命是否开始有了一种清明的内省，并且从容不迫，开始对你做的事情有了一种自信和一种坚定”。《论语》中有“不学礼，无以立”和“不知礼，无以立也”的教导，在当时的情况下，一个人知礼了，也就算“立”了。鲁三家之一的孟僖子临终前告诫儿子说：“礼，人之干也，人无礼不立。”

30 岁还是一个子承父业的年限，家庭内部的改朝换代，父亲手里的财政大权一般在长子 30 岁时要移交，这叫一世。

其实老百姓更倾向于“立”就是事业有成。在个人欲望极度膨胀的今天，让一个 30 岁的大孩子事业有成则几乎等同于害人了；40 岁可以达致不再迷惑的境界吗？对许多人而言这差不多是一个最迷惑的年龄，50 岁开始认命，到了 60 岁，什么都无所谓了，70

岁以后呢？更无所谓了。

孔子却在70岁达到了“从心所欲不逾矩”的境界，想干什么就干什么、想怎样干就怎样干，全对！这就是化境，属于最高境界。孙悟空的前半生已经做到了“从心所欲”，但常常是无法无天，这时候的他是需要一根“紧箍咒”的；等他历经险阻修成正果后那根“紧箍咒”便自动消失——因为他已到达最高境界。其实60岁都已经无所谓了，70岁以后是否逾矩又有什么关系呢？孔子无意中为所有的中国人设立了一个标杆，标杆的高度比“跳一跳可以摸到”的高度又高出了一点点，这就是大家忧郁的根源。老是要去套标准、去比对，一比就有了心理压力，不达标就只能惭愧。

从“立”到“不惑”到“知天命”到“耳顺”最后到“从心所欲不逾矩”，是一个渐进的过程吗？

他日，孔子说：“不怨天，不尤人，下学而上达，知我者其天乎！”耳顺当不尤人，知天命故不怨天矣。

网上的段子曰：20岁，故乡外地一个样；30岁，白天晚上一个样；40岁，环肥燕瘦一个样；50岁，美女恐龙一个样；60岁，官大官小一个样；70岁，房大房小一个样；80岁，有钱没钱一个样；90岁，男人女人一个样；100岁，活着死了一个样。

2.5 孟懿子问孝。子曰：“无违。”樊迟御，子告之曰：“孟孙问孝于我，我对曰，无违。”樊迟曰：“何谓也？”子曰：“生，事之以礼；死，葬之以礼，祭之以礼。”

不依礼不算孝——

孝是有标准的，遵照礼的规定就是孝，或者说孝的衡量标准是礼。这一点很重要，人的能力大小不一，但礼与穷达祸福不是对应关系，换句话说，一个人不管混得怎样都不影响依礼行孝。

礼的规定繁杂如牛毛，单是丧礼和祭礼中的“五服”制度就够我们学习几个课时的了。斩衰、齐衰、大功、小功、缌麻什么人穿什么服装，从一个月到三年，不同的身份有不同的守孝时限，这些都是有严格规定的，无故违逆可能就是僭越，当然也可称之为——不孝。

这是孔门一种常规教学模式吗？孟懿子对孔子的回答明白了吗？应该没有，孟懿子为什么没有继续追问？孔子为什么不主动解释清楚呢？同样的问题连樊迟也是一头雾水，但这次老师决定诲人不倦，不懂讲到懂：孝从某个层面讲就是不违逆，什么叫不违逆呢？活着的时候以礼事之，死后依礼葬之、依礼祭之。

鲁国三卿分别是季孙氏、叔孙氏和孟孙氏，孟孙氏的第八代宗主叫孟僖子，他有两个儿子，孟懿子和南宫敬叔，孟懿子是孟孙氏第九代宗主。孟僖子十分敬重孔子，临死前叫两个儿子向孔子学礼。孔子隳三都因为孟懿子的反对而功亏一篑，孟懿子因此不入孔门。据说孔子34岁时向老子问礼是带着南宫敬叔的一起去的。他们两兄弟是孔门中的“官二代”。

樊迟，就是樊须，孔子的学生，喜欢耕种，曾因此被孔子破口大骂。“七十二贤”中有他，他后世的名声还是来自他的重农思想。

司马谈临终前告诉司马迁说人生有三孝，小孝孝亲、中孝孝国、大孝立身，司马迁随以宫刑求取残生而著《史记》。面对终于完成的恢宏巨著，司马迁的理想却是藏之名山，以待圣人君子，其内心之悲苦可知矣。

2.6　孟武伯问孝。子曰：“父母唯其疾之忧。”

久病床前无孝子——

这几章比较集中讲“孝”，上一章强调孝必须依礼，这一章谈的是具体问题，怎样对待父母的疾病。

问题提得好像很普通，但如果结合“久病床前无孝子”的俗语来看这确实是个谁都无法回避的问题。毛主席说，一个人做一件好事并不难，难的是一辈子只做好事，不做坏事。疾病，在古汉语中通常是两个词，疾，是小毛病；病，是比较严重的病。这里不一定是小毛病。

这句话另有一种解读：一个人如果想一想自己生病的时候父母那种揪心、恨不能自己替孩子生病的样子就知道什么是孝了。

还有一解，只让父母为你的疾病操心就算是孝了，意思是其他问题你都应该自己搞定。后两种说法都太绕。

孟武伯是孟懿子的儿子，是孟孙氏第十代宗主。

鲁国是周公姬旦长子伯禽的封国，季孙、叔孙和孟孙三家当然都是姬姓，季、叔和孟都是氏。姓和氏在周之前是分开的，孔子，是子姓、孔氏。

2.7　子游问孝。子曰：“今之孝者，是谓能养。至于犬马，皆能有养；不敬，何以别乎。”

孝养、孝顺与孝敬——

孝养的落脚点是养，冷了加衣、饿了添饭，这跟饲养牲畜没有本质区别，但在当时就有许多人这样理解孝，孔子十分不满。

今天的标准是孝顺，强调要顺着父母，对的当然要顺着，错了呢？80后子女给50后父母的经典概括是：父母皆祸害。这也是一个网络组织的名称，似乎对50后的父母人人皆可食其肉、寝其皮。大约是以前的父母太过注重教育孩子要孝顺了，物极必反。

其实20世纪50年代出生的那一批人是最特别的，什么事情都让他们赶上了，或者说他们什么事情都没赶上。长身体的时候碰上了三年严重困难，读书的时候碰上了“文化大革命”，停课闹革命、上山下乡，生孩子的时候碰上了计划生育，开始考虑退休生活的时候碰上了下岗。这些人不是更应该得到子女的孝敬吗？

孝敬是内心的态度，思想问题解决了，行动从来都不是问题。

子游是孔门文学大师，来自江浙的子游为孔学南渐立下了汗马功劳。

2.8 子夏问孝。子曰：“色难。有事，弟子服其劳；有酒食，先生馔，曾是以为孝乎？”

色难即是心难——

孔子这里论孝是有层次的。依礼是最低要求，因为有没有依礼大家都看得见；身体健康是基本要求，年纪越大、阅历越多就越能体味这句话的分量；孝敬是比较高的要求，饱暖生淫欲，衣食都没有着落的时候孝的首要含义就是养；脸色是最高要求，光心里诚敬还不够，还要和颜悦色，还要心甘情愿。

有事，后辈们代劳，有好吃的先紧着长辈吃，这还不能算是孝的唯一标准，你在做着这一切的时候还要心甘情愿、和颜悦色。

“有酒食，先生馔”，今天的孩子可能已经很难理解了。第一，这是一个物质时代，孩子们对食物紧缺没有概念，老师请学生谈谈粮食紧缺问题，美国学生问——什么是紧缺？非洲学生问——什么是粮食？今天的中国的孩子可能也会疑惑到底什么是紧缺，他们当然也就没有机会以此尽孝。第二，现在是独生子女时代，孩子们生来就认为好东西就应该紧着他们享用，孝是什么玩意？

2.9 子曰：“吾与回言终日，不违，如愚。退而省其私，亦足以发，回也不愚。”

疑似大智慧——

跟颜回讲了半天课，他什么问题都没有提出来，就像个傻子。但他回去后自己琢磨总能发现新的问题，他可不是傻子。

“不违”是孔子喜欢的，孔子真正喜欢的是“不愚”。老师讲课时老爱提问题的学生应该不讨孔子喜欢，像子路、宰予，所以我相信他的学生在他面前多半都不怎么敢说话，因为谁都知道他不喜欢那些能说会道的家伙。那一次他想让学生们各自谈谈自己的理想就说“以吾一日长乎尔，毋吾以也”。他竟然天真地以为大家不积极发言是因为他的年龄问题。

颜回是在刻意讨好老师吗？整部《论语》孔子都在夸颜回，其实颜回有什么值得孔子这样做呢？似乎什么也没有，反正颜回就是好。颜回一生辛酸，没有事迹，没有言论，我们都不知道该怎样向他学习。

但无论如何，上课时启而不发，开会时左顾右盼成了我们的传统，讲得越好的课学生越没有问题，只有领导一个人的声音的会议就是最成功的会议。

2.10 子曰：“视其所以，观其所由，察其所安。人焉廋哉？人焉廋哉？”

你的来世今生——

所以，现在的状况。所由，以前的情况。所安，将来的发展。廋，隐藏。孔子说，我们考察一个人目前的状况，再了解一下他的过去，就可以推断他将来的发展，一个人其实什么也藏不住。

已知两点的位置就可以画定一条直线，该直线也是第三点的轨迹，远近不同而已。这就是一个人的来世今生。

这句话一定有背景，只是我们不知道。《论语》里的许多话都是在某种特定背景下说的，但记录者以为那些没有孔子的话本身重要，因此一律予以删除。“人焉廋哉?”显然是有感而发，尽管孔子有时不免迂腐，但以他的心智和阅历，没有什么是他看不透的，在他老人家面前我们都不应该——装。

一个人出生的那一刹那第一个点就划定了，等他初懂人事时第二个点也已确定，他的一生——第三个点的大致轨迹便因此而被圈定，你可以挣扎，就像一根波浪线，但永远跳不出佛祖的手掌。孔子有位老朋友名字叫原壤，据说是一位“方外之圣人”，孔子对他的评价有三句话：“幼而不孙弟，长而无述焉，老而不死，是为贼”，小时候你就不乖，长大了还是提不起来，一把年纪了还在浪费粮食。原壤人生的三个阶段都如此不堪，却也得了一个“圣人”的头衔。

2.11　子曰：“温故而知新，可以为师矣。”

谁有资格当老师——

“学而时习之”，习就是“温故”，学习要经常复习，复习要有新的发现。《礼记》说“记问之学，不足于为人师”是从另外一个角度来讲的，可作补充。记问之学，是指那些可以用来掉书袋子的鸡零狗碎，是别人或者书上说的，跟你没有关系。

“记问之学”不属于自己，是“述而不作”，“知新”是在原有基础上有创造，它已经是属于你自己的了。

“新”通常来自“温故”，但“温故”并不总是指向“新”的，现在学校课堂上许多老师最擅长的就是这样的温故，烫剩饭，一样的题目要反复训练，追求的是速度与准确度，一看就会，一做就对。这跟“新”无关。

一部经典作品里肯定有值得你反复咀嚼的东西，如果你能从中咂摸出了特别的味道，你当然就可以成为别人的老师了。

2.12　子曰：“君子不器。”

你不是东西——

如果说是因为这四个字使得工业革命是从英国而不是中国开始的显然有点言过其实，但如果说时至今日中国制造几乎等同于劣质的尴尬现状跟孔子君子不器的教导不无关系大致也不算冤枉他老人家。

“器”对应的是“道”，器是物品，一物一用，道是终极价值。孔子前半生积极鼓励学生出仕，晚年更在意道的推广，子游、子夏是他最后收的学生，他们皆长于诗书礼乐的传承，这也算是从器到道的转变。

中国有“君子不器”的传统吗？秦兵马俑陪葬坑出土的那辆青铜车马的铸造工艺即使在今天看来也算是巧夺天工。上面大量使用的某种青铜丝平均直径只有 0.1 毫米；伞柄与车身连接用的子母扣设计精巧，至今依然可以灵活拆装。长沙马王堆汉墓中辛追老妇人身上那件轻如烟雾的素纱单衣重量不足1两，折叠后可以装进一只火柴盒，真正的薄如蝉翼，连现代科技都做不到。这是儒家文化尚未发酵的秦汉时期。《核舟记》是明代作品，在一枚桃核上展演了一出电视连续剧，文章结尾作者调侃说奇巧人大概是特意挑选了一枚狭长的桃核来雕刻的；鼻烟壶是清朝有闲阶层手上最精致的玩意，这种来自西洋的“工具”传至东土后迅即进身成为一种可以把玩的奇巧淫技，君子不器吗？这些更多被划进了玩物丧志的行列。

桔槔是一种利用杠杆原理取水的工具，原本并无多少技术含量，但确实可以减轻劳动强度，春秋时已广泛使用，子贡看到有人还在抱着瓮浇水就建议他使用桔槔，结果被人奚落了一番：有机事必有机巧，有机巧必有机心。这也算是君子不器吧？

中医理论和中药还不是中医的全部，《黄帝内经》包括“素问”和“灵枢”两大部分，其中灵枢部分主要研究的是针灸，华佗已经可以进行开颅手术，今天的中医靠的依然是望闻问切，离开西医的设备中医就不会看病，有研究者将这归咎于“君子不器”的流毒。中医首先是文化，良相和良医是可以相互切换的，这已经远超“器”的境界了。

中国人擅长向不可能挑战，他们以能够在米粒甚至头发丝上写字为荣，他们为在一张普通邮票上到底能写五千还是六千个汉字苦思冥想、潜心修炼，但这条道路的前方永远都不可能是纳米级的科学狂欢。

“子曰”作为科举考试的标准答案一直延续了千百年，它早已成为信条并深深嵌入中华民族的灵魂，相信“君子不器”的警语不止一次被孔子提起，“君子谋道不谋食”也成了所有读书人的自觉行为。

子贡最矫情的一次是主动问孔子——赐也何如？孔子的回答让人沮丧——汝器也，你是个东西；子贡还问自己算是个什么东西，孔子说瑚琏也，按照一些学者的理解，孔子的意思是说子贡是个豪华饭桶。

我们都是君子，君子有更高的人生追求，从这个意义上讲君子当然不是东西，说人不是东西今天却是骂人。

教师的全部心思只关注课堂上那点事也是将自己局限在了“器”的格局上，君子不为也。

2.13 子贡问君子。子曰：“先行其言而后从之。”

说与做的关系——

这句话的另外两种断法是“先行其言，而后从之”，“先行，其言而后从之”，还有一个版本是“先行，而后从之”。从之，跟着说。

不管哪种断法，其意思都是明确的。孔子这里论述的是说与做的关系，一个君子应该是这样的：先做再说。其实孔子这里的回答已经属于“照顾情面”了，我们相信他心里真正接受的是只做不说！

孔子讨厌那些能说会道的“佞者”，关键就在于他们说的多做的少，或干脆只说不做，夸夸其谈，满嘴跑火车；先把事情干好了再去说是符合孔子价值标准的，做了也不说的人呢？大概就是仁人、圣人或者雷锋吧？雷锋的选择是在私密性的日记上“说”。

说与做的关系问题其实是一个价值取向的问题。现在的问题是大家都急吼吼地抢着说，说出来的比你原本有的还要多。

有文化学者说于丹像一只“文化夜莺”，流畅、华丽、空洞，说得太有技巧、太善于表达也算是一种“佞者”吧？

2.14 子曰：“君子周而不比，小人比而不周。”

水地比，上上吉——

“北”是两个人背靠背，“比”也是两个人，前胸贴后背，像卿卿我我的一对，仔细一看却是两个男人。

六十四卦中第八卦是“比”卦，坤下坎上，水附大地，相互依存，亲密无间，相亲相辅，顺风顺水。比卦是上上卦，如果求姻缘，大概就是比翼双飞的意思吧。

周，各方面都照顾到，跟所有人都搞好关系，等距离，君子之交淡如水。《沙家浜》里阿庆嫂有一句唱词：人一走，茶就凉，有什么周详不周详。刁德一是怀疑阿庆嫂与新四军之间关系密切，彼此互相照应，“你与他们常来往，想必是安排照应更周详”，周详的意思很接近。

几个美国人生活在一起，他们可以只谈天气和体育，而且一定会谈；三个中国人多半都会分为两派。派与派之间你死我活、势同水火，派系内部则嬉皮笑脸、共产共妻，一旦分赃不均，顷刻间又会你死我活、势同水火。不能说美国人都是君子，按照孔子的归类法，小人与女子凑在一起常常会挤眉弄眼、叽叽喳喳、家长里短——群居终日，言不及义；必要的时候就不择手段，置对方于死地而后快。

还有人将周与比理解为团结与勾结，但问题似乎还是没说透。如果你有走进教堂的经历可能对“周”的理解更深刻，教堂里认识的不认识的，男女老少大家都是兄弟姐妹，但彼此之间又没有任何利害关联；比陌生人要亲密得多，比亲朋又要疏远得多，他们之间的关系应该十分接近孔子这里说的“周”吧？

大千世界其实就两种关系：人与自然、人与人。我们学校教育也是期待在这两个方面影响学生。人与人之间的关系最复杂，“周而不比”可以作为一个基本原则，讲究共赢，但不结盟。“君子不党”也是古训。

孔子对君子与小人的区别似乎有特殊的嗜好。

2.15 子曰：“学而不思则罔，思而不学则殆。”

博学、慎思——

学与思的关系有点像美酒与佳肴，新谚曰：吃而不喝则罔，饮而不食则殆。

《中庸》里有“博学之、审问之、慎思之、明辨之、笃行之”的教导，学问、思辨然后付诸行动。

温故而知新，温故的过程就是思考的过程。学来的东西从本质上说还是属于别人，思考所得才真正属于你自己。思考是一种状态，只有沉迷其中人类才能真正思考。

尽管我们自己有时候也认为人类一思考，上帝就发笑，但这似乎证明思考恰好是人类将自己与其他物种区别开来的标志，因为我们相信假如一只垂头丧气的狗开始思考了，上帝是笑不出来的。

但这是一个无须读书的时代，还在思考的人的数量大概跟还坚持生活在野外的大熊猫的数量十分接近了。康德是人类思想史上一颗巨星，他不仅终生未娶，他 80 岁的人生履历表几乎一片空白，海涅说无法描述这个人的一生，因为他在这个世界上几乎从未生活过。但我们都记住了那条哲学的黄昏小路——每天傍晚康德都会准时出现在他家附近的那条种满菩提树的林荫小路上，他的身影踽踽独行，但他的思想天马行空。

学习的人不多，思考的人更不多，这才是最大的隐忧。

2.16　子曰：“攻乎异端，斯害也已。”

中庸是一种教养——

南怀瑾老前辈曾经这样引导我们来理解中庸的“中”字，河南话里“中”字的使用频率非常高，它的含义包括：行、可以、好、厉害等，“中者，天下之正道；庸者，天下之定理。”孔门心法之要诀就是两个字——中庸,子思以此传于孟子。

鲁迅先生举过这样一个例子，如果你想在墙上开一个窗子大家一定不同意，如果你说拆掉整个房子，大家就会同意开一个窗子，这就是“中庸”的意义吧？

“允执厥中”是挂在北京乾清宫中和殿上的一块匾额，它时刻教导着皇帝要不偏不倚，奉行中庸之道，而满朝文武三跪九叩之后抬头望见的也正是这四个大字。

中庸里有科学精神。不偏谓“中”，不易谓“庸”。不前不后、不左不右、不上不下，居于六合之中，这里边没有感情色彩，没有个人偏好，没有商量的余地，它是科学而非艺术。

“异端”宋儒之后多解为非圣人之道，甚至限于佛道两家。佛度天下、道只度自己；但道家是孔子以后的事情，儒道原是一家，佛教大范围流布更是唐以后的事情。物体都有两端，对任何一端而言另外一端都是“异端”。攻，攻击。

不要死守任何一端，因为这是有害的。

本章歧义甚多，不同的理解之间可能正好相反，这里的解读是为了和孔子的中庸思想联系起来，可能稍显牵强。

2.17　子曰：“由！诲女知之乎！知之为知之，不知为不知，是知也。”

你知不知道——

《道德经》第 71 章说：“知不知，上矣；不知知，病矣。”知道自己有所不知那是聪明人，连自己知道什么都不明白的人那就麻烦了。

《庄子》里有啮缺问王倪的故事，王倪三问三不知，然后告诉啮缺，你不必失望，你怎么知道我所说的“知”不是“不知”呢？你又怎么知道我所说的“不知”不是

"知"呢？

《庄子》里还有庄子和惠子在濠水边关于是否"知鱼之乐"的著名辩论。

知道还是不知道，这真是一个让人无限纠结的问题。

佛学里有"觉"与"观"的概念，你的具体感知就是觉，比如你痛苦的感受；"观"是你的意识，仿佛有另一个你，这个你清楚你的感受。因此人生有四种境界：

第一，你痛苦并且知道自己痛苦；

第二，你痛苦但你不知道；

第三，你没有痛苦但你不知道；

第四，你没有痛苦，你也知道这一点。

第一种人像是中国的知识分子，第二种人像是中国农民，第三种人像是中国的公务员，第四种人大概只有那些有文化的富二代们了。

四年大学也是四种不同的境界：

第一年，你不知道自己无知；

第二年，你知道了自己的无知；

第三年，你不知道自己已知；

第四年，你知道自己已知。

日本福岛核电站泄漏事件到底有多严重？那些核专家怎么就知道自己讲的就是自己真正知道的呢？来自网上的一个段子是这样的：日本地震了，专家说核电站是安全的；一号机组爆炸了，专家说二号、三号机组不会爆炸，二号、三号机组也爆炸了，专家说保护壳不会爆炸的，保护壳炸飞了，专家说保护壳炸了核辐射也不会泄漏，东京检测到了核辐射，专家说中国是安全的——听到这里我的眼泪下来了。

子路是孔门里的大师兄，比孔子小不了多少，对孔子忠心耿耿，在一帮师兄弟里威信比较高，但常常被孔子斥责。这里是子路第一次露面，似乎一露面就没有好果子吃。孔子在这里教训子路，大概就是希望子路有朝一日能够到达最高境界吧。

2.18 子张学干禄。子曰："多闻阙疑，慎言其余，则寡尤。多见阙殆，慎行其余，则寡悔。言寡尤，行寡悔，禄在其中矣。"

多听少说，多看少动——

俸和禄在古代是两个词，有俸银和禄米的说法，前者是钱后者是粮食，也有三部分组成的，再加上丝帛。禄，属于待遇，有点像是今天的级别，即使没有行政任职也可以做调研员、巡视员之类。过去这些可以公开花钱去买，属于政府行为，叫捐，它是科举制度的重要补充，只要捐了就可以着官服、享受某些特权，但不一定可以获得补缺，只有获得实缺才能享受俸银。

因此禄更重要，它属于终身可以享受的待遇。"干禄"就是获取这种资格。

阙，空缺。"多闻阙疑"，多用耳朵听，别用脑子想，有疑问自己留着。"慎言其余"，对于那些有把握的也要尽量少说。

“多见阙殆，慎行其余”，多用眼睛看，有危险的地方尽量躲着点，就算是有把握的，也要小心。

“寡尤”“寡悔”，麻烦事少。嘴巴不招惹是非，行动上不惹麻烦，想不在官场上混好都难。

这是孔子的“官场须知”，今天依然适用。

后世学者也把孔子的话当成做学问的“指南”，竟然也通，可见官学从来难分明。古人可以在良相和良医之间自由“切换”，今天有人可以在官场和学场间游走自如，有博士书记，也有厅级教授。

子张也是孔子的重要学生，人比较直爽、冒失，有“小子路”之称，这种性格的人一般不适宜在官场混。孔子这里是因材施教。

2.19　哀公问曰：“何为则民服？”孔子对曰：“举直错诸枉，则民服；举枉错诸直，则民不服。”

摆平就是水平——

“民服”相当于摆平，怎样才能摆得平，这是所有领导者必须思考的问题。孔子的答案很简单：把好的放在差的上面。

直和枉相对，大致相当于贤臣和小人。诸葛亮说：“亲贤臣，远小人，此先汉所以兴隆也；亲小人，远贤臣，此后汉所以倾颓也。”

谁是贤臣、谁是小人由谁说了算？领导。

谁来保证亲贤臣而不亲小人？领导。

如果领导是小人呢？

2.20　季康子问：“使民敬忠以劝，如之何？”子曰：“临之以庄则敬，孝慈则忠，举善而教不能则劝。”

上梁不正下梁歪——

有什么办法让老百姓态度恭敬、内心崇顺、勤勉努力呢？孔子的答案是，上面的人端肃，下面的人自然就恭敬；上面的人父慈子孝，下面的人自然崇顺；有本事的就提拔，没本事的提供教育机会，他们怎么会不勤勉努力呢？

百姓既不恭顺也不卖力大概让季康子十分苦恼，孔子这里是话里有话，你自己做好了别人自然也会做好，这也算是“因材施教”。类似的场景《论语》里还有，如“苟子之不欲，虽赏之不窃。”

上章的哀公是鲁哀公，本章是季康子，其“哀”和“康”都是谥号。谥号是死后的称号，有地位的人才可能有。汉朝最后一个皇帝是汉献帝，把自己的皇位贡献了出来，曹魏一党在决定将“献”字献给他们曾经的主子时心情应该是十分复杂的。周厉王、周幽王、隋炀帝、文帝、武帝、睿宗褒贬分明，谥号一般在下葬之前议定，大有盖棺论定的意味。南宋第二位皇帝是宋孝宗，真是名副其实了。孝宗是太祖一脉，而高宗是太宗的后代，高宗对继承人首要的期待就是“孝”。

上章孔子是“对曰”，本章是“曰”，因为前者是回答鲁侯的问题，所以是回答说，以前孩童入学所学内容称为“小学”，包括洒扫应对和研习文字。“应对”就是下对上，季康子是鲁侯的卿大夫，跟孔子算是平起平坐，直接说就可以了——这就是礼。

2.21 或谓孔子曰：“子奚不为政？”子曰：“书云：‘孝乎惟孝，友于兄弟，施于有政。’是亦为政，奚其为为政？”

孔子的泛政治化——

政治是什么？庙堂之上、国之大是、肉食者谋之，芸芸众生岂可儿戏？但孔子认为在某种意义上讲每一个人都可以“为政”。孝悌父兄，敬长爱幼，是为齐家，齐家而后可以治国、平天下。

前些年北京出租汽车司机也是这样认为的。“的哥”只是南方人的叫法，在北京他们就是名副其实的“侃爷”，一辆出租汽车就是一个移动的政治局微型会议室，发言人永远都是坐在前面那位目不斜视负责把握方向的家伙。这些年近距离聆听教诲的机会不多了，听说是因为收入的原因，真正的北京人都不爱干这个了；今天你在北京街头拉开一辆出租车的车门招呼你的可能是一位河北唐山的小伙子，甚至你有机会听到湖南味的普通话。

孔子办的是私学，学生的出路就是出仕，这些都没有什么不好意思的，孔子自己也一直在寻找机会实现自己的政治抱负，国内不行就去国外，从一位青年才俊变成满脸落寞的老人，一如既往，无怨无悔。

“你为什么不去从政呢？”说这话的人多半不怀好意，孔子不可能听不出来，他引用《书》上的话说，孝敬父母、友爱兄弟，最终影响的就是政治，我这不算是从政，什么才算？

算吗？孔子这话显得特别迂腐。

2.22 子曰：“人而无信，不知其可也。大车无輗，小车无軏，其何以行之哉？”

人而无信，不知其可——

仁义礼智信都是孔子看重的品德，这里是讲“信”。

大车是牛车，速度慢，马力大；小车是马车，速度快，马力小。是车就得有动力，在以牲畜作为动力的车上一定要有车辕，一头连接车轴，另一头通过一根横木固定在牲畜身上，这根横木叫衡，跟车辕成垂直方向，衡与辕相连处有一个可以活动的插销，方便车辆的转弯；大车的插销叫輗，小车的叫軏。这是一种说法。

这个插销当然很重要，因为它是一个“着力点”。

车厢叫舆，车厢里铺的席子叫茵。车厢旁边用来倚靠的横木或木板叫輢。车厢后面的横木叫轸。车厢前边用来扶手的横木叫式，或者轼。车走得不平稳，人站在车上遇见需要行礼的人手就要扶住“轼”，所以轼也有表示敬意的意思。古时上车是从后边上，为了便于蹬车，车厢里一般会设一条绳索，叫绥，“升车必正立执绥”；驾车的人叫仆，仆把绥交到蹬车人的手里叫“授绥”；嫁娶时则由新郎将绥交到新娘手中，也叫“授绥”，所以“授绥”也有迎娶的意思。车轴的外端为防止车轮滑脱就用一根销卡住，一般是用金属材料，叫辖，现在的含义是管理。车停下来时为防止车辆移动会放一块三角形的木头在车轮下面，这块木头叫轫，相当于手刹，前进时先要把这块木头拿开，叫发轫，现在的意思是“开始出现”。两轮之间的距离叫轨，“车同轨”是将天下的轮距以法律的形式固定了下来，这是一件大事，一般认为是秦始皇的功劳。

2.23 子张问：“十世可知也？”子曰：“殷因于夏礼，所损益可知也；周因于殷礼，所损益可知也。其或继周者，虽百世可知也。”

孔子的一道算术题——

一世是30年，十世就是300年。一世为什么是30年？据说跟《易经》有关，用易经来推算一个人的时运，每一卦是六爻，每一爻管5年，总共是30年；30年一过就变了另外一卦。

传统中国家庭里的“改朝换代”每30年进行一次，因为父亲要在长子年满30岁时将家里的财政大权移交给他，作为家族就算是另一代了。这是关于“世”的另一种说法。

30年河东，30年河西。不管是巧合还是必然，30年似乎永远都是一个特别的坎。一甲子是60年，两个30年。1919年五四运动爆发，这对中国而言是一个特殊的年份，辛亥革命只是让我们从形式上告别了旧中国，五四运动引进了科学和民主，让中国开始成为一个现代意义上的国家；30年后是1949年，新中国成立，中国人民开始站起来；再推30年是1979年，中国改革开放，中国人民开始富起来；舆论普遍认为2009年又是中国面临重大转折的一年，这一年土地政策出现重大调整。

子张问300年以后的事情有办法知道吗？孔子说3000年以后的事情都有办法知道。孔子推导的过程是这样的，由A到B之间的变量是知道的，由B到C之间的变量也知道，假如这个变量是固定的，继续往下推导由C到D的变量大致也可以知道，依次类推。

这里说的应该仅限于礼。从夏至商再到周，礼一直在变化，按照这一变化的规律推算3000年后的礼会是什么样，孔子说他知道。

但是30年前中国是什么样子？今天是什么样子？30年前中国北方农村的葬礼跟3000年前可能没有本质的差异，今天的孝子们可能只是将一个做成“小姐”的纸人草草烧给先人了事。

2.24 子曰：“非其鬼而祭之，谄也。见义不为，无勇也。”

清明时节雨纷纷——

鬼，是一种似人而非人的怪兽，人死了以后大概就会变成这个样子。日本鬼子，就是当年老百姓看见日本人的感觉，外表像人，但不干人事，其实不能算人。

人死了以后会变成两个部分：魂和魄，一阳一阴，魂升入天际，大概就变成了鬼；魄则归于大地。

祭和奠的意思有区别，灵堂和花圈的中央都会写一个“奠”字，是对刚死去的人来说的，是凶祭；祭是对以前的死人——追远。

祭祀是礼，其本身也应该合乎礼制，疏怠肯定不对，过于频密者多半有实际利益诉求，也是对神灵的亵渎。不该做的事情乱做，该做的却不做。这种风尚让孔子不爽。

“子曰·我曰”之：八佾第三

3.1　孔子谓季氏，“八佾舞于庭，是可忍也，孰不可忍也？”

季氏家的“春晚”——

佾，音义，舞之行列，纵横人数相等属于“系统默认设置”，这样的舞列方方正正威严如仪。方正很重要，孔子连肉切得不方正都不食，他相信割不正人也不正。传统北方人家是用八仙桌的，边是边、角是角，北方人多率直；多用圆桌的南方人性格柔和、善变通。八佾，即纵横各8名舞者，共64人，这是天子独享的规格，诸侯享六佾，36人，大夫享16人，士享4人，这些都属于“礼”的规定。

舞者在堂下舞动四肢以娱人耳目，观者在堂上欣赏艺术。尊卑很清楚，今天的艺术家们都在台上，老百姓下来了。堂下即是庭，中庭、庭院，古人都是先堆土成台，然后在台上建房子。有一次孔子站在堂上，他儿子孔鲤从中庭经过，孔子就告诫他要学诗、学礼，“庭训”“庭教”由此而来。

是可忍孰不可忍！现在是成语，有一种拍案而起的感觉。

按照礼的规定季氏是大夫，只配享用四佾，现在他跳过六佾，直接摆出了天子的排场，这让孔子怒不可遏：连这个都能够容忍，还有什么不能容忍呢？但更多的人认为孔子没有这么容易发飙。孔子只是在客观地分析季氏的行为——孔子谓季氏：如果这样的事情他都忍心做，还有什么事情是他不忍心做的呢？忍，是季氏内心的纠结。

季氏真正在意的是八佾还是四佾，这至少说明他是懂礼的，他只是在试图突破某种东西。因此堂下那一群美女在跳什么他未必真正有兴趣欣赏，类似的还有公司举办的“酒会”和西方亲友间的“party”，没有人会真的在乎去吃什么、喝什么，大家去的目的是交际；从这个意义上讲，季氏家的歌舞的核心价值主要不体现在其艺术性和娱乐性上，我们甚至可以推断八佾之舞根本就不好看。

这大概就是季氏家的“春晚”吧，而且观众只有季氏一个人。

现在你明白大家为什么都觉得“春晚”不好看了吧？

央视的“春晚”跟季氏家的“春晚”有不少类似之处：央视“春晚”舞台背景的主色调一定是典型的中国红，喜庆、红火是这台晚会主要想表达的中心思想，“咱们老百姓今儿个真高兴”就是“春晚”最热闹的声音；季氏家的“春晚”的主题同样要突出，其关键词包括：庄严、气派、君临天下。

总而言之，两台晚会都不以娱乐受众为首要目标，因此都不好看。央视春晚小品王、有“春晚东方不败”之称的本山大哥曾经表达过这样的观点：他当然知道什么样的小品好看，但他演不出既符合“春晚”要求又好看的小品，因为央视“春晚”是有要求的，有些题材不能碰，有些话你也不能说。

两台晚会的最大不同在于一台是你演给我看，另一台是我演给你看！

春晚当然不好看，它原本就不是为了好看——这是今天的礼。

3.2　三家者以雍彻。子曰："'相维辟公，天子穆穆'，奚取于三家之堂？"

守不住的线叫"底线"——

彻，祭祀结束之后撤去祭器。雍，是天子祭祀使用的音乐。

"相维辟公，天子穆穆"就是《雍》里的"歌词"，出自《诗经·周颂》，大意是有诸侯们助祭，负责主祭的周天子神情端肃。这些是周天子跟各诸侯之间的事情，大夫根本就挨不上边。

但现在鲁国三家大夫们祭祀时在自家堂上奏起了雍之乐——村干部就喜欢强调自己的领导身份！祭祀是大事，它是一个人社会身份和地位的确认，有没有资格参加祭祀、在祭祀中做什么都是原则上的事情。祥林嫂死了两任丈夫，儿子也给狼叼去了，自然也就失去了参加祭祀的资格，当她用自己的全部积蓄去土地庙捐了门槛仍然无法换取参加祭祀的资格时她彻底崩溃了。

前一章是说有人乱跳舞，本章是讲有人乱奏乐，这就叫礼崩乐坏、天下大乱。

3.3　子曰："人而不仁，如礼何？人而不仁，如乐何？"

核桃都有仁——

礼乐固然重要，仁更重要，核桃都有仁，人岂能没有？

最早的诗和歌是不分家的，诗都是可以唱的，歌词本身就是诗。上一章里的"相维辟公，天子穆穆"句，它既是《诗经》里的诗歌，也是天子祭祀时的音乐。今天的诗是朗诵的，朗诵没有固定的章法，全凭各位的理解，但听来听去似乎天下的朗诵只有一种腔调，大家比的是嗓子的构造，声音好听的人似乎天生就会朗诵；今天的乐曲可以不配词，许多配了词的，也是几句大白话，你甚至可以当梦话听，寡淡寡淡的。

礼乐也不分家，什么人用、在什么场合用，这些都属于原则性问题。

但礼乐又是表面的东西，其本质还是内心的诚敬。如果内心没有诚敬感礼乐可以不要吗？孔子大概不愿意面对这个问题；如果内心足够诚敬呢？其他问题应该都不在话下，这就是孔子的表里观。

3.4　林放问礼之本。子曰："大哉问！礼，与其奢也，宁俭；丧，与其易也，宁戚。"

来时的路已被遗忘——

礼的本质是什么——这个问题肯定经常被人们谈论，现在是一个叫林放的人正式提出来。关于林放的"信史"不多，零星的记载也多与本章有关。

"大哉问！"孔子的意思大概是：这个问题问得好！因为他觉得这个问题很重要，还有一层意思是这个问题不是一两句话说得清楚的。

奢，烦琐。俭，简单。“与其……宁……”现在我们说“与其……不如……”在烦琐和简单之间孔子为什么会选择简单？上章说：“人而不仁，如礼何？”跟仁比起来礼没有那么重要。“阳货”篇里有：“礼云礼云，玉帛云乎哉？”礼就是那些玉器和丝绸的往来吗？由此看来，烦琐还是简单都不是问题的实质，既然这样何必大费周章，一切从简好了。这是指一般的礼仪。

具体到丧礼与其随随便便，不如哭哭啼啼。随随便便当然不合孔子的主张，哭哭啼啼其实也不是孔子想见的，理想的情况是内心要有悲戚，表面的东西没那么重要。

许多东西当它变成一种仪式后其本来的用意往往会被大家遗忘。升国旗是为了唤起参与者内心对国家的那种神圣感，但当升旗成为一种固定礼仪后，大家在乎的只是整个过程是否合乎某种规范。就像我们原本打算去一个地方，但沿途的风景迷惑了我们的双眼，我们终于忘记了我们的目的地，也遗忘了我们来时的路。

上章谈表里，此章论形式与内容。

3.5　子曰：“夷狄之有君，不如诸夏之亡也。”

华夷之辨——

中国历史上有东夷、西戎、南蛮、北狄的说法，东西南北是相对于“中国”而言的，这里的中国是先秦的概念，大致包括今天的山东、河南、陕西和山西部分地区，即黄河中游一带。东夷、西戎、南蛮、北狄具体包括哪些地区、跟今天的少数民族地区有什么传承关系并无一致说法，多为性状描述。

夏商周的核心统治区域都在黄河中游，这种格局到了东晋开始突破，从南宋开始中国的政治中心正式远离中原。

“中国”人觉得自己是正统，是天下的中心，是化内，有强烈的道德优越感，而生活在中国之外的那些人都属于化外，他们长相怪异、茹毛饮血、文化落后，非我族类，其心必异。

另一次孔子在称颂管仲时曾说：“微管仲，吾其披发左衽矣。”披头散发、衣襟向左边掩正是夷狄的特征，华夏应该是束发、衣襟右掩。至少在孔子看来做夷狄之人是一件十分可怕的事情。

尽管那些夷狄之族都有国君，还不如华夏之族没有国君呢。

还有一解：那些夷狄之族都有国君，不像华夏之族有君等于没有。前章孔子对当时礼崩乐坏，国君无能，大夫肆意僭越行为深表不满。

华夷之辨自古有之。元朝是蒙古人统治中原，在此之前契丹之辽、女真之金就像中原正统文化头上挥之不去的噩梦；清朝的满族是外族，唐朝李氏一般也认为是鲜卑人的后裔，一方面我们讲此三朝都是中国历史上最强盛的时期，另一方面我们也一定会讲中国汉民族强悍的“汉化”能力——像一头怪兽不管什么垃圾吃进去都能变成它的大便。其他少数民族如匈奴、西夏、月氏、羌，乃至东北老毛子、八国联军、东洋倭寇叨扰中华留给我们的绝不单单是历史书上那几行轻飘飘的文字。

从夷狄之族延伸开去，一个金发碧眼的“洋人”在过去中国人心目中几乎等同于一个西洋景，他们毛发遮面，生活粗糙，文化落后。中国人崇洋媚外的历史在整个中国历史中并非主流。

以前中原地区流传一种说法，在蒙古人统治时期，汉族女子新婚之夜必须先交由蒙古人“验明正身”，所以汉族人家通常都会溺死第一个孩子。天下大势分分合合，民族交融亦是大势，中国人很早就知道同姓不婚的道理，几千年下来，谁敢拍着胸脯说自己就是纯种的汉人？小时候屁股后面青色的胎记据说为汉族人所特有，老人们说那是阎王爷的脚印；也有人说小脚趾上的两片指甲才是汉族人的特征。

中国人的特征大概只剩这些了。

3.6 季氏旅于泰山。子谓冉有曰：“女弗能救与？”对曰：“不能。”子曰：“呜呼！曾谓泰山不如林放乎？”

季氏可恶——

孔子讨厌季氏主要是季氏不按牌理出牌，个性太过张扬，不懂低调做事、谦卑做人，感觉有点像当年的陈水扁。

像河和江在以前是指黄河和长江一样，如果直接说“大山”很多时候指的就是今天的泰山。泰山“五岳之首”的江湖地位主要基于两点：泰山虽然海拔只有1500多米，在山中不算高，但在平坦的齐鲁平原上它突兀而立，气势非同一般；其次“周礼尽在鲁”，鲁国作为周公的封国，承接了比较多的周文化，这样说来，鲁国算是当时的文化中心。

封禅是当时的大事，各诸侯只能选择境内的山，天子当然不受此限制；泰山地位独特，鲁君可以来，周天子也可以，其他人按说没有这个资格。但当时的情况复杂，其他国家的国君也有到泰山来的，但最离谱的是连季氏也敢来。

“季氏旅于泰山”，有人认为“旅”是祭祀的一种形式，但我相信季氏是打着游猎的旗号到泰山封禅。事态严重，说是游猎，万一擦枪走火弄不好就是天翻地覆，孔子用的是“救”。冉有是季氏的宰，也是孔门最能干的学生之一，跟子路一样擅长军旅之事，跟子路一样似乎也不怎么讨孔子欢心。

“曾谓泰山不如林放乎？”这句话最莫名其妙。林放前章问过“礼之本”，能够追问根本的人当然就是认真思考过的人，从这一点我们可以判断，林放是知礼之人；山这里说的是泰山神。林放都知礼，泰山神更知道吧？因此泰山神是不会接受季氏此种僭越行为的。

秦始皇统一中国之后不久便率领群臣浩浩荡荡来了泰山，开天子泰山封禅的先河。皇帝称天子，他们究竟是谁生的已经没有那么重要，他们需要天下人都确信他们就是上受天命、巡视天下的。于是他们纷纷来到泰山，因为感觉这里似乎更接近天庭，站在泰山极顶他们更容易与“天”进行一次必要的对话。应该有一段时间，秦始皇一定会屏退左右独自登上祭坛，希望能够亲耳聆听上天给他的某种指令，而且他似乎也听到了。

从泰山下来还没有来得及回到京城秦始皇就死了。那是一个炎热的夏天，尸体开始发臭，李斯和赵高让人拉一车咸鱼跟在后面，好给他们空出一点时间以便安排他们心仪的胡亥顺利接班。来的路上其威仪如山，让刘邦项羽以各自的方式表达了极大的羡慕和妒忌，回去时却变成了一阵阵臭气。顺利即位的秦二世不久也到泰山来了，但回去就死在了赵高手上，并顺带葬送了大秦王朝。

但这丝毫没有影响汉武帝五次到泰山封禅，在他身后光武帝、唐玄宗、宋真宗先后都来到了泰山。被人称作“天子”时间久了他们自己也难免怀疑自己到底是谁的儿子，至少他们相信自己跟普通人是不同的。传说有一次朱元璋在内宫跟马皇后闲聊，说起自己原本是一介食不果腹的小和尚，不承想竟然做了皇帝，这话对朱皇帝而言是不小心说出了实话，但此语出自帝王之口显得十分轻薄。朱元璋说完之后就出去了，善良的马皇后即刻告知在旁边侍候的两个小太监从此一个装聋、一个作哑；朱元璋过后也意识到了自己的失言，回来审问两个小太监发现一聋一哑，方才作罢。

登临泰山的“天子”们每次都要刻石表功，他们相信即使上天没有听见他们的声音，说不定哪一天也会看见他们写在石头上的文字，就算上天看不见，天下人总能看见吧？

3.7　子曰：“君子无所争。必也射乎！揖让而升，下而饮。其争也君子。”

友谊第一，比赛第二——

孔门主要是六门功课，“射”是其一。在漫长的冷兵器时期弓箭及升级版的弩机一直都属于“大规模杀伤性武器”，就其威力而言，后羿射日就是一次核子爆炸式的展演，而最早熟练使用它的秦人凭借它的威力一举扫平了天下。起初它只是一种狩猎的手段，它减轻了劳动强度并提高了效率，借助于这种精巧的设计我们的祖先第一次吃饱了肚子；但瞄准的目标从动物改换成人几乎是必然的，这种大规模射杀行为一直持续到了西方火器的传入，射杀变成了瞬间的消灭。

其实在历史上你很难分得清射箭到底是军事行动还是体育运动，“体育是和平时期的战争”，如果绿茵场上可以解决争端为什么一定要动刀动枪呢？就算一场公平的球赛解决不了问题，还可以秀一场实弹演习嘛。射礼有四种，大射是为了选拔人才，宾射是贵族间的一种社交礼仪，燕射是贵族们的休闲娱乐项目，乡射则是平民日常练习射艺。

“君子不争”是古训，但不争是不可能的，射礼可以化争，既然是为了化争，双方就应该彬彬有礼。

《周礼》中对“射礼”有十分详尽的规定，四种射礼中繁简不一，大致有 12 道程序：

备礼：有关人员各司其位，所需器具陈设堂下；

迎宾：揖礼迎宾登堂；

开礼：司射携弓相请宾主，一番谦让；

配耦：一次六人，两人一组，分上下射；

纳射器：准备一弓、四箭；

倚旌：明示靶心，除左衣袖，右手拇指带扳指，上一支箭；

诱射：司射做示范，揖进揖上，射四箭，工作人员将箭取回；

一番射：赛前练习，上下射依次揖升射四箭；

二番射：正式比赛，根据成绩罚酒、献酒；

三番射：奏乐射，程序同二番射；

旅酬：宾主余兴未了，相互敬酒；

送宾：奏乐送客，揖让礼别，工作人员收拾器具，打扫卫生，各回各家，各找各妈。

3.8 子夏问曰："巧笑倩兮，美目盼兮，素以为绚兮。何为也？"子曰："绘事后素。"曰："礼后乎？"子曰："起予者商也！始可与言诗矣。"

孔子给学生的最高待遇——

这个待遇孔子曾经颁给子贡一次。

巧笑倩兮，梨涡绽放，笑容很美。美目盼兮，顾盼生辉，眼神也很美。素以为绚兮，以素为绚，借助于白，彩色才更明显。素，纯白；绚，灿烂。

绘事后素，有两解，一、画画前先打好白色底；二、画完后用白色勾边。用白色是为了突出彩色，白色是基础。

"礼后乎？"画布上的笑容为什么可以如此灿烂？眼神为什么如此摄人心魄？白色底子打得好效果才会好，说到这里子夏突发奇想：就像一个人应该以"礼"打好底子一样吗？

这话当然合孔子口味了。《左传》说："礼，人之干也。无礼，无以立。"荀子也说："人无礼则不立，事无礼则不成，国无礼则不宁。"

孔子决定颁发最高奖赏——跟你讨论《诗》。

3.9 子曰："夏礼，吾能言之，杞不足征也；殷礼，吾能言之，宋不足征也。文献不足故也。足，则吾能征之矣。"

孔子的学术心得——

"兴灭国，继绝世"是古之遗风，夏之后封于杞，殷之后封于宋。孔子说夏、殷之礼他都了解，但他了解的那些礼准确与否都难以在杞和宋得到验证。为什么呢？因为档案资料和贤人都不足够，如果足够应该可以验证。文献，包括档案资料和贤人，献，通贤。

这可能是孔子当时比较苦恼的一件事情。

春秋五霸有宋襄公，但以宋国的实力不足以称霸，宋襄公是以其"仁义"之名被历史记住的。宋襄公是春秋时期的堂吉诃德，作为嫡长子他曾经执意将王位让与庶兄子鱼，子鱼坚辞不受后，襄公又毫无戒心地拜他为上卿；跟楚王相会时对楚王明显设好的陷阱视而不见，坚持按约定携少量车马赴会结果做了楚王的阶下囚；"不鼓不成列"更是让这位襄公成了千古笑谈，楚强宋弱，子鱼建议半渡击敌，宋襄公坚持认为那不是仁义之师所为，结果大败。"兵者，诡道也；政者，正道也。"他的迂腐就在于军政不分。还是这位君子倾力帮助重耳正式执掌了齐国。

他似乎总是在为他人做嫁衣裳，"襄公"的谥号也算是名副其实。他是一位伟大的理想主义者，尽管他没能带领他的国家走得更远，但很难说那是他的错还是那个时代的错。孔子与宋襄公同为子姓，同是殷人，他们的执着、他们的不合时宜以及他们骨子里的高贵同样一脉相承。

宋襄公的迂腐和他的书生气息穿越两千年的历史沧桑后又似乎在昭示我们做人其实还是不要那么聪明吧！

我们今天缺的不是聪明而是书生气。

3.10 子曰："禘自既灌而往者，吾不欲观之矣。"

有眼睇——

禘，大祭之礼。灌，禘礼的第一项"献酒"仪式。孔子说，禘礼从第一项仪式开始我就不想再往下看了，看不下去——有眼睇（要用纯正广州话读出来）！

孔子觉得自己生不逢时，看到的、听到的全部不成体统，跟今天很像。

日本动漫对中国四大名著进行了全面改编，《西游记》——四个美男的故事，女生版的《三国演义》里刘备是一个弱智儿童，张飞是一个女生……

——有眼睇！

3.11 或问禘之说。子曰："不知也。知其说者之于天下也，其如示诸斯乎！"指其掌。

哪壶不开提哪壶——

这次有人问禘礼跟上次孔子发牢骚说"有眼睇"时间应该相差不久，孔子的气都没消，又提什么禘礼，别跟我说什么禘礼，我不懂禘礼！懂得禘礼的人整个天下都在自己的掌握之中！

有一种力量叫礼仪。

孔子常常沉浸在"周公制礼作乐而天下大服"的美丽回味中，治理一个国家究竟有多难呢？从孔子多次关于"问政"的回答中我们相信在孔子心目中治理天下其实没有那么复杂，孔子主张"为政以德"，他认为孝敬父母、友爱兄弟也就是为政。《论语》中孔子多次言及为政，但是具体措施并不多，因为在他看来为政的确也不难，周公就是最好的例子——依礼乐而已。

《易经·系辞下》也说"黄帝尧舜垂衣裳而天下治"，其实我们什么也不需要做，万物都在变化，但永远都是万物自己在变化，即使黄帝尧舜那样英明的圣人也只是静静地坐在那里而已，这才是"激发生命的力量"。先民开始不穿衣服，后来会用兽皮遮蔽下身，毕竟没有衣领和衣袖，黄帝和尧舜衣冠楚楚自然就成了天下的领袖。

这就是“礼”的力量。

现代人的不同在于他们把迷信的内容从“礼乐”换成了“法律”。礼乐多好啊，所有人都做谦谦君子，整个社会歌舞升平，圣人为每一个人都设定了一个准绳，可是每一个人都在试图突破，相对居下位者突破的冲动更强烈！法律也好啊，为所有人设定了同一条准绳——法律面前人人平等，但似乎大家都痛恨它，越是居上位者突破它的冲动越强烈。

孔子的政治理想在现实面前再次受挫。

3.12　祭如在，祭神如神在。子曰：“吾不与祭，如不祭。”

让我们假装相信——

祭祀鬼神在当时是大事，也是很正常的事情，但孔子似乎并不是一个虔诚的有神论者，“敬鬼神而远之”应该是孔子的心里话。孔子还抢白过子路：“未能事人，焉能事鬼。”即使平日里孔子也不说那些“怪力乱神”之事。

但孔子真的相信这个世界上原本就没有鬼神吗？鬼才信。他只是回避这个问题，或者说他一直都认为有比这个更重要的问题。

有一次孔子生病，子路牵头成立了一个“治丧委员会”，祈求神灵，大肆为老师祈年，孔子知道后大发雷霆：“吾欺谁？欺天乎？”要说祈求，我不是一直都在“祈求”吗？在孔子看来遵礼守乐、施行仁义其实就是为自己祈福了。

“获罪于天，无所祷也。”如果得罪了天向谁祷告都没用！孔子是相信天命的，但这个天命跟神灵有区别，那是冥冥中支配一切的力量，孔子是学《易》后才知道自己命数的。

祭祀就要当受祭者就在面前，祭祀神灵的人心里要有神灵。孔子说他没有亲自参与的祭祀就等于没有祭祀。

“吾不与祭，如不祭。”也有不断句的，“与”理解为“赞同”。我不赞同祭如不祭的态度。

3.13　王孙贾问曰：“与其媚于奥，宁媚于灶，何谓也？”子曰：“不然。获罪于天，无所祷也。”

孔子不想被“潜规则”——

奥是尊位，主人居住；灶是烧火煮饭的地方，烟熏火燎的，通常是下人待的地方，但俗语说向灶神献媚更有效，这很容易让我们联想到“县官不如现管”的“潜规则”。

王孙贾是卫国大夫，有军旅才干，卫灵公无道国家却可以生存王孙贾是一个因素。王孙贾这里是开导孔子，有些事情你求卫君不如求南子，县官不如现管嘛。南子就是卫国那位著名的美女，她放荡而贪婪，最终死于非命，电影《孔子》对此落墨甚多。

孔子说卫君也没有天大，更别说南子了。孔子的意思是说真要献媚，自己只向天献。

古代家居布置比今天讲究，古代是依礼，今天主要是看邻居和星级酒店。

以前民居主体建筑物的内部空间分为堂、室、房。前面正中一间为堂，堂后为室，室的两侧为房，分东房和西房。堂通常是行吉凶大礼的地方，人死后停放在堂中叫殡，抬去墓地叫出殡，堂一般不住人，功能类似于今天的客厅；古人席地而坐，堂上的座位以朝南的方向为尊。室内的座位则以朝东（门在东边）的方向为尊。官署的“堂”叫厅，是听事之所，故古时官员审案时称之为“升堂”。堂有时还作为讲学之处，别称讲堂、学堂。以前筑台建屋，房子高于地面，因此堂前有阶，分东阶和西阶，有尊卑之分。堂上东西有两根楹柱，堂东西两壁的墙叫序，有东序西序之分，堂后有墙与室隔开，室与房各有户（即单扇门）和堂相通，门是两扇门，从门的繁体字看很清楚。室户偏东、户西相应的位置有一窗口叫“牖”；室还有一个朝北的窗口叫“向”。窗，原本是开在屋顶的。东房后部有侧阶，通往后庭。

后庭也叫内廷，一般为女眷居住，内廷的门较小，叫闱门或闺门，俗称“二门”，“大门不出二门不迈”的“二门”即指此门，“待字闺中”“闺女”都缘于此。小户人家不一定有内廷。

大门是第一道门，一般是三开间，中间通行，两边叫塾，也是孩子们受教的地方，称私塾。堂所在的主体建筑为五开间、五进，其中堂占据三开间、四进，堂前不设墙。堂的边为廉，室的角为隅；廉隅，指品行端庄。

古代总称堂室为“寝”，周代又有大寝、小寝之分，大寝即堂，又称“正寝”，小寝为室又称“内寝”。古俗男子居外女子居内，故古人称妻为“内人”，即源于此。

3.14　子曰：“周监于二代，郁郁乎文哉！吾从周。”

我们从哪里来——

周之前有夏商二代，其礼乐文明一脉相承，到了周礼乐制度日益完备，深得孔子欢心。

夏开始于何时？今天的专家给它“定”的时间是公元前2070年，但是夏在这个世界上存在过的“铁证”至今都不能说找到了，先秦古籍如《尚书》多有提及，但《尚书》成书时间肯定不会早过战国，也许那时有一些文字材料我们今天看不到了吧？

另外一个有趣的细节是《史记》里有详尽的《夏本纪》和《殷本纪》，但一直以来大家对它的真实度莫衷一是，殷墟出土的甲骨文完全印证了司马迁关于殷世系的记述，由此推断司马迁关于夏朝世系的记述也应该是可信的——夏朝是一个被大家“推断”出来的朝代。

严格来讲，夏朝关于“国家”的概念应该还很模糊，那时的社会组织以部落为主，所谓的夏大体相当于部落联盟，而夏本身就是一个大的部落，王也只是部落联盟的首领，因此夏朝——如果它真的存在过的话——跟今天的华夏中国之间的联系也十分缥缈。

殷商已经十分接近真正意义上的国家了，它有较发达的农业和制造业，青铜器制造水平已相当可观，商人重鬼神，擅卜筮。最重要的是殷已有相当成熟的文字，那些被镌刻在龟甲和兽骨上的奇妙符号向我们诉说着3000年前一个伟大王朝的所有秘密。

孔子是殷人之后，至少别人还很看重这一点，但孔子自己对取代殷的周似乎有更多的认同感。今天中华文明的主要源头应该是周，文王的仁义、周公的礼乐经过孔子及儒家的无限放大后绵延不绝影响至今。

在中国漫长历史中真正具有划时代意义的另外一个朝代是宋朝，这个存在了319年的赵宋王朝有一顶永远摘不掉的帽子——积弱积贫，它是否真弱真贫我们难下结论，它曾经创造了中国历史上最辉煌的文化却是事实。近代中国的源头可以追溯到宋。

3.15 子入太庙，每事问。或曰：“孰谓鄹人之子知礼乎？入太庙，每事问。”子闻之，曰：“是礼也。”

每一次提问就是一次“刷新”——

太庙是鲁君的家庙，当然是鲁国最重要的祭祀场所。这里是孔子的用武之地，儒，人需也，儒原本为贱业，为人司仪掌礼操办婚丧嫁娶之事，也包括挖墓坑，给死人穿衣服。现在孔子走进太庙对祭祀的每一个细节都要问，他这算是请教吗？或者是考问？

如果是请教，别人难免会怀疑以知礼闻名的他是不是个骗子，他到底是不是真懂呀？孔子说这本身就是礼。“是礼也。”是典型的孔子式语言。

《韩诗外传》里有这样的记载：孔子观于周庙，有欹器焉。孔子问于守庙者曰：“此谓何器也？”对曰：“此盖为宥座之器。”孔子曰：“闻宥座器满则覆，虚则欹，中则正，有之乎？”对曰：“然。”孔子使子路取水试之，满则覆，中则正，虚则欹。孔子喟然而叹曰：“呜呼！恶有满而不覆者哉！”子路曰：“敢问持满有道乎？”孔子曰：“持满之道，抑而损之。”子路曰：“损之有道乎？”孔子曰：“德行宽裕者，守之以恭。土地广大者，守之以俭。禄位尊盛者，守之以卑。人众兵强者，守之以畏。聪明睿智者，守之以愚。博闻强记者，守之以浅。夫是之谓抑而损之。”

孔子这里表面上是请教，其实是设定了一个“情景”，他真正想讲的是“持满”之道，满则覆，懂得减损的人才能真正拥有。

孔子当然知道太庙里有关规定，在他看来每提问一次都算是对那些“规定”的一次刷新吧？

鄹，就是陬，是鲁国的一个小地方，孔子的父亲叔梁纥曾担任过此地的宰，算是一个“县级干部”。“鄹人之子”，这里有轻视的意思，但鄹人也不是谁都有资格叫的，王临川、李合肥什么的也不是每一个姓王、姓李的人都有资格叫，今天却有敢以“中国”给自己命名的人。

3.16 子曰：“射不主皮，为力不同科，古之道也。”

温润如玉——

射箭作为一种礼仪，射中靶心是目的，力度不重要。

肯定有人认为不仅要射中靶心还要射穿箭靶，甚至还成为一种时尚，这种时尚不符合孔子的口味，他认为射礼乃君子所为，它应该隆重而优雅。

孔子是一块温润的美玉。电影《孔子》的最大败笔在于对孔子本色的把握上，银幕上的夫子要么冷冰冰的，要么甜腻腻的，不能说是读懂了孔子。

3.17　子贡欲去告朔之饩羊。子曰：“赐也！尔爱其羊，我爱其礼。”

孔子最伤感的一天——

饩羊，祭祀用的全羊。祭祀——在古代社会生活中的重要性，今天的年轻人可能已经无法想象，国子监是古代的最高学府，其最高行政负责人叫“祭酒”，这一传统至少从齐国的稷下学宫就开始了。

牺牲，祭祀用的牛马羊等，体全叫牲，毛纯叫牺。

牲畜，祭祀用的牛马羊等，杀好后为防止变味在开水中过一下叫牲，饲养起来备用的叫畜。

太牢，牛羊猪齐备，为天子祭礼；少牢，羊猪备齐，诸侯祭礼。

三牲五鼎，原本是说祭祀规格高，现在是说一个人花天酒地、生活腐化。“国之大事，在祀与戎”，古代没有逐利商人精心调配的瘦肉精饲料，养一头牲畜不容易，但祭祀时会倾其所有，体型越大表示越隆重，毛色纯正、牙口小者更受神灵喜欢。马牛羊、鸡鸭兔都是祭台上摆设，今天大致只剩下一只冷猪头了。

周天子每年秋冬之交会将第二年的历书颁发给各诸侯，春秋时期这几乎是表明周天子存在的唯一证据了。各诸侯会将历书藏之太庙，每月初一杀羊祭告太庙叫告朔，然后回朝听政。但当时已经没有人太当回事儿，羊还在杀，但鲁君多半不会亲自到场，其他事情也是一切从简。

子贡是商人，商人言利，讲究的是成本最小化，既然这样——干脆把那只羊也省掉算了。要不要那只羊，在子贡看来只是一个经济问题，而在孔子看来却是一个政治问题。

于是，孔子说了他一生最伤感的一句话——你心疼的是那只羊，我的“礼”怎么办?

底线再一次被人试图突破，孔子未必不知道自己改变不了什么。这里他努力抓住那只羊，就像溺水的人抓住了一根稻草。

3.18　子曰：“事君尽礼，人以为谄也。”

不说憋屈，说出来矫情——

谄，刻意讨好，拍马屁。孔子觉得自己只是仪礼而行，而在别人看来已经是拍马屁了。

是礼有问题吗？可“礼”就是这样规定的，那就是“舆论”有问题了？孔子的苦恼在于他总是被甩在大家的后面，所有的人叫嚣着从他身边呼啸而过，孤寂的他注视着人们渐行渐远的背影独自发着牢骚，孔子就是一个超级“奥特曼”——一个落伍者。

3.19　定公问：“君使臣，臣事君，如之何？”孔子对曰：“君使臣以礼，臣事君以忠。”

对君臣而言，彼此是个什么东西——

君臣关系复杂而微妙。春秋时有“臣一主二”的说法，君臣以义合，主不仁臣可以选择新主。孔子这里从正面强调君礼臣忠，如果君不君，臣可以解除契约吗？理论上君不能无臣，而臣可以弃君为民；事实是君的选择余地很大，却少有臣会主动舍弃红尘。

《道德经》第17章里说：“太上，下知有之，其次亲誉之，其次畏之，其次侮之。”管理者与被管理者的关系大致有以下几种情况：管理者处于QQ已登录但设定为“隐身”的那种状态——你几乎感觉不到他的存在，但你想跟他说话随时可以，但这样的时候不多；大多数下属都愿意亲近你，而且在各种场合夸奖你，这是最恶心的了；你的下属对你敬而远之；他们希望你出门被汽车撞死。

四种情况境界高低不难判断。定公的境界不高，在他看来君与臣之间就是一种简单的管理与被管理关系，他想知道的是这里面有没有什么诀窍，孔子的原则是两个字——礼、忠。

君讲礼臣自然会忠心，这是孔子的一贯理想，就算是这样，大概只达到了老子的第三种境界，至多是介于第二种和第三种之间，比老子差了一个档次。

如果彼此是两条小鱼，与其曳尾于滩涂，相濡以沫，不若相忘于江湖——这是庄子的境界。

3.20　子曰：“《关雎》，乐而不淫，哀而不伤。”

孔子的温度——

这是“女儒”于丹的感受，她说孔子没有颜色只有温度，没有颜色大概就是没有鲜艳的颜色——这样说是符合实际情况的，但按照这种表达模式当然就应该说孔子也没有温度，或者说没有明显的冷热，无可无不可，不瘟不火，温润如玉。

如果不能从孔子身上读出“中庸”二字，你就不能说是读懂了他。

孔子对“诗”的总体印象是——思无邪。《关雎》是“诗”的第一篇，就是那篇“窈窕淑女，君子好逑”“求之不得”“辗转反侧”。孔子对这一篇的评价是：乐而不淫，哀而不伤。“淫”和“伤”都属于过度，哀和乐都是可以的，但是不能过度。

“圣人方而不割，廉而不刿，直而不肆，光而不耀”是《道德经》里边的话，方正但不生硬，有棱角但不割伤人，直率但不放肆，光亮但不刺眼。如果把孔子的“乐而不淫，哀而不伤”放在后边也算通顺、恰当。儒道原是一家，此为明证。

中国人的主要气质就是中庸，经由“中庸”可以演变为平和、优雅，也可能造就一种虚伪和狡黠；中庸是一种科学精神，强调的是“执中”，“攻乎异端，斯害也已”，有学者统计64卦128个中爻，凶者仅占3爻。狂狷皆非上上选，所谓的过犹不及。

前章涉及的尖底双耳“欹器”，它想告诫人们的正是“满则覆，中则正，虚则欹”的简单道理，在距今6000年前的仰韶文化遗存中已经发现了它的身影，可见中国人“尚中”思想源远流长。

中庸的中国从来就没有真正意义上的“狂欢”活动，中国最大的节日是春节，这个节日的首要价值指向是要求人们回到家中，唯一的狂欢仅限于舌尖和肠胃。中国人似乎从来都没有十分激烈的感情需要表达，中国人的“热情”处处透着虚情假意。

孔子的“中庸”思想后面还要反复涉及。

3.21 哀公问社于宰我。宰我对曰：“夏后氏以松，殷人以柏，周人以栗。”曰：“使民战栗。”子闻之曰：“成事不说，遂事不谏，既往不咎。”

过去的事情就让它过去吧——

《周礼》规定：“二五家为社，各树其土所宜之木。”社，专为土地神设的祭祀台，周礼规定每25家要设一个“社”，台上还要种上适宜的树木。稷，是五谷之神。土地和粮食就是一个国家的根本，建国的第一件事就是建宗庙、树社稷坛，所以社稷也指国家。社后来逐渐演变成居民聚集的某种区域，社会、社区即由此而来。

哀公向宰予打听社木的情况，宰予说夏代植松，殷商植柏，周人则植栗树，周人为什么要植栗树呢？取其“战栗”之义，吓唬老百姓的意思，孔子的评价是过去的事情就让它过去好了，多说无益。

孔子这里有点怪宰予多嘴、有点自作聪明，因为孔子是“从周”的。

本章歧义不少。有人认为“社”是土神的牌位，也是国家的象征，对外战争时载“社”而行，希望得到它的护佑。社也是杀人的地方，有人就臆测哀公是想问可否除掉三桓，因为三桓势力大不能明言，只能打哑谜；孔子的意思应该从长计议。

宰予，就是那位白天睡觉被孔子骂作“朽木不可雕”的家伙，他与子贡同为言语科的佼佼者，两人都不讨孔子欢心。

3.22 子曰：“管仲之器小哉！”或曰：“管仲俭乎？”曰：“管仲有三归，官事不摄，焉得俭？”“然则管仲知礼乎？”曰：“邦君树塞门，管氏亦树塞门。邦君为两君之好，有反坫，管氏亦有反坫。管氏而知礼，孰不知礼？”

管仲也不是好东西——

管仲的器量不大，主要表现在两个方面，不俭兼不知礼。管仲个人生活腐化并滥用公共资源，是为不俭；管仲僭礼立影壁、有反坫，当然不算知礼。

三归，有多种解释。税取其三，娶三姓女，有三处私宅等，是就其个人生活作风而言，不思节用。老子说：吾有三宝，曰慈，曰俭，曰不敢为天下先。

对孔子而言“不俭”也许还只限于个人修养问题，是否知礼却是事关生死的原则问题。

管仲早孔子一百年，事齐桓公，春秋第一相，九合诸侯，一匡天下，有大功于华夏。孔子对他评价极高，并将“仁人”的头衔罕有地给了他，本章是孔子对管仲的批评。

有人相信管仲的不俭和不知礼只是为了显示自己并无不臣之心的刻意行为，这是一种自保之道。开国功臣难善终几成定律，汉初三杰之萧何为汉室江山立下了汗马功劳。

有人向刘邦报告说萧何在后方爱民如子，深得百姓爱戴，听到如此评价的萧何便知道自己已经惹了大祸，于是开始强买民宅民田，惹得百姓一片怨言，刘邦听到报告后心里十分满意。萧何得以善终不能说与此无关。

“管鲍之交”说的是管仲和鲍叔牙的故事。管仲和鲍叔牙是好朋友，他们合伙做生意管仲总是把利润的大部分留给自己，别人都以为管仲贪婪，只有鲍叔牙知道管仲真的需要这些利润；他们一起去打仗，管仲总是躲在后边，别人以为管仲怕死，鲍叔牙解释说管仲家有老母；管仲为鲍叔牙做了几件事都没做成，别人觉得管仲无能，鲍叔牙说是时机不成熟。他们分别跟随齐僖公的两个儿子，鲍叔牙的主子就是后来的齐桓公，鲍叔牙极力向齐桓公推举管仲，管仲做了齐桓公的相，齐桓公也成就了自己的霸业。管仲临死前齐桓公打算以鲍叔牙为相，管仲坚决反对，不久齐桓公失势后竟被活活饿死，几个儿子不顾父亲尸体生了蛆虫却为争抢王位而你死我活，齐国大乱，鲍叔牙因为管仲的反对而逃过大劫。

这就叫管鲍之交，他们相知甚深，不拘小节，堪称佳话。

3.23　子语鲁大师乐，曰：“乐其可知也：始作，翕如也；从之，纯如也，皦如也，绎如也，以成。”

孔子的乐评——

音乐是孔门的专业课程，相信孔子是这方面的专家。鲁大师，是掌管音乐的官员，这里是孔子谈自己对这位大师音乐的理解。始作、从之和以成就像这首乐曲的三个乐章，从收到放最后再收，多听听中国民歌就知道它的套路了。

中国民间从来不缺少音乐，即使在最偏远的乡下也常常有民间乐师的光顾，他们手里一把二胡脚上一个踏板就是整个乐队了，他们的声线嘶哑而富于穿透力，常常有一种摄人心魄的魔力。

他们常常是盲人，像太湖边的阿炳，他们似乎是在用音乐诉说自己的人生。

他们也许是半路出家，或者从小眼睛有问题，为了生计，他们娱人耳目，但没有人真正去关心他们内心的悲催。

古代常常有人为了神圣的音乐而主动刺瞎自己的双眼，只有当你消除了世界上所有的影像，你才能真正走进音乐。

3.24　仪封人请见，曰：“君子之至于斯也，吾未尝不得见也。”从者见之。出曰：“二三子何患于丧乎？天下之无道也久矣，天将以夫子为木铎。”

这人老喜感了——

仪，是一个地方。封人，掌管边界的官员。国与国之间封土植树以示界限，并派人值守，官级很低。但孔子见到的这位很迂腐、很搞笑，在一个90后的东北人嘴里大概就是——这人老喜感了！

这位边地小官的迂腐主要表现在两个方面，强行跟人见面并给人家传递不负责任信息。他要求跟孔子见面的唯一理由是经过这里的名人我都见了，也不多你一个孔丘。见完之后就开始忽悠，你们好啊，虽然现在没有谋到什么好职位，但毕竟碰见了这么好的老师，真是苍天有眼，这个世界从此有希望了！

这件事应该发生在孔子周游列国途中，他们师徒这种狼狈不堪的羁旅竟然持续了14年，这位封人大概也要负一定的责任。

木铎，木舌铜铃，它代表的就是官府的声音，因为百姓一听到它的声响就表明又有新的政令要发布了。封人说孔子就像这么一个铃铛，但它宣讲的不是政令而是天下大道。乡下商业化速度慢，那些推车挑担的行脚小贩手里也有类似的铃铛。金铎（金柝）以金舌名，声音更激越，用于战场，《木兰辞》里有“朔气传金柝”。北京师范大学有著名论坛名叫“木铎金声”，木铎也是教师的别称，北师大的校徽里就有它的造型，理想高远，勇气可嘉。曲阜孔庙有“金声玉振”石坊。

与人相见需得有人介绍，否则于礼不合，不知道孔子这一次为什么会破例。

我更想知道的是孔子到底跟他说了什么。

3.25　子谓《韶》：“尽美矣，又尽善也。”谓《武》：“尽美矣，未尽善也。”

“韶”的诱惑超过肉——

孔子34岁那年到洛阳向老子问礼，向苌弘问乐，历史上有“访弘问乐”的记载。苌弘认为就内容而言《武》是“彰周伐殷之功”的音乐，《韶》是歌颂舜功德的音乐，两者并无高下之分；从形式上看，“韶乐之声容宏盛，字义尽美；武乐之声容虽美，曲调却隐含晦涩，稍逊于韶乐。故而武乐尽美而不尽善，唯韶乐可称尽善尽美矣。”

第二年孔子到了齐国，并且听到了韶乐，听得如痴如醉、手舞足蹈，三月不知肉味。以前吃肉不容易，肉的诱惑是深入灵魂的，竟顶不住韶乐的魔力，圣人就是圣人。

但后世儒者多认为韶武之优劣不在形式而在内容，周以武力得以承继殷商，尧舜行的却是禅让之礼。传说许由是尧舜时代的大贤，古代最著名的“隐士”之一。晋《高士传》说，尧召许由为九州长，许由听到后跑到颍水边洗耳朵，巢父来饮牛，问他为何洗耳，许由说尧要召他为九州长，巢父说你自己躲在深山老林里谁能找到你，分明是六根不净，沽名钓誉，倒是污了我的牛口，牵着牛到上游去了。

更多的传言却说这种“禅让”是假的，当事情变得没有回旋余地时，尧将计就计把自己的两个女儿娥皇和女英嫁给了舜，不能把皇位传给儿子，那就让未来的皇帝变成自己的女婿吧！后世篡位者多半走的也是“禅让”的路子，西汉末年作为外戚核心的王莽实际上已经是皇帝了，但那层纸毕竟没有捅破。于是便有善解人意的儒生上表劝进，王莽驳回，儒生再次劝进，再次被驳回，如此三番五次，王莽“迫于无奈”，只得勉强即皇帝位。

在著名的古典音乐中商汤的音乐叫《大濩》，汤的宰相叫伊尹，那是一位著名的厨师，《大濩》就是这位厨师的代表作，濩，货音，意思是“煮”，想象中这首乐曲应该就是一支《锅碗瓢盆交响曲》。

整个商朝似乎跟厨房都脱不了关系。

这些“古典音乐”大致相当于今天的国歌吗？尽善尽美，现在是成语，形式与内容俱佳。

3.26　子曰：“居上不宽，为礼不敬，临丧不哀，吾何以观之哉。”

形式与内容——

孔子这里列举了他看不惯的三种情形：居上位者没有宽仁之心，为礼没有诚敬之感，参加丧礼随随便便，孔子说他看不下去。

宽容是一个人最重要的美德，一个心智成熟的人必然宽仁，因为他知道世界上的事情大多不必执着，是你的绕多少圈回来还是你的，不是你的无论如何拼死搂在怀里，终了还是要醒来的。礼与敬的关系、丧与哀的关系，孔子心里分得清清楚楚。

孔子对形式与内容的关系有着深刻的认识。

"子曰·我曰"之：里仁第四

4.1　子曰："里仁为美。择不处仁，焉得知？"

孔子言"房事"——

古代政府管理百姓的制度比今天严格。周制规定："五家为邻，五邻为里，四里为族，五族为党，五党为州，五州为乡。乡，万二千五百户。"秦始皇的"连坐"制度会罪及邻里，你永远无法弄清楚自家的门前雪和他人的瓦上霜应该先扫哪个或者干脆要不要扫，中国人爱串门的习惯大概从秦朝就开始了。

里还是古代表示面积的单位，纵横各300步为一里，这大约也是25户人家居住所需要的地方；里后来演变成长度单位，300步为里，颐和园里有著名的春夏秋冬四亭，有廊相连，亭距就是300步，这也是大内御医认为老佛爷每次散步的合适距离。今天还有里，是150丈，相当于500米，为了与公里区别也称华里。里一直都是表示居民组织的基本单位，北京有"和平里""平安里"都是这种组织的遗存。

里（闾里）、坊这种居住格局一直延续到唐代，当时的长安算是一个代表，108坊分割着数十万京城百姓，严整而有序。坊有围墙和门，门按时开关；按职业及其他因素分坊，坊内没有交易，买卖要到专门的地方去，"东市买骏马，西市买鞍鞯"。坊的围墙到了宋的汴梁彻底推倒，今天的街巷格局正式形成，允许市民在街巷边经营商业，《清明上河图》上有直观展示。没有这种变化就不可能有宋代社会经济的繁华。

更重要的是官府对普通市民日常生活的管制从此开始虚化，民众的人格独立初步得以确立。以前大家住单位的房子，日常生活少不了要跟单位发生联系，今天大家住在小区里，你只需要跟管理处打交道。"风可进，雨可进，国王不可进"的私人居住权开始被确认。

但这种私权有时候又有虚假的成分，越来越多的人意识到自己花用数百万买来的那个空间不能叫房子，最多算是公寓。因为房子是有专属的土地使用权的，而且这种使用权应该是永久性的；公寓是大家在一定时间内共用一块土地，从根本上讲这是没有意义的。

里也引申为居住。择，择宅。孔子这里说，居住要跟仁人一起才好，不懂得选择与仁人为邻，哪里算得上聪明？

孔子如此卜宅跟他的一贯思想是一致的。李嘉诚说选择房子有三大要素，第一是地段，第二是地段，第三是地段。只要房子可以升值，选择跟谁住在一起根本不重要——这是今天的智慧。

深圳前海宝安大道旁边有一个小区名叫"里仁府"，均价早应该超过2万元了。关于房子的爱恨情仇就是今日中国的主题词，走遍全国，每个人都会兴奋地向你报告他们那个地方的房价又涨了多少，房价太低似乎让他们无法抬起头做人；尽管他们之中的大多数正在做着房子的奴隶，或者根本就买不起房子。一个以"里仁"命名的小区是想告诉他的业主本小区升值的空间主要在于他们的邻居都是有仁德的顺民吗?

以“里仁”命名的街巷、小区几乎每个城市都有，但仁人聚集的地方至少不在今天的中国大中城市。

跟谁住在一起当然重要，心里是否有仁德更重要。反正活着就是修行，修行是自己修行，旁边的人在做什么也许没那么重要。

20 世纪 60 年代出生的人基本住上了福利房，70 年代的人也多半当上了幸福的房奴，80 年代的人盯着永远坚挺的房价终于觉得自己可以闭嘴了。有资深业内人士说，真正关心房价的是两种人：第一类，80 年代出生且有大学学历者；第二类，农民工。

人们说你一旦跟房子扯上了关系就等于爱上了一个错误的人，该你痛苦几十年。

广东有政协委员公开说房价不降，腐败难除。是否可以说我们今天所有乱象的罪魁祸首就是——房子?“5·12”汶川大地震救灾现场一个孩子对正在施救的人说：赶快救我吧，长大后我帮你供房子。

4.2 子曰：“不仁者不可以久处约，不可以长处乐。仁者安仁，知者利仁。”

恶人须知——

古训说：宁得罪君子，勿得罪小人。美国人骨子里瞧不起中国人，常常会做些让中国人伤心的事情，中国的反应就像君子，或表示遗憾，或表示严正抗议，美国领导人基于国内政治需求往往会选择得罪中国。但有些人是不能随便得罪的，拉登肯定不是小人，但也绝不是仁者，如果他觉得自己被侵犯了那后果是可以很严重的。

孔子一行绝粮于陈，子路就拿脸色给老师看，孔子说：“君子固穷，小人穷斯滥矣。”一个君子面临困境问题不大，小人就麻烦了，什么烂事都做得出。暂时的困境已经这样了，长期看不到希望呢?要么铤而走险，要么麻木不仁。不仁者大致相当于小人吧?

颜回可以三月不违仁，即使身居陋巷，衣食不保仍不能撼其心志。

孔子认为小人不能受穷，也不能受富。约，穷困。乐，逸乐。小人没钱什么都敢干，小人有钱也可怕，火借风势，鸡犬不宁；就像那些有才而无德之人，祸害起社会效率显然比那些无才无德者要高得多。

20 世纪 80 年代末，苏联实行休克疗法，社会经济十分萧条，普通市民常常食不果腹，但人们看到的是莫斯科民众在面包店门口静静地排着队，寒风中多数人手里都捧着一本书——这就是从小在壁炉前听祖母讲故事长大的一代人。

“仁者安仁，知者利仁。”意思不很明确，前句大概是说仁者可以安于仁道，他们心甘情愿地追求仁道。孙钦善将“利”解为顺从，意思是真正有智慧的人是会顺从仁的。

《朱注》认为“不仁之人，失其本心，久约必滥，久乐必淫”，智者深知仁之有益，因仁而利，所以设法求得之，不一定出于本心，但理智上知道应该这样做。

4.3 子曰：“唯仁者能好人，能恶人。”

是非之心——

只有仁者能真正喜欢人，也能真正厌恶人。

这样说意思很含糊。孔子有一次评价子路说：“片言可以折狱者，其由也与?”“片言”是一面之词，通常判决要倾听当事双方的陈述，但孔子认为子路可以凭借一方的陈述就做出准确的判断。

子路是怎样做到的？或者说孔子凭什么认为子路可以做到？这里边智慧不是最主要的，一颗赤子之心才是问题的关键。许多是非其实并没有那么复杂，但我们往往做出了颠倒黑白的决断，不是因为我们的智力水平不足以做出正确的判断，而是能够主导舆论的人并非仁者。

子路是孔门的大师兄，深得孔子真传；他不够聪明，不会花言巧语，但他有底线，内心强大，知道自己应该做什么。卫国发生了内乱，孔子的第一反应是“柴也其来，由也死矣”。过了不久，愚笨的高柴平安回来了，忠勇的老子路壮烈牺牲了。子路肯定还达不到“仁者”的境界，但子路应该是“能好人，能恶人”的——能够对他人做出全面而真实的判断。

情人眼里出西施，说的是在某种特定情况下人们无法对事实做出客观而全面的判断。《一个真正的女人》讲述的是一个出身贫贱的普通女孩最终成为一名商界巨子的传奇故事，主人公叫埃玛，当她还是一个小姑娘时，她曾经做过最下层的侍女，她的主人发现埃玛在讲述一件事情时总能够做到客观和准确——它可以成为一个人的品质甚至能力，而我们常常在讲述一件事情时是习惯于夸大或缩小的，久而久之，我们已经看不清事物的本来面目。

“well-rounded person”算是美国评价学生品行的常用语，有学者将它翻译成“君子”，大致是指那些德智体美劳全面发展的人，他们有独立的道德判断和意志，有自己对生活和世界的理解，知道自己应该做什么，知道什么可以放弃。他们有真正的是非之心，他们大致相当于孔子这里说的“仁者”吧?

4.4　子曰：“苟志于仁矣，无恶也。”

慈悲为不——

此章与上章至少从意思上是接起来的。只有仁者能真正喜欢人，也能真正厌恶人。如果真正有志于仁，是不会厌恶别人的。

这是另一重境界。最高境界大概就是既不喜欢人，也不厌恶人——心如止水鉴常明，见尽人间万物情。

与各位共勉。

4.5　子曰：“富与贵，是人之所欲也；不以其道得之，不处也。贫与贱，是人之恶也；不以其道得之，不去也。君子去仁，恶乎成名？君子无终食之间违仁，造次必于是，颠沛必于是。”

孔子的道就是仁——

富贵是大家都喜欢的，但不能以正道取得宁愿不要；贫贱是大家都不喜欢的，但如果是命中注定，那也不必逃避。君子不仁，还算什么君子？仁是君子须臾不能离开的，情况紧急是这样，身处窘境也是这样。

终食，一顿饭的工夫。造次，急切间。颠沛，困窘时。仁是如此重要，在这个问题上孔子没有给我们留下任何商量的余地，堵塞了所有漏洞。

这话现在有人说但没人听，更没有人照着去做。唯利是图是我们这个时代的主旋律，每个人的心态都变得很怪异：顾不了那么多了，捞一笔算一笔，反正很多人都这样，反正以后怎样也不知道。明明知道瘦肉精是有害的，饲料厂一狠心就它把卖给了顾客，养猪的农民一狠心就把它投进了猪栏，这样的环还会无限延续下去，最后将所有人都套了进去。每个人的算盘都是祸害就祸害吧，等我赚够了钱到乡下找块净土过我的幸福生活。

这是一种典型的世纪末心态。

毛主席说，人有病，天知否？

西谚说，人在做，天在看。

富贵贫贱不能靠人力改易，命里有时终须有，命里无时莫强求。许多时候你以为你战胜了命运，但偶尔回过头一看，“命运”正在不远处冷笑呢！央视某资深主播在一个节目中就说过，根据他自己亲身的经验，你今天做了一个加法，他日你就无法避免一个减法，结果永远是零。什么道不道的，还是随缘吧。

富贵、贫贱、穷达、祸福是几个由反义词构成的词汇，跟今天的词义有出入。

4.6　子曰：“我未见好仁者，恶不仁者。好仁者，无以尚之；恶不仁者，其为仁矣，不使不仁者加乎其身。有能一日用其力于仁矣乎？我未见力不足者。盖有之矣，我未之见也。”

孔子的混乱——

仁是孔子心里的唯一宝贝，可是世上所有人都当是草芥。他说他没见过真正喜欢仁、讨厌不仁的人。真正好仁者，以仁为至高追求；真正讨厌不仁者，绝对不让任何不仁之事近身。有肯哪怕只是拿出一天时间致力于仁的人吗？我没有见过能力不够的，也许真有，只是我没见过。

他说颜回可以“三月不违仁”，其他学生能撑十天半拉月。

他又说：“我欲仁，斯仁至矣。”

他还说过：“若圣与仁，则吾岂敢。”

看来孔子很难客观地看待“仁”，大约他是把“仁”看得太过重要了，这让他无法客观起来。

4.7　子曰：“人之过也，各于其党。观过，斯知仁矣。”

孔子的阅人术——

孩子看优点，成人看缺点。孩子的缺点像“假性近视”，总有改的可能；干旱有气象干旱和农业干旱之分，从这个意义上讲孩子身上的优点更重要。成年人已成型，他有多少优点都不重要，观察一个人主要是看他的缺点。

孔子认为阅人的最佳途径就是看他的缺点。会说话的下属在批评领导时会说领导太不爱惜自己的身体，对工作要求太高之类。什么样的人就犯什么样的错误，子路率直重情，他姐姐死了一年都不忍心去埋葬，被孔子批评。子贡财大气粗，为鲁国赎人宁愿自掏腰包也被孔子批评，这些都是观过知仁的典范。“观过知仁”现在是成语。

许多情况下，我们喜欢一个人其实是因为其身上的缺点。唯其身上有缺点，其人方显得更真实可触。武汉有一位五道杠少年，2 岁开始看《新闻联播》，7 岁坚持每天读《人民日报》，不喜欢玩游戏但是喜欢关注民生，常常像领导一样参加各种活动并像领导那样发表讲话，这是一个不会犯错误的政治神童，一个令人恐惧的孩子。

人的过错跟他属于哪一类人是分不开的；看他犯什么错，就可以知道他身上有多少仁德了。从另一个角度讲，人以群分，不是一家人不进一家门，许多遗传疾病仅仅是遗传的生活习惯而已。

孔子言常直指人心，此章可为证。

4.8　子曰：“朝闻道，夕死可矣。”

闻道之人，不生不死——

早晨闻道，夕间死了也值。这话出自孔子之口多半可信吧？既已得道，生死何患？人之一生，只有死亡是注定了的，人生七十古来稀，也有人年逾九旬依然蝇营狗苟，不知老之将至，倚老卖老，甚或为老不尊者，他们大概越活离道越远了。

“道”是什么？几乎从未有人说得清楚。《道德经》里道的别称计有一、太一、有、大、朴、无、谷神等，“人法地，地法天，天法道，道法自然”。道是不能说的，道原本就有，道只效法自己。

真正得道之人大约是没有生死的，68 岁的孔子周游完列国，拖着疲惫的脚步回到家乡，理想依然无处安放，似乎什么希望也看不到，69 岁那年唯一的儿子去世，接着仁兽被捕获，颜回死，子路死，孔子死。

孔子得道了吗？在孔子最后的日子里子贡赶来了，一见到这位能干的学生孔子眼泪就流下来了：你怎么现在才来看我啊！

孔子不是一个爱憎很深的人，但在“道”面前他说了过头话。

4.9　子曰：“士志于道，而耻恶衣恶食者，未足与议也。”

道乃天下大事——

这句话有所指，但至少不是批评颜回和子路。颜回身居陋巷，衣食粗简，依然享受着快乐人生；身穿破旧棉袍跟那些衣着光鲜的人并排站在一起，丝毫不觉尴尬，孔子说这大概只有子路做得到。

闻道之人生命尚不足惜，何况那点衣食呢？既然有志于道，又十分在乎那一点世俗的享乐，这样的人没法说。

真是这样吗？严监生因为两根灯芯而迟迟不肯咽气，几个孩子在讨论这一情节时说作者是在称赞严监生的节俭。就算理想远大，同时喜欢享受美食靓衫，不算十恶不赦吧？

但孔子认为既然有远大理想，就要安于贫苦，艰难困苦玉汝于成，生于贫困死于安乐，大概贫困中更有利于追求道吧？

士（君子）、仁、圣，《论语》里有，别的先秦著作里也常常见到，不算是十分精确的概念，士大致是指那些有文化、有修养的下层贵族，“修己以敬”，洁身自好，管好自己就行了；仁的要求更高，“修己以安人”，让你周围的人因你而幸福；圣的要求最高，“修己以安天下”，帝王才有可能成为圣人。

4.10 子曰：“君子之于天下也，无适也，无莫也，义之与比。”

天下岂是一“义”字了得——

有两位书生进京赴考途中同宿一店，相谈甚欢，并于重阳日结为兄弟。后弟弟生病而哥哥悉心照料，竟双双误了考期，两人也不以为意，并相约来年重阳日再相聚。哥哥为了菊花之约进行了精心准备，但从日出到日落并不见弟弟来赴约，家人都说该来早来了，这是不会来了，书生不信。夜半时分弟弟匆匆赶来了，哥哥说我知道你一定会来的，只是为什么这么迟呢？弟弟说，为了赴这菊花之约我也早有计划，不想上个月被俗事困住竟不得脱，直到今日中午方得脱身，我们相距千里无论如何是赶不及了，但我听说人的鬼魂可以日行千里，你现在见到的只是我的魂魄啊。

义是什么？孔子是比较早提及“义”的，但“义”算不上是孔子的核心概念。孔子讲“成仁”，孟子讲“取义”。孔子的“仁”似乎更多的是停留在内心的坚守中，孟子的“义”是从仁心出发的具体行为，从孟子开始，“义”最终成为后继儒家重要的价值观。孝悌因为基于血缘关系，原始而天然，但非血缘关系之外的其他社会关系之中大家应该遵循什么原则呢？父子之孝，君臣之义。“义”迟早都会成为儒家的首选。义，可以简单地解读为“宜”，做应该做的事情、正确的事情。

“无适也，无莫也”有多种解释，比如将“适”解为“敌”，将“莫”解为“慕”。也有人将“无适也，无莫也”理解为“无可无不可”，其意义相距不远，都是说君子跟天下的关系不应该那么一律。

君子对于天下的人和事都不要太抗拒，也不要太亲近，应该把“义”作为选择的标准。亲和疏都不重要，义不义才重要。

关羽是中国世俗文化中最耀眼的道德楷模，忠和义是关羽最主要的品质。忠是帝王对臣民的唯一要求，这使得关羽顺理成章地跻身“圣人”的行列，一文一武，与孔子平齐；而真正让关羽成为一个世俗理想化身的还是他的“义”，对帝王、对兄弟、对朋友皆以义待之。读书人拜关公，买卖人拜关公，普通百姓为人处世的最高价值取向就是以关羽为参照系统的。

《三国演义》最强悍的教化力量集中体现在关二爷身上，其大忠大义在潜移默化中自觉成为包括士人君子以及贩夫走卒在内社会各个阶层的道德标尺；在一定程度上是一部书成就了一个民族，其影响之深广是办多少学校都难以企及的。

中国晋商有以义制利的传统。大盛魁是山西商号中的代表，康熙年间三个山西人在晋蒙边界开了一间草料铺，生意十分清淡，眼看过年了，大雪封村，家无余粮，只能勉强煮了一点粥作为年夜饭，粥刚煮好就有人敲门，来了一位白发老人，牵了一峰骆驼，骆驼还驮着东西。老人说要住店，又说一整天没吃东西了，只得把粥给老人吃了，三人就这样过了一个没滋没味的除夕。第二天一早老人走了，骆驼背上驮的东西留下来了，却是白花花的银子，三人以此为本钱将大盛魁经营成了山西第一商号。他们日后做了两件事，首先将那些银子作为本金入股商号，称作财神股，其本金和红利按时结算，永不取用，以待主人；大盛魁日后发展成数千人的大商号，但每年除夕的年夜饭，从大东家到小伙计都是一小碗稀粥。

乔家大院的先祖叫乔贵发，早年父母双亡，无衣无食，常遭人白眼，村里一程姓女子常常接济于他。二十年后乔贵发衣锦还乡，见那已经寡居的程姓女子寄人篱下，生活十分艰难，便央人做媒将那女人娶回家中，以报答当年的一饭之恩。

晋商中的票号之所以可以汇通天下，将全国三分之一的财政收纳在自己的三尺柜台之内，其诚待天下、以义制利的精神内核是他们成功的关键。

韩信当年不得志时曾受过一位“漂母”的饭团之恩，他日四处寻找不获，于是千金投江以求图报。另外一个版本是伍子胥逃亡途中遇见一位在河边洗衣的女子，将随身携带的饭食给了伍子胥，当伍子胥交代说别把他的行踪告诉后边的追兵时，女子抱石投江以明其志。他日伍子胥在江中投了三斗金瓜子报恩。

关羽、韩信和那些晋商的种种义举让我们感动，而有着更高道德追求的雷锋只会让我们敬仰。义的施加对象是介于血缘之亲和陌生人之间的，雷锋是没有底线的，这是接近于宗教式的大善，只要你走进了教堂，认识不认识的都是兄弟姐妹。

管子说，“礼义廉耻，国之四维，四维不张，国乃灭亡”。四维当然缺一不可，礼义廉耻这四维中，我们现在还剩几维呢？

4.11　子曰：“君子怀德，小人怀土；君子怀刑，小人怀惠。”

君子与小人——

孔子是主张以德和礼治国的，可以让百姓自觉向善；反对的是以政和刑治国，那样只能让百姓变得狡黠。

这里以土和惠来对应德和刑。君子们心存德和刑，小人们心里只有利益。德是常态，刑是补救，先假定你是好人，但你要做坏事我也有办法对付，这是一个完备的系统。在另外一个系统里大家相信金钱可以搞定一切。

4.12　子曰：“放于利而行，多怨。”

仇富心理的文化逻辑——

日前，新华社高调播发了一篇时事文章，系统介绍了中国注重实效的对外援助模式：坚持平等互利，注重实效，与时俱进，不附带任何政治条件。不附带政治条件并不意味着中国的援助等同于慈善捐助，非洲的资源、市场都是中国需求的，非洲人民道义上、外交上的支持更是给中国人民带来了意想不到的“好处”。

普通老百姓可能会认为美国像世界警察，在全球范围内高调推行美国式的民主价值观，说到底还不是“国家利益”在作祟？但有时候问题可能真的没有那么简单，石油利益当然是美国无法放弃的，但如果真的没有这个“爱管闲事”的超级大国，我们这个地球可能会更糟糕吧？

孔子说如果一切依利而行必然招致怨恨。但问题是许多时候你很难分得清楚哪些是利益，哪些不是。利益有看得见的，也有看不见的；有眼前的，也有长远的。这都不是我们普通老百姓能完全明白的。

逐利是商人的本能，做一个纯粹的商人原本也不必有道德上的自卑感，“多怨”——仇富心理也仅仅标示着我们尚不完全成熟的心智模式。一个人有钱了，我们说他是为富不仁，富人捐赠了，我们说他是作秀。只顾赚今天钱的人是卑微小贩，为了蝇头小利，蝇营狗苟，还要随时躲避城管的围追堵截；知道赚明天钱的人可能成了政协委员，立足于后天利益的人我们还要为他刻石立传，所谓的窃钩窃国之别。比尔·盖茨说自己仅仅是在争取一个支配财富的权力，他也曾因为他过于庞大的帝国遭到世人的广泛诟病——多怨，但人们某一天突然发现这位帝国领袖把钱全捐了。

有人说施人利益要立即转身离开，否则等人说声谢谢，恩情便已偿还，功德不再圆满。这里边其实还是一个利益问题。

4.13　子曰：“能以礼让为国乎？何有！不能以礼让为国，如礼何？”

礼让治国？严重不靠谱——

能够靠礼让治理国家吗？当然可以！否则还要那些礼干什么？这是标准的孔子语录。

礼让治国就是孔子的最高政治理想，但这个理想在孔子的时代不可能实现，相信在任何时代它都只能是一段不靠谱的镜花奇缘。

作为一种道德诉求，礼让应该成为我们的基本行为准则，汽车应该礼让行人，即使那里没有斑马线，即使行人正在闯红灯，我们的现实是斑马线上也是汽车说了算。普通如交通规则中的礼让尚不能实现，又何必奢谈什么治国？

阶级斗争是纲，纲举目张，抓纲治国，“阶级斗争”曾经被认为是可以治理好国家的，事实证明不行。依法治国被认为是许多文明国家的基本治国理念，现在又有不少人怪中国人没有宗教信仰。千百年来，儒释道在中国并行不悖，中国人到底信哪一教？中国人可以都信，需要信谁就信谁。除此之外中国人还信鬼神，崇拜历史和传统，敬畏祖宗，但所有这些都不能真正左右我们的行为，面对真实的利益时我们往往会听凭利益的驱使，无法无天，无所不为。

管制一个单位也有类似的问题，用什么作为单位内部人与人之间的润滑剂，制度？文化？永远都没人扯得清。

4.14　子曰：“不患无位，患所以立；不患莫己知，求为可知也。”

世道其实很公平——

有作为才会有地位，有成就自然有人赏识。人立为位，立和位是同源字，一个人立起来了，当然就会有你的位子。世上有被埋没的人才吗？我们从小被教导说是金子总会发光的，发光的可能是玻璃，但金子一定是要发光的。

孔子当然算是“立”起来了，但在当时似乎不能算是有位子的人，如果纵观历史，孔子的“位子”足以当得起他的作为。

中国历史上有许多士子，恃才傲物，跟官府对着干，跟现实拧着来。陶渊明是一种类型，高龄出仕，官职低微，数现数隐，最终绝望后归于山林，大体也算是“患无位”。也有些是官至卿相，因故罢黜，寄情于田园，一日圣上醒悟再次招用，立即精神抖擞赴任去了——范仲淹可以作为一个代表。蒲松龄则算是另一种情况，屡试不第，教书写字，本属无奈，却也阴差阳错成就了一番事业。

世道永远是公平的，只是有人觉得公平，有人觉得不公平。你很聪明，你读了很多书，你很努力都不表示你就应该比别人得到的更多。

愤世嫉俗者常常并无真才实学。就算你有真才实学也不要愤世嫉俗吧，这世上被埋没的人才多了，也不多你一个，从这个意义上讲，这世界还是公平的。

“不患莫己知，求为可知也。”跟前章——不患人之不己知，患不知人也——语气相似，意思接近。看来是孔子常常挂在嘴上的话，孔子不会轻易责怪别人，习惯从自己身上找原因。

4.15 子曰：“参乎！吾道一以贯之。”曾子曰：“唯。”子出，门人问曰：“何谓也？”曾子曰：“夫子之道，忠恕而已矣。”

孔子的核心价值观——

有一次，孔子对曾子说自己是有核心价值观的，曾子认为孔子的核心价值观就是忠恕之道。忠恕之道也就是仁，拿自己当人，也拿别人当人，孔子说这是他始终坚守的原则。

价值观可以是多元的，但核心价值观是唯一的。

自古帝王可以说都有自己的核心价值观，并集中体现在“年号”上。清末咸丰后，6岁的载淳即位，慈安和慈禧两位太后共同执掌朝纲，改年号“同治”，取其“两宫同治”之意。

克林顿借助于互联网革命让美国继续领跑世界，奥巴马的理想是让新能源重写美国的辉煌。

科学发展观，建设和谐社会都可以视作核心价值观。

小至一个单位也应该有自己的“核心价值观”，就整体而言我们主张什么，赞同什么，反对什么，鼓励什么，追求什么，而且这种倾向是稳定的、连续的，这可以让我们变得从容自若。

本章的奇怪之处在于孔子只是对曾参说自己有一以贯之的“道”，并没有说这个道究竟是什么，曾参也不问清楚，便随口称“唯”；他真的不会理解错吗？从别的学生仍然一头雾水的事实来看，他真有可能会错意，而且在老师眼中“参也鲁”——曾参天分并不高，谨慎、笃实才是他的本性。当然本章能够最终出现在这里，说明大家认为曾参对老师的道吃得很准：忠恕而已。

“为人谋而不忠乎?”是曾子说过的，这里的“忠”是尽心，是对自己；关于“恕”，孔子解释得很清楚：己所不欲，勿施于人——是对别人。忠恕之道，也就是严于律己，宽以待人。符合孔子的作风。

4.16　子曰：“君子喻于义，小人喻于利。”

义利如水火——

君子和小人，义和利，对应关系十分清楚。

跟君子可以讲义，跟小人只能谈利益。大而言之，义利原是一摊浑水，大利也是义，纠缠过甚者，疑似伪君子。晋商的原则是：以义制利。

一个正常社会的价值观不会将物质财富排在第一位，即便是企业也不能只讲利润，否则只能是环境污染，人心污染；国家唯 GDP，社会只能是失序。

4.17　子曰：“见贤思齐焉，见不贤而内自省也。”

最“雷人”的说教——

见贤思齐，其实是人的本能，许多动物都具备强大的学习能力，也是这种本能的体现。当一个人不断遭受打击后，看到比自己强的人，不理他，嫉妒他，最好消灭他。

看到不如自己的人——赶紧培养自己的自豪感。

4.18　子曰：“事父母几谏，见志不从，又敬不违，劳而不怨。”

父母错了怎么办——

刘邦死后，次子刘盈即位，是为惠帝，其母吕后。刘邦在世时曾宠幸戚夫人并动过改立太子的念头，吕后便设法用毒酒杀死戚夫人的儿子，并斩掉戚夫人四肢，挖去双眼，熏聋双耳，用哑药让其无法发声，称为“人彘”，然后将她放在厕所内并拉惠帝来参观，惠帝对吕后说：“虽然你是我母亲，但这事真不是人干的。”惠帝“乃大哭，因病，岁余不能起”，从此以淫乐度日，不理朝政。

中国传统有两种最重要的关系：父子和君臣，但父和君都是会犯错误的，碰到这种情况，作为儿子和臣属应该如何处置?《礼记》里是这样规定的——为人臣之礼，不显谏，三谏而不听，则逃之。子之事亲也，三谏而不听，则号泣而随之。对君上的态度是差不多就行了，他要是实在不听，你还可以离开他；对父母就不能这样，要慢慢说、反复说，还是听不进去，那也没办法，只能是“号泣而随”了。

起码孔子就是这样干的，他并非不努力，周游列国、口干舌燥，鲁国不听找齐国、卫国、陈国，都不听回家著书立说。

父母不是国君，不能换，他听不进去你的意见，你也不准生气，有话好好说，白说还要说，该浪费时就浪费点吧。

中国对父子和君臣关系的最高要求是孝和义，这也是人际关系的核心，其他价值诉求都是它们的延展和补充。一直以来有关“孝”的声音最主流，皇帝在日理万机之余可以亲自下旨对某位孝子进行终极肯定，家庭内部的说教更是不遗余力，每个人都有衰老的时候，每个垂垂老者理论上都需要孝行的救助。

血亲之外的人际关系毕竟没有那么要紧，皇帝被赶出紫禁城之后更是这样，因而“义”始终都没有被认真对待过。在熟人社会中一个村落就是一个亲疏不甚分明的大家族，你甚至很难将孝和义明确区分，大家一旦离开乡里来到别人的城市，情况便急转直下，孝自然是不需要了，义就更提不上议事日程了。

山西票号可以称雄数百年，法律不健全，又没有国家保证，人们凭什么愿意把钱放进别人口袋里？因为他们口耳相传的事实是那些隐忍低调的山西人宁愿自己饿死也不会伤害自己的信义。某一年一间山西人开的货栈失火，货栈原本做的是加工皮毛、收取加工费的小买卖，但这个山西人历尽艰险硬是照单赔付了客户的全部损失，他的唯一收获就是一个口碑——这个山西人靠得住，若干年后凭借着这个口碑，他硬是东山再起，将小买卖做成了汇通天下的大生意。

“汇通天下”是道光皇帝御笔的金字招牌，但“日升昌”的主人从来都没有将它挂出来过，因为他们想昭告世人的是他们的信义就是一块真正的金字招牌。

今天你还会相信谁？

4.19　子曰：“父母在，不远游，游必有方。”

为什么流浪——

南怀瑾将“方”解为方法、方式，意思是说父母健在时不要出远门，实在要出，也要先找到安顿父母的方式。另外，如果没有适当的谋生手段也会让父母担心，怕你在外面冷了、饿了、被人欺负了。如果你在外面找到好工作了，父母就不担心了吗？

大家通常将“方”理解为方向、方位。古代交通基本靠走，通信基本靠吼，万一有事都不知道到哪里找人，对子女而言这不算孝行。

但是从父母的角度看，知道你人在哪里还远不是问题的全部。小时候反复叮嘱不能出小区门，六一点就下命令，九点钟之前必须回家。

远游，指游学、游宦，这都属于正事，背起行囊独自闯荡天涯连“远游”都算不上。

古代有“丁忧”的祖制，即使远在京城为卿为相，如果父母不幸去世，必须立即辞官回家守孝三年，三年是可以发生很多事情的，也有人舍不得红尘的热闹就选择隐瞒不报，一旦被人举报，结果将是毁灭性的；本来应该回乡丁忧的，官家又确实离不开，就由皇帝下一道圣旨，叫夺情起复，素服办公，不参加吉礼而已。

“父母在，不远游”，父母在的时候不能离家太远，父母不在了也要马上回家。

4.20　子曰：“三年无改于父之道，可谓孝矣。”

本章为重章——

本章在《学而》篇已经出现过，可能觉得重要，或者因为合于本篇主题，所以令其重出。

4.21 子曰：“父母之年，不可不知也。一则以喜，一则以惧。”

世上最难记的东西——

孝子：孝顺父母的子女，这是以前的概念。今天的孝子表示的是孝敬自己的子女，孩子一生下来就是祖宗。

中国人信奉的是好死不如赖活着，长寿永远都是中国人的人生最大诉求，就像今天中国人对 GDP 的迷恋一样；同时中国人也是相信“寿限”的，人之一生吃多少、用多少在阎王爷那里都有账目明细，指标一旦用完，天就会收你。

没有人记得住父母的年龄，也没有父母会忘记孩子的生日。

4.22 子曰：“古者言之不出，耻躬之不逮也。”

还是不说吧——

古人慎言，因为说得多了，容易失言，说了不该说的话。比失言更让人不能接受的是说了不做，随口答应，说完就忘。

俗语说，缺什么吆喝什么，一诺千金常常成为文学作品的主题，也最容易打动人，各种版本的《赵氏孤儿》便是明证。韩非子有著名的《说难》，用自己的思想去影响君主是一件很讲技巧的事情，不是怕说了做不到，而是怕君主不去做，自己说了也白说。

4.23 子曰：“以约失之者鲜矣！”

最不爽的事就是有人爽约——

约，口头约定。大家口头上商定的事情没有人会不认账，一般事情是这样，钱财往来也一样，民风淳厚的乡下别人借钱给你，千万别给人写字据，人家会觉得被侮辱了。

更多的人认为“约”是约束，孔子的意思是谨小慎微的人不容易犯错误。从上下文看，第一解甚通。

4.24 子曰：“君子欲讷于言而敏于行。”

言行不一——

《学而》篇里有“巧言令色鲜矣仁”的著名论断，孔子讨厌能说会道的家伙，笨嘴拙舌的人反而能讨他欢心；但做事的时候他喜欢那些善于行动的人。

这两种特征很难集中在一个人身上。

毛泽东和贺子珍生的女儿叫李敏，北京师范大学化学系毕业，为人低调；李讷是毛泽东和江青生的女儿，北大历史系毕业，前半生是万千宠爱于一身，后半生淡然归入民间。

4.25 子曰：“德不孤，必有邻。”

永不放弃——

孔子在说这句话时心里多半也有些发虚，那么好的德，为什么大家都不接受呢？为政以德，以德治国，天下太平，可身边这些说了算的家伙们似乎更喜欢声色和杀伐；退一步讲能够像喜欢声色一样喜欢德也行啊，但事实是孔子连“好德如好色”的人都见不到——寡人有疾，寡人好色。

孔子说不管怎样，他还是相信——有德者是不会孤单的，一定会有人跟他做伴，愿意亲近他。

4.26　子游曰：“事君数，斯辱矣；朋友数，斯疏矣。”

因为了解而分开——

依礼侍君，在别人看来已经是拍马屁了，如果做得比这个还殷勤呢？那就叫自取其辱；跟朋友相处也不宜太亲密，走动得过多，反而会让彼此变得疏远。

在庄子的理想世界里，上如标枝，民如野鹿，上下各得其所，相安无事；相濡以沫，不若相忘于江湖正是一种相处之道。

五伦中君臣、朋友属人伦，彼此之间宜保留适当距离；父子、兄弟及夫妇享受的是天伦之乐，自然应该朝夕相处，不分你我。

那些一见钟情者在相互了解后多半会选择分手，人是经不起分析的，世上没有几个人可以像孙悟空那样在太上老君的丹炉里还可以不现出原形，每个人都需要遮掩，而距离就是最好的遮掩。

距离既可以是空间的，也可以是时间的。

天冷了，一群豪猪需要取暖，可当它们挤在一起时会被对方的硬毛刺痛，离得太远又达不到取暖的效果，最后它们终于找到了一个安全距离，既不会太冷，又不至于刺疼对方。

前25章都是“子曰”开头，最后一章以“子游曰”开头作结，形式上、内容上都很完美。

“子曰·我曰”之：公冶长第五

5.1　子谓公冶长：“可妻也。虽在缧绁之中，非其罪也。”以其子妻之。子谓南容：“邦有道不废，邦无道免于刑戮。”以其兄之子妻之。

失足青年与谦谦君子——

公冶长和南容都是孔子的学生，老师力所能及地为自己的学生解决了终身大事。为什么是他们两个？公冶长还是个“失足青年”，但孔子知道他是被冤枉的，既然无法为他申请国家补偿，就将自己的女儿嫁给他作为补救吧！南容是个谨小慎微的人，另外一次孔子说把他哥哥的女儿嫁给南容的原因是——南容三复白圭，《诗经》里有“白圭之玷，尚可磨也。斯言之玷，不可为也”。这样可以让人警醒的话南容每天都要念叨三五回，谨慎如此想犯错误都难了，所以国家清明时他可以保官，国家昏乱时他可以保命。

缧绁，用黑色绳索捆绑，古代监狱是这样对付嫌疑人的。齐景公曾经无法理解秦虽小国却可以称霸，孔子告诉他，秦国除了志向远大外，关键是重用百里奚，“爵之大夫，起缧绁之中，与语三日，授之以政”。妻，这里用作动词。子，包括儿子和女儿。

探究公冶长为什么被入罪是一件比较有趣的事情。许多杂书都说他因为懂得鸟语而遭祸，鸟兽有自己的语言吗？我曾经在电视上听过非洲某国家乡下的一只老母鸡的叫声，跟中国的完全一样，这恰好证明鸡其实并没有自己的语言，语言需要积累和传承，这都不是那些禽兽可以完成的任务。禽兽不一定会说话，但它们应该有自己的“心思”，电影《马语者》对此有精彩解读，据有经验的骑师讲，在跨越障碍时能够感受到马的心思，马有时候也会胆怯、心情不好。

孔子虽为化内圣人，但他对人的评价标准显然比较独特。对公冶长而言，他是否优秀跟他是否曾经犯罪没有关系，或者说在孔子看来，他看人的标准可以纯粹到完全不理会世俗的看法。

这与他对南容的好感矛盾吗？至少孔子本人算不上一个小心翼翼的人，但这同时又符合孔子处世的标准。

残唐五代有一位著名的“不倒翁”，一个叫冯道的河北人，城头变幻大王旗，你方唱罢我登场，后唐、后晋、后汉、后周，他丞相做了二十多年，历经四朝十君，堪称中国官场上的奇迹。“邦无道”这位不倒翁也能做到“不废”，相信应该不符合孔子的口味。

孔子高调嫁女，这里我们不知道他女儿自己的意见；那个小儿麻痹症患者——他哥哥孟皮据说一直得到孔子的呵护，包括这一次，嫁给南容应该比嫁给公冶长有更多的保障吧？

5.2　子谓子贱，“君子哉若人！鲁无君子者，斯焉取斯？”

鲁国有君子——

宓子贱真是一个君子啊，如果说鲁国没有君子，那宓子贱不算是鲁国人吗？

鲁君派宓子贱到亶父任职时同时为他委派了一位副手，这位副手在写字时宓子贱故意去拉他袖子（掣肘），这位副手后来向鲁君报告了这一情况，鲁君一下子就明白了，宓子贱这是在暗示鲁君以前就是这样影响手下人做事的。据说宓子贱在亶父任职时非常悠闲自在，好像什么事情也不理，但亶父被治理得井井有条。

孔子这里为什么夸奖宓子贱，文中没有交代，得到孔子的夸奖并不容易，从这些流传下来的轶事中我们可以想见宓子贱是一个有智慧、有作为的君子。

作为周公旦长子伯禽的封国，鲁国在人们的印象中多少有点君子国的味道，《史记·项羽本纪》里有："项王已死，楚地皆降汉，独鲁不下。汉乃引天下兵欲屠之，为其守礼仪，为主死节，乃持项王头视鲁，鲁父兄乃降。"时至今日，山东人在全国人民的心目中的形象也以正面为主，有人就说张炜是作家中的君子，"厚积厚发"，一出手就是450万字的《你在高原》。

5.3 子贡问曰："赐也何如？"子曰："女，器也。"曰："何器也？"曰："瑚琏也。"

君子不器——

《仲尼弟子列传》中的一次事件可以让我们加深对子贡的印象。

齐国权臣田常为了转移国内矛盾决定发兵攻打鲁国，子贡认为田常应该去攻打吴国，因为鲁国弱，打败一个弱国只能让齐君变强大，对田常不利；跟强国交战可以削弱齐国，对田常有利。田常说我是箭在弦上，现在临时改变攻打对象，怎么向国内交代？子贡说他可以说服吴国来向齐国挑战。

子贡对吴国说，你做霸主的机会来了，现在是齐国欺负鲁国，如果吴国能趁机出兵，救鲁国可以扬名，败齐国可以强吴。吴王觉得很划算，但又担心南边的越国乘虚而入。子贡说我有办法让越国派兵跟吴国一起去救鲁国。

子贡对越王说，吴国打算去救鲁国又不放心越国，所以有可能先灭了越国再北上，如果越国能主动派兵跟吴国一起北上，越国便有机会复国了。一旦吴国被齐国打败，对越国来说当然是好事；如果吴国胜了一定会继续进攻晋国，我会让晋国提前做好准备，耗尽吴国国力，对越国同样是一件好事。

子贡又赶到晋国，让晋国做好充分准备。

吴国果然打败了齐国，并移兵去攻打晋国，结果被早有准备的晋国打败，越国趁机占领了吴国并称霸于东南。"故子贡一出，存鲁，乱齐，破吴，强晋而霸越。十年之中，五国各有变。"

子贡的才干由此可见一斑。但在孔子眼里这些都属于"器"的范畴，"君子不器"，如果不能上升到"道"的境界就无法进入孔子的法眼。在另外的场合孔子还区别过"具臣"和"大臣"，办事能力强的子贡应该算是"具臣"，大臣应该做到以道事君。

汉初时，降侯周勃深得文帝信任，有"国士"之称的袁盎曾经问汉文帝周勃此人如何，文帝说周勃是“社稷之臣”，袁盎却说他只能算是“功臣”。吕后专政时，周勃身为太尉没有主动维护刘氏家族利益，众人一起反对吕后时他只是起到了他应有的作用而已。

苏秦与孟子都堪称辩才滔滔，他们的区别也在于一个专注于“器”的功用，一个致力于“道”的境界。

殷周铜器主要包括礼器和乐器两大类。瑚琏，日常用来盛装食物的器皿，原先是吃饭的家伙，最后大多演变成了祭祀用的礼器。一般认为夏代叫瑚，商代叫琏，周代叫簋。

北京有一条“簋街”，临近使馆区，被称为北京小吃第一街。老百姓这样说的时候心里想的是“鬼街”，小吃街做的就是夜市，夜深人静后出来的那一群家伙才是正宗吃货，半夜三更不睡觉，四处寻寻觅觅，那多半就是鬼——饿死鬼吧。

本章师徒对答比较“喜感”。“女，器也。”孔子这样说的意思是子贡虽未达到“道”的境界，但也算得上是一个有用之“器”；子贡接下来的话有些斗嘴的意味——何器也，孔子于是决定“斗”下去——瑚琏也。尽管距离他们各自想表达的意思很远了，但场景还是比较有趣的，后世研究者在“瑚琏”上追溯太深，已经无聊了。

5.4 或曰：“雍也仁而不佞。”子曰：“焉用佞？御人以口给，屡憎于人。不知其仁，焉用佞？”

佞是一种素质——

冉雍，字仲弓，德行科的佼佼者，且有政事才能。佞，口才好。

有人说冉雍有仁德，但口才不行。孔子说，口才好有什么用，凡是靠口才得到的，最后多半也会失去；冉雍有没有仁德我不敢肯定，但一个人肯定不是靠口才的。

德行科的几位代表：颜渊、闵子骞、冉伯牛、仲弓，都不善言辞，都深得孔子的欢心；他们不是因为不善言辞才得到孔子的欢心，他们的志趣所在使得他们不会在这方面刻意去展现。在孔子看来，一个人可以简，可以鲁，可以愚，但不可佞。

口头表达能力在今天肯定是一个人最重要的素质之一。从本章“有人”的质疑中我们可以想见当时的风尚是以“佞”为荣。战国时期的苏秦和张仪凭借着他们的伶牙俐齿将天下玩弄于股掌之间，竟也给百姓带来了数十年的安定日子。

5.5 子使漆雕开仕。对曰：“吾斯之未能信。”子说。

低调做人——

孔子给漆雕开安排了一个职位，漆雕开说自己还没有做好准备，想继续学习，孔子听了很高兴。

孔子的这位学生姓漆雕，严格来讲它是氏，以工作为氏。秦的先祖是给周天子赶车的，名字叫造父，有一次因为赶车有功被封在了赵城，此后便以“赵”为氏，秦始皇是嬴姓，赵氏；孔子是因为他的六世祖孔父嘉而以“孔”为氏的，孔子是商王后裔，子姓。

漆雕开是孔子的重要学生，孔子死后儒学一分为八，其中便有漆雕氏一派。还有一个传说是孔子周游列国时曾经被大雨困在漆雕开家里，家里粮食吃完了，雨还没有停，漆雕开去采莲子溺水而亡。

孔子前半生开坛授徒，培养目标也是仕途；晚年不顺才转而着眼于“道”的追求的。

子路使子羔为费宰。子曰：“贼夫人之子。”子路曰：“有民人焉，有社稷焉，何必读书，然后为学？”子曰：“是故恶夫佞者。”这就是子路与漆雕开的区别，也是子路不能讨孔子欢心的原因。

谦虚自持的人总是比较容易讨好我们，这跟我们的文化有关。

5.6 子曰：“道不行，乘桴浮于海。从我者，其由与？”子路闻之喜。子曰：“由也好勇过我，无所取材。”

海在哪里？舟在何处？

在那次面对荷蓧丈人“孰为夫子”的诘问中，子路侃侃而谈，“君子之仕也，行其义也。道之不行，已知之矣”。很难说子路完全不理解老师，但在这次牛头不对马嘴的答对中让我们仿佛亲眼看见了一个孤独的理想主义者痛楚的面容。

大筏小桴，一个是竹制，一个是木制，从字的结构上很容易判断，用一根粗直的木头将中间部分挖空就制成了一个桴。登上一片木桴就可以抛却世间烦扰了吗？孔子还有过“欲居九夷”的伤心念头。现实是如此的不堪，有时难免有一种“干脆放弃算了”的沮丧，孔子有，我们都会有。

朱清时创办南方科大的心情大概跟孔子当年一样绝望，孔子希望回到周公和文王时期，朱教授希望回到西南联大时期。

“小舟从此逝，江海寄余生。”苏东坡与孔子心有灵犀。

“无所取材”歧义很多。一说找不到制作木筏的材料，这样说完全是在应付子路。一说“材”读作“裁”，判断、权衡，这样说是在指责子路不知轻重。

孔子内心应该很纠结，想放下但又忘不掉，hold 住吧，但似乎永远都不会有什么转机。

阮籍排解苦闷的做法则更像行为艺术：率意独驾，不由径路，车迹所穷，辄恸哭而反。

韩国人则说孔子是韩国人，殷商灭亡后箕子东渡创立朝鲜国的说法在一定程度上流行，同样作为殷人后裔的孔子算起来跟韩国人至少还算是亲戚。孔子“乘桴浮于海”的目的地可能是韩国吗？

“子欲居九夷”是说孔子打算去韩国走亲戚吧？

5.7 孟武伯问子路仁乎？子曰：“不知也。”又问。子曰：“由也，千乘之国，可使治其赋也，不知其仁也。”“求也何如？”子曰：“求也，千室之邑，百乘之家，可使为之宰也，不知其仁也。”“赤也何如？”子曰：“赤也，束带立于朝，可使与宾客言也，不知其仁也。”

孔子方人——

这里提及孔子的三个学生：子路、冉求和公西华，在《先进》篇里他们三个再加上比较能装的曾皙还会再度登场，畅谈人生理想，那一次曾皙一句“暮春者，春服既成，冠者五六人，童子六七人，浴乎沂，风乎舞雩，咏而归”，深得孔子赞叹。赞叹是一回事，但不免失之玄虚，治国安邦靠的还是子路、冉求和公西华他们。

那一次是现场访谈，这一次是私下论人是非，也就是“方人”。

子路的资历比较老，这里用的是字，赤和求都是名。

子路够生猛，但离仁的要求还很远，所以在孔子眼里只是一句不屑的——不知也。赤和求更谈不上仁。

子路的才能是为大国治赋。千乘之国，一千辆战车的建造、养护、训练、更新和作战就不单单是一千辆车的问题了，其背后一定是一个强大的国家。《高祖本纪》里刘邦对萧何的评价是“镇国家，抚百姓，给馈饷，不绝粮道”，加上张良的运筹帷幄和韩信的“战必胜，攻必取”，萧何主持的后勤部是战争的保障系统，张良负责参谋部，韩信是前方最高军事首长，刘邦最终建立了王业。子路的强项跟萧何很像。赋，从贝，从武，征兵员，修武备，办粮草，皆属于军事范畴；但不是上战场厮杀，那是韩信的强项。那一年卫国发生内乱，子路的帽缨被击断，子路高呼：“君子死，冠不免。”随被斩成肉酱，子路死得像个书生，看不到一名战士的尊严。因为从根本上说子路不是一个战士——他的老师很了解他，“治其赋”，他是孔门政事科的高才生。

冉求的强项是做一个合格的地方长官，赤适合做一个司仪，接待宾客，实际是办外交。

为一个国家做事，治理一个地区，做一件具体工作，这就是老师对他三个学生的准确定位。

5.8 子谓子贡曰：“女与回也孰愈？”对曰：“赐也何敢望回？回也闻一以知十，赐也闻一知二。”子曰：“弗如也。吾与女弗如也。”

子贡会说话——

上一回是子贡主动要求老师给他一个评价，“赐也何如?”老师给他打了一个比方，说他就是一个华贵的“器”，相信子贡很郁闷。

这一次是老师主动“挑逗”——你跟颜回比谁优秀？老师这是明知故问，孔子喜欢颜回是一个不需要讨论的问题，但孔子偏偏喜欢跟人讨论，我想他是在确认某些东西吧？

“我怎么敢跟颜回比呢?”大师兄子路就不这样认为，他曾经客观地分析了他跟颜回各自的优势，“子行三军，则谁与?”一样遭到老师的斥责，在老师看来子路更多的时候只是一个徒手搏虎的孟浪之徒。相信孔子的大部分学生都会说自己比不上颜回，能够具体指出自己怎样不如颜回的人不多，而能够精确计算出彼此之间差距的人只有精明的子贡，他说他们之间是十与二的差距——如果我们两个同时参加老师组织的考试，颜回能考100分，我最多只能拿20分。

孔子想要的某种东西得到了确认：你是不如他，我跟你都比不上他。另解——你是比不上他，我同意你这一观点。

5.9　宰予昼寝。子曰："朽木不可雕也，粪土之墙不可圬也；于予与何诛？"子曰："始吾于人也，听其言而信其行；今吾于人也，听其言而观其行。于予与改是。"

粪土之墙是什么墙——

宰予白天睡觉被孔子破口大骂，还发誓说今后看人除了听他说什么还要看他做什么。"于予与何诛?"叫我骂你什么好呢?"于予与改是。"这里的"予"是宰予，从宰予这件事开始改变看人的办法。《史记·仲尼弟子列传》载：孔子闻之，曰："吾以言取人，失之宰予，以貌取人，失之子羽。"子羽，澹（谈音）台灭明，相貌平庸，但成就非凡。孔子在自己学生面前栽了两次跟头。

"昼寝"让前人浮想联翩，有人把"昼"读作"画"，繁体字写作"晝"和"畫"，字形接近，是说宰予对自己的住所刻意装饰；还有人说"昼寝"是宰予白天行苟且之事。

白天睡觉属于严重错误吗？古人的时间概念肯定没有现在清晰，一天里朝昼昏夕大致就是早上、白天、傍晚和晚上，日出日落，自然分割着人们的作息，大家睡眠时间非常充足。据说汉之前我们的祖先一天只吃早晚两顿饭，中餐后肠胃需要更多的血液，大脑需要休息；不吃午餐也应该不需要午睡的，刘备三顾茅庐最后一次是耐心地等待诸葛亮睡醒午觉才进去说事的，那大概是比较早的午睡记录了。

"朽木不可雕也，粪土之墙不可圬也。"腐朽的木头无法雕刻；圬，涂抹墙皮，"粪土之墙"是什么墙?

粪，污秽。粪土之墙，用各种废弃物砌成的墙。古今注解《论语》的书我留意过数十种，基本如此解读"粪土之墙"，或一笔带过，或言之凿凿，没有见过有另外的解释。

木头会腐朽，但谁会用垃圾砌墙呢？腐朽的木头不适合雕刻，垃圾砌的墙跟涂抹墙皮之间有同样的逻辑关系吗?

以前北方农村建房子砌墙都是用泥巴，外边再涂抹一层墙皮可以起到保护作用，这层墙皮有时会遭受破坏，比如在靠近地面的地方因为雨水长期滴溅；还有就是农村厕所的土墙，因为位置特殊墙皮更容易受到破坏，墙皮破坏以后用泥巴砌成的土墙表面就会变得松软，用手一摸就会有一层浮土掉下来，这样的情况就是——粪了，这样的墙就是"粪土之墙"，当然不适宜再涂抹墙皮。粪土之墙跟朽木一样，质地变腐烂松软以后，不再适合加工。

这是小时候乡下一位老先生给我讲过的，不知道那位老先生是从哪里学来的。

5.10　子曰："吾未见刚者。"或对曰："申枨。"子曰："枨也欲，焉得刚。"

无欲则刚——

刚，刚毅、刚直，内心强大。孔子说他从来没有见过真正刚毅之人，有人说申枨可以算一个，孔子认为他不算，因为他有欲望。

有求即苦，无欲则刚。

我们“熟知”的人物中大概只有关羽算得上是一个“刚者”吧？“十二载待关羽我的心神用尽，为的是买动他扶我的真心。”曹操努力了十二年，上马金下马银，封侯拜将，金钱美女，小心翼翼目的只有一个，就是换取关羽的真心，而对关羽来说曹操做再多都没用，一旦得知大哥的消息，曹操的所有努力便瞬间归零。

关羽真的是一个“刚者”吗？东吴陆逊派人送来的一只表面上看来不值一文的瓦缶却成功俘获了关羽，因为关羽知道这只瓦器背后是不畏强权的文化符号以及它所表达出对英雄的无比崇敬，因此才有陆逊的白衣渡江和关羽的败走麦城。

关羽的“欲”不是物欲而是虚名。

对《南极大冒险》的杰里来说，有些事情很难改变，比如人的生命一定比狗的值钱，即使那些狗曾经救过你的命。杰里的强大在于他最终成就了一位“刚者”：不管世事如何艰难，坚持做自己想做的事情，而且他最终做成了。

杰里因为有欲望而变成了一位“刚者”。

5.11　子贡曰：“我不欲人之加诸我也，吾亦欲无加诸人。”子曰：“赐也，非尔所及也。”

撇不清——

人和人之间的关系问题就是这个世界上最复杂的问题。我们不清楚子贡遇见了什么情况，总之让他很绝望，他想撇清跟所有人之间的关系——我不想别人对我怎么样，我也不想对别人怎么样。孔子说：“那是不可能的。”

另外一次孔子回答子贡哪个字可以终身奉行时，孔子的选择是“恕”：“己所不欲，勿施于人。”

“我不欲人之加诸我也”，子贡希望别人对自己实行“恕道”；“吾亦欲无加诸人”，子贡希望自己对别人也实行“恕道”。

这里都没有包含另外一种情况，假如我认为是好东西，是否可以强行给别人呢？孔子回避了这个问题，大约认为自然是好东西别人当然是求之不得了。

楚王听说庄子有贤德，打算重金聘他为相，庄子说一头牛是喜欢在野外风吹日晒呢，还是喜欢锦衣玉食养在太庙被当作牺牲呢？

《论语》中也出现了不少“隐士”他们认为“避言”不够，“避人”也不够，唯一的选择只能是——避世。

也许只有成为隐士才能彻底撇清跟这个世界的关系。

5.12　子贡曰：“夫子之文章，可得而闻也；夫子之言性与天道，不可得而闻也。”

能教的与不能教的——

文章，诗书礼乐，这是孔门里的必修课程。

性，人性。天道，大道。这些是没法教的。

子贡没有听过不代表孔子不言，孔子因材施教，看人说话，人性与天道个人觉得比较适合颜回口味。

从另外一个角度看，教师并非万能，他能教的只是那些知识，还有许多东西是老师没有办法教给你的。“师傅领进门，修行在个人”不是师傅不想教，修行是别人无法代替的。

人们都说教育就是你遗忘之后剩下来的东西，而这恰恰是没有办法教的。

5.13　子路有闻，未之能行，唯恐有闻。

子路无宿诺——

子路是个急性子，心里装不住事情，行动能力强，说起来算是“敏于行”，但他被孔子骂多半是因为这一点。孔子更喜欢他的学生谨小慎微，老实巴交，这跟当时的乱世有关，后来子路死于非命便是明证。

子路听到一件事，如果还没来得及做，最怕再听到第二件：那会让他急死。

孔子有一次病了，可能病得不轻，性急的子路便带头成立了“治丧委员会”，准备帮老师办理后事，后来孔子的病好了，子路被痛骂一顿。

子路是个君子，但人类社会从来不需要君子。

子路是《论语》中个性最鲜明的一位。

5.14　子贡问曰：“孔文子何以谓之‘文’也？”子曰：“敏而好学，不耻下问，是以谓之‘文’也。”

孔文子其人——

《左传》中记载孔文子的一段“公案”是这样的：卫国的太叔娶了宋国一对姐妹，后来孔文子让太叔休了宋国这一对姐妹并娶自己的女儿，但太叔无法忘情宋国那个妹妹，偷偷把妹妹收在一处密室做了“二房”，孔文子知道后大怒并准备派兵灭掉太叔，在孔子的劝说下罢兵，但还是强行接回了女儿。

这事在当时闹得沸沸扬扬，孔文子先强行嫁女，再企图弑君，后强行索回女儿，可谓不仁不义，哪里当得上一个“文”字呢？这是子贡的疑问。

孔子认为一件归一件，孔文子被谥以“文”是因为他的“敏而好学，不耻下问”。聪明人常常自恃聪明坐不下来，学不进去，不免自误于所谓的聪明，主动向不如自己的人请教更不是一件容易的事情，不如你只是某一方面或者是整体上不如你，但他身上一定有比你强的地方，能把这一点都学到的人才是真的好学。孔文子都做到了。

5.15　子谓子产：“有君子之道四焉：其行己也恭，其事上也敬，其养民也惠，其使民也义。”

郑国有贤相——

郑国有贤相名字叫子产，子产死的时候，《左传》载：仲尼闻之，出涕曰：“古之遗爱也。”看来这是一位让孔子惺惺相惜的人。

《史记·循吏列传》说子产临危受命，三年即将郑国治理得“门不夜关，道不拾遗”。子产治理郑国26年，死的时候，“耕者辍耒，妇人捐其佩玦”，“丁壮号哭，老人儿涕，曰：‘子产去我死乎！民将安归？’”

孔子这里称道子产是从四个方面，要求自己谦卑，对待上级恭敬，施民以惠，劳民以义。子产能做到这四方面，堪称君子。

5.16　子曰：“晏平仲善与人交，久而敬之。”

时间可以消磨一切——

晏平仲就是晏婴，世称晏子，身材矮小，其貌不扬，不卑不亢，闻名于诸侯间。齐国有二名相，其一管仲，另一位就是晏婴。晏婴重节俭，“食不重肉，妾不衣帛”，孔子十分敬重晏子，如果有机会，情愿为他做一个卑贱的“执鞭”者。

这里说晏子善于跟人交往，时间越久人们会越敬重他。

时间让我们的双眼变成了显微镜，用显微镜看人谁都不是人，孔子说晏子是唯一的例外。

晏婴使楚的故事让我们见证了他的“脱口秀”才能，晏子救石父的故事却证明了晏子的君子本质。石父是个贤人，却被人关在牢笼里，晏子在路上遇见后就用一匹马赎回并带他回家，回家以后一直没怎么理他，石父就说自己决定离开了，晏子不解，石父说关我的人不了解我，你既然救我就应该是了解我的，既然了解我却又冷落我，我还是回到牢笼里好了，晏子于是奉为上宾。

晏子跟自己的车夫的故事则可以说明人们为什么会“久而敬之”。有一天晏子车夫的妻子从门缝里瞥见下班回家的丈夫，丈夫是给晏子“执鞭”的，车肯定是好车，赶车人也一副意气风发的神态，妻子就对丈夫说决定离开他了，你看人家晏子身高只有五尺，却能够在诸侯间显名，但为人谦卑得像个车夫；你身高八尺，一无所长，似乎还很满足，好像你才是领导，我跟着你有什么明天。这位车夫第二天完全变了个人，晏子了解情况后，就让他做了大夫。

孔子年轻时曾经到齐国找工作，齐王也决定用孔子，但晏子坚决反对，孔子随后离开了齐国。

晏子基于国家利益反对孔子留在齐国表明他是一位贤相，孔子敬重晏子证明孔子是一位君子。汉文帝十分器重周勃，以为社稷之臣，袁盎不以为然，认为他只是有功而已，这让周勃十分反感；可当所有的人说周勃谋反时，袁盎站出来说周勃无罪，周勃并因此免罪，他从此十分敬重袁盎。

5.17　子曰：“臧文仲居蔡，山节藻棁，何如其知也。”

龟是一个符号——

臧文仲是鲁国大夫，以智闻名。

蔡，大龟，蔡本是地名，因蔡地出产大龟而名。龟蔡、蔡龟的说法在旧书中时常能见到。类似的还有和璧随珠，和璧，就是和氏璧，一个叫卞和的人硬说他手上那块石头是一件稀世珍宝，他甚至不惜为此被人肢解，事实证明他是对的。随珠，随地一巨蟒曾用这枚罕见的夜明珠来报答救过它的人。

居，收藏。一说为大龟建造居所。山节藻棁，为大龟修造的居所极尽奢华。孔子说这么干的人，真是聪明啊！

像蓍草一样，龟是跟占卜连在一起的，龟也因为能预知祸福而身价名贵。当然很多人都没有那么迷信，孔子这里是指责臧文仲搞封建迷信吗？或者是指责这位鲁国大夫不知节用，浪得虚名？

5.18 子张问曰：“令尹子文三仕为令尹，无喜色；三已之，无愠色。旧令尹之政，必以告新令尹。何如？”子曰：“忠矣。”曰：“仁矣乎？”曰：“未知，焉得仁？”崔子弑齐君，陈文子有马十乘，弃而违之。至于他邦，则曰：“犹吾大夫崔子也。”违之。之一邦，则又曰：“犹吾大夫崔子也。”违之。何如？子曰：“清矣。”曰：“仁矣乎？”曰：“未知，焉得仁？”

还是不见仁人——

子张，姓颛孙，名师，是孔子晚年的重要学生，性格豪爽。令尹，官职，子文，一般认为他就是孙叔敖。在河南、湖北有几处水利工程残迹说是跟孙叔敖有关，孙叔敖一生清廉，死后家里连棺材都买不起，儿子要靠打柴为生，后生者常常为此唏嘘不已。

《滑稽列传》里说孙叔敖死前交代儿子，日子实在过不下去就去投奔优孟。优孟化妆成孙叔敖的样子去见楚王，楚王大惊，以为是孙叔敖复活，打算重新聘为相，优孟说要回去跟妻子商量一下。第二天答复楚王说妻子不答应，因为楚国的相实在不值得做，死后他的子女会穷得没有立锥之地，楚王醒悟过来之后就决定封赏孙叔敖的儿子。孙叔敖死前还交代过儿子楚王如果要封赏就要“寝丘”这块地方，此地名字差，位置也不好；但是别的封地很少有超过两代的，孙叔敖的子孙拥有寝丘这块封地超过了十代。

孙叔敖在令尹这个重要职位上三上三下，不喜不忧，每次离任前都跟继任者交割得清清楚楚。即便这样，在孔子看来也只算是忠于职守，仁人还算不上。

这里特意赞扬他跟继任者交接的情况，因为熟知中国官场的人都明白，能做到这一点的人实在不多。继任者总是认为自己比前任高明，上任后一定会全面干净彻底地消除前任的所有气息；离任者即便是升迁了，对于曾经的岁月还是难以释怀，在任时他不仅付出了辛劳，还投入了感情。普通员工可以“以单位为家”，因为他为同一个单位服务到退休的机会很大；领导是有任期的，任期一到立马走人。再好的美人只能当作是人工智能机器人，“谁动感情，谁完蛋！”

皇帝死了没有生养过的嫔妃只能守着青灯黄卷终老一生，情形何其雷同。

司马迁在《循吏列传》中将孙叔敖列为第一人。孙叔敖初为令尹时，一老父对他说："有身贵而骄人者，民亡之；位已高而擅权者，君恶之；禄已厚而不知足者，患处之。"

看来"老父"这句话孙先生是听进去了。

"崔子弑齐君"，崔子，崔杼（住音），齐国大夫。弑，专指臣杀君，子杀父。传说齐国史官为了留下这句"崔子弑齐君"三兄弟先后献出了生命，一个"弑"字为事件的性质做了最后的了断，所谓的"春秋笔法"，也是中国历史上的贼子们所真正惧怕的。中国传统不敬畏万能的上帝但敬畏历史、崇拜祖宗，青史留名、光宗耀祖就是传统中国人的最高人生理想。

"崔子弑齐君"是一个发生在宫廷中龌龊的情杀故事，自己辛辛苦苦从下属手上抢来的美人又被上司抢去，最后以大臣杀死国君而告终。

陈文子，齐国大夫。家里比较有钱，40 匹马，可配 10 辆车，因为崔子弑君陈文子决定放弃全部身家远走他乡，他在自我放逐的旅途中有过两次停留，皆因遇人不淑，他选择了继续流浪。孔子给他的评价是——清，清高，还是达不到"仁"的境界。

5.19　季文子三思而后行。子闻之，曰："再，斯可矣。"

三思而行——

季文子遇事总是再三考虑后才行动。孔子听说后就说："两次就可以了。"

遇事果敢，能决断是一个领导人重要的素质，齐桓公整日沉湎于狩猎和酗酒加上人又好色，肯定算不上一个好人，管仲看好他的主要原因就是他的决断能力。历史上也有许多读书皇帝，宋朝的徽宗、钦宗，南唐的李后主之辈，性格阴柔，做事拖泥带水，难有大作为。

孔子认为遇事想两次就够了，有利的一面要考虑，不利的一面也要想到；但如果再想回去，要么觉得有利的一面还不够多，要么就嫌不利的一面多了点，常常也就不了了之了。

但今天我们只记住了"三思后行"，时不时就拿它来警醒人。我们这样说的时候通常的意思是——有危险，不要行动！

"剩女"多半就是这样剩下来的。先是相亲，样子还行，至少不恶心，此时嫁也就嫁了；再考察一下家境，过得去，至少饿不死，此时反而不急了；还想找找感觉，结果就剩下了。

5.20　子曰："宁武子，邦有道，则知；邦无道，则愚。其知可及也，其愚不可及也。"

装傻才是最高境界——

前章孔子夸南容，国家清明他保官，国家昏暗他保命。这里是夸宁武子，国家清明他就显示出聪明能干的一面，国家昏暗时他就装傻。如果说他的聪明能干我们还可以去学一学，他装傻的本事我们永远学不了。

我们总是怕别人不知道我们很聪明。

5.21 子在陈，曰：“归与！ 归与！ 吾党之小子狂简，斐然成章，不知所以裁之。”

有钱没钱，回家过年——

在一次齐鲁之战中，鲁国史无前例地战胜了强大的齐国，鲁国的将领是冉求，季康子问冉求的军旅才能从哪里来，冉求说是跟孔子学的，季康子决定请孔子回国。那时候，孔子在外面已经流浪了14年，年届七旬，似乎没有一件顺心的事，在此期间他一定想过回家，现在机会来了，这让他欣喜若狂。

“吾党之小子”，那些留在家的学生。狂简，志向远大。

这么多年过去了，留在家里的那帮小子一向志高气盏，现在应该颇有成就了，真不知该怎样教导他们了。

孔子回家之前心情很复杂，没有故乡的人体会不到。“少小离家老大回”，家乡早已沦陷，其实是回不去了。

5.22 子曰：“伯夷、叔齐，不念旧恶，怨是用希。”

宽恕他们吧——

伯夷、叔齐是孔子心目中真正的高洁之士。他们身份高贵，却疾恶如仇，宁愿饿死也不向世俗屈服，是许多仁人志士“心向往之”的人生最高境界。

孔子这里称道伯夷、叔齐的是他们勇于放下以前的仇恨，内心坦荡，了无波澜。

伯夷、叔齐是殷商时孤竹君的长子和三子，他们推位让国并相约逃到以仁义著称的周文王那里。文王死后，周武王武力讨伐商纣王，伯夷、叔齐叩马而谏；武王灭商后，伯夷、叔齐耻食周粟并逃至首阳山采薇而食受饿而死，死前作歌曰 ：“登彼西山兮，采其薇矣。以暴易暴兮，不知其非矣。”这算是求仁得仁吗？

很难说他们至死都心中无怨。孔子认为是别人不会怨恨他们吧？所以处处不忘为他们立传。

5.23 子曰：“孰谓微生高直？ 或乞醯焉，乞诸邻而与之。”

这不是作秀是什么 ——

微生高就是那位与女子期于桥下，水至不遇，乃抱柱而死的呆子。别人向他借醋，他自己没有，就向邻居借来再转借给人。

既然说好了不见不散，守约桥下，乃是有信，以命守信，是为小信。此人守候的是位女子，如果是国家财产呢？

这样的人不太可能会沽名钓誉但喜欢作秀，只要有人围观什么出格的事情都干得出来。

5.24 子曰：“巧言，令色，足恭，左丘明耻之，丘亦耻之。 匿怨而

友其人，左丘明耻之，丘亦耻之。”

万恶“伪”为首——

孔子这里列举了最以为耻的四种情况：花言巧语、嬉皮笑脸、卑躬屈膝、口是心非。四种行为的关键在于均非出自真心。

左丘明，鲁国人，一般认为他就是《左传》的作者。

巧言和令色是孔子多次声明自己最讨厌的东西，足恭，过分地恭顺，故宫太和殿里高悬的是“允执厥中”，指示我们日常言行应该奉行不偏不倚的中正之道。

“匿怨而友其人”，把怨恨藏在心里，表面上还要装出一副喜欢的样子。这样的人以前有，现在也不少。一个字：累，两个字：憋屈。

5.25　颜渊季路侍。子曰：“盍各言尔志？”子路曰：“愿车马，衣轻裘，与朋友共，蔽之而无憾。”颜渊曰：“愿无伐善，无施劳。”子路曰：“愿闻子之志。”子曰：“老者安之，朋友信之，少者怀之。”

畅谈革命理想——

这一天，由颜回和子路陪着老师一起聊天，老师就要这两位学生各自谈谈自己的理想。子路豪爽，说自己那些好车、好马和好衣服愿意与朋友一起分享，即使用坏了也没什么。颜回是道德君子，做人比较低调，说自己就算有什么善行不会说出来，也不会随便麻烦别人。

既然是命题作文，子路希望老师也做一篇，孔子的理想是照顾到所有人；老者有所安，朋友有所信，少者有所养。

子路乐善好施、义薄云天，颜回谦卑自守，孔子则心系天下，三人境界是如此不同。

5.26　子曰：“已矣乎，吾未见能见其过而内自讼者也。”

人贵能自讼——

孔子说，算了吧，我没有见过能发现自己的过错并自我反省的人。错了就改，改了再犯。

讼，内省。

5.27　子曰：“十室之邑，必有忠信如丘者焉，不如丘之好学也。”

忠信不难，好学不易——

十户人家肯定不是大地方，但就算这么大一个地方都一定能找到忠信之人，但能找到像我一样好学的人那就难了。

“好学”的奖状跟“仁人”一样珍贵，孔子只颁发过一次给学生，当然是给了颜回，孔子认为自己那么多学生中间，真正称得上好学的只有一个颜回。那一次，哀公问：“弟子孰为好学？”孔子对曰：“有颜回者好学，不迁怒，不贰过。不幸短命死矣。今也则亡。”不知别的学生听了会做何感想。“贤哉，回也！一箪食，一瓢饮，在陋巷，人不堪其忧。回也不改其乐。”孔子这里夸颜回还是因为颜回的“好学”，在十分艰苦的条件下依然好学，那才是真正的好学！

颜回有什么成就吗？不知道，孔子似乎不重结果。

太史公说：“颜渊虽笃学，附骥尾而行益显。”颜回固然好学，没有孔子的宣讲我们谁也不知道他，就像一只苍蝇只有趴在千里马的尾巴上才有机会变成“千里苍蝇”。

“子曰·我曰”之：雍也第六

6.1　子曰：“雍也，可使南面。”

南面有多重要——

班固认为《道德经》宣讲的是“南面之术”，这样说来它的主要读者就应该是帝王人君。但在古代面南背北的不光是皇帝，各级官衙都是坐北朝南，面向南方就是“法定”的听政姿势。时至今日，党政机关、厂矿学校如果有可能同样会把大门开在向南的一边。

皇宫通常会选择城市的中心位置，今天的北京故宫就是旧北京的中心，太和殿是故宫的中心，太和殿的中心就是里面那把龙椅，太和殿也是旧北京建筑体量最高的建筑物。但有时会基于安全的需要选择地势较高的地方建皇宫，比如那个惊弓之鸟的南宋，就把“大内”建在了临安城城南的凤凰山上，南宋第一任皇帝赵构在遗弃了自己的父兄之后又义无反顾地将自己的万千子民摆在了自己的身后，一有风吹草动他就可以第一时间继续向南狂奔。皇宫偏居城南，但坐北朝南的规矩不能改，最苦的是住在城里的一帮大臣，江南湿热，每天一大早要绕很远的路，从皇宫的南门进宫，汗流浃背地面向北方与皇帝谋划收复中原的宏大愿景。

北方人讲方位一定是东西南北，南方人口中的方位则是前后左右。北方地势平坦，一马平川，人们需要一个确定的方向来实现某种规则；南方多山川，城镇建设多随形就势，相比北方人的严谨，南方人就没有那么多规矩。北京有新街口，南京也有新街口；西安的东大街、西大街跟开封的东大街、西大街在城中的位置都一样。

南方就意味着温暖和希望。生活在南方的人可能很难理解“南面”有多么重要。现在地球变暖了，人们也很难想象古代黄河流域的先民们面对寒冷而漫长的冬季时的绝望感。《孟子》里有“齐宣王见孟子于雪宫”的记载，“雪宫”是齐宣王度假的别墅，可以想见的是外面漫天飞雪、寒风呼啸，雪宫内温暖如春、歌舞升平，这是只有帝王权贵才有的享受。

孔子说冉雍有人君之才。孔子不常夸人，这一次把冉雍夸得不轻。

6.2　仲弓问子桑伯子。子曰：“可也，简。”仲弓曰：“居敬而行简，以临其民，不亦可乎？居简而行简，无乃大简乎？”子曰：“雍之言然！”

只有“适度”是完美的——

仲弓就是冉雍，有的版本将此章与上章放在一起，好像孔子夸奖冉雍有南面之才就是因为他说的这句话，这句话尽管很合孔子口味，但还扯不到“南面”去。

孔子对桑伯子的评价是正面的，但有保留——简了一点。仲弓就顺着老师的话往下阐述：依礼而居，行事从简是应该的，但如果一切从简，是不是太过简了呢？孔子认为仲弓说得对。

据说孔子有一次去见桑伯子，桑伯子在家里光着膀子，孔子的学生们很不以为意，认为桑伯子简过头了，但孔子认为他的“质”是好的。孔子走后桑伯子的学生也不高兴，问老师干吗要见孔子这样酸文假醋的家伙，桑伯子说孔子的“质”还是不错的，只是“文”多了点。

“文质彬彬，然后君子。”孔子对形式与内容的关系有着深刻认识。

《消失的地平线》为我们描述了一个西方人心目中的“世外桃源”，穿过蓝月山谷就可以进入那个叫香格里拉的国度，香格里拉的唯一法则就是——适度，过度和不足都是罪恶的源泉，只有适度是完美的，这就是香格里拉成为人类梦想的根由。

“简”和“文”原本是好的，过头了便成为负担。但前提是本质要好。

刘邦和项羽都是英雄，这是前提。刘邦的不足在于他的“简”，项羽的不足在于他的“文”。刘邦动辄即“骂”，项羽动辄即“怒”，对此韩信是最有发言权的。韩信取“齐”后，派人请求刘邦封他为齐王，又担心刘邦起疑心，说封个“假王”就行，目的都是为了工作。刘邦大骂韩信不来救他反而想自立为王，张良赶忙用脚踢了刘邦一下，刘邦迅即会意，继续骂道，大丈夫要做就做真王，做什么假王！并派人封韩信为齐王。项羽表面上仁而爱人，其实嫉贤妒能，沽名钓誉，终有霸王别姬、乌江自刎的精彩桥段上演。项羽至死都认定是“天亡我，非战之罪也”，为了证明给手下将士看，项羽单枪匹马冲入汉军阵中，斩将、刈旗，如入无人之境——这就是项羽的“文”。

如果说刘邦是真小人，项羽更像个伪君子。他日，阮籍漫步在广武山时曾大发感叹：“时无英雄，使竖子成名！”在阮籍看来两人都不是英雄。

6.3　哀公问：“弟子孰为好学？”孔子对曰：“有颜回者好学，不迁怒，不贰过。不幸短命死矣，今也则亡，未闻好学者也。”

难得好学——

孔子说过十户人家的小地方一定就有忠信之人，但找不到像他一样好学的人。学生中能称得上“好学”的只有一个颜回，自从颜回英年早逝之后就再也没有听说过谁好学了。

孔子这里说得很绝对。三千弟子、七十二贤人中，要说好学者，颜回是绝无仅有的一个，由此看来，好学绝不是一般的品行。

一般来说，好学只是一种优良品德，它不是对结果的描述，换句话说，好不好学只是一个态度问题，跟能力没有太多关系。这也基本符合颜回的情况：年纪轻轻就死了，家境一般，葬礼举办得十分简陋。

这里孔子称颜回好学，特意称道其“不迁怒，不贰过”，看来孔子嘴里的“好学”跟我们今天说的“好学”有区别。我们今天讲好学，学的是知识和技能，有人天生就喜欢；其实没有人不爱学习，只是施教者的方法有问题。

孔文子聪敏而好学，能够向不如自己的人学习，孔子以“文”称赞之。

迁怒移祸是寻常小人奴才们最容易犯的毛病，指桑骂槐，更严重的就像疯狗，见谁咬谁；最伟大的是教师，哪怕受了天大的委屈，一进教室，一看见学生，便只记得传道授业了。

不贰过，同样的错误不犯第二次。乔布斯说犯错误不等于错误，要把犯错误当成一个警告而不是万劫不复的失败，没有犯过错误就等于没有真正生活过。

6.4 子华使于齐，冉子为其母请粟。子曰：“与之釜。”请益。曰：“与之庾。”冉子与之粟五秉。子曰：“赤之适齐也，乘肥马，衣轻裘。吾闻之也：君子周急不继富。”

救急不救穷——

子华，就是公西赤。冉子，即冉求，《论语》中称“子”的除了孔子，还有有若、曾参和闵子骞。很多人认为闵子骞和冉求并无资格称“子”，可能跟有关章节由他们的弟子记录有关。

釜、庾、秉，都是容量单位，在秦始皇统一度量衡之前这些单位都复杂而混乱。根据钱穆先生的考据，釜大致相当于一个人一个月的口粮，庾比釜小，五秉要多很多，大概相当于一个人十年的口粮。

子华要到齐国出差，冉求想给子华的母亲申请一点补助，孔子同意，冉求嫌少，孔子也同意增加，但冉求自作主张大肆滥发补助的做法让孔子很不满意，他说子华家不差钱，真要帮也帮助那些最需要的人。

这里面有很多问题，子华出差为什么要孔子发补助？子华家到底差不差钱，子华“乘肥马，衣轻裘”，家里却等米下锅？子华如果是出公差，冉求借机替同学家里要补助，是不是有点假公济私的味道？事情应该发生在孔子在鲁国出仕那几年，冉求在孔子家里做总管。

西方人讲“马太效应”——凡有的，还要加给他叫他多余；没有的，连他所有的也要夺过来。

现代银行业奉行的是“雨伞理论”——银行喜欢在天晴的时候把雨伞借给你，等天要下雨了，银行就会把伞收回去。

6.5 原思为之宰，与之粟九百，辞。子曰：“毋！以与尔邻里乡党乎。”

雪中送炭——

前面是锦上添花，让孔子不快，这里是雪中送炭，孔子十分爽快。

原思做孔子家的总管时，孔子刻意将薪俸给得很高，原思坚辞不受，孔子劝他收下来，吃不完还可以周济一下邻里嘛。

九百是多少，前人有很多猜测，钱穆说是九百斛，大致相当于当时450亩农田的收获。原宪，字子思，孔门中安贫乐道的楷模式人物，孔子去世后便在卫国隐居，在卫国为相的子贡听说后特意去看他，按照子贡的作风估计排场小不了，子贡见到原宪捉襟而见肘、纳履则踵决的样子说了一句：“你病了吧？”原宪说自己没有钱，只能叫贫，学道而不能用道才叫病，子贡觉得是在骂自己，羞愧了好长时间。

怎样帮助穷人也是一门学问，孔子帮助原宪已经算是不露痕迹了，原宪还是不接受。某一年山西大旱，遍地饿殍，百姓甚至易子而食，晋中榆次的常家没有直接赈灾而是花费数万两银子修戏台，只要搬得一块砖头者常家就管饭，让灾民既有尊严又不会饿肚子。灾荒持续了三年，常家的戏台也修了三年。乔家则捐银施粥，比施粥本身更珍贵的在于他们在施粥期间将自己的生活标准降到最低，乔家主人还严令家人在灾民没有吃上粥之前不准开饭。

有时候坦然接受是跟慷慨施予一样重要的。

大家都知道慈善人士陈光标导演的钱墙秀，但你不一定知道他有两个儿子，一个叫陈环境，一个叫陈环保。

6.6 子谓仲弓曰：“犁牛之子骍且角。虽欲勿用，山川其舍诸？”

“拼爹”游戏——

犁牛，耕牛或者是毛色不纯正的牛，这样的牛不适宜用作牺牲。骍，赤色。周人尚赤。一只普通的牛却生了一只不普通的小牛，毛色纯正，头角峥嵘，就算没有机会用作牺牲，山川之神也不会遗弃它的。

仲弓的爹是谁？孔门德行科里的冉耕和冉雍，年龄相差 22 岁，有人说他们是父子，《仲尼弟子列传》只说他们属于同一宗族，如果是父子就该直接说；况且有冉耕这样的爹也不算太委屈冉雍吧？

从孔子的劝导的口气看，没有一个好爹让仲弓很郁闷，如此看来拼爹游戏至少已经有 2500 年的历史了。

“京城四少”拼的当然也是爹，他们的爹坐拥数十上百亿身家肯定不是他们的错，那些当红或者过气的女星愿意跟他们传绯闻也很难说谁是谁非，甚至四个年轻的 wang 姓少年硬被人拼接成“京城四少”都不是出自他们的本意，他们唯一的错误在于他们无法选择生活的年代。

“四少”一直都是一个神奇的组合，民国就有“京城四少”，张伯驹出身官宦世家，袁世凯称帝的主要策划者，民国第一收藏家；张学良，东北军少帅，一生风流倜傥，“兵谏”蒋委员长的乱世豪杰；溥侗，爱新觉罗氏，精于京剧、昆曲，能编能演，堪称中国戏曲史上的一大奇才；袁克文是袁世凯的次子，对中国传统文化研究达到专家级水平，“隙驹留身争一瞬，恐声催梦欲三更，绝岭高处多风雨，莫到琼楼最上层。”他用诗句劝诫父亲不要称帝，此种境界相信不是每个人都可以做到的。

战国时期就有信陵、孟尝、平原和春申四大公子，出身豪门只是他们慷慨好义的理由，他们为卿为相，搜罗天下贤才，名显诸侯，远不是今天那些“拼爹”族能够理解的。

6.7 子曰："回也，其心三月不违仁，其余则日月至焉而已矣。"

半个仁人——

三月为一季，也叫"一时"，四时就是一年。《国语》里说："三时务农而一时讲武。"春夏秋要耕种，冬天没有农活可干，那就想想跟打仗有关的事情吧？一季算是很长的时间了，季节都改了，人大概也可以改改性了。

颜回连续一个季度都不违仁，实属难得。

别的学生都忍不了这么久，"日月至焉"，是说每次能忍一天至一个月不等呢，还是一天或者一个月才会"仁"一次？总之没有颜回的耐性好。

即使这样，在孔子以"仁人"命名的QQ群里还是没有颜回的名字，孔子"仁人"群组的名单只加了六个人：微子、箕子、比干、伯夷、叔齐、管仲。

6.8 季康子问："仲由可使从政也与？"子曰："由也果，于从政乎何有？"曰："赐也可使从政也与？"曰："赐也达，于从政乎何有？"曰："求也可使从政也与？"曰："求也艺，于从政乎何有？"

当官谁不会——

季康子想从孔子的学生里选聘一位宰，孔子说子路果敢，子贡练达，冉求多才艺，都是合适人选。季康子后来选了冉求。

三人都是孔门中的佼佼者，他们真正优秀之处甚至不在于是否够条件担任季氏的宰，"于从政乎何有?"被孔子重复了三次，其不屑之态跃然纸上。

尤其是在孔子的前半生根本没有觉得"从政"有多么重要，他认为比出仕更重要的是"谋道"，学而优则仕，仕仅仅是学习之余的事情，本末关系很明晰。

三个小朋友"过家家"，姐姐负责分派角色：我认字最多当老师，妹妹最乖可以当学生，弟弟什么也不会，就让他当校长吧！

也有人将"于从政乎何有?"解读为不适合从政，孔子并非真的认为自己这三个学生都不适合从政，只是不喜欢季氏，这里只是托词。

6.9 季氏使闵子骞为费宰。闵子骞曰："善为我辞焉！如有复我者，则吾必在汶上矣。"

费宰不好当——

闵损，字子骞，是德行科代表人物之一。"二十四孝"里面有他，"单衣顺亲""鞭打芦花"都是对闵子骞孝行的褒奖。据《仲尼弟子列传》，闵子骞有一年冬天干活时行动迟缓被父亲鞭打，衣服打破后里边飞出来的是芦花，再去查看继母生的两个儿子棉衣里是厚厚的棉花，愤而出妻。闵子骞跪求道："母在一子寒，母去三子单。"父亲于是饶恕了那个女人。这样的故事适合地方戏曲来表现，情节简单，思想正确，家长里短，冲突激烈，容易收到教化效果。晋剧《芦花》演绎的就是这段故事。

闵子骞以孝闻名，受过孔子的夸奖——孝哉闵子骞！

费，属今天山东东南部沂蒙山区费县，是季氏的私邑，帮助季氏管理私邑的宰称大夫。“公山弗扰以费畔”，公山弗扰就做过费宰，季氏的另一位大夫阳虎作乱时，公山弗扰曾一起参与，叛乱失败后阳虎奔晋，公山弗扰退守费继续跟季氏对抗，曾经拉拢孔子打算一起干。

当时的鲁国由权臣季氏把持国政，季氏又被家臣控制着。这是一摊浑水，闵子骞不想涉险。费的地理位置特殊，费宰叛乱似乎成了传统，闵子骞不想涉足这个是非之地。

季氏决定让闵子骞担任费宰，闵子骞不肯接受，并表示此事到此为止，如果有人再提费宰，那就是逼我远走他乡！

后来闵子骞在孔子的劝说下到费邑赴任去了，但时间很短，他最后还是选择了主动离开。

2008年，全中国人民学识了两个字：胺和汶。三聚氰胺事件刚爆出来时，大家都把“胺”读成“安”，后来才知道读“暗”；汶川大地震时，连领导都把“汶”读成“文”，后来才知道该读“问”。

汶河据说是今天山东省境内风景最秀美的一条河，春秋战国时齐鲁大致以汶河为界。“汶上”就算是到了齐国了。

电影《集结号》的故事背景就是淮海战役中发生在汶河上的一场死亡较量。

6.10　伯牛有疾，子问之，自牖执其手，曰：“亡之，命矣夫！　斯人也而有斯疾也！　斯人也而有斯疾也！”

一个神秘的麻风病患者——

冉耕，字伯牛，孔门一期德行科优秀学生。《仲尼弟子列传》说：“伯牛有恶疾，孔子往问之。”伯牛究竟得了什么病？前儒多猜测是癞，即麻风病，以前的人们认为这是一种恐怖的传染疾病。

孔子不能理解品行高洁的伯牛为什么会得这样的病，这也许就是命吧！

“斯人也而有斯疾也！斯人也而有斯疾也！”“天厌之！天厌之！”“天丧予！天丧予！”孔子似乎隔不久就会这样大呼小叫一次。

“自牖执其手”，堂和室之间除了户还有牖相通，相当于窗户。人平时住在室里靠北墙（墉）的地方，君来探病时要移至南墙，以便君可以“南向”而视；孔子不敢当此重礼，所以隔着窗户看望病人。

另外的理解就是因为伯牛的病有传染性，所以孔子只是隔着窗户探病。

6.11　子曰：“贤哉，回也！　一箪食，一瓢饮，在陋巷，人不堪其忧，回也不改其乐。　贤哉，回也！”

孔子的咏叹调——

冉求为子华的母亲请粟，一出手就是800斗，孔子也只是象征性地抱怨了一下。孔子在鲁国的“工资”是“奉粟六万”，但他自称“饭疏食，饮水，曲肱而枕之，乐亦在其中矣”。

颜回身居陋巷，生活清苦，却能做到乐在其中，孔子对此赞不绝口。

富贵不是问题，贫穷也不是问题，你内心的感受才是唯一值得重视的问题。

《庄子·大宗师》里颜回曾向孔子汇报自己的进步，从“忘仁义”到“忘礼乐”再到“坐忘”，离形去知，同于大道。颜回能有如此长进，成为孔子最得意的学生似乎也算是顺理成章。有人说庄子出自颜回的门下，在庄子的笔下颜回的形象很正面，但《庄子》里故事基本上都是假托。

颜回的境界可不是一般地高。

6.12 冉求曰：“非不说子之道，力不足也。”子曰：“力不足者，中道而废，今女画。”

不能与不为——

德行、政事、言语、文学就像是大学里的四个独立学院，孔子是这所大学的校长，但似乎又兼任德行学院的院长，对德行科的学生总是爱护有加，颜回、闵损、冉耕、冉雍从头到尾都是被孔子夸，对其余学生心情好的时候会跟他们开开玩笑，认真表扬的一次没有。

不管怎么说德行科都有点玄虚，冉求是政事科的优秀代表，善于行动，长于解决具体问题。这样的学生理论水平不高实属情有可原，但话不能直说，因为谁都知道老师心里哪块肉痒痒，冉求就推托道：“谁都知道你那些东西是好东西，我也很想学，只是能力不够。”

孔子觉得自己在被学生糊弄：“你有去努力吗？努力了没有结果，谁也不会怪你，但你现在是画地自限！”

我们今天读来，把这一章记录在案本身就是在糊弄孔子。

6.13 子谓子夏曰：“女为君子儒！ 无为小人儒！”

孔子不知道自己属于儒家——

人需为儒，儒原本指的是一种术士，跟巫、祝、史、卜、医一样，他们凭借熟知诗书礼乐知识而得以为贵族提供掌礼、司仪之类的专业服务，基本算是一种贱业。孔子设坛授徒，其主要讲授内容也是诗书礼乐，学生就业方向多与“儒”有关；因为孔子连同后来的孟子在当时影响巨大，所以他们被称为儒家，以此为业的人被称为儒生，《论衡》说：“能说一经者为儒生。”

儒后来成为读书人的代称。

读书人在刘邦口里叫“竖儒”，《汉书》说刘邦“不喜儒”，“诸客冠儒冠来者，辄解其冠，溺其中。与人言，常大骂”。《史记》载老儒生郦食其求见刘邦时，刘邦正让两个女人给他洗脚，老儒生说：“足下欲助秦攻诸侯乎？且欲率诸侯破秦乎？”沛公骂曰：“竖儒！夫天下同苦秦久矣，故诸侯相率而攻秦，何谓助秦？”这位老儒生还曾建议刘邦分封六国后代，听完张良的分析，刘邦辍食吐哺，骂郦食其曰：“竖儒，几败而公事！”

读书人常被人骂作“犬儒”“鄙儒”“腐儒”“邹生”，他们满腹经纶却手无缚鸡之力，腐儒瘦马，百无一用，这些大概都属于“小人儒”；最不堪的称呼是“醇儒”，听起来像一坛陈年佳酿，这样的读书人不知道算不算是“君子儒”。

汉初有一个叫叔孙通的读书人，号称“天下第一儒”，他对刘邦说，打天下靠的是勇士，守天下还得要儒生；他为刘邦做的最具体的一项工作就是“起朝仪”，让出身草莽的刘邦感慨：“吾乃今日知为皇帝之贵也！”

叔孙通是君子儒还是小人儒？当初为了“起朝仪”，叔孙通成立了一个由30多位鲁国的儒生组成的团队，其中有两个儒生觉得有德之人才配有礼乐，认为刘邦没有资格。叔孙通笑曰：“若真鄙儒也，不知时变。”

“正其衣冠，齐其颜色，嗛然而终日不言，是子夏氏之贱儒也。”说这话的是荀子，嗛同慊，自得貌，子夏他们衣冠楚楚、不苟言笑，一群无比能装的贱人罢了。

6.14　子游为武城宰。子曰：“女得人焉尔乎？”曰：“有澹台灭明者，行不由径，非公事，未尝至于偃之室也。”

长得这么丑，我容易吗——

子游在武城为宰，至少有两件事被记了下来。一次是孔子经过武城，“闻弦歌声”，就说了一句“割鸡焉用牛刀。”子游听了不以为意，就给孔子上了一课，孔子那次有点尴尬：“前言戏之耳。”

这一次就严肃多了，孔子问子游有没有发现什么人才。子游隆重推出了澹台灭明，说这是一个光明磊落之人；此人能力如何不知道，但品行不错，反正孔子也不太看重能力。

澹台灭明，字子羽，相貌普通。“以貌取人，失之子羽”说的就是他。有一位文友写了一本书，书名叫《长得这么丑，我容易吗?》，性格能够决定命运，长相当然也能，男女通用。澹台灭明在儒学传播上功勋卓著，其主要的讲学地域在今天江西境内，过去南昌城有进贤门，今天南昌附近还有进贤县，据说都跟子羽有关，江西人爱读书的种子就是子羽播下来的。到江西旅游，江西的导游爱说天下进士江西十有其一。

“行不由径”，路有大道，也有小路；大道宽敞，小路便捷，本来只是一个如何取舍的问题，但“抄小路”往往意味着投机取巧。《道德经》第53章说：“大道甚夷，而人好径。”中国人的投机取巧史要从春秋战国算起。

南怀瑾说，“行不由径”的意思是行事不循常规，意思通顺，但训诂“径”为常规并不合乎常规。

6.15　子曰：“孟之反不伐，奔而殿，将入门，策其马，曰：‘非敢后也，马不进也。’”

他是如此低调——

孟之反是鲁国大夫，为人十分低调，鲁国打了败仗他主动负责殿后，退到城门口时，他说自己不是要殿后，实在是马跑不动。

伐，自夸。奔，败逃。殿，断后。策，马鞭一类的东西，一头带尖，可以刺。

胜仗人人会打，败仗却要靠大勇气和大智慧。排兵布阵从来就没有常胜的将军，职位越高的将领会越谨慎，因为他要考虑到各种情况。进攻的方案要制定，撤退的路线也要事先选定。诸葛亮六出祁山，每次都能不损伤一兵一卒。

“战败而还，以后为功。”《集结号》里谷子地连同那47名战士就是负责殿后的，他们的任务是掩护大部队撤退，没有号声他们就不能离开自己的岗位。战事中最紧要的是奖功罚过，设法鼓励将士立功，但处理不当就会造成争功诿过的被动局面，至少在电影里的国民党部队就是这么干的。

鲁国这位将领却把困难主动留给自己，更可贵的是这一切他做得是如此不露痕迹。困难留给自己的同时还不忘把尊严让给别人。

6.16 子曰：“不有祝鮀之佞，而有宋朝之美，难乎免于今之世矣。”

祝鮀亦贤者——

虽然灵公无道但卫国不亡，孔子认为其中一个原因就是“祝鮀治宗庙”，祖先神灵侍候得好。佞，口才好。“治宗庙”是大事，它涉及政权的合法性问题；但说到底也就是个形式，它注重的是表面的东西，主持这个“形式”的人的口才自然就显得很重要了。另外的版本里是“不有祝鮀之仁”，我甚至相信即使是正话反说，孔子都不肯把“仁”字用在祝鮀身上。

宋朝是宋国的公子，名朝，著名美男子，凭借自己的相貌和私欲屡次淫乱宫闱。《左传》载：“公子朝通于襄夫人宣姜，惧，而欲以作乱。”后来逃到了晋国，宋朝回到卫国是因为南子，南子是宋国的公主，两人原本就有情事，此时又厮混在一起；更不堪的是他同时还与南子的丈夫——卫灵公有染，卫灵公是卫襄公的儿子，宋朝先私通襄公夫人，再及灵公。卫灵公的儿子不堪其辱，欲杀南子而未遂，并最终引发卫国内乱，子路之死便与此有关。

前章我们认识了一位相貌丑陋的澹台灭明，他在儒学传布上的建树让孔子曾有“以貌取人，失之子羽”的慨叹。春秋战国时期还有一位著名的丑男人赵襄子，三国分晋之燕赵魏均为战国时期的强国，赵襄子就是赵国的开国之君。

红颜易成祸水，长相太过俊美的男子也容易困于自己的皮囊，稍有不慎，便是祸国殃民的下场。

对本章的解读历来分歧众多，“不有……而有……”的句式限制了我们。祝鮀之佞是巧言，宋朝之美是令色，这都是孔子极力排斥的，但现实污浊，世人崇尚的就是巧言和令色，不懂得巧言，又不会令色，很难真正融入这个社会。孔子的意思应该还是很明确的。

孔子这是在发牢骚 。

6.17 子曰：“谁能出不由户？何莫由斯道也？”

日常出入经门户，人生大道何处寻——

“道”是泛指人生大道还是专指孔子的政治理想或者仁义礼乐之道这是一个问题。

如果是前者，表明孔子又在发牢骚；后者表明孔子十分自恋。

6.18 子曰：“质胜文则野，文胜质则史。文质彬彬，然后君子。”

再论“形式与内容”——

质与文就是内容与形式，内容太多了则不免失之于“野”，形式太多了又不免失之于“文”。野，粗陋。史，精巧。

前章论及桑伯子，孔子认为他的质是不错的，只是简了一点；桑伯子认为孔子的质也是不错的，只是文了一点。两人综合一下，即是“文质彬彬”，不偏不倚，合乎中庸之道，那就是真正的君子了。

文质彬彬，现在是成语，但意思已变。

6.19 子曰：“人之生也直，罔之生也幸而免。”

民之多幸，国之不幸——

《左传》说：“善人在上，则国无幸民。民之多幸，国之不幸也。”

“非分而得谓之幸。”幸的本义是意外得到好的或免去不好的，非但没有感恩反而得意扬扬，甚至变本加厉，这就是“幸民”，守株待兔的那位宋国农民也可算是一位。

人生本应该直道而行，不能直道而行的人靠的是侥幸才免于灾祸的。

这样说与事实不符，直道而行的人常常在现实面前遭遇的是头破血流，低眉顺眼、委曲求全者通常都可以全身而退。

6.20 子曰：“知之者不如好之者，好之者不如乐之者。”

人生的三重境界——

“知之”“好之”“乐之”是程度上的递进关系，大致相当于知道、喜欢、痴迷三个阶段或者说是三重境界。汤一介说，“知”是理智，“好”是情感，“乐”是理智加情感。

有一种歌手，你知道他，大概也能说出他的主要作品；第二种歌手，你喜欢他的声音或者他的作品本身，如果遇见了，你多半不会放过；第三种歌手是让你如痴如醉的，你会主动去寻找，在他的歌声中，你可以忘我。

你认识一个人，知道他的身世，但你们不会主动凑在一起；如果是喜欢的，他至少是可以满足你某方面需求的；还有一种是让你痴迷的，对你而言，他的名字就是世界上最动人的词语，无论何处见到他名字中的某个字都可以让你耳热心跳。

孔子说的是学习或者谋道，同样有这样三重境界。

6.21 子曰：“中人以上，可以语上也；中人以下，不可以语上也。”

看清楚坐在你面前的人——

孔子这是在谈论教育的具体问题吗？孔子是有教育理想的，他在这个问题上最引人注目的表述是“有教无类”，按照通常的理解，孔子不会根据教育对象的不同背景属性而进行取舍，以“礼”为立身之本的孔子只需要一点见面礼（束脩，即10条干肉），如果是这样，有教无类的思想与本章意思并不合拍。

有学者将“有教无类”解读为对教育结果的描述，通过教育让所有的人都得到提升，最终达到没有区别，即“无类”。

回到原点我们才更清楚地发现人和人是如此不同。在教育行当传播最广的理论里有“多元智能理论”，哈佛大学加德纳教授发现人的脑部受损后其学习能力会发生明显差异；进一步的研究表明个体身上相对独立存在着9种不同的智力，一个人可以表现出一种或一种以上特异智力，而另外的几种智力会明显弱化，即每个人都拥有不同的智能优势组合。

研究表明一百个人中平均就有十个人在某一方面具备特殊能力，即百分之十的人永远都是最优秀的。现代学校只提供了“考试”这么一个舞台，所以百分之九十的学生永远都是失败者；如果我们可以提供另外九个不同的舞台，那么所有的人都是优秀者。

就算是孤独症患者中平均都有10%的孩子被称为“白痴天才”，而具备同等能力的人在正常人群中的比例只有不到1%。

承认这种差异才能让我们更客观地面对别人和自己。

单一的应试教育体制就好像一群人看一场体育比赛，本来有高有低各安其位，如果前面的人站起来，后面的人只能站在座位上。

6.22 樊迟问知。子曰：“务民之义，敬鬼神而远之，可谓知矣。”问仁。曰：“仁者先难而后获，可谓仁矣。”

正确把握人与鬼的关系——

有哪些东西需要我们敬而远之呢？我们与外界的关系可以敬也可以不敬，可以远之也可以近之，排列起来就有几种情况，其中“敬而远之”是最微妙的一种。

首先它是好东西或可能是好东西，但我们可以不喜欢，或者对别人有益但对我们有害，其次远离它不会伤害我们。

老百姓都知道伴君如伴虎的道理，老虎不会随意杀人，但皇帝是可以单单凭借个人的好恶杀人的；对老虎敬而远之已经足够，对皇帝敬与不敬只有你自己知道，但远之还是近之往往不是你可以决定的。

作为对象，鬼神完全符合敬而远之的条件，它可能很强大，但没有人能证明远离它会给你带来什么伤害；心里对它保持一份敬意无伤大雅，太过亲近不免自寻烦恼。在孔子看来这是一种智慧。

如果把这种“智慧”放在当时的社会历史背景中，我们也许更能够理解它的革命性意义。孔子是殷人后代，殷人重鬼神，善卜筮，甲骨文就是殷人卜筮的忠实记录，如果是别的内容他们可能都不会刻意去保存这些甲骨，或者他们认为别的事情根本就不值得记录在案。殷之后，卜筮在社会生活中的重要性一直在衰减，但直到今天它对普罗大众的强大威慑力依然在一定程度上影响着他们的行为，“宁信其有吧，反正不会有什么坏处”就是人们最常见的自我心理暗示。

其实在当时人们对待孔子的态度就是“敬而远之”，孔子是文化领袖，他的理想也很伟大，庙堂之上这些都属于可以高声谈论的话题，但要用它来治国安邦又是另一回事儿。当年孔子在齐国本来是有所打算的，齐国似乎也想起用孔子，但齐景公最后选择了敬而远之的态度：“吾老矣，不能用也。”孔子再度踏上了流浪之途。

务民之义，带领百姓去做那些合乎“义”的事情，在孔子看来这也是聪明之举。

孔子对“仁”的解读是——先难后获，先乐于付出，再求收获，但这样说显然是在降低“仁”的标准，有学者将这句话理解为：先人难、后人获，即“先天下之忧而忧，后天下之乐而乐”，当更符合孔子本意。

6.23 子曰：“知者乐水，仁者乐山。知者动，仁者静。知者乐，仁者寿。”

山环水绕——

有智慧的人更喜欢水，有仁德的人更喜欢山，前者好动而快乐，后者好静而长寿。

我们品读此章总觉得智慧和仁德是不能兼得的，中国香港人喜欢“选美”，中国香港人夸女人通常都是“美貌与智慧兼具”。

喜欢水的人不会喜欢山，有人好动，有人好静。

不知道孔子凭什么将二者区分得如此清楚。

6.24 子曰：“齐一变，至于鲁；鲁一变，至于道。”

齐鲁青未了——

齐鲁原本是国家概念，其地域范围与今天的山东省重合；今天的齐鲁是地理概念，同时具备文化意义。

先秦时齐鲁是两个完全不同的国家。齐是太公望吕尚的封国，吕尚就是姜子牙，他助周灭商，有“百家宗师”之称；齐地东瞰大海，富有渔盐之利，囊广袤之地。姜太公奉行的是“尊贤尚功”的治国方略，这直接导致了齐国开放进取、崇尚功利、善权变、富幻想文化传统的形成。鲁是周公姬旦的封国，“变其俗，革其礼”，大破大立，强令推行那套极端繁杂的周礼，鲁国长期软弱，固守传统、强调原则、坚守信念，体现的是深沉的责任和道义感。

不同的行政理念导致了不同的国家形态，事实上早在姜太公时代就有贤人断言齐国日后会出现弑君篡权的乱臣。齐国的历史上既有管仲、晏婴这样的大政治家，也有田常篡齐之类的乱局。

表面上看，世袭制更适宜某些东西的传承，齐国尽管也受到儒家文化的影响，但姜太公的遗风还是在很大程度上延续到了战国末期；绵延至孔子时，鲁国已经存续了数百年，但周公的风范仍然处处可见，这就是文化的力量吧！1776年7月4日，北美13个英属殖民地宣布独立，《独立宣言》正式颁布，“我们认为下述真理不证自明：凡人生而平等，秉造物者之赐，拥诸无可转让之权利，包含生命权、自由权、与追寻幸福之权（原意为：拥有私人资产之权）。”这就是美国之所以是美国的根本道理，借此，若干年后的美国依然会是《独立宣言》里希望缔造的那种国家。

司马迁说齐地“其民阔达多匿知，其天性也”。鲁国是孔子的父母之国，他对鲁国传统文化有一种天生的认同感。

孔子认为齐国的奋斗目标应该是鲁国，鲁国的理想就应该是国家的终极理想。

另外的事实是齐立国八百年，地域广袤、经济强盛、文化发达、人才辈出，著名的稷下学宫堪称中国文化史上最精彩的一笔；反观鲁国君臣移位、国力衰弱，像个迂腐的书生。

6.25　子曰：“觚不觚，觚哉！　觚哉！”

世风日下，今夕何夕——

中国酒文化发达，酒事自古就是大事。觚是酒器，酒器分盛酒器如尊、壶、区、卮、皿、鉴、斛、觥、瓮、瓿、彝和饮酒器如觚、觯、角、爵、杯、舟等。

觚算是商周饮酒器的代表，上圆下方，中间束腰，容量约为二升或更多。据说觚的主要特征就是腹部和脚有棱角，但当时人们为了省事把觚做成了圆形；觚属礼器的一种，在孔子看来用作礼器的东西是不能随便改的，所以这里大发感慨道：“觚早已不再是原来的觚了，还觚啊、觚啊的！”觚字也训作“棱角”。

也有人认为觚是“孤”的假借，孔子是自说自话：我孤独不孤独？孤独啊孤独！

还有人将觚读作“沽”，说孔子是在待价而沽。

关于觚的容量，两升或者更多，在今天看来多得有些不可思议，即使这样还有人解释这种器物之所以叫“觚”，取的也是寡少意，劝诫人们勿要贪杯。如此看来，两升酒在古代不算什么，一杯而已。古人没有掌握蒸馏提纯技术，古代的酒度数很低，有点像今天的客家黄酒。

但从出土实物来看，觚更像是盛酒器。

6.26　宰我问曰：“仁者，虽告之曰，‘井有仁焉。’其从之也？”子曰：“何为其然也？　君子可逝也，不可陷也；可欺也，不可罔也。”

这个问题有问题——

以前人谈恋爱，男生经常会遭遇女友“假如我和你妈同时掉水里了，你先救谁”的灵魂拷问。在我这里的问题有神似之处：假如一位仁者被告知井里有一个人，他应该跳进去救他吗？

这显然是一个陷阱，不救不足以称仁者，救人即意味着牺牲；另外一重陷阱是仁者是不应该撒谎的。

“井有仁焉”也有人解读为“井里有仁德”，宰我的意思是假如仁德是可以取得的东西，而现在井里就有这样的东西，一个以仁为追求目标的人是否应该跳进井里去呢？

孔子的回答是——为什么会这样呢？君子可以牺牲，但不应该被陷害；君子可以被欺，但不能被愚弄。

宰我是言语科的优秀代表，上次被孔子骂作“朽木不可雕”，他总会提一些古灵精怪的问题，这也是“论语”最生动的地方。

6.27　子曰：“君子博学于文，约之以礼，亦可以弗畔矣夫！”

博而约之——

文，诗书礼乐有关历史文献。畔，农田的边界，也通“叛”，背叛，这里的意思是“离经叛道”。

广泛地学习诗书礼乐，又坚守礼制，就应该不会离经叛道了。这句话当然是对读书人说的，自古当政者都讨厌读书人，想法太多。历代都有人造反，表面上摇旗呐喊的都是一些草莽丁壮，但没有读书人是造不成反的。中国古代的做法是将读书人招安，许以功名，其实就是约之以礼，都是一家人了，还造什么反？

6.28　子见南子，子路不说。夫子矢之曰：“予所否者，天厌之！天厌之！”

夫子也好色——

这大概是孔子最暧昧的一次。电影《孔子》对此极尽渲染、暗示之能事，差不多就是那部烂片唯一的卖点。

南子是宋国的公主，两度与宋朝私通，作为卫灵公的夫人，她年轻、美丽、能干，这在当时不应该是一个女人夸示于人的优点，南子因此留存于世的除了一个坏名声之外，还有她死于非命的宿命。

据说孔子见南子是被逼的，县官不如现管，卫国当时在很大程度上是南子说了算，孔子要想在卫国混就无法绕过南子，而且南子主动放话出去说自己愿意见孔子，《孔子世家》里说：“孔子辞谢，不得已而见之。”另外的事实是，孔子拜会身为卫灵公夫人的南子只是依礼而行，问题在于这个女人名声不佳，所以以子路为代表的一班同学都表示这个女人还是不见为好。

很难说是出于什么考虑，总之孔子还是见了她。《孔子世家》记载当时的情形是：“孔子入门，北面稽首。夫人自帷中再拜，环珮玉声璆（球）然。”不知道一路飘零的孔子这一瞬间心里在想些什么，我们知道的是一个月之后，卫灵公与南子同乘一车而招摇过市，让跟在他们后面独自乘车的孔子大发感慨道：“吾未见好德如好色者也。”孔子随即离开了卫国。

有“史记”集解将孔子见南子同“文王拘羑里”相提并论，那个美丽而邪恶的女人就是孔子的地狱吗？如果是，那大概算是孔子一生注定要经受的一次磨难吧！

即便如此，还要向自己的学生努力澄清一些东西，没有比这个更无聊的了。矢之，发誓。孔子发誓说，如果我做了什么见不得人的事，就让天也厌弃我吧！

有一位名为“昌迦禅师”的佛家弟子，自称是用“禅心”在解读《论语》，据他的推测孔子在见南子时支开了子路等人，跟南子在密室里做了一些事情。这位禅师还说，孔子两度在卫国出仕时间大约有七年，是孔子一生中最稳定的时光，但真正吸引孔子留在卫国的就是那个像狐狸一样的女人。佛门中人有如此轻浮的想法，真是作孽。

孔子心里真的有鬼吗?

6.29 子曰："中庸之为德也，其至矣乎！民鲜久矣。"

中庸之德——

《中庸》是"四书"之一，四书五经属于儒家的"国家课程"。《孔子世家》说"子思作《中庸》。"南宋之前，《中庸》都是《礼记》里的一篇，朱熹首次将它单立出来，连同《论语》《孟子》及《礼记》中的另一篇《大学》合起来称"四书"，《四书章句集注》一直都是明清读书人安身立命的精神家园。

既然《中庸》传授的是"孔门心法"，它被假托为孔子的孙子所作也就顺理成章了。孔子觉得中庸之德是最高境界，但老百姓脱离它已经很久了。"仲尼曰：君子中庸，小人反中庸。"

中庸，是合乎常规，不偏不倚，中庸思想可以算是孔子的核心价值。今天"中庸"的意思是没有原则，没有主张，研究两者之间是如何演变的应当是一个有趣的话题。

《礼记》说：连而不相及也，动而不相害也。彼此之间互动的分寸拿捏准确，这就是中庸之德吧?

6.30 子贡曰："如有博施于民而能济众，何如？可谓仁乎？"子曰："何事于仁！必也圣乎！尧舜其犹病诸！夫仁者，己欲立而立人，己欲达而达人。能近取譬，可谓仁之方也已。"

博施于民——

"博施于民而能济众"这话大概只有子贡才说得出口，或者说只有他才有资格说。"施"主要是物质的给予，"济"是对于有需要的人给予帮助，不仅限于物质上。

帮助、照顾所有有需要的人，这就是子贡的人生理想。他很真诚地问老师，这样做是否符合"仁"的标准呢? 孔子说岂止是仁，简直就是圣了，尧舜都做不到！自己喜欢的东西也能设法给别人，就从自己身边做起，已经算得上是仁了。老师这样讲的时候感觉味道已经变了，好像在暗示子贡好高骛远；子贡大概被奚落惯了，他也许根本就没有听出来老师的言外之意。颜回会跟孔子说些不着调的肉麻话，子贡却是实实在在地树老师。

"己欲立而立人，己欲达而达人"要比"己所不欲勿施于人"积极主动得多，你想要的、你喜欢的就应该想到别人也一样喜欢，要学会分享。

孔子以"君子"自居，奋斗目标是"仁人"，"圣人"几乎等同于传说。孔子认为称得上"仁人"的就那几个，他们人格高清、有大功；圣人更少，尧舜和文王、周公而已。

士之优者可以为君子，他们“修己以敬”，洁身自好；大夫、卿相之优者才有资格做“仁人”，他们“修己以安人”，光管好自己还不够，要能够让自己身边的人受益；圣人是“修己以安天下”，泽被天下苍生，帝王中的君子才有资格。

"子曰·我曰"之：述而第七

7.1　子曰："述而不作，信而好古，窃比于我老彭。"

世纪之答——

述是传承、转述，作是创新。孔子说他只是传承，不创新，为什么呢？因为他认为以前的东西已经非常好了。"删诗书，定礼乐"大致就是孔子传承的主要工作。

孔子觉得他生活的时代十分糟糕，而曾经的过去是那样妙不可言，比如尧舜时期，比如文王、周公时期；孔子终其一生，奔波在路上的唯一目标就是回到那个曾经无限美好的过去，这就是孔子坚持不创新的心理背景。

孔子最终知道他无论如何都是回不去的，而时至今日我们连回到他曾经认为无比糟糕的春秋都是绝无可能的了。如果可以选择生活的时代，我相信许多人会选择婉约的南宋、艳丽的盛唐甚至慷慨悲歌的春秋战国，因为当下的喧嚣和失序让我们无数次体味到孔子当年的绝望感。

孔子在宣称自己因为崇尚古代而拒绝创新时是充满了自豪感的，他将自己比作老寿的彭祖，拥有800年生命历程的彭祖当然是不需要创造了，800年积淀的厚重足以让所有的生命匍匐在他的面前。

同样拥有5000年厚重历史的中华文明也从未孕育过创造的种子，全世界独一无二的传统就是我们最沉重的负担。钱学森"世纪之问"的真正源头也许要追溯到孔子身上去。

前些年人们拿文怀沙的年龄和"国学大师"的名号说事，焦点之一就是这位老人家一生没有任何著述，"大师"从何说起？另一方就搬出了孔子，说述而不作乃是中国之传统。

佛陀、苏格拉底、耶稣全部奉行"述而不作"，如果没有门生后人的记录，我们甚至不知道他们是谁。

在学校系统，这个问题的复杂性在于有太多人热衷于"作"，急于提出某种模式、某种新教育的人如过江之鲫，他们对自己从事的领域并没有深刻而全面的思考，他们的个人储备也不足以支撑一种新理论的主要骨架和血肉。他们的"作"其实并无新意，他们只是十分急切地想在某个体系中占据一席之地。

老彭就是彭祖，老是老寿的意思。道家的鼻祖老子，说的也是一位"老寿的先生"，后来才专指那位叫"李耳"的人。彭祖的家乡在今天的徐州，徐州因此也称彭城。彭祖是传说中著名的养生大师，一道野鸡汤成为中国烹饪史上的孤独一味，此人一生"丧妻四十九，失子五十四"，历经人生之七滋八味，信古而好古，不思创新，各地能跟他扯在一起的传说多如牛毛。

7.2　子曰："默而识之，学而不厌，诲人不倦，何有于我哉。"

自娱自乐与助人为乐——

“默而识之”说的是学习方法，注重的是心领神会，通常不是那些记问之学。“学而不厌”是学习态度，学习永不满足。“诲人不倦”是教学态度，好为人师，越讲越起劲，满堂灌，永不疲倦，常常变成了——“毁人不倦”。

“何有于我哉”，一说“对我来说有什么呢?”，一说“我别的还有什么呢?”前一说很自负，后一说很谦虚。但孔子有时候很自负，有时候又很谦虚，这里是谦虚呢，还是自负呢?

7.3　子曰：“德之不修，学之不讲，闻义不能徙，不善不能改，是吾忧也。”

活着是一种修行——

孔子是一位批判现实主义大师，他对他生活的当世充满了抱怨，而当他内心憧憬着无限美好的文王时代时，他变成了一位愤世嫉俗者。

道德不修养，学问不讲习，对的不做，错的不改，这让孔子显得忧心忡忡。

7.4　子之燕居，申申如也，夭夭如也。

孔子的私生活——

孔子给我们的印象概括为一个字大概就是——装，他言传身教，满嘴格言，一派圣人气象，一个标准的教师爷的形象。

在君王面前他战战兢兢，不会越雷池半步，一言一行、一举一动完全按照礼的要求去办；在学生面前他高谈阔论、嬉笑怒骂、教书育人。没别人的时候他又是一个怎样的形象呢?

燕居，退朝回家以后。《乡党》篇专门介绍孔子在各种正式场合是如何依礼行事的，“君命召，不俟驾行矣。”是说一旦国君召见，毫不怠慢，车还没有完全备好已经开始往外奔了。上朝时从进门开始到朝见国君，提着衣服下摆，屏住呼吸，点头哈腰，“鞠躬如也，屏气似不息者。”

回到家当然是我的地盘我做主，“申申如也，夭夭如也”。很舒展的样子，很和悦的样子。申申，树枝伸展状。夭夭，枝条轻盈的样子。不是随随便便、彻底放松，像桑伯子在自己家里光着膀子，或侧或卧全凭自己的喜好，哪有圣人的尊严?“不厉不僖”当可概括孔子在家里的神态。

“君子慎独”，孔子在家里也很难独处。《礼记·仲尼燕居》：“仲尼燕居，子张、子贡、言游侍。”

做圣人有时候也很可怜，什么时候都有人跟着，完全没有自己的私密空间。《康熙王朝》里的“老祖宗”热闹了一辈子，临死前她叫人关上乾清宫的大门并把所有人都请了出去，来了一次彻底清场，她说她一生最大的愿望就是清静一会，现在机会来了。

7.5　子曰：“甚矣吾衰也！久矣吾不复梦见周公！”

孔子的“盗梦空间”——

比孔子梦周公更有名的是庄周梦蝶，有一天庄子做了一个梦，梦见自己变成了蝴蝶，那情景是如此逼真，以至于醒来后庄子一直弄不清自己到底是庄子还是那只蝴蝶。庄子在《齐物论》里思考的主要问题包括：我们到底是谁？万物的死生夭寿、世间的是非得失从本质上讲有什么区别？这是一个事关万物平等的终极命题，加上庄子在《逍遥游》里试图向我们描述的那种彻底自由状态，共同构成了庄子哲学的两大基石。

一只蝴蝶让庄子的哲学境界得到了无限的提升，孔子的梦境却是如此靠近现实。

周公，叫姬旦，因采邑在周而称周公，文王第四子，后封在鲁，儒学真正意义上的老祖宗。文王奠基，武王定鼎，但当时的天下并没有太平。武王死后，年幼的成王即位，周公主政期间才算创下大周八百年的基业；周公的另一大贡献是"制礼作乐"，建立典章制度，为中国3000年的文化发展史敲定了她最初的基准音。

"周公吐哺，天下归心。"是曹操的诗句，别人说他是挟天子以令诸侯，他自己以周公辅佐成王自居。明初朱元璋四子燕王朱棣在杀死自己的侄子建文帝后也以周公辅弼成王自况，方孝孺反问道："成王安在？"燕王只得以"此乃家事"来敷衍。

也有人将周恩来比作周公。3000年前，周公摄国政，自上而下解决的是国家的根本问题，分封诸侯和创立礼乐制度是他的两大成就；作为政府首脑的周恩来主要是执行者，无力从根本上建立一个新的东西。周恩来和周公没有什么可比性。

周公一直都是孔子内心最崇敬的人，那些礼乐制度也是孔子心目中最动人的乐符，但这些乐符似乎从未被人敲响过。

孔子执着地认为周公曾经的理想还有被重现的可能，最后他发现自己错了，这让他身心俱疲。

7.6　子曰："志于道，据于德，依于仁，游于艺。"

四项基本原则——

志于道，将"道"作为人生最高理想，我们大致可以用"真理"来解释"道"。志于道就是仰望星空。

但道是不可说的，"道可道，非恒道也。"只要你说出来了，就已经不是了。道生一，一生二，二生三，三生万物，道是宇宙的原动力和恒动力，它比你知道的所有东西都早。人法地，地法天，天法道，道法自然，从人到地、到天、到道，这样的逻辑关系至此便算结束了，道永远只效法自己。

《新约·约翰福音》说：太初有道，道与神同在，道就是神。

德是道的属性，树立远大理想仅仅是第一步，进入操作层面靠的是"德"，德大致相当于今天的"道德"。据于德就是脚踏实地。

仁是孔子的核心价值观，不能说是孔子的发明，应该说是他从古代萃取而得。对外界保持一种积极进取的姿态，宽厚、包容、善意是须臾不可偏离的。

艺，包括诗书礼乐书数，这是最后呈现出来的东西，一个君子应该在"六艺"中具体表达自己。

将人生大道作为自己的最高理想，日常行为要具体落实在崇高的道德修为上，始终保持着一颗仁爱之心，勇于在各自的岗位上展现自己。

作为国内高校的首个国学馆——中国人民大学国学馆门厅正中间写的就是这句话。

7.7 子曰：“自行束修以上，吾未尝无诲焉。”

教育产业化的始作俑者——

只要交了学费，我没有不教的。“束脩（修）”，十条腊肉，十根捆扎在一起叫一束。也有人将这十条腊肉理解成见面礼，这意味着学费另计或者不收学费。

十条腊肉的门槛高不高？“肉食者鄙”，古代能吃上肉的只是一小撮人，酒池肉林已经是帝王级腐败标准，“七十者可以食肉”是孟子的最高政治理想，如此看来十条腊肉也算是拿得出手了。朱熹却说：“束脩其至薄者。”这样说多半是为了圣人的面子吧？因为圣人公开收重礼让后学者觉得有些尴尬。另外，如果是重礼，居住在陋巷里的颜回们可能早就辍学回家了。

更多的人认为十条腊肉的实质是“礼”，送不送腊肉事小，礼是无论如何不能省的。

不管怎样“束脩”后来成了老师收的见面礼的代称，即便孔子当年不收礼，也不影响他的徒子徒孙们借机敛财。还有人将“束脩”理解为成人礼，古代男子到了15岁要行束脩礼，孔子也说自己从15岁开始“志于学”，这样就成了——15岁以上的人孔子都收，学生的入学标准一下子降到只剩下了年龄限制，与“有教无类”的思想吻合。

其实早在西汉，孔安国就将“束脩”理解为“束发修节”，表明此人已经可以“奉礼”，未必一定要等到15岁，这比上面的标准还要低。

7.8 子曰：“不愤不启，不悱不发。举一隅不以三隅反，则不复也。”

教育是没有用的——

在孔子的心里人分三等：中人以上、中人、中人以下。如果仅就智力而言也就是聪明、普通和愚笨。

针对三种人当然就有三种不同的教育方式，这就叫“因材施教”。孔子还就人们的学习态度进行过分类：不学而知、学而知之、困而学之和困而不学，聪明人当属第一种——不学而知之，这样的学生读哪所中学都能考北大，即便待在家里照样上北大，对这些“天才”而言，老师和学校的作用就是戕害。

《易经》之蒙卦卦辞说：“匪我求童蒙，童蒙求我。”施教与受教者的主被动关系很清晰。

做过教师的人一定知道对待真正愚笨之人，教育也是没有用的，换句话说，你不可能将霍金训练成刘翔。“举一隅不以三隅反”，一张桌子告诉你一个角是方的却不知道另外三个角也是方的，对待这样的人，连孔子都说：别理他！

教育能够影响的就是中间那一部分，但怎样发挥影响也大有学问。孔子的方法是“不愤不启，不悱不发”。愤，是闷在心里，欲开而未开；悱，是话到嘴边说不出来。此时启之发之火候正好，因为它正处于临界状态。

今天老师们在运用“启发式”教学时常常失之于启发太早，置答案产生的过程不理，陷学生于猜谜语的游戏中；也有教条老师，学生明明已经知道了，还在那里“循循善诱”，让学生装出不知道的样子。老师们在评课时也喜欢说——这一节课学生配合得好，大概是说学生们装得很像。

这样的教学法对中间那一部分学生也是没有用的。

7.9 子食于有丧者之侧，未尝饱也。子于是日哭，则不歌。

饱食终日，弦歌不辍——

《礼记》规定，国君之丧，“子大夫公子众士皆三日不食”，即使是大夫死了，他的妻妾们也只能蔬食水饮，避免举火；来参加丧礼者自然也应该尽量节制。对孔子而言不吃太饱既是恻隐之心，更是“约之以礼”。

20世纪六七十年代，中国人普遍处在饥饿和半饥饿状态中，但在广大农村地区的丧礼依然十分讲究，在许多农村孩子的记忆中，有人举办丧礼就意味着可以饱餐一顿。后来情况逐渐向好，谁家有丧事就会花钱请来乡下的土戏班，弦歌一堂。

这也是礼。

7.10 子谓颜渊曰：“用之则行，舍之则藏，惟我与尔有是夫。”子路曰：“子行三军，则谁与？”子曰：“暴虎冯河，死而不悔者，吾不与也。必也临事而惧，好谋而成者也。”

孔子煮酒论英雄——

刘备微时，曾寄居曹操门下，某日两人饮酒论及天下英雄，曹操指着刘备和自己说：“今天下英雄，唯使君与操耳。”这句话当时把刘备吓得不轻。

孔子认为真正能够做到“用行舍藏”的人也只有自己和颜回。一种居高临下、长歌当啸、豪气冲天之感油然而生。

用行舍藏，有人用你就大展拳脚，没人用就好好待着。孟子的表述是——穷则独善其身，达则兼济天下。

但对颜回而言，这句话说一半就够了，因为颜回“藏”了一辈子，从来就没有被人用过。子路觉得自己跟颜回的不同在于自己是有用的，比如行军打仗，但孔子认为行军打仗子路也不是合适人选，因为他有勇无谋，孔子欣赏的是那些谨小慎微、三思而行的人。

传说子路不爱读书，还狡辩说南山砍下的竹子直接做成箭照样可以射穿犀牛皮，读书有什么用？孔子说给竹子装上羽毛（文）会射得更远、更准。

暴虎冯（同凭）河，语出《诗经》，赤手搏虎、赤脚过河，比喻做事鲁莽。

7.11 子曰：“富而可求也，虽执鞭之士，吾亦为之。如不可求，从吾所好。”

小富由勤，大富由命——

富可以求吗？孔子的意思是不可以，如果真的可以通过自己的努力而得到，那么再低贱的事都可以干，问题是干了也没用，既然这样还是随缘吧，该干吗干吗。

俗语说“小富由勤，大富由命。”勤俭节约、省吃俭用从来都是说给穷人听的，总在消费的人似乎永远都有钱消费，总在俭省的人似乎永远都缺钱。我们总是相信努力是有用的，不知道经过若干年回头一看才知道自己的那些努力其实都是毫无意义的挣扎。

池子里的水量是一定的，今天你设法加进去一些，明天总有些原因失去一些；如果你太刻意往里加，你失去的会更多。

“执鞭之士”是什么人？《史记·管晏列传》：“假令晏子而在，余虽为之执鞭，所忻慕焉。”这是太史公个人的“理想”，这里的“执鞭”就是牵马坠镫，肯定是贱职。但这个意思通常用“御”来表示，御是六艺之一，是孔门里的必修课，帮人赶车是一项正常工作，似乎算不上“贱”。《周礼》规定天子、诸侯出行时手执皮鞭警示行人的人叫“执鞭之士”，另外，负责市场秩序的人也会手执皮鞭。

7.12　子之所慎：齐，战，疾。

人生须知——

鬼神、战事、疾病都是不可知的，所以应当慎而又慎。

齐，同斋，斋戒，祭祀前必须做的一件事。斋，主要是斋心，内心足够诚敬，表面的东西倒是次要的。“素鸡”也是鸡，尽管吃在嘴里的是豆腐，但心里想的还是鸡。戒，禁绝一切嗜欲，沐浴更衣，戒荤腥、酒色，但即便这样神灵是否就会站在你这一边呢？不一定。

北京天坛西门有斋宫，跟紫禁城里的金碧辉煌不同的是斋宫给人的第一感觉是清幽，这里是皇帝祭天前斋戒的地方，按规定皇帝要在此处斋戒三天才可以正式行祭天大礼。

一块饱受农药化肥摧残的土地休息 3 年就会变成一块健康的土地，皇帝三天就能够将自己漂白？

战事中不可知的因素也很多。《孙子兵法》13 篇，第一篇即“计篇”，讲的是“庙算”，最早的庙算是按照一定的仪式，占卜吉凶，祈求神灵护佑；根据各自的优劣势对战争的结果进行预判。但战争是动态的，战情会随时变化，结果难以预料。

孔子慎言战事，因为那本身就是一个战乱四起的时期。战争就是战争，从本质上讲没有区别，从细节上看战胜跟战败也没有区别。今天的网络上有许多“热血青年”，现实生活中擅长装孙子，换上马甲便大肆叫嚣剁这个、灭那个，10 年内跟谁谁必有一战，似乎战争是一件很好玩的事情。

疾病，在古人看来同样是不可知的。巫医相通，他们既通鬼神，兼及医药，医药可知，鬼神难料。

7.13　子在齐闻《韶》，三月不知肉味，曰：“不图为乐之至于斯也！”

因乐废肉——

是肉好吃还是韶乐好听？实在不好比较，但是孔子选择了前者；而且听一次韶乐给孔子带来的愉悦感可以持续三个月，充分展示了一首“尽善尽美”乐曲的招魂魔力。

以“三月不知肉味”为一支乐曲作比，始终透出一股烟火气，“绕梁三日”的说法似乎更显得雅致些。但是孔子觉得韶乐竟然可以让他三月不识肉味，乃是音乐的至高境界。孔子有人送肉，一个学生10条，3000个学生就是30000条，该吃腻了。

乐曲带给我们的愉悦感取决于什么？《史记·李斯列传》载韩人郑国行疲秦之计败露后，秦决定驱逐所有外来的士子，李斯上《谏逐客书》，其中有“夫击瓮叩缶、弹筝搏髀而歌呼呜呜快耳者，真秦之声也。今弃击瓮而就郑、卫，退弹筝而取韶虞，若是者何也？快意当前，适观而已矣。”秦地的音乐简单、粗犷，演绎到今天大概就是秦腔了。秦腔是“吼”出来的，相关的要求包括戏台要结实，听戏人的胆儿要够大。相对而言韶乐就悦耳多了，大概跟今天柔媚蚀骨的越剧相像。

孔子喜欢韶乐跟我们外人更喜欢听越剧是一样的理由吗？

孔子在极力推崇韶乐的同时也指出“郑声淫”，所以要“放郑声”，郑声的特点是曲调缠绵柔靡，内容多涉男欢女爱。

子谓《韶》：“尽美矣，又尽善也。”

由此看来，孔子真的是圣人。

7.14　冉有曰：“夫子为卫君乎？”子贡曰：“诺，吾将问之。”入，曰：“伯夷、叔齐何人也？”曰：“古之贤人也。”曰：“怨乎？”曰：“求仁而得仁，又何怨？”出，曰：“夫子不为也。”

话锋如刀——

跟本章有关的历史背景对理解本章很重要。孔子55岁开始周游列国，第一站就是卫国，当时卫国当政的是卫灵公，卫灵公的夫人就是那位声名不佳的南子。当时的太子蒯聩试图除掉南子，失败后逃到了晋国。卫灵公死后，蒯聩的儿子继位，即卫出公；孔子64岁时第二次来到卫国，这时候当政的是卫出公，3年以后孔子回家。

当时卫国的情况很混乱，灵公无道，南子无行，太子弑母，出公继位，晋国助蒯聩回国争位，卫人反对，蒯聩赶走儿子自立为庄公，庄公被晋人所杀，出公复位。

这种情况下，孔子他们很难有什么作为，最聪明的选择应该是一走了之，但孔子似乎没有离开的意思。学生们不免议论纷纷：咱们老师到底是什么意思？

“夫子为卫君乎？”有人理解——老师打算帮助卫君吗？或者——老师赞同卫君吗？这里的卫君指的是卫出公。甚至有人将“为”理解为做，老师打算撇开出公自己做卫君吗？南怀瑾就是这样解读的。到底是孔子离谱呢，还是南老先生自己不靠谱？

学生们议论归议论，谁也不敢直说，子贡爱出风头，说自己去问问：“老师，您打算帮助卫君吗？”如果子贡这样问了，就无法显示出孔门一位言语科高才生的水平。

子贡跟老师探讨的是伯夷、叔齐的心理轨迹。伯夷、叔齐推位让国，人格高清，跟卫君们形成了鲜明的对照，孔子对此赞不绝口——学生们的担心是多余的。

子贡想知道孔子是否打算留在卫国，但他绕了一个大弯。本章的精彩之处在于，这个弯最后完美地画成了一个圆圈，圆心就是各自心中的问题，彼此都没有直接涉及问题，但谈论的显然就是那个问题。

高手过招，点到为止。

7.15　子曰：“饭疏食，饮水，曲肱而枕之，乐亦在其中矣。不义而富且贵，于我如浮云。”

钱财聚散如浮云——

孔子再一次系统阐述自己的财富观。粗茶淡饭，枕着自己的胳膊睡一觉也可以其乐无穷；富贵如浮云聚聚散散，福祸终难料。拼命抓在手里的就一定是你的吗？已经放手的东西就一定不是你的吗？

春秋时期的范蠡应该是最能理解“钱财聚散如浮云”的人了。《史记·越王勾践世家》载吴越争霸最终以越的胜出而告终，上将军范蠡知道“大名之下，难以久居”，乃变姓名，浮海以出。居齐后，父子勠力，居无几何，致产数十万。”齐人许以相位，范蠡感叹说：“居家则致千金，居官则至卿相，此布衣之极也。久受尊名，不祥。”乃归相印，尽散其财。后迁居至陶，称陶朱公，“逐什一之利，居无何，则致赀累巨万。”

陶朱公的次子在楚国杀了人，大儿子坚持去救，便带着“千金”去找陶朱公的老朋友庄生，庄生设法让楚王大赦天下，不明就里的大儿子以为自己运气好，心里又舍不得那些钱财，庄生就让楚王杀掉了陶朱公的儿子。回家后众人皆哭陶朱公却笑：“吾固知必杀其弟也！彼非不爱其弟，顾有所不能忍者也。是少与我俱，见苦，为生难，故重弃财。至如少弟者，生而见我富，乘坚驱良逐狡兔，岂知财所从来，故轻弃之，非所惜吝。前日吾所为欲遣少子，固为其能弃财故也。而长者不能，故卒以杀其弟，事之理也，无足悲者。吾日夜固以望其丧之来也。”同样的钱财在不同人心里称出来的分量是不同的，“弃财”是大智慧，大智慧是学不到的，就像围棋中的“弃子”。

我们究竟是需要“宝马”里的哭泣还是单车上的欢笑，这其实是一个哲学问题。

7.16　子曰：“加我数年，五十以学《易》，可以无大过矣。”

五十而知天命——

孔子是相信天命的。“天生德于予，桓魋其如予何？”“天之未丧斯文也，匡人其如予何？”孔子五十岁以后仕于鲁也是他“知天命”的具体行动。

“五十而知天命”“五十以学易”应该不是巧合，这样是否也可以说孔子是因为学《易》而知天命的呢？知天命的人能犯什么大错呢？

《易经》是中国文化的源头，它对整个中国历史文化的影响怎样强调都不过分，但在老百姓心中那就是一部算命的书，在中国它有庞大的信众，每事必卜，奉若神明。

7.17　子所雅言，《诗》《书》。执礼，皆雅言也。

君子安雅——

古代交通不便，但异地之间的交流总是有的，中国各地的方言千千万万，许多事实证明，商周时期诸侯国之间的“交流”已经比较频密，孔子周游列国接触到的方言也应该不少，彼此之间怎样进行语言交流的确是一个非常现实的问题。

多数人相信当时也是有“官话”的，以周为例，应该以周天子生活居住地区的语言作为标准语言，即所谓的官话。《荀子·荣辱》说：“越人安越，楚人安楚，君子安雅。”有人读“雅”为“夏”，即中国，指中原。荀子这里是说，越人讲越语，楚人讲楚语，君子们讲的是“普通话”。《荀子·儒效》还说：“居楚而楚，居越而越，居夏而夏，是非天性也，积靡使然也。”说的是环境对语言的决定作用。

如果这种理解不错，孔子除了日常讲山东土话之外，还常常讲“普通话”，这种普通话应该跟今天河南中西部、山西南部的土语有很大的相似性，你能想象一个身材高大的老儒生讲一口山东味的河南话是一种什么情形吗?

秦始皇灭六国之后，他首先想到是给天下定一些规矩，“书同文”便是其中最重要的事项，而这样一项伟大工程很大程度上是靠军队完成的。蒙恬率领30万大军北上击匈奴、筑长城，平定了大部中国北方；王翦的60万大军大败楚军后，过长江，平吴越，将中国整个东南部纳入秦的版图；任嚣、赵佗的50万大军占领桂林后顺珠江而下在整个岭南地区插上了秦的大旗。

战事平息下来之后，这些部队就留在了当地，他们带来的除了北方的农耕文明还有包括秦篆在内的秦文化。

从此之后，中国境内的大部分地区尽管方言繁杂，沟通困难，但是写出来都是同样的汉字，成为大家交流的共同平台；中国分分合合，数千年来绵延不绝一定有某种内在的力量在起作用，人们相信内敛的方框字是发挥了一定作用的。如果说汉字是第五大发明的话，它的意义甚至要超过另外那四项。

孔子平时讲读诗书都用普通话，掌礼用的也是普通话。

7.18　叶公问孔子于子路，子路不对。子曰：“女奚不曰，其为人也，发愤忘食，乐以忘忧，不知老之将至云尔。”

书生人生——

这位叶公还跟孔子讨论过什么是“直”，叶公认为父亲偷羊，儿子大义灭亲、坚决举报就是“直”，孔子认为那是作秀，亲亲相隐才是真正的“直”。这一次叶公向子路打听孔子的为人，子路没有搭理他，孔子有点怪自己的学生不会说话：“你怎么不告诉他，我们老师好学乐学，不知老之将至!”

孔子似乎不喜欢叶公。

叶公是叶县的县长，跟孔子是同一时代人。大县称公，小县称尹。叶，今属河南省中部平顶山——叶（业音）县，古属楚国——叶（射音）。叶公是一位水利工程专家，“叶公好龙”说的也是他，“龙”原本说的是治水，治水是大事，理当慎重，也因此得罪了不少人；加之孔子不喜欢此人，后来以讹传讹硬把他推上了“叶公好龙”的主角位置。

7.19　子曰：“我非生而知之者，好古，敏以求之者也。”

孔子不是圣人——

孔子喜欢给人归堆，人可以划分为生而知之、学而知之、困而学之和困而不学共四堆。生而知之者上也，《史记·五帝本纪》说“黄帝者，生而神灵，弱而能言。”黄帝生下来跟别人就不一样，所以黄帝是圣人。

老百姓相信轮回说，每个人都有自己的今世来生，你今生的修行可以决定你的下一生，但记忆不能直接复制，鬼魂通过奈何桥去投胎之前一定要喝一碗孟婆的迷魂汤。

可能是孔子的学问太大了，大概没有喝到迷魂汤吧？孔子说那是自己努力的结果，如果说有秘诀，那就是——好古。孔子不止一次表达自己对过去的迷恋。

为了考级、考证书、考公务员而去读特定的书属于“困而学之”，生活所迫，求生存，原本无错，但那不能算是读书。

7.20　子不语怪、力、乱、神。

子不语——

清代留下来三部文人短篇志怪小说集：《聊斋志异》《阅微草堂笔记》和《子不语》。《子不语》的作者是清代才子袁枚，38 岁那年袁枚买下了曹雪芹祖上留下的一个园子，精心改造一番后取名“随园”。随园里的风光令人心醉神迷，袁枚干脆辞去那个不大不小的官职，在随园中饮酒作文流连了 50 年，直到终老，将天下书生的排场演绎到了极致。随园里始终弥漫着“大观园”的脂粉气息，一部《随园食单》也不知赚取了天下饕餮多少口水，袁枚得到的是天下读书人的自由和尊严。

《子不语》书名即来源于本章，内容无一例外全是一些孔子不讲的神怪之事，跟《聊斋》中透露出的“孤愤”和《阅微草堂笔记》中扬善抑恶的谆谆教导不同的是，《子不语》不以教化世人为目标，作者心情舒畅，但求好玩而已。蒲松龄一生困于科场，靠教书写字为业，一生落魄；是美女还是妖精，对于蒲松龄来说是一个无比严肃的命题，这才是他孤愤的根源；纪昀贵为乾隆朝之内阁大学士、位极人臣，国家栋梁，一生富贵，当然乐于教导众生。

怪，超自然；力，逞暴强；乱，悖礼常；神，鬼怪事。这些事情都远离现实，孔子都没有发自内心的兴趣，所以轻易不讲。

7.21　子曰：“三人行，必有我师焉：择其善者而从之，其不善者而改之。”

锵锵三人行——

朱熹说：三人同行，其一我也。彼二人者，一善一恶，则我从其善而改其恶焉，是二人者皆我师也。

三个人一起走，其中一个是我。就算我再愚笨，也可以比较另外两人的善恶，善的就学，不善的改——他们两个都是我的老师。

如果是两人同行，其中一个是我呢？

7.22 子曰："天生德于予，桓魋其如予何！"

颇知天命——

《史记·孔子世家》：与弟子习礼大树下。宋司马桓魋欲杀孔子，拔其树。孔子去。弟子曰："可以速矣。"孔子曰："天生德于予，桓魋其如予何！"卫灵公与南子同乘一车招摇过市，孔子感叹"吾未见好德如好色者也"，随即离开卫国去陈国，路上就发生了这件事。接着孔子去了郑国，在郑国跟学生走散了，并留下了一个"丧家狗"的著名称号。

看来孔子这一段时间的运气比较背。

孔子跟学生在树下习礼，司马氏来砸场，学生们劝孔子赶紧撤，孔子说天命在我，司马氏又能奈我何？

孔子嘴上硬，丢下这句壮胆的话，随即易装而遁。

7.23 子曰："二三子以我为隐乎？吾无隐乎尔。吾无行而不与二三子者，是丘也。"

人焉廋哉——

猫收下老虎当徒弟，把自己的本事都教会了老虎，老虎便露出狰狞面目要吃老师，猫说早就想到了今天，说完从容上树。

现在有学生认为孔子就是这只猫，孔子说不是，自己该讲的讲了，不该讲的也讲了，没有任何隐瞒了。但这话不能全信。

7.24 子以四教：文，行，忠，信。

四科四教——

《先进》篇说："从我于陈蔡者，皆不及门也。德行：颜渊、闵子骞、冉伯牛、仲弓；言语：宰我、子贡；政事：冉有、季路；文学：子游、子夏。"是说这10个学生分别在这四个方面表现最突出，仅仅是孔子对学生的一种评价方式，不能算是孔门的四个学科。

言及老师学生，我们很容易受今天常见的"班级授课制"形式的影响，一间房子，一块黑板，黑板前面站着一位手拿粉笔的老师，下面坐着一排排学生。按照这样的思路，孔门的授课内容包括礼乐射御书数，一堂课讲授一项内容。

但是"班级授课制"从夸美纽斯算起也只有几百年的历史，在中国还只有一百多年的历史。孔子的授课方式主要是跟学生聊天，三两个核心弟子陪着，坐下来聊，边走边聊。相比课堂上教师预先设定的虚假场景，聊天创设的是一个完全真实的"现场"，真正的学习更容易在"现场"发生。

也会办讲座，曲阜孔庙大成殿前边就有"杏坛"，说是孔子讲学的地方，孔子坐在上面讲，学生们坐在下边听，至少这不是常规形式。宋以后“书院”兴起，当年那些古圣先贤们或一人或两三人在台上坐而论道，下面的莘莘学子用心听讲或者“观讲”。

文，诗书等历史文献，文学科学生在这个领域最为擅长。

行，这方面做得最好的学生就应该是德行科那几位。

忠、信，忠诚、守信。

孔子在这四个方面都很重视，广泛地学习历史文献知识，注重品德修养，待人忠诚，办事牢靠。

7.25　子曰：“圣人，吾不得而见之矣；得见君子者，斯可矣。”子曰：“善人，吾不得而见之矣；得见有恒者，斯可矣。亡而为有，虚而为盈，约而为泰，难乎有恒乎。”

对号入座——

孔子很喜欢给人分群。

圣人，尧舜禹、汤文武，他们生而知之，泽被苍生；

仁人，微子、箕子、比干、伯夷、叔齐、管仲，修己以安人；

善人，跟仁人接近，居上位，且是好人；

有恒者，持之以恒的人，孔子算一个；

君子（士），包括身份君子和道德君子；

其他还有贤人、大人、野人、鄙夫、女子、成人等。

孔子说，我们都没有机会见圣人，能见到君子就不错了；善人也见不到，能见到有恒者也就可以了。明明没有却要装出有的样子，明明是空的却要装出满的样子，明明很简陋却要装出一副很富足的样子，这是难以持续的。

迫于无奈，我们必须“装”，但不能一直装下去。

7.26　子钓而不纲，弋不射宿。

孔子钓的是世道人心——

钓是一竿一钩，运气好的话每次能钓上来一条鱼，纲是撒网打鱼，拉上来的不是一条而是一网。著名的查干湖冬捕，一网拉上来就是十万公斤。纲是网的总提绳，“文革”时大家都讲——阶级斗争是个纲，纲举目张。目，小网眼。

孔子坚持用鱼竿钓鱼，不用网来捞。

弋，用带丝线的箭射。宿，归宿之鸟。鸟可以射，但不能射已经归宿的鸟。

传说鱼的记忆只有7秒，你不要觉得一条在鱼缸里游来游去的鱼无聊，转一圈回来同样的地方又是全新的了，所以我们永远都不会真正理解“鱼之乐”；钓钩放下去，鱼饵被吃了，这次没钓上来，它下次还会再来，这种游戏可以无限玩下去。如果下网捕捞，鱼的7秒钟优势无法发挥，游戏就玩不下去了。

已经归宿的鸟跟外出觅食的鸟有什么不同吗？有人说归宿的鸟对别人没有任何侵害性，孔子不忍心射杀。也有人说宿鸟是正在孵蛋的鸟，外出觅食的鸟很多时候也是为了幼鸟，两种情况都有可能是一尸两命或者多命的血腥结局。

当年的姜太公在渭水边钓的是周文王，垂钓的本意是为娱心，但世人既贪又残，比的是最后的渔获，已经不能算是垂钓了。

鱼的问题是工具的问题，鸟的问题是射杀对象或者什么鸟的问题，就像“凤爪”和“猪手”一样，不管是通过强调整体的尊贵来提升局部的价值，还是直接美化关键部位，就其本质而言无非就是广东人茶楼里的两笼点心而已；鱼也好，鸟也好，最后都是捕杀者口中的一道美味。

本章的主题是猎杀，即便是这个儿童不宜的话题，孔子说得也很得体。孔子为人温润如玉，不极端、不过分，他崇尚适度、信守中庸。

7.27 子曰：“盖有不知而作之者，我无是也。多闻，择其善者而从之，多见而识之，知之次也。”

勿妄作——

不知而作当然是妄作，孔子说自己没有这个毛病。多听多看多学习，自己原本不是最聪明的。

知，同智，知之次，非为真智，也算不智，当不作。

7.28 互乡难与言。童子见，门人惑。子曰：“与其进也，不与其退也，唯何甚？人洁己以进，与其洁也，不保其往也。”

佛度有缘人——

一个叫互乡的地方，那里的人给外人的印象是比较难打交道。互乡有一位年轻人得以拜见孔子，学生们觉得很奇怪。孔子说，我赞同的是其求上进，并不是赞同他们的后退，这有什么奇怪的呢？人家既然已经修德要求进步了，我们就应该表示赞同，至于以往的事情，既往不咎，也不要苛责太深。

这种行事风格符合孔子的做派。

童子，15 岁以下的男孩子。“冠者五六人，童子六七人”，古代男孩子 15 岁行冠礼，表示成人《黄帝内经》说：男子“八岁肾气实，发长齿更；二八肾气盛，天癸至。”16 岁的男子可以婚娶，婚姻法规定男子 22 岁可以结婚，超过 24 周岁算晚婚晚育；按“女七七、男八八”的说法，男 32 岁、女 28 岁算最佳生育年龄。

7.29 子曰：“仁远乎哉？我欲仁，斯仁至矣。”

说易也不难——

仁是孔子的核心价值，仁人的称号从不轻易许人，算来算去，孔子仁人群组里只有伯夷、叔齐他们六个人。

成为“仁人”不容易，但做些“仁”事似乎还不是太难——仁其实并非遥不可及，我只要想做就可以做。

但“仁”事做多了就可以变成仁人吗？不可能。

7.30 陈司败问：“昭公知礼乎？”孔子曰：“知礼。”孔子退，揖巫马期而进之，曰：“吾闻君子不党，君子亦党乎？君取于吴为同姓，谓之吴孟子。君而知礼，孰不知礼？”巫马期以告。子曰：“丘也幸，苟有过，人必知之。”

国君的婚姻问题——

陈国的司败（司寇）问：“昭公懂不懂礼？”孔子做了肯定回答，孔子退下后，陈司败跟巫马期说：“我听说君子是不会偏私的，鲁君娶同姓吴女为妻，鲁国人都称她‘吴孟子’。这都叫懂礼？”巫马期把这件事告诉了孔子。孔子说：“我都算幸运，不管有什么错，别人总能发现。”

国君的婚姻里只有政治，国君的女人只讲风月，无关爱情，礼不礼的就更顾不上了。

巫马期，是孔子的学生，巫马，是马医。以职为姓。

“同姓不婚，恶不殖也。”夏商时期先民们还没有这个担心，到了西周这个问题已经提上议事日程，“男女同姓，其生不蕃。”从此，同姓不婚既是俗例，也有相应律条规定。

周太王生了三个儿子：泰伯、仲雍、季历，季历的儿子昌少有贤德，周太王有意立昌为王，“泰伯、仲雍二人乃奔荆蛮，文身断发，示不可用，以避季历。季历果立，是为王季，而昌为文王。”泰伯、仲雍逃到今天的无锡，民众自动赶来归附，后建立了吴国，泰伯、仲雍为吴国第一、二代君。

鲁国是周公姬旦（文王的儿子）的封国。鲁国、吴国均为姬姓，按常理，鲁君娶吴女应称吴姬，但这样太难听，所以改叫吴孟子，长女称“孟”。子是宋的国姓，有点蒙混过关的意味。

孔子是主张父子相隐的，臣为君隐也符合君臣之道，也是礼的规定；陈司败的质疑也没有错，所以孔子只得顾左右而言他。

“苟有过”，孔子哪里不知道鲁君的过失，但孔子在《春秋》里坚称这位吴女为“孟子”。一个“虚心接受，坚决不改”的典型个案，却也是没有办法的事情。

7.31 子与人歌而善，必使反之，而后和之。

和之以乐——

孔子重视音乐跟艺术无关。节之以礼，和之以乐，天下才能太平。

孔子跟人一起唱歌，发现别人唱得好，一定会让人再唱一次，然后还会跟着一起唱。

7.32 子曰：“文莫，吾犹人也。躬行君子，则吾未之有得。”

不是心里话——

“文莫”的歧义很多，一说勤勉、努力——勤勉，我跟别人差不多。还有一说是将“文莫”断开，文指文献资料，莫，“其”之误，虚词，大概的意思。孔子说自己在文献研究方面大概跟别人差不多。

前说指向模糊，跟“躬行君子”句之间关系不明；后说意思很通，但说“莫”是“其”之误，没有依据。

“躬行君子，则吾未之有得。”身体力行，去做一位君子，我还不敢说有什么成就。

孔子一向以君子自居，这里谦过头了。

7.33　子曰：“若圣与仁，则吾岂敢？抑为之不厌，诲人不倦，则可谓云尔已矣。”公西华曰：“正唯弟子不能学也。”

找准自己定位——

按照孔子的分类，圣人、仁人（善人）、君子（有恒者）这三大类中孔子从来只承认自己是第三类。

“为之不厌，诲人不倦”，前章说“学而不厌，诲人不倦”及“发愤忘食”意思都很接近，孔子对此大胆承认，“可谓云尔已矣”那可以说算是这样了。孔子的意思是说自己仅仅做到了这一点，公西华说，这正是我们做不到的。

公西华会说话，孔子心里一定受用极了。

7.34　子疾病，子路请祷。子曰：“有诸？”子路对曰：“有之。诔曰：‘祷尔于上下神祇。’”子曰：“丘之祷久矣。”

子路又错——

祷，祈年、祈福。孔子生病了，子路很着急，就请人为老师祈福，孔子问子路有没有这回事，子路说有，还引经据典说祈福之事古已有之，孔子说，是吗？那我一直都在祈福啊！

孔子这一次为什么生气呢？孔子相信天命，但对鬼神之事采取的态度是敬而远之，孔子这里是怪子路多事。孔子相信“获罪于天，无所祷也”，祈祷乃大事，需慎而又慎，这里大概是怪子路轻浮。还有一次也是孔子生病，子路牵头搞了一个“治丧委员会”，也被孔子臭骂一顿，因为子路的做法有僭越之嫌，“请祷”是否也算僭越？

李零的猜测最有意思，诔书是对死者表示哀悼的词句，孔子还活着，子路一知半解，弄巧成拙，被孔子责骂。

7.35　子曰：“奢则不孙，俭则固。与其不孙也，宁固。”

可恨之人必有可怜之处——

有钱人很容易获得的一个经验就是钱可以搞定一切，当他开始认为全世界都可以被金钱搞定的时候，也就是他自己被金钱搞定的时候了。有钱而又希望别人知道自己有钱的人常常行事张扬，永远一副盛气凌人的样子，拥有太多财富又没有适当的心态，总是让人觉得可恨；但是不张扬又觉得空虚，所谓的可恨之人必有可怜之处，郭美美炫富便是一个实例。

节俭惯了则又不免陷于固陋，自尊心超强，似乎所有人都在等着嘲笑他，有“自虐狂”的倾向。原本可怜，其实可恨。

前者可恨，后者可怜，本质一样，孔子不差钱，但鄙视有钱人，所以宁愿选择后者。

7.36　子曰：“君子坦荡荡，小人长戚戚。”

君子与小人——

君子坦坦荡荡，小人一肚子心事。

但君子不一定是好人，小人不一定是坏人。《亮剑》里的李云龙粗鲁似土匪，从不吃亏，从不按套路出牌，当然难称君子。春秋时期的宋襄公“不鼓不成列”处处时时事事以“仁义”自居，虽然不合时宜，误国害民，但他肯定不是小人。

7.37　子温而厉，威而不猛，恭而安。

先生好气质——

学生们眼中的孔子是这样的：温和而不失严厉，威严但不会生硬，恭顺而平和。不瘟不火，恰到好处。

“子曰·我曰”之：泰伯第八

8.1 子曰：“泰伯，其可谓至德也已矣！三以天下让，民无得而称焉。”

让之德——

《史记·周本纪》说：周太王有三个儿子，长子泰伯，次子虞仲（仲雍），少子季历。季历的儿子叫昌，有圣瑞之相。周太王对昌爱护有加，说周兴盛的希望大概要靠昌去实现了吧？泰伯、虞仲知道太王想把王位传给季历并最终传给昌，二人便文身断发，逃往荆蛮之地。后来昌即位，这就是周文王。

孔子在这里称颂的是泰伯的“让之德”，至德，德的最高境界。“三以天下让”，认为“三”是实数者帮泰伯罗列了三次让天下的具体行为，大致有两种说法。其一包括让季历、让文王、让武王，其二是说季历在位时泰伯本来有三次机会把王位拿回来，但他都放弃了。也有人将这里的“三”理解为虚数，是“再三”的意思，那就不用刻意帮泰伯凑数了。

泰伯可以说是达到了德的最高境界，他三让天下，百姓都不知道该用什么话来称颂他。

虞国和芮国是当时两个接壤的小国，因为土地纷争商定一起去找周文王评理，一进周的国境就发现那里的百姓耕田时相互让出田界，走路总是让对方先走，朝堂之上士、大夫彼此谦让、一团和气，再对比自己的斤斤计较，觉得十分惭愧，就各自回去了。《诗经·大雅》篇中“虞芮质厥成，文王蹶厥生。”说的就是这件事。

孔子以周文王的传人自居。文王被人称道的优秀品质主要包括他的仁、礼和孝，都是孔子最重要的价值追求，“礼”是其中最普遍、最直观的人际关系标志，礼的本质就是谦让。

谦让可以使得天下太平，争抢是一切祸乱的根源。春秋战国时期，天下大乱500年，追其根源乃是一个“争”字。中央与地方、诸侯与诸侯、君臣、父子、兄弟之间你争我抢，到处是阴谋和杀戮，孔子听得多也见得多，感受应该很深。

《镜花缘》第十一回为我们描述了完全相反的场景。

……说话间，来到闹市，只见一隶卒在那里买物，手中拿着货物道，“老兄如此高货，却讨恁般贱价，教小弟买去，如何能安？务求将价加增，方好遵教。若再过谦，那是有意不肯赏光交易了。”……只听卖货人答道，“既承照顾，敢不仰体。但适才妄讨大价，已觉厚颜；不意老兄反说货高价贱，岂不更教小弟惭愧？况敝货并非‘言无二价’，其中颇有虚头。俗云‘漫天要价，就地还钱’。今老兄不但不减，反要加增，如此克己，只好请到别家交易，小弟实难遵命。”唐敖道，“‘漫天要价，就地还钱’，原是买物之人向来俗谈；至‘并非言无二价，其中颇有虚头’，亦是买者之话。不意今皆出于卖者之口，倒也有趣。”只听隶卒又说道，“老兄以高货讨贱价，反说小弟‘克己’，岂不失了忠恕之道？凡事总要彼此无欺，方为公允。试问‘那个腹中无算盘’，小弟又安能受人之愚哩？”谈之许久，卖货人执意不增。隶卒赌气，照数付价，拿了一半货物，刚要举步。卖货人哪里肯依，只说“价多货少”，拦住不放。路旁走过两个老翁，作好作歹，从公评定，令隶卒照价拿了八折货物，这才交易而去。

《镜花缘》说的是君子吗？更像呆子吧？这样的“君子”只能是镜中花、水中月，我们身边的君子们呢？如果没有额外占到便宜，已经觉得吃亏了。

8.2 子曰：“恭而无礼则劳，慎而无礼则葸，勇而无礼则乱，直而无礼则绞。君子笃于亲，则民兴于仁；故旧不遗，则民不偷。”

礼是轴心——

传说中周文王的美德包括仁、礼和孝。孝是家庭内部的，但它是所有关系的基础；仁是社会人之间最理想的状态，善待自己和所有的人；礼是具体体现和确认。

让是礼的特殊情况或者说是最高要求，泰伯三让天下，但他不一定要这样做，别人遇见这种情况当然可以不这样做，而且不应该受到指责。礼的重点在于强调下级对上级或平级之间的某种规范程式，它属于正当要求、基本保障。让是居高临下式的，它的要求超出了一般情况。

恭、慎、勇、直都属于值得提倡的美好品德，但也仅限于此，不能无限放大，也不能没有原则——原则就是这种“美好品德”不能超越礼的范畴，否则就会失之于劳、葸、乱、绞。

恭敬是应该的，但过分就成了疲于应付；谨慎是对的，但过于谨慎就会显得胆小怕事；勇敢是好的，但不能节之以礼就易生祸乱；耿直是优点，但一味耿直则不免失之于偏激。

“君子笃于亲”，这里的“君子”是身份君子，今天我们称为“贵族”的那些人。贵族们跟她们的家人相亲相爱，老百姓就会崇尚仁德；他们不遗忘自己过去的亲友，老百姓就不会人情淡薄。上行下效，人同此情，事同此理。

这一句跟前句没有什么关系。

8.3 曾子有疾，召门弟子曰：“启予足！启予手！诗云‘战战兢兢，如临深渊，如履薄冰。’而今而后，吾知免夫！小子！”

一个孝子的嘴脸——

从儒学传承上来说，曾子可以说是孔子最重要的学生。孔子、曾子、子思、孟子，孔孟之道一脉相传，一般孔庙多以四位最杰出的孔门弟子颜渊、曾子、子思、孟子配享，称为“四配”。《大学》《孝经》一般认为是曾子的著述，《孝经》直接影响了汉民族的精神气质和文化性格。

《孝经·开宗明义》：“身体发肤，受之父母，不敢毁伤，孝之始也。”曾子是个谨小慎微的人，“天之所生，地之所养，人为大矣。父母全而生之，子全而归之，可谓孝矣”也是曾子日常挂在嘴上的话，曾子的小心翼翼似乎全是为了父母，你那副皮囊原本就是父母的馈赠，你只有暂时保管的义务，没有随意支配的权利。

古代的刑罚专门在这方面下功夫。从夏代开始“五刑”制度逐步完备，墨、剕（刖）、劓、宫，乃至大辟，着眼点在于割取人身上的哪个部位，及至明清讲究的是灭九族还是十族。

本章可以从这一角度来理解。“战战兢兢，如临深渊，如履薄冰”也是曾子对待自己身体的态度。生病是对父母“产品”的伤害，如果不慎造成手脚的损毁那更是罪莫大焉，经过这场大病，曾子发现自己的手脚还都全乎，这让他大彻大悟，他说他终于明白如何保全父母“产品”了，这竟然让他洋洋自得。

“吾知免夫！小子！”这就是一个孝子的嘴脸。

有一位过了“七七之年”的女教授在一次公开场合上说起她“吾知免夫”的纯个人体验。一次一位母亲带来一个无比叛逆的青春期女儿请她调教，女孩子满脸的青春痘，一副跟全世界都不妥协的表情，女教授突然想起自己从此以后再也不用被“青春”折磨了，不禁有一种大彻大悟之感。

8.4　曾子有疾，孟敬子问之。曾子言曰：“鸟之将死，其鸣也哀；人之将死，其言也善。君子所贵乎道者三：动容貌，斯远暴慢矣；正颜色，斯近信矣；出辞气，斯远鄙倍矣。笾豆之事，则有司存。”

曾子病榻有话说——

孟敬子是鲁国大夫，国家的栋梁。作为国家的管理者，他们的使命应该是什么呢？躺在病榻上的曾子跟他说了几句“掏心窝子”的话——为了证明这一点，曾子说自己这些话其实是临终赠言，就像鸟将死，其鸣悲一样，临死之人他的话肯定是好话。

相信曾子接下来应该说出一些至理名言了。

曾子说贵为国家栋梁有三点是一定要做到的：约束自己的言行举止，就可以远离粗暴和怠慢；不跟下属嬉皮笑脸，你的话自然会被当真；讲究说话的技巧，别人不敢轻易粗俗、悖乱。至于那些祭祀中的具体事务，不是都有专人负责吗？那不应该是你操心的事情。

这里边有什么微言大义吗？无非是教人要谨小慎微，不要乱说乱动，算是什么“好话”？

再深想一层，曾子的话还真有道理，中国人都懂的。

8.5　曾子曰：“以能问于不能，以多问于寡；有若无，实若虚，犯而不校，昔者吾友尝从事于斯矣。”

曾子夸颜回——

“昔者吾友”指的是颜回，这时颜回已死。郭沫若说指的是子张，还有人说是老子的。

孔子说天下真正好学的人只有他自己和颜回，孔子是老师，剩下的只有颜回了。

向不如自己的人请教，虚怀若谷、大智若愚、厚道无比，即使有人冒犯你，也不跟他计较，过去颜回就是这样的人。

"有若无，实若虚，犯而不校"，好像是从老子口里说出来的，所以《庄子》里言必称颜回。

8.6 曾子曰："可以托六尺之孤，可以寄百里之命，临大节而不可夺也。君子人与？君子人也。"

可以托付身家性命的人——

"七尺男儿"是成年男子，"六尺"自然还未成年，杨伯峻说六尺相当于今天的1.38米；鳏寡孤独，丧妻、丧夫、幼而丧父，老而丧子。这里的"孤"指的是幼主，《三国演义》里有刘备"白帝城托孤"，刘备就要死了，儿子却无德无才，这让刘备感觉到无限的纠结和无奈；关羽和张飞是自家兄弟，忠勇可靠，但即便那时两人还活着，把儿子托付给他们显然不是一件真正让人放心的事情。最大的威胁是诸葛亮吗？那还有什么比把儿子托付给诸葛亮更安全的呢。刘备更高明的地方在于他敢于当面把话说破，他说诸葛亮的才能是曹丕的十倍，刘禅懦弱，能辅则辅，不行你就自己干吧！越怕越有鬼，说出来往往也就没事了；他如果直接求诸葛亮无论如何都要辅佐刘禅结果又会怎样呢？刘备最终害死了诸葛亮——鞠躬尽瘁，死而后已。

"赵氏孤儿"则是中国历史上另一次著名的托孤事件。程婴只是一位民间医生，偶然受人所托，便誓死保全受托人的孤儿，他甚至不惜为此杀死了自己的亲生儿子，为了保全那个无论如何都不能说的秘密，他还背负了一辈子的骂名。在故事的后半节里，程婴设法将孤儿送给了杀父仇人做儿子，并在临死之前说出了真相。这是中国式的悲惨世界！

百里，大约是一个县的疆域，西周有3000个诸侯国，百里已经是一个不小的诸侯国了。"寄百里之命"，把这样一个"国家"交到你手里，而你会担起守土之责。

君子的第三个标准：在大是大非面前坚守原则，守住自己的底线。

符合上述三个标准的真正的君子在哪里呢？单说第一条——可以托付身家性命，除了血缘牵连着的人之外，这世上你有可以真正倚靠的人吗？假如你因为什么特殊的原因要永远离开了，可以把你的老婆孩子交到他手里去，而他会像守护自己的生命一样守护他们。

盗墓是一项十分特殊的"工作"，一个人下去取宝，一个人在上面接宝，朋友、兄弟的合作大半都有一个血腥的结局；只有父子适合这种分工，而且一定是儿子在下面，父亲在上面。

8.7 曾子曰："士不可以不弘毅，任重而道远。仁以为己任，不亦重乎？死而后已，不亦远乎？"

任重道远——

弘毅，宽宏坚毅，武汉大学的校训里就有这个词。

士应该宽宏坚毅，因为他的责任重大，路途遥远。以仁为人生目标，责任当然重大；死而后已，路途当然遥远。

追求“仁”是没有止境的，或者说是很难有什么成就。

曾子这话颇有孟子的“范儿”，“浩然之气”什么的，孔孟之道之一脉相承再次得到证明。

8.8 子曰：“兴于诗，立于礼，成于乐。”

诗教、礼教与乐教——

譬如建设一栋房子，大致要经历三个阶段：打地基、搭框架、精装修。如果说人的一生也可以划分为三个阶段的话，在这三个阶段里诗礼乐分别可以起到决定性的作用。

第一个阶段里，“不学诗，无以言。”“诗言志”，有身份、有地位的人说话讲究的是引用“诗”，有点像“文革”时人们说话前先引用毛主席语录：“伟大领袖毛主席教导我们说，‘要斗私批修’，谁给老人让个座。”“‘狠斗私字一闪念’，坐我这儿。”

中国有“诗教”的传统。一代一代的黄口小儿就是在“关关雎鸠，在河之洲”的声情吟诵中成长起来的，这种诗化的东西最终也会融入他们的血液。

第二阶段，“不学礼，无以立。”“礼，人之干也，无礼，无以立。”礼是人与人之间的润滑剂，没有它什么也动不了。

第三阶段是收获季，孔子在“庭训”儿子时强调了“不学诗”和“不学礼”的严重后果，但没有涉及“乐”，大概是孔鲤的资质达不到这一境界。

“高山流水”昭示我们一首曲子成就的是两个旷世知音。

《史记·孔子世家》载孔子跟师襄子学琴，一首曲子孔子弹了10天，师襄子说可以学新曲子了，孔子说自己只能说是会弹了，还没有掌握技巧；过了一段时间孔子说学会了技巧还没有领会曲中的意境，又过了一段时间说可以领会意境了，但还把握不住曲子后面的人，后来又说能体味到曲子后面的人但察觉不到他的样子，最后孔子说，从曲中可以听出此人身材修长，面色黝黑，眼望星空，似在努力感化世人，那莫非就是周文王？

师襄子说此曲正是《文王操》。

8.9 子曰：“民可使由之，不可使知之。”

屁民——

“民”在甲骨文里是一根尖刺扎在眼睛中，民等同于盲人。郭沫若推测说，民就是奴隶，被刺瞎一只眼睛作为奴隶的标志。

“庶人不议”是孔子的主张，老百姓不要枉谈国事，因为他们的信息量不够、智力水平又不高，提不出什么建设性意见。刻薄的人则说，中国的事情是小事开大会，大事开小会，真正重要的事情不开会——关起门来一两个人就把它定了。

《史记·滑稽列传》中有西门豹治邺的故事，西门豹拆穿河伯娶妻的谎言后，大力兴修水利，但老百姓并不理解。西门豹说，老百姓今天恨我，明天就会感激我，“民可以乐成，不可与虑始。”这就是吃肉与吃草的区别。吃肉的是社会精英，他们拥有话语权；吃草的就是屁民，小时候我们什么都不懂，叫小屁孩，长大了还是不懂，只能叫——屁民。

对于普通老百姓而言，你告诉他往哪儿走就行了，没必要告诉他为什么。

军人以服从命令为天职，这种方式效率最高。

以前英语实行标准化考试，试题就是四选一的选择题。班里有个“笨蛋”什么都不会，老师也有绝招，让他全部选B，“千万别想，只管选B!”结果他的成绩每次都不会太难看。如果考差了，一定是因为他“思考”了，经他思考过答对的可能性只有25%，而直接选B的正确率就接近40%，彼时的出题人喜欢将更多的正确答案设置为B。这就是“可使由之，不可使知之”的道理。

“文革”时期骂孔子叫“孔老二”，说他看不起广大群众，这句话就是罪状。曲意回护者则将此句断为：“民可，使由之；不可，使知之。”或者“民可使，由之；不可使，知之。”知，做动词，让他们知道，相当于“教育”。意思完全变了。

纪律部队属于特殊情况，普通群体，乃至父母与子女之间正确的方式还是应该“使知之”，充分相信并依靠他们，因为你永远不可能替他做所有的决定，如果他心里不明白，怎么做其实都是错的，这就是“激发生命的力量”的道理。

8.10 子曰：“好勇疾贫，乱也。人而不仁，疾之已甚，乱也。”

岂是一个乱字了得——

“春秋无义战”是孟子对那个时期社会状况的综合评估报告。春秋战国五百年，一个字概括——乱。周天子可以任人欺负，诸侯之间你争我抢，诸侯与大夫之间、父子兄弟之间杀伐不绝。

为什么会出现这种状况？孔子总结了两个原因。一个人既好勇斗狠，又不安于贫穷，这就是乱的祸源；一个人没有仁德，如果大家没有宽容之心，同样会引发祸事。

“好勇”与“疾贫”，仅仅具备其中一项都不至于引发祸乱，在这个问题上还是老子透彻。《道德经》说：“虚其心，实其腹，弱其志，强其骨。”老百姓就是要让他们筋骨强健，饱食终日，智商30，绝对不可“使知之”。

8.11 子曰：“如有周公之才之美，使骄且吝，其余不足观也已。”

不骄不吝——

周公姬旦，儒家先贤，辅佐成王，文治武功，万世敬仰．从这个意义上讲周公已经超越了以文治著称之周文王和以武治著称之周武王。孔子将是否梦见周公作为自己是否衰老的主要标志，鲁是周公的封国，周公是鲁国的精神领袖，才德高美。

历史是一个任人打扮的小姑娘，历史上的不少大人物都留下了显赫名声，但毛泽东说：“秦皇汉武，略输文采；唐宗宋祖，稍逊风骚；一代天骄，成吉思汗，只识弯弓射大雕。”这些曾经叱咤风云的帝王们在毛泽东看来都只能算是“武夫”，文治武功皆有建树者大概只有他自己吧。

就算是有周公的才德，如果他有骄和吝的毛病，别的方面看都不用看了。骄，不谦逊。吝，过分爱惜财物。这两点都是孔子深恶痛绝的，在人的所有缺点中这两点为什么是最不能容忍的呢？

周公辅佐成王，“一沐三握发，一饭三吐哺”，鞠躬尽瘁，但总是被人怀疑有篡权之心，所以周公之德还包括了忍辱负重。

8.12　子曰：“三年学，不至于谷，不易得也。”

学而优则仕——

谷，粮食的总称。古代官员的待遇主要包括俸银和禄米两部分，其中禄米有点像今天的待遇，被问责的官员没有领导职位但依然可以享受同样级别的领导待遇。古代考取秀才的真正含义在于这些人正式脱离老百姓的队伍，他们可以享受一定的政治和经济待遇。“至于谷”是具备这种身份，即当官。

学了三年，还不想当官，难得。

“君子谋道不谋食”是孔子的教导，樊迟想学耕种被孔子骂，“上好礼，则民莫敢不敬。”在孔子看来耕种是没有前途的，而且也不值得。

孔子前半生是极力主张学生们出仕的，多次碰壁以后有点心灰意懒。

“古之学者为己，今之学者为人。”今天读书就是为了工作，什么“内圣外王”，读四年大学，大家唯一的目的就是找个好工作；好工作的标准也一直在变，以前大家热衷外企，工资高，还有出国进修机会；后来大家又喜欢 IT 行业，天天加班，感觉很酷；这两年垄断企业吃香，最稳妥的还是考公务员。这里面没有什么个人理想，有的只是世俗标准。社会评价一所大学好坏的标准也是毕业生的就业率。但这不正是职业技术院校的目标吗？一个北大的毕业生、一个职业高中的毕业生，企业可能会选择后者。

但学校原本是为那些不需要工作的闲暇一族创办的，这一点从 school 在希腊文中的原意可以看出。

8.13　子曰：“笃信好学，守死善道。危邦不入，乱邦不居。天下有道则见，无道则隐。邦有道，贫且贱焉，耻也；邦无道，富且贵焉，耻也。”

儒家的宣言书——

道家认为这个社会已经无可救药，而且也不必去救，一切顺其自然好了；墨家是另一个极端，正因为这个世道不可救药才需要我们拼命去做，就算别人不理解、不支持也不影响自己一如既往地做下去；儒家守中庸，最理智。孟子说：“穷则独善其身，达则兼济天下。”孔子也主张“用之则行，舍之则藏”，“邦有道，则仕；邦无道，则可卷而怀之”。

学习、追求真理都应该心无旁骛，洁身自好。“笃信好学，守死善道。”诚信好学，坚持真理。

不要涉足秩序不稳定的国家，目的也是洁身自好。

君子应该把握好分寸，该表现自己就拼命表现，该夹起尾巴时就把尾巴夹紧了。国家清明你混不出人样怪你自己，发战争财、国难财，当二鬼子、为虎作伥，一样可耻。

8.14 子曰：“不在其位，不谋其政。”

假如我是市长——

我们小时候都做过这样的文章，假如我是……引诱我们，不在其位而谋其政。

位与政的关系应该有四种情况：在其位，谋其政；在其位，不谋其政；不在其位，谋其政；不在其位，不谋其政。孔子主张最后一种。第一种最积极、最理想；第二种就是尸位素餐，占着茅坑不拉屎，拉完屎还占着茅坑不起来；第三种是“顾问”，狗拿耗子多管闲事。民办学校喜欢请顾问，顾问大多问得过多，校长跟顾问关系处得好的不多。

我还听说过“欲谋其位，先谋其政。”或者“欲谋其政，先谋其位。”

8.15 子曰：“师挚之始，关雎之乱，洋洋乎！ 盈耳哉。”

金声玉振——

师，中国最古老的姓氏之一，师姓来源跟音乐有关，精于乐技之人以及掌管乐事的官职均可以“师”为姓。师挚，是鲁国乐官之长，名挚。

乱，乐曲的尾章。古代的音乐通常分四节，第一节由师挚开始演奏，第四节演奏的是《关雎》。《关雎》是《诗经》中的第一篇。

古乐有歌词，一边弹奏，一边演唱。孔子这里讲的是他听师挚奏乐时的感受，大概那乐曲很有感染力，让孔子觉得很震撼。

孔子喜欢谈论音乐，音乐今天在学校属于“副课”，在古代却是大事，重大场合离不开，人生修炼的最高境界也是音乐。

古乐通常以“击钟”开篇，以“击磬”结尾，即金声玉振。孔庙门前有“金声玉振”坊，是说孔子一生有始有终，无可挑剔。

8.16 子曰：“狂而不直，侗而不愿，悾悾而不信，吾不知之矣。”

伪君子之道——

狂，狂放。中国历史上一直都不缺乏狂放之士，他们身怀绝技，心比天高，怀才不遇，愤世嫉俗，“我本楚狂人，凤歌笑孔丘。”直，率直，喜欢就是喜欢，讨厌就是讨厌，心里没有那么多弯弯绕；直的反义词可以是“矫情”，明明讨厌对方还要装出一团和气，明明心里喜欢脸上却是冷冰冰。

狂而不直，狂放却不率直。

侗而不愿，憨厚却不老实。

悾悾而不信，无知又不守信。

吾不知之矣，我也不知道该用什么话来说他了。

狂放、憨厚甚至无知都不失君子之道，矫情、虚伪、不讲信用却是典型的伪君子；伪君子还比不上那些从里往外坏的真小人。孔子对这三种人不满主要是因为他们活得不真实。

有人说那些刚刚洗脚上田的郊区农民的特征就是既没有市民的文明儒雅，也没有农民的淳朴厚道，不伦不类，莫可名状。

8.17　子曰："学如不及，犹恐失之。"

患得患失——

患得患失通常说的是物质利益，孔子说有些人对待学习也是这样，先是怕学不到，学到了又担心失去，整日忧心忡忡。

看来学习也是要平常心的，不能太急功近利。

8.18　子曰："巍巍乎！舜禹之有天下也，而不与焉。"

距离让一切变得无限美好——

以下四章集中火力为尧舜禹三位圣人唱赞歌。

专家告诉我们说夏朝从公元前2070年开始，距今超过了4000年，再往前数，尧舜在位的时间可能有150年。这样算来，尧舜距离孔子生活的年代已经过了差不多2000年；中国文字到了殷商时期才开始成熟，这都是尧舜去世1000年之后的事情，所以关于尧舜禹的文字记录即便有也只能是后人补记，之前最多是口耳相传，靠谱的细节应该十分有限。

"不要迷恋哥，哥只是一个传说。"孔子似乎相信传说。

在人们漫长的口耳相传中，尧是一位政治专家。他的即位在很大程度上靠的是"公选"，他的前任才能平庸，各部落首领决定改朝换代，就选出了尧；尧在位70年，90岁禅位于舜，118岁去世。尧的主要政治贡献在于他选择接班人的方式，但是这种完全理想化的禅让制注定是无法传承下去的，尧传给了舜，舜传给了禹，禹传给了儿子，中国4000年的世袭制由此开启。

舜是一位道德标兵。尧打算禅位给舜时先把娥皇和女英嫁给他，如果无法把王位传给自己的儿子，那就让未来的王成为自己的女婿吧！舜有一个恶毒的继母，瞎眼的父亲似乎也没什么主见，几个兄弟又是势利小人，为了霸占舜的财富，他们让舜爬上粮仓，目的是放火烧死他；让他挖井然后往里边填土，企图淹死他。但舜以德报怨并最终感化了他们。

禹是一位劳动模范。为了治水，他踏遍了九州，这一忙就是13年，三次经过家门口都没有时间进去喝口水；为了治水他的脚底磨出了厚厚的茧子，小腿上的汗毛都磨掉了。这种歌功颂德的模式一直延续到了今天，我们在各类"宣讲团"塑造出来的英雄模范身上经常可以看见大禹的影子：一心扑在工作上，积劳成疾，亲人生病了依然坚守在岗位上，最后唯一亏欠的就是自己的父母妻儿。

本章是称赞舜和禹，他们伟岸如山，因为他们拥有天下却不以天下主人自居，有就好像没有一样。这是真正的"公天下"，完全符合孔子的口味。

8.19　子曰：“大哉，尧之为君也！巍巍乎！唯天为大，唯尧则之。荡荡乎！民无能名焉。巍巍乎！其有成功也；焕乎，其有文章！”

伟大啊，尧——

这一章专门夸尧。上章说舜和禹像山一样伟岸，尧甚至比他们还要伟大。本来最大的是天，尧就像天一样。荡荡，皇恩浩荡，恩泽广布。焕，光辉灿烂。

老百姓不知道该用什么样的语言称赞他，他的功绩与日月同辉！他是伟大领袖和导师、人民的舵手和大救星！

8.20　舜有臣五人而天下治。武王曰：“予有乱臣十人。”孔子曰：“才难，不其然乎？唐虞之际，于斯为盛。有妇人焉，九人而已。三分天下有其二，以服事殷。周之德，其可谓至德也已矣。”

人才难得——

这里称颂舜会用人。舜的伟大在于他用了五个人。

周的伟大同样是因为人才。“乱臣”是治乱之臣、能臣。周武王说他有十位能臣，孔子说人才难得，不是吗？唐虞以来，以此为盛。说是十位，还有一位女人，实际只有九人。当时的周已经拥有了天下三分之二的土地，但依然以臣事殷，这样的德，算得上是最高的德了。

这种“至德”大概也是得益于那些能臣们。

唐虞之际，尧舜以来。唐，唐尧。虞，虞舜。

于斯为盛，岳麓书院门口的对联是：惟楚有才，于斯为盛。

明明是十位，孔子说其中一位是女人，不能算数。另外，周灭殷，终究免不了以臣弑君的嫌疑，孔子不予追究，却说什么“至德”，能否说明孔子价值观也有其混乱时刻。

8.21　子曰：“禹，吾无间然矣。菲饮食，而致孝乎鬼神；恶衣服，而致美乎黻冕；卑宫室，而尽力乎沟洫。禹，吾无间然矣。”

他像一位苦行僧——

我对于禹是没有任何异议的，自己饮食简单，但对待鬼神之事却非常讲究；平时衣服简陋，祭祀的时候一点都不马虎；自己的宫室矮小，却十分注重水利工程，对他我真的是没有任何异议。

禹的可贵之处在于他并非一味地简，而是当简则简；该花的钱一分不少，不该花的钱一分钱也省。

孔子对禹大加称赞，墨子则是身体力行。

墨子是一位苦行主义者，他主张“节用”“节葬”“非乐”，他坚持自奉从简，以苦为乐；他面目黝黑、骨瘦如柴，他奉行的是“我不入地狱谁入地狱。”

我们从印度英雄甘地身上似乎也能看见墨子的影子，难怪有人说墨子是印度人。

“子曰·我曰”之：子罕第九

9.1　子罕言利，与命与仁。

何必言利——

梁惠王一见到孟子就问，你大老远来见我，一定有对我的国家有利的高见吧？孟子说，干吗一开口就是利呀，咱们就不能说说仁义吗？读书人爱面子，不会把利放在嘴上。

“义者，利之和也。”但是“利者，义之和也。”也说得通，因为义有大义和小义，利也有大利和小利。孔子也说过跟君子就应该讲义，跟小人才讲利。

命是什么？《诗经》说“周虽旧邦，其命维新。”这个“命”就是上天所赋，跟“天数”接近，历史上一些王朝可以苟延残喘数十年甚至上百年，大家会认为其天命未绝，“革命”就是要改变这种情况。命是不可知的，但又是不可抗的。孔子五十而知天命，认定伯牛患恶疾是他的命，自己的“道”最终能否实现靠的也是命，孔子甚至认为：不知命，无以为君子。其实乡下老太也懂得：人再争也争不过命。

仁是孔子最核心的价值取向，有人统计《论语》中言及“仁”者有百次之多。

本章的问题在于把“与”理解为“赞同”还是作连词用。前儒通常有以下三种解读。第一种最顺：

孔子很少谈及“利”，但是赞同命和仁。

孔子很少谈及利、命和仁。

孔子很少谈及利与命、仁之间的关系。

“与”如果用作连词，这里完全可以省略，《述而》篇中“子之所慎：齐、战、疾。”“子不语怪、力、乱、神。”都不使用连词，在竹简上写字不容易，能省则省吧。

如果说孔子这里很少谈论利、命、仁之间的关系，勉强通。什么样的人就有什么样的命，什么样的命就有什么样的祸福。

9.2　达巷党人曰：“大哉孔子，博学而无所成名。”子闻之，谓门弟子曰：“吾何执？执御乎，执射乎？吾执御矣。”

一个知道分子——

《史记·孔子世家》里记载了两件孔子“博学”的事迹。其一，季桓子凿井得一土瓮，瓮中有一只羊，故意让人报告孔子说在地里挖到了一只狗，孔子说，根据我的见闻，山中会有夔、魍魉之怪，水中常有龙及罔象，既然是土里挖出来的应该是一只羊吧？

其二，吴国在会稽山得到一截骨头，要一辆车才装得下，特意派人去请教孔子什么东西的骨头最大，孔子说当年大禹在会稽山召集诸神，防风氏迟到被大禹杀掉了，尸体就埋在了会稽山，它的骨头可以装满一辆车。于是吴国人感叹说，孔子真不愧是圣人啊！

孔子 30 岁那年，齐景公到鲁国访问曾专程去拜访孔子，并请教秦穆公国小地偏却能够称霸的道理，孔子一番论述说得齐景公心服口服。“君君、臣臣、父父、子子”也是孔子这一次的著名论述。

张爱玲说出名要趁早，孔子符合这种情况。但是树大招风，现在就有人质疑孔子，说他样样都知道，但没有一项是精通的。孔子听了大不以为意，那我就选一样吧，选赶车呢、还是选射箭？我干脆选赶车吧！孔子说这话的时候表情一定很丰富。

孔门“六艺”礼乐射御书数中，最基本的大概要算“射”和“御”了，两者比较，赶车更贱。孔子这样说只是表示不屑，有人说射的目标是一个点，赶车却可以到处跑，代表的是“精”和“博”，孔子选“御”是选择“博”。

达巷党人，住在达巷里的一个人。

9.3　子曰：“麻冕，礼也；今也纯，俭，吾从众。拜下，礼也；今拜乎上，泰也。虽违众，吾从下。”

底线再次被突破——

关于“礼”，如果一定要在“奢”和“简”之间做出选择的话，孔子说他选“简”。但奢与简都不是问题的实质，内心的诚敬才是主要的。

冕，王者冠也。冠的原始功能是束发，冕是祭祀时戴在头上的行头，按照朱熹的解释，麻冕的要点在于制作这种“冕”需用由 2400 根经线织成的麻布，这是礼的规定；因为纤维本身粗细的缘故，同样是 2400 根经线，用丝就简单多了。纯，蚕丝。

古代有身份的人头上才戴冠，包括冕和弁，行礼时使用；普通百姓只能裹一条头巾，今天陕北一些男女还是习惯在头上放一条毛巾，“羊肚子毛巾三道道蓝”。男人扎起来，一个叫“阿宝”的歌者除了有一副尖细的嗓音，头上总是扎着这样一条头巾，女人就搁在头顶。

孔子说，用麻冕是礼的规定，但是现在大家都用丝冕，虽然简了些，我还是随俗。

在这里，2400 才是问题的关键，麻或者丝都只是无关宏旨的细节；冕直接对应的是仪礼，仪礼也是问题的关键，只要仪礼合规，谁会在乎冕的制作材料呢？

按照这个逻辑，只要内心足够诚敬，关于礼的奢与简也应该不是问题了。但孔子这里又不同意，他说先在堂下拜才叫礼，上堂以后再拜显得十分骄泰，虽然不合潮流，我还是坚持先在堂下拜。

齐桓公是春秋五霸之首，虽然名义上称王称霸，但其真正的身份是兄弟中的“大哥”，在很大程度上有点像“执行天子”，“尊王攘夷”既是他们的工作目标，也是他们工作的内容，如果天子的威严没有了，怎样挟天子以令诸侯呢？

葵丘会盟，周天子派使者赐齐桓公祭肉，齐桓公准备下堂拜受，使者说，天子念及齐侯年岁已高，赐爵一级，免去下拜之礼。齐桓公冠冕堂皇地说，天子威严近在咫尺，我不敢贪求免拜之礼，让天子蒙羞。话毕，齐桓公“下，拜，登，受。”周天子能够调动的资源非常有限，除了几块半熟的猪肉就是面子了，现在一起给了齐桓公，桓公小白虽然不是什么好人，但他知道自己应该在什么时候做什么事情。

用什么材料做的冕孔子说了不算，在堂上还是堂下稽首孔子可以自己决定。

9.4　子绝四：毋意，毋必，毋固，毋我。

独生子女的毛病——

意，主观臆断、凭空猜测，戴着哈哈镜看人，看事物。

必，绝对、肯定，不留余地。

固，顽固不化、不可理喻。

我，自我中心，不管别人死活。

这四样毛病孔子绝对没有，但这四项属性相加就是一个标准的中国独生子女。

9.5　子畏于匡，曰："文王既没，文不在兹乎？ 天之将丧斯文也，后死者不得与于斯文也；天之未丧斯文也，匡人其如予何？"

替天行道——

《礼记·檀弓上》："死而不吊者三：畏、厌、溺。"厌，同压；畏是私斗，孔子拘于匡可归入"私斗"类。匡，今河南长垣县，春秋时属于卫国；县城近旁有孔庄村，传说是当年孔子被拘之地。

孔子周游列国时在匡被误认作阳虎，阳虎曾经为害匡人，匡人把孔子当阳虎关了5天，后脱身。

情况十分危急，孔子似乎并不着急：文王死后，道即不存吗？如果上天存心剪除文王之道，我们根本就不会有机会参与，如果天意不亡，匡人又能把我们怎样？

孔子信命，此为证；孔子极自信又极自谦，此亦为证。

"子畏于匡"和"陈蔡绝粮"都是孔子一生中的大事，没有这些劫难很可能就没有今天的孔圣人——故天降大任于是人也。

9.6　太宰问于子贡曰："夫子圣者与？ 何其多能也？"子贡曰："固天纵之将圣，又多能也。"子闻之，曰："太宰知我乎！ 吾少也贱，故多能鄙事。 君子多乎哉？ 不多也！"

他是一个贱人——

伟大领袖和导师尧舜禹汤文武是圣人，圣人不是普通人，也不需要普通人那些谋生的本领。

有位太宰向子贡打听，孔子不是圣人吗？可是他为什么又有那么多本领呢？子贡回答说，先生天生就是圣人，而且浑身都是本事。孔子说："太宰怎么可能了解我呢，我出身卑贱，所以什么事都会做。君子们可能有这么多本领吗？不可能！"

孟子曰："孔子尝为委吏矣，曰会计当而已矣；尝为乘田矣，曰牛羊茁壮长而已矣。"孔子小时候"贫且贱"，看仓库，喂牲口都做得十分称职。

"太宰知我乎！"听起来充满了不屑，孔子只就"多能"进行了解释，似乎默认自己天生即圣人。其实孔子以君子自居，以仁人为目标，圣人是想都没有想过。

半通不通的孔乙已引用过“多乎哉？不多也！”纯属掉书袋。

9.7 牢曰：“子云：‘吾不试，故艺。’”

要做事，莫做官——

琴牢是孔子的学生，他引用孔子的话说——我不出仕，所以有很多才能。有的版本将本章归入上一章。

“学而优则仕，仕而优则学。”后半句大家都没有印象，原本是劝导人们当官有空闲时应该多学习；但是那些当了官的人都没有时间学习，即便有时间也不学习，因为当了官就有资源做比学习更有趣的事情。

有一次温总理到浙江大学，有一个学生说想从政，并希望得到总理的指点，总理说：“要做事，不要做官。”是说不要把官当官做呢，还是干脆不要步入政坛?

9.8 子曰：“吾有知乎哉？无知也。有鄙夫问于我，空空如也。我叩其两端而竭焉。”

傻瓜教傻瓜——

空空如也，什么也不懂。这里是说自己还是说“鄙夫”?

如果是说自己，孔子说，自己原本无知，什么也不懂，有个鄙夫来向我请教，我设法就他的问题的正反两面去跟他分析讲解。这有点像傻瓜教傻瓜，孔子在聪明人面前常常说自己“不知”，在鄙夫面前这样讲显得不厚道吧？似乎也不符合孔子的作风。

如果是说鄙夫，倒也符合先生“诲人不倦”的风格。

这句话的理解历来有分歧，所以有人猜测此处有错简。

鄙夫，是社会学上的概念，也有地理学上的意义。古代环绕城市的那道高墙叫“城”，重要城市的“城”外边还有一道墙叫“郭”，是城市的第一道防线。城与郭之间叫乡，郭外面叫郊，再往外叫遂、牧、野，从现在相关的地名可以大体判断它曾经距离中心城市的远近。天子居住的地方称“京师”，诸侯住“国”，大夫住“都”，普通人住的地方只能叫“邑”，住在邑之外的人就是“鄙夫”；乡郊之外也称“鄙”，那里的人远离城市，见识浅陋，所以也是“鄙夫”。

9.9 子曰：“凤鸟不至，河不出图，吾已矣夫！”

凤鸟河图——

凤鸟，传说中浴火重生的百鸟之王，“非晨露不饮，非嫩竹不食，非千年梧桐不栖”，据说舜帝和文王时期曾经出现过凤凰，这种祥瑞今天大概只能出现在《哈利·波特》里了。

河图，传说伏羲观日月、察地理似有所悟，某一日黄河中跃出一匹龙马，背上有一幅图，暗合伏羲心中之景象，伏羲大彻大悟之后便画出了八卦。

凤鸟、河图与周公一样，孔子曾以“不复梦见周公”来诉说自己内心的绝望。

9.10　子见齐衰者、冕衣裳者与瞽者，见之，虽少必作；过之，必趋。

一位身体力行的人——

齐衰（zī cuī），丧服的一种。以前丧礼中有“五服”的规制，大致包括斩衰、齐衰、大功、小功、缌麻，根据与死者的亲疏关系决定穿哪种丧服及穿着时间长短。这里为什么只限第二种？

冕衣裳，帽子、上衣和下衣。古人上衣很长，一般过膝盖，膝盖下面露出来的部分叫“裳”，也叫“常”。三者齐备表明此人有身份、有地位。老百姓没有资格戴冕，不分上衣下裳，一件从上到下。从传统戏曲舞台上还能看见一些遗迹。

瞽，盲人，特指有眼珠但失去功能的瞎子，俗语叫“睁眼瞎”，不识字的人也是“睁眼瞎”；连眼珠都没有的叫“盲”，没有视力的人往往拥有其他才能，演奏、说书之类。

古人一般采取跪坐姿势，两膝着地，屁股放在脚跟上，跟今天日本老年人的坐姿一样。作，是立起身子，膝盖着地，屁股离开脚跟，表示礼貌。

趋，小步跑，遇见师长应小步跑表示敬意，今天学生看见老师也是这样的动作，像老鼠见着猫。某一次孔鲤看见孔子站在庭中，孔鲤便“趋而过庭”，被孔子叫住教育他要学诗、学礼。

孔子对以上几种人都会表示自己应尽的“礼”。

《乡党》篇专门讲“礼”，如何穿戴、吃喝、坐卧、行止，说本章是错简理由充足，因为放在《乡党》篇十分切合主题。

9.11　颜渊喟然叹曰：“仰之弥高，钻之弥坚。瞻之在前，忽焉在后。夫子循循然善诱人，博我以文，约我以礼，欲罢不能。既竭吾才，如有所立卓尔，虽欲从之，末由也已。”

孔子气象——

还是在那次“畏于匡”中，师徒被冲散，颜回最后才回来，孔子说，还以为见不到你了，颜回说：“子在，回何敢死？”死了就学不到老师那些学问了，因为在颜回眼中老师实在是太伟大了，“亲其师，信其道。”这大概也是颜回能够得到孔子真传的原因吧？

在颜回心中孔子究竟有着怎样的形象？“仰之弥高，钻之弥坚。瞻之在前，忽焉在后”越看就越高，越钻就越硬，好像就在前面，突然又跑到了后面。《道德经》中描述的“道”：“迎之不见其首，随之不见其后。”颜回和老子说的好像是同一个东西。

孔子就是这样一条深不可测、博大无边的龙。子贡曾说，他人之贤，“丘陵也”，孔子“日月也，无得而逾焉。”梯子再高也爬不到月亮上去。

虽然是龙，但并不强硬，“循循善诱”，以文博我，以礼约我，其景象是如此迷人，让我欲罢不能。

即便这样，跟老师的学问比起来，我能学到的还只是一点皮毛。我已经用尽了全力，老师在我面前依然是伟俊卓绝，高山仰止，虽欲追随，总是不得其径。

颜回夸孔子是真夸，子贡也夸，但有时候有点拉大旗的味道。

9.12 子疾病，子路使门人为臣。病间，曰：“久矣哉，由之行诈也！无臣而为有臣。吾谁欺，欺天乎！且予与其死于臣之手也，毋宁死于二三子之手乎！且予纵不得大葬，予死于道路乎？”

死扑街——

孔子一病不起，子路牵头成立了治丧委员会。臣，治丧专项负责人，除了负责礼仪可能还要具体干活，给死人穿衣服，挖墓坑什么的。

郭沫若说“臣”是殉葬的奴隶，子路这里是动员门人假扮奴隶为老师撑门面，跟今天烧纸人纸马的意思差不多。

孔子这一次骂子路是因为他觉得子路从来都不老实，自己明明不想搞什么治丧委员会，子路偏偏要搞，糊弄谁呢？总不能糊弄天吧？不整什么治丧委员会，我的弟子们也不会不管我的；就算不得大葬，总不至于——死扑街吧？

“大葬”，属于死也哀荣之类，活要活得有价值，死要死得风风光光。中国人一年积攒的钱过年那几天把它集中浪费掉，一辈子积攒的钱葬礼上把它烧掉、埋掉——风光！

死于道路，广东人说——扑街，非常生动，“咸家铲”事关全家生死更过分，但这两个词在广东人嘴里出现的频率非常高。有一位中国香港议员在批评某政府官员时说：“你真不该呀！”官员听到的却是——你正扑街！

普通话这么差，真是不该呀！

死在哪里对中国人来说是大件事，现代人都是死在医院里，但在以前中国人心目中死在外面是一件比较丢人的事情，“寿终正寝”，是说能够把自己那个躯壳摆在正屋的堂上，因此“尸谏”也成了一种劝谏的方式。

是死在职业丧葬人手上还是死在几个核心弟子手上，孔子毫不犹豫地选择了后者，师徒仿的是父子例，孔子死后学生皆守孝三年，子贡独守6年。

说到底有没有“臣”是个礼的问题，其他事情都好商量，让孔子违礼坚决不答应！孔子曾经是“大夫”，诸侯可以有“臣”，当时很多大夫也有“臣”。颜回死的时候，家里买不起椁，颜回的父亲央求孔子把座驾卖掉，孔子不干，说自己曾经是大夫，按礼出门不能没有车。

不知道为什么这一次跟子路发这么大火。

9.13 子贡曰：“有美玉于斯，韫椟而藏诸？求善贾而沽诸？”子曰：“沽之哉！沽之哉！我待贾者也。”

待价而沽——

假如有一块美玉，是把它藏在盒子里呢，还是寻个好价钱卖掉？这是子贡的问题，但对于精明的子贡而言这真的不是一个问题，他这是在调侃老师吧？

孔子大概也听出来了：“卖卖卖，我正在等人出价呢！”孔子说这话的时候多半满脸坏笑。

一方面，孔子反复表达过用行舍藏的主张，一切要看具体情况；另一方面，至少有两次孔子表现出急于用世的紧迫感。一次是晋卿赵简子的家臣佛肸叛乱，想请孔子去帮忙，孔子动心了，后被子路阻止，孔子说自己不想做一个中看不中吃的葫芦；另一次是季氏的家臣公山不扰叛乱，也想请孔子，孔子又动了心，说打算在东方复兴周道，也是被子路阻止。

卖不卖真不是一个问题，一个真正的识货人才是关键，孔子一生没有遇见这样的人。

9.14　子欲居九夷。或曰："陋，如之何？"子曰："君子居之，何陋之有？"

何陋之有——

山不在高，有仙则名。水不在深，有龙则灵。斯是陋室，惟吾德馨。苔痕上阶绿，草色入帘青。谈笑有鸿儒，往来无白丁。可以调素琴，阅金经。无丝竹之乱耳，无案牍之劳形。南阳诸葛庐，西蜀子云亭。孔子云："何陋之有？"

刘禹锡的《陋室铭》是对此章最好的解读。

9.15　子曰："吾自卫反鲁，然后乐正，《雅》、《颂》各得其所。"

弦歌不辍——

自卫反鲁，是孔子68岁以后的事情了。

《雅》《颂》各得其所便是"乐正"。《雅》《颂》是《诗经》里面的主要内容，《风》是民间歌谣，地方特色就是其存在的价值；《雅》是正式场合诵唱的，《颂》则为祭祀专用，其"乐"正不正就不是小事情了。

孔子删过《诗》吗？大家争论的焦点是从3000到300之间的问题，我们更多关注的可能是文字上的东西，其实《诗经》既是300篇诗，也是300首歌，孔子对《雅》《颂》乐曲部分的厘正应该是没有疑问的。

《诗经》今天留下来的只是文字，那些天籁般的乐曲早已随风而去。

宋词和元曲肯定是可以唱的，宋词中有超过一千种词牌，元曲的曲牌名也有数百种；现在的诗歌在朗诵时常常会配乐，算是一点遗迹吧。

中国文字经过了3000年的演变，但内核保存了下来，这使得我们可以穿越2500年的历史迷雾直接聆听孔子的箴言，但是今天的人们可能完全不知道1000年前的"古代英语"在说什么。

9.16　子曰："出则事公卿，入则事父兄，丧事不敢不勉，不为酒困，何有于我哉。"

孔子的德能勤绩——

以前夸女人常用的词是"出得厅堂，入得厨房"，意思是说她可以成功扮演几个不同的角色，孔子说他也可以同时做好几个角色。今天的英雄人物大体上只扮演一个角色，英模人物被巡讲时，其主要事迹往往包括如何一心扑在工作上以及如何亏欠自己的父母孩子。

事公卿、父兄是每一个大丈夫都要面对的，丧事是对“礼”的集中体现，也是“儒”们的常规工作。这里特意提及喝酒，看来喝酒自古就是大事，它困扰中国男人的历史已经很悠久了。现在公务人员年度考核主要是德能勤绩四个方面，孔子的自我鉴定也是四方面，但这四者之间的逻辑关系混乱。“事公卿”算是一个士能力的具体表现，“事父兄”是德行，“勉”是勤，酒量就是业绩吧？

孔子幼年丧父，对那位身体残疾的兄长十分照顾，特意安排“三复白圭”的南容做了兄长的女婿。

“何有于我哉”，对我来说有什么呢？标准的孔子腔。

9.17　子在川上曰：“逝者如斯夫，不舍昼夜！”

如花美眷，似水流年——

时间的属性包括：不停息、不回头。

李白说：“君不见黄河之水天上来，奔流到海不复回。”

《三国演义》开篇说：“滚滚长江东逝水，浪花淘尽英雄。”

时光如水，韶华易逝，是上了一点年纪人的共同感受，不新鲜。孔子暮年，壮志未酬青春却已不在，某一天站在一条江边面对着眼前滔滔而去的河水，觉得无限感慨。

儒家哲学尽在本章，这是不少研究者的看法。他们还会将此章与“天行健，君子以自强不息。”进行比对，孔子重行动，强调君子应该像四时轮转如常的日月一般自强不息。老子说：“致虚极，守静笃。”“归根曰静。”儒道一动一静界限分明。

独立江上的孔子是在感慨还是在施教？

《牡丹亭》里一句“如花美眷，似水流年”说尽了人生万千惆怅。我相信这里的孔子也仅仅是在惆怅，就像电影《返老还童》里倒转的大钟，我们只是希望在战火中倒下的人可以重新站起来回到父母身边。

“追忆似水年华”“流水年华”时间总是离不开水。

因为人生苦短，父母们最喜欢做的事情就是拔苗助长，逼迫孩子提前学走路，以自己的孩子能说出大人话而得意；幼儿园的孩子在学习汉语拼音和一百以内的加减法，而到了人生的下半场无限纠结的是如何让自己返老还童。

世间唯一公平的就是时间了，勿对自己轻许未来，也无须对过往的岁月耿耿于怀。

老百姓的话最生动：早死早托生！

9.18　子曰：“吾未见好德如好色者也。”

寡人有疾，寡人好色——

《史记·孔子世家》说卫灵公与南子同乘一车在前面招摇过市，孔子跟在后面，觉得受了冷落，说了这句话。这句话在《论语》中出现过两次。

这里的“好色”从何谈起？因为女人是不能招摇过市的。

孟子劝齐宣王施行文王之道，齐宣王推托说：“寡人有疾，寡人好色。”孟子说当年周太王也“好色”，但当时天下“内无怨女，外无旷夫”只要天下人都有机会、有条件“好色”，那就是太平盛世。

孔子“好德”是没有疑问的，孔子好色吗?《礼记》上有“孔氏三世出妻”的八卦，孔子、孔鲤、孔伋祖孙三代都有休妻的经历，如果“子见南子”那次不能算数的话，孔子没有传过什么绯闻，这是否可以作为孔子不好色的证据呢?

孔子也觉得“好色”是可以的，但应该把“好德”跟“好色”摆在同一个高度——这要求多高啊!

但我相信孔子这里只是批评“好色”，顺手拿“好德”来做陪衬而已，就像我们骂孩子贪玩——你要是把玩电脑（游戏）的心思放在学习上……

9.19　子曰：“譬如为山，未成一篑，止，吾止也。譬如平地，虽覆一篑，进，吾往也。”

有些事当止则止——

未成一篑，功亏一篑。仅仅差一筐土就可以堆成山了，但中途停下来了，怪不得别人，只能怨自己。假如在一块平地上堆山，现在只堆了一筐土，继续堆下去，最终也是你的功劳。

当年李世民设圈套逼迫父亲李渊造反，李渊说：从今往后，咱们李家亡家灭族、身首异处是因为你，化家为国也是你。

但有时候哪怕真的只差一筐土，需要停下来的时候就得停下来。

9.20　子曰：“语之而不惰者，其回也与。”

颜回是孔子门下的一朵奇葩——

惰，懈怠。颜回是填鸭式教学模式标兵，跟他“填”多久他都能忍受，这是一种特质。

9.21　子谓颜渊曰：“惜乎！吾见其进也，未见其止也！”

想起来都觉得可惜——

颜回英年早逝是孔子最觉惋惜的一件事情，因为他总是在进步，从来不会懈怠。

9.22　子曰：“苗而不秀者有矣夫！秀而不实者有矣夫！”

颜回没有结果——

苗，植物初生。秀，谷物成穗。实，成谷。

苗而不秀，现在是成语，指人虽有好的资质，最终却没有什么成就，或者华而不实、徒有其表；也指人早夭。

一株庄稼要经历出苗、开花秀穗、成谷三个阶段，缺一不可。庄稼秀了穗，不一定能成谷，甜玉米很嫩、很甜，属于蔬果类，主要是糖和水，晒干之后剩不下什么；玉米成熟之后其成分主要是淀粉。

颜回前面两个阶段发展得很好，因为早夭缺了第三个阶段，可惜了。

9.23 子曰：“后生可畏，焉知来者之如今也？ 四十、五十而无闻焉，亦不足畏也已。”

后生可畏——

孔子的“基本”情绪是对“当下”的不满，但也有例外。某一次看到一个聪明能干的后生，随发后生可畏的感慨。

我们做学生的时候听老师讲现在的学生越来越不可救药，今天我们做了教师还是这样讲我们的学生，相信等我们的学生将来做了教师，他们还是会用“越来越”说他们的学生。世界是否真的变得“越来越”糟糕了呢？不见得。

我们也曾被人说——后生可畏，说我们“可畏”的人也曾被别人“可畏”过，世界同样没有变得更好。

一百年前中国人的平均寿命不到四十岁，世界平均寿命不到五十岁，许多事情该做的早就可以做了。

孔子说四十不惑，五十知天命，一个人到了这个年龄还是不靠谱，这辈子大概就没有什么希望了。

但“闻”不是所有人的人生价值取向，儒道两家在此分道扬镳。儒家积极主动，努力改变这个世界；道家洁身自好，觉得不如先改变自己。

孔子还专门论述过“闻”与“达”的区别，别人都知道你，那叫闻；正直好义，心里装着别人——连你也知道自己才叫达。

9.24 子曰：“法语之言，能无从乎？ 改之为贵。 巽与之言，能无说乎？ 绎之为贵。 说而不绎，从而不改，吾末如之何也已矣。”

孔子讲“法语”——

法语之言，诤言、忠言，是好话但不一定好听，其标准主要看是否合乎礼法。

巽与之言，“巽”同逊。巽与之言就是恭顺、赞许的话，见面就说对方漂亮，不漂亮的就说气质好，气质也不好的就说可爱。

对于忠言光听还不够，关键是矫正自己的行为。事实上大家选择的态度通常是——虚心接受，坚决不改。

恭维的话，人都爱听，但要会听。绎，原意是抽丝，要学会从对方恭维的话中抽出你真正需要的东西。狐狸看见树上有一只乌鸦，乌鸦嘴里有块肉，狐狸就夸乌鸦长得漂亮、歌喉美妙，乌鸦飘飘然就唱了起来。袁枚赴外地就任之前去向老师辞职，老师问他做好准备了吗？袁枚说准备了100顶高帽子，老师不以为然，袁枚跟老师解释说，外面的世界不一样，谁会像老师一样只重才能，老师随以为然，袁枚知道自己现在只剩99顶帽子了。

在高帽子面前所有的人都不堪一击，这属于人性的弱点。

9.25　子曰："主忠信，毋友不如己者，过则勿惮改。"

与《学而》篇1·8重章。

9.26　子曰："三军可夺帅也，匹夫不可夺志也。"

为学需立志——

"三军过后尽开颜"是毛主席《长征》中的诗句，按照人教社教学用书的解释，这里的"三军"指的是中国工农红军第一、二、四方面军。

古代"三军"一般指左、中、右或上、中、下三军；天子六军、大国三军，一军12500人。

现代"三军"通常说的是陆海空三个军种。

帅可夺，匹夫之志不可夺。1932年，陈独秀被捕，在押解回南京的路上，他"酣睡达旦，若平居无不自然"，一时传为佳话。军政部长何应钦亲自传讯他，末了还向陈独秀求字，狱中的陈独秀挥毫写下的就是这句话。

我们的"匹夫之志"从学生时代开始被一点点消解殆尽，应试教育下成功者永远都是班里那几个聪明蛋，经年累月笼罩在失败的阴影下，恨不能整个人匍匐在地上，真不知"志"在何方。

9.27　子曰："衣敝缊袍，与衣狐貉者立，而不耻者，其由也与。'不忮不求，何用不臧？'"子路终身诵之。子曰："是道也，何足以臧？"

虚荣使人进步——

穿着破衣烂衫跟衣服华贵的人站在一起而不觉得脸红的人大概只有子路。不贪不求，无往不利。"不忮不求，何用不臧?"是《诗经》里的话，意思是一个人不羡慕别人，不贪求不属于自己的东西，做什么都吉顺。不眼红的人才能不脸红。

孔子这里是夸子路，子路心思单纯，老师一夸就有点得意，其表现就是把老师夸他的话——不忮不求，何用不臧？挂在嘴上，孔子觉得需要敲打一下，"原本如此，臧什么臧?"

衣，根据厚度大致分三种。单层的叫"襌衣"，长沙马王堆汉墓里出土了一件薄如蝉翼的"素纱襌衣"，重量不到50克，可以装进一只火柴盒。有里有面的叫"褶衣"，两层，北方春秋时节穿着。褶衣里面絮上棉花叫"复衣"，冬天保暖；中国古代制作衣物的材料主要是桑麻，棉花在黄河中下游地区推广要晚得多，絮蚕丝的叫"茧袍"，絮麻的叫"缊袍"，比较草根，"敝缊袍"是破旧的袍，更低贱。

本章与"君子居之，何陋之有?"异曲同工。

今天虚荣是一种"产业"。淘宝商城有"iPhoneQQ在线代挂"业务，不管你用什么品牌的手机，只需1元你就可以在你Q友桌面上显示"iPhoneQQ在线"，可以包月，也可以包年；淘宝提供的"虚荣"服务还包括名牌车标、车匙、奢侈品牌包装纸袋，别人花数万元才有的奢侈品牌你只需十几块钱就可以假装拥有——因为你拥有该品牌的包装纸袋，而且如果你连A货都接受的话，几块钱就行。

9.28 子曰：“岁寒然后知松柏之后凋也！”

是科学问题还是道德问题——

《庄子·让王》记述孔子厄于陈蔡时，门人皆有怨言，孔子说：“天寒既至，霜露既降，吾是以知松柏之茂也。”

松柏属于常绿乔木，尤其到了冬天，北方大地一片肃杀，松柏好像是硕果仅存的绿色。但松柏也是落叶的，而且随时在落，因为新叶同时也长了出来，所以感觉不到。

这种自然现象跟孔子这里想表达的意思有关联吗？

夏天里所有的植物一片葱绿，松柏跟别的落叶乔木没有明显区别；到了冬天，松柏才显出自己的特别。日久见人心，关键时刻见真章的意思。有一个故事讲的是落水的一家人，在最后的关头孩子本能地死死抱住了父亲的脖子，父亲也本能地将孩子推开了，最后他们得救了，但父亲推开孩子的动作被妻子看见了，这彻底改变了他们的生活。

黄河流域的常绿乔木很少，除了松柏，还有忍冬、冬青、独活，从名字上也可以看出来。

9.29 子曰：“知者不惑，仁者不忧，勇者不惧。”

说他自己呢——

真正的智者是不迷惑的。孔子四十岁达到了这一境界。

真正的仁者不会忧虑，真正的勇者也没有什么好害怕的。勇者不一定是好勇斗狠的赳赳武夫，孔子内心强大，未尝不是一位“勇者”。

9.30 子曰：“可与共学，未可与适道；可与适道，未可与立；可与立，未可与权。”

把政府关在笼子里——

“学”与“适道”的区别在于前者是一般性的学习，后者是终极价值观的形成，从“学”到“适道”是从知识到能力，从具体到抽象、从形而下到形而上的质变过程。可以做同学的人很多，能够成为你的知心同道者可能也就几个。张楚成名之前有一首旋律简单的歌中唱道：“爱你的人有很多，能够嫁你做新娘也就几个，到死时爱你如初，这世上就我一个。”

立，进入操作层面，属于制定规则阶段，这大抵是一个人进入社会以后的事情了。

权，超越规矩，特殊情况，下不为例。孟子说：“男女授受不亲，礼也；嫂溺援之以手，权也。”

权，原本指的是一种树木，后多指秤锤。对于这种利用杠杆原理称量物体重量的工具，秤锤是至关重要的，它自身的重量以及它处于秤杆上的位置说是一个市场问题不如说是一个良心问题。范蠡据说是秤的发明人，秤原本是十三两进制，借用的是南六斗、北七斗的形制，但总有人缺斤短两，范蠡就在后面增加了“福禄寿”三星，改成了十六两，但人们在秤上做手脚的主要空间其实是在“权”上。

从这个意义上讲，权便具备了撬动整个社会的伟大力量，这就是权力的“权”了，拥有它的组织和个人既可以支配社会财富，当然也可以支配你我的喜怒哀乐。

基督教有原罪说，荀子说“人之初，性本恶。”美国老百姓说，政府是老虎，必须把它关在笼子里。因为权力是一柄双刃剑，它可以维护正义，也可以为虎作伥；绝对的权力产生绝对的专制，这不是某一个人的问题，换谁都一样。

假如我们必须把权力交给某一个人，从本质上看权力是无法监管的，除非他可以自我监管。孔子主张将权力交给“圣人”，因为他们有着极高的道德素养。子路“片言折狱”，更多的不是智力因素而是道德问题。

在一个完备的社会秩序里，权力是接近无用的，这同样跟权力拥有者的道德水准无关，只是所有可能的漏洞都被预先堵住了，个人的操作空间不存在了，你就只能按规矩办事。

这也是一种大自在境界，“从心所欲不逾矩”，一种“朝彻之境”，某天早晨醒来突然大彻大悟了。所以孔子说那些可以授之以政的人不一定可以授之以——权。

曾经跟你是同学的人，最后能真正授之以权的人可能一个也没有。

9.31 “唐棣之华，偏其反而。岂不尔思？室是远尔。”子曰：“未之思也，夫何远之有。”

孔子“吐槽”——

前边四句属于“逸诗”，大概就是当年被孔子删减掉的。前后结构明显，《诗经》中典型“兴”的表现手法。“岂不尔思？室是远尔。”的意思也很明确：我并非没有想你，只是你的家太遥远了。问题在于这种意念从何而“兴”？

古注说：普通树木之花皆由含苞而渐至绽放，棠棣之花则先开而后合。《尔雅义疏》说，棠棣即小桃白，其花初开反背，终乃合并。这种“反常”现象跟诗歌真正想表达的意思之间有什么关联呢？

花朵的开合反向属于非自然状态，用今天的通行语表述大致就该是——装；明明心里没有想，却拿路程说事，岂非也是一种——装？

孔子“吐槽”：“装什么装！”

思念原本与距离远近没有关系，就算是古代交通落后；如果天天见面还需要思念，那多半就是“世界上最遥远的距离”了，所以人们离开故乡是为了思念故乡。没想就是没想，根本不用找借口；但已经没有感觉了，却还要装作要死要活的，才是作孽！

也有人将“偏”，读作“翩”，枝叶摇动的样子，一片片树叶摇过来摆过去就把人的心事摇出来了，然后就开始拼命地思念某个人。那为什么偏偏是“棠棣之花”呢？郭沫若写过一个剧本叫《棠棣之花》，说的是兄弟情谊，棠棣花的花萼与花瓣一个托起、一个遮蔽，像两个风雨与共的兄弟——哪朵花不是这样的？

这里思念的是情人还是兄弟？

还有人说唐棣的花瓣反向生长，似乎说的是“同床异梦”。

其实一直以来连“唐棣”到底是什么植物都没有人说得清楚，但以“唐”为姓的人取名“唐棣”显得很有学问，我还见过以“唐棣”作为花店名字的，一看就知道店主有文化。

“子曰·我曰”之：乡党第十

10.1 孔子于乡党，恂恂如也，似不能言者。其在宗庙朝庭，便便言，唯谨尔。朝，与下大夫言，侃侃如也；与上大夫言，訚訚如也。君在，踧踖如也，与与如也。

学会说话——

梁漱溟说孔子研究的正确方向应该是研究其生活。儒学不是哲学，即便是，也只是副产品，孔子的生活态度即是其哲学的核心内容。《乡党》篇呈现的是孔子的生活方式，其主题是“礼”，内容是介绍孔子在各种场合的言行、穿戴、吃喝等，在当时做一个体面人这些都是要严格讲究的。孔子的政治理想非常高远：圣人当政，歌舞升平；同时又十分接地气，日常你我、洒扫应对，操作性很强。

《论语》20 篇，本篇是上半部的尾篇，跟别的篇章不同，本篇基本没有孔子的话，似乎只是在“八卦”孔子的私生活。本篇作为上半部的尾篇有什么特别的微言大义吗？

孔子时代的生活习俗在今天的日本能找到的蛛丝马迹比中国多，中国乡下比城里多。

本篇琐碎而枯燥，南怀瑾讲到此篇时说它很重要要留到最后专门来讲，最后又说不讲了。

跟不同的人说不同的话，孔子觉得很重要。这里列举了五种情况：于乡党、在宗庙朝廷、与下大夫、与上大夫、君在。乡党就是那些街坊邻居，他们文化水平不高、见识有限，在他们面前高谈阔论显得十分不厚道，所以孔子会“配合”他们装出一副笨嘴拙舌的样子；或者是孔子平常说惯了“格言”，遇见那些“鄙夫”反而没有什么话说。今天那些乡下苦孩子读书出来进入了城市，说话也变成了普通话，有朝一日回到家乡，说普通话不合时宜，家乡土话又忘得七七八八了，比孔子在乡党面前还尴尬。

宗庙朝廷是孔子的“地盘”，在他可以做主的地方当然是游刃有余，滔滔不绝了。

孔子 50 岁之后从中都宰做起，做过少司空、大司寇并摄行相事，按《周礼》规定，少司空已经属于上大夫。下大夫的官阶显然比孔子低，所以跟他们讲话时多少有一种居高临下的心理优势，自然显得轻松随意，就像红军首长站在“红小鬼”面前。

上大夫跟孔子属于平级或者低“半级”，大家属于同僚、同仁，机遇跟风险彼此相互交叉，关系比较微妙，跟他们说话客套中又要装出几分随意。

君臣之间界限分明，你的命运掌握在对方手中，说话自然无比小心、敬畏有加，不得放肆。

更多的时候我们总是怕别人不知道我们有多聪明，我们习惯于喋喋不休，不看场合，不看对象。

10.2　君召使摈，色勃如也，足躩如也。揖所与立，左右手，衣前后，襜如也。趋进，翼如也。宾退，必覆命曰：“宾不顾矣。”

搞好接待工作——

接待工作很重要，“接待也是生产力”，“三公”消费这里面是大头。孔子年代要接待的除了周天子的使者还有邻国那些各怀鬼胎的王公大臣，再到后来，苏秦、张仪、孟子之流更需小心周旋。

摈，同傧，傧相。按照《周礼》的规定，迎来送往的叫“傧”，在活动中司礼的叫“相”，今天傧相专指婚礼上的伴郎、伴娘。

国君召见孔子让他担当傧相，接受任务后孔子的脸色立即变得严肃起来，连步履都充满了使命感。这是一个工作态度问题，第一时间让自己的全部身心进入工作状态。

傧相不止一人，相互之间的配合很重要；大家同行，同一口锅吃饭，相互尊重也很重要。左拜右揖，施礼时衣裳会前后摆动起来，孔子对同行的礼数十分周全。这是讲同事之间。

趋，小步跑，这是工作姿态。跑动时衣袂飘飘如飞——镜头感很强。

贵宾最后回去时，孔子还要站在路口依依不舍、含情脉脉，口中念念有词。这种传统在今天的日本服务行业还能见到痕迹，旅行车离开旅馆时，日本旅馆的工作人员一定会站在路口目送客人离去，转了几个弯你偶然从某个隙缝里瞥见他已经看不见你了，还在挥手，你一不小心就被那家伙感动了。

末了还不忘向君主复命：客人满意而归，接待工作圆满完成。

10.3　入公门，鞠躬如也，如不容。立不中门，行不履阈。过位，色勃如也，足躩如也，其言似不足者。摄齐升堂，鞠躬如也，屏气似不息者。出，降一等，逞颜色，怡怡如也。没阶，趋进，翼如也。复其位，踧踖如也。

上朝有讲究——

上朝的常规程序有7步，进宫门、过门槛、过位、升堂、下堂、下台阶、归位，涵盖了朝见君主的全部过程。

鞠躬，不是点头哈腰而是恭敬谨慎，这是进入宫门时的礼仪要求。里面是君主的“办公重地”，“如不容”，不能像在自家客厅里一样悠闲自在，在人家的地盘里就应该夹起尾巴、小心翼翼。

不要在门厅里停留，不要踩踏门槛。门槛原本是为了遮挡门下面透进来的风，民间则称门槛是主人的背脊，踩踏门槛的孩子一定会被大人们责骂。中国人喜欢攀比，门槛的高低、材质展示的是主人家的实力。门槛也叫门限，其功能是界限领地。

过位，有人理解是经过君主的座位（君主不在场），但从上朝的整个程序来讲，还没有升堂，不涉及君主的座位。君主坐在堂上，臣子分立堂下两侧，需升堂时才离开自己的位子，从庭院中间穿行过去；因为众同僚都站立在两旁，所以要端正脸色、步伐紧凑。

齐，这里读“资”音，指衣裳下摆，升堂时要提起衣裳的下摆，因为马上要见到君主了，所以要做出恭敬谨慎貌，而且大气都不敢喘一下。

见完君主，心跳开始减速，每走下一级台阶脸色就放松一个等级，最后完全放松。伴君如伴虎，责骂、罚俸甚至要你的小命都是一瞬间的事情，金口玉言，君王的绝对权威就体现在这里。

下完台阶，小步快走，衣袂飘飘如羽。

回到自己的位子，要再次做出敬畏状。

这些都是礼的要求，不是孔子刻意装孙子。

10.4　执圭，鞠躬如也，如不胜。上如揖，下如授。勃如战色，足蹜蹜如有循。享礼，有容色。私觌，愉愉如也。

孔子出访——

圭是一种长方形、一头带尖或半圆的玉。诸侯五等，公侯伯执圭，子男执璧，等制森严。圭璧还是见证周王与诸侯君臣关系的信物，周王分封诸侯时，会将写有诸侯名号的圭璧赐予诸侯，周王手上有与之大小匹配的瑁，诸侯来朝时以为信物。按规定，诸侯薨，要把圭璧还给周王。

圭璧是象征诸侯名位的器物，大夫代表国君出访他国时也会执圭（璧）作为信物。

鞠躬，低头、弯腰。根据所需表达情感的深浅，弯腰的幅度从15度到90度不等，今天中国人已经很少使用这种礼节了。拿在手里的是一块冰凉的石头，但它代表的是国君，所以对执圭的姿势有严格要求——身体微微前倾，双手捧住，不能太高，也不能太低，就好像有些拿不动的样子。在“知礼”的人看来执圭姿势不对甚至是一件不吉利的事情，《左传》中这样的细节不止一处。

脸色要配合，做出一副战战兢兢的样子；脚步也要跟进，“蹜蹜如有循”，估计跟戏曲舞台上红娘跑出的小碎步差不多，就像地上有根线，顺着这条线跑。“接武”的意思是后脚要踩住前脚的一半，两者的步伐应该很合拍。

以上是第一阶段，正式拜见国君。第二阶段是赠送礼物。礼尚往来，两国来往，礼物是不能少的。不管是稀世珍宝还是土特产品，总能逗引出对方的欲望，国家利益很多时候可以用这些宝贝置换，春秋战国时期一件宝贝常常可以影响国家行为，让一个国家出兵或者退兵。到了晒礼物阶段，大家的表情自然也就好看多了。

第三个阶段是私下见面，闭门会议，谢绝记者。这属于八小时以外的私人时间，无须拘束，可以说点无伤大雅的段子了。

10.5　君子不以绀緅饰，红紫不以为亵服。当暑，袗絺绤，必表而出之。缁衣，羔裘；素衣，麑裘；黄衣，狐裘。亵裘长，短右袂。必有寝衣，长一身有半。狐貉之厚以居。去丧，无所不佩。非帷裳，必杀之。羔裘玄冠不以吊。吉月必朝服而朝。齐，必有明衣，布。

你不能决定自己穿什么——

至少你不能决定自己衣服的颜色。绀、緅、红、紫是布的四种颜色，前两种接近黑色。黑色、红色和紫色都是正色，丧祭及朝堂之上专用。饰，领和袖镶边。亵服，平时在家里穿的便装，今天专指女人内衣。以正色装饰衣裳或者缝制便装，大不敬，君子不为也。

夏衣的正确穿法。袗絺绤，葛布单衣，夏天穿着凉爽透气，但出门要在外面罩一件外衣。大约跟今天毛衣外面要加外套是一样的道理。

冬衣的搭配。里面是皮衣，外面还要加罩衣，而且内外颜色要一致，显得非常低调。

家居穿的皮衣有特别要求。皮衣要长，右边的袖子要短些。这样的衣服很另类，一般认为这样设计是方便做事。

被子也有要求。一定要有，长度是你身高的1.5倍。“寝衣”是小被子，轻而薄；衾是大被子，冬天使用。

坐垫以厚的狐貉皮为宜。

除去丧服之后，佩戴限制随之解除。佩玉在当时是时尚，“古之君子必佩玉。”河南三门峡出土的虢国七璜玉组佩让我们真实见证了周代贵族胸口前的奢华。

衣裳的尺寸。帷裳，正服，祭祀、上朝等正式场合穿着，比较宽大，其他衣裳尺寸要小些，要以示区别。

白事要穿白色衣裳，穿着黑衣黑帽干脆就不要去了。

每月的第一天，一定穿上朝服去上朝。别的日子难道可以穿便装去上朝?

斋戒就是净心，途径是净身，天天要沐浴，所以一定要有浴衣，而且要用布的，不能用丝绸，感觉用布更纯粹。

改步改玉，不同身份和地位的人有不同的装饰要求，服饰对人的言行有约束力。古代帝王的冕前后各有12旒，其实就是12条玉珠串，如果摇头晃脑，那些玉珠就会叮当作响，戴上这种帽子的人就应该正襟危坐，不苟言笑。

10.6 齐必变食，居必迁坐。食不厌精，脍不厌细。食饐而餲，鱼馁而肉败，不食。色恶，不食。臭恶，不食。失饪，不食。不时，不食。割不正，不食。不得其酱，不食。肉虽多，不使胜食气。唯酒无量，不及乱。沽酒市脯不食。不撤姜食，不多食。

孔子的养生之道——

变食、迁坐都是斋戒期间的临时措施。变食，去荤腥改吃青菜豆腐，荤包括葱姜蒜等辛辣之物，腥指的是各类肉食。平日住在内庭，与妻妾住在一起，斋戒、生病期间要迁出去住在外室，叫“迁坐”。

食，是主食，不一定是米，米也主要是小米、黄米和高粱，稻子少而金贵。小米和黄米都要舂，舂米是否精细区别很大，孔子主张越精细越好；脍，猪牛羊鱼肉，切得越细口感越好，对肠胃也比较好。

孔子重养生，主要表现有“七不食”。

有馊味的饭不食，不新鲜的鱼和肉不食。鱼不新鲜了叫馁，肉不新鲜了叫败。《韩诗外传》里说：“民无冻馁，食无腐败。”孔子的“一不食”属于基本要求、底线。

颜色不好看的食物不食，有异味的食物不食。人们评价美食的三要素是色香味，但孔子这里的“色”和“臭”指的是反常的颜色和气味，臭豆腐、榴梿大概都算。

火候不对不食。失饪，包括没煮熟和煮过头了。

不是饭点不食。那时候很少有反季节蔬菜，基本不存在当不当时令的问题，但当时人们一天吃几顿饭是一个问题。宰予昼寝被孔子责骂可能是因为当时人们没有午睡的习惯，反推回去，也许当时人们是不吃“午餐”的。“古人大夫以下，食惟朝夕二时。”至少普罗大众一天吃两顿饭，正点很重要。

切割得不正的不食。古人席地而食，不同的食物就摆在一块方方正正的席子上，不同的菜品要摆在不同的位置，上面的碗盘也要对边对角摆放整齐，甚至盘里的菜都要切割整齐，因为切割不正人也不正。

酱料不合配的不食，今天的日本菜里还能找到遗迹。

合理搭配肉菜与主食的比例，否则容易伤胃。传统中国饮食中肉类的比例很小，吃饭就是吃饭，吃菜是为了下饭，评价菜的质量的主要标准也是看它下不下饭，就像我们双休日在家里好好休息是为了养精蓄锐投入下一周的工作一样。中式饮食结构当然是条件所限，但同时也符合东方人的肠胃结构。

酒可以放开量喝，但目的是享受，不能变成野兽。孔子是商人后裔，酒量不错，所以他可以做到“不为酒困”。

来路不明的酒和肉脯不吃。脯和脩都是肉干，前者是刚制成的肉干，后者是时间更久的，中国制作肉干的历史悠久。

餐前小吃要一直放在桌上，但浅尝即可，不能当菜吃。

非礼不食是孔子的规矩，但孔子的这些规矩说到底都属于“吃饱了撑的”范畴，墨子曾假借孔子讲过其中的道理，孔子陈蔡之厄时子路弄来的酒肉，孔子问都不问就吃了，哪里会说什么“割不正不食”之类的混账话？

10.7 祭于公，不宿肉。祭肉不出三日。出三日，不食之矣。

那一块半生熟的猪肉——

参与公祭时，不使用隔夜的肉。使用过的祭肉存放不超过三天，超过三天就不再食用了。

“不宿肉”，我相信是不使用隔夜的肉，这样是表示对神灵的敬意。后面是讲对“祭肉”的处理。

公祭时有资格参加的人要自备祭肉，在北方某些地区这种“遗俗”前些年还可以见到，祭祀家族中的长者时祭肉是自备的。

祭肉要选择动物身上最好的部位，或者是猪牛羊整体，为了防止腐烂变质常常会在滚水中过一下。

祭祀时用过的肉会变得无比神圣，食用祭肉也算是跟祖先在“分享”美味。周天子为了显示自己的存在，会千里迢迢派人给主持会盟的齐桓公送去一块祭肉。那一年鲁君受人蛊惑，祭祀天地后也不再分发祭肉给大夫，孔子才下决心离开鲁国。

10.8 食不语，寝不言。

卧谈会——

吃饭时不要讲话，今天西方人落实得比较好；即使要讲也会尽量把声音压低，以不影响邻桌为限。中国人喜欢围桌用餐，一桌人围圆了，共用的是中间那几盘菜，如果各自为政，埋头苦干，那场面未免吊诡。所以中餐厅里除了色香味还有一阵阵的声浪帮你下饭。

睡觉时不要说话，是说睡觉前不要说话，这一点中国人落实得比较好。电影里的西方人常常会在睡前进行深入的交流，中国人睡觉就睡觉，直奔主题。

大学里七八个人共居一室，“卧谈会”是每晚的例牌，白天的课多半学不到什么，学位证书的真正价值就体现在睡前这一黄金时间了。文凭是学校发的，但学位是同学给的；子时养肝，同学养心。

10.9 虽疏食菜羹，瓜祭，必齐如也。

粗茶淡饭也不能漏了祖宗——

疏食，粗粮。“饭疏食，饮水”是吃粗粮、喝凉水。

菜羹，菜汤，属于比较简陋的食物。肉羹、肉糜，用水、肉、盐及各种酱汁熬煮成糊状的食物，里面不加粮食，在古代属于美味佳肴。

瓜果，也不算特别。甜瓜是中国原产，也叫香瓜，马王堆汉墓中那位辛追老太太胃中就发现了上百粒的甜瓜籽。

食用这些普通食物时也不能忘了祖宗，一般而言拿这些东西敬祖宗属于不敬，但孔子比一般人要求更严。

北方农村以前每次吃饭前都会先敬祖宗，跟饭菜质量没有关系，粗茶淡饭也不能漏了祖宗，只是心里多了几分愧疚。

孔子年代中国人吃什么，这是一个有趣的问题。

“五谷”到底指哪五类农作物，说法不统一，粟、稻、黍、稷、麦、菽、麻中的其中五种。粟，即禾、谷子，脱壳后就是小米，跟玉米没有关系，玉米来到中国是很晚之后的事情了；黍，是黄米，有黏性，适宜酿酒，不易消化；稷，是高粱，中国最古老的粮食作物之一，因其身架高大常作为粮食的代表，如“社稷”；菽，是大豆；麻，其茎干上的外皮经过加工可以织布、纺绳，它的果子可以食用；稻，北方生长不易，是好东西。这是主食类。

古人吃肉不容易，主要是牛羊猪，也叫“三牲”；鱼类里可能主要是鲤鱼，孔子的儿子就叫孔鲤；鸡和鹅都是比较早被人类驯化的，在南方人食谱上的东西应该更丰富些，从马王堆汉墓和南越王墓出土的遗迹可以证明，狗、鳖、蛇甚至禾花雀都进入了食谱。

《诗经》里出现的植物很多，但用作食物的大概只有数种，包括葵、藿、韭、葱、蒜、萝卜、蔓菁等。

夏商周中殷商算是一个另类，它留给我们的印象里除了雄浑的青铜器似乎就只剩下那些占卜用的甲骨文了；周好像是跨越了商而直接与夏对接的，中国的农业传统至少应该从周算起，周的先祖叫后稷，肯定跟农业有关，这直接影响了中国人的饮食文化，传统中餐的亮点表现在对主食和各类菜蔬的精雕细琢上，肉类只能算是跑龙套的。

10.10 席不正，不坐。

孔子的定位系统——

椅凳在中国出现得很晚，“床头捉刀人”从侧面证明在曹操年代床还是用来坐的，据说这种坐具西汉时传入中原，因此也有“胡床”的说法。

古人原本是席地而坐，这种席子用芦苇、草编成，可以是一张大席子，主客宾介，不同的人坐在不同的位置上，不是“一类人”不能“同席”；也可以是几张小席子，每人坐一块，但席子的摆放位置很讲究。主人位置的那块席叫——主席。

直接在地上铺席子坐不舒服，古人想到的办法就是多铺几层，“天子五席，诸侯三席，大夫两席”属于周制；但在日常礼俗中主人会以替客人“正席”或多铺几张席子表示敬意，客人也会以阻止的动作表示客气。

如果多铺几层还是坐不惯，下面还可以加垫子，叫筵，筵起到的是缓冲作用，上面再铺席，合起来称“筵席”。中国古代没有桌子，吃吃喝喝的全在地上搞定，中国人吃饭时间长，离不开“筵”。今天“筵席”的概念即由此演化而来。

孔子他们是怎样“坐”的，似乎也是一个问题。双膝着地、屁股放在脚跟上应该只是一个有客人在场时的“正式”坐姿，挺直腰表示更加正式的动作叫“作”；最不正式的坐法叫箕踞（jī jù），屁股放在地上，两腿伸直，形同簸箕；有人说当时最普通的姿势是蹲着——听起来真够累的。

在许多农村地区蹲是一种常规姿势，聊天时蹲着，吃饭时蹲着，即便准备了凳子，他也是在凳子上蹲着。最科学的姿势是半坐半躺，就像航天员升空时的坐姿。

这里的正与不正，主要指位置是否合乎礼制。

10.11 乡人饮酒，杖者出，斯出矣。

领导先走——

杖者，拄拐杖的人，老年人。拐杖从来都不局限于“第三条腿”的功能，很多时候它就是一根权杖。“五十杖于家，六十杖于乡，七十杖于国，八十杖于朝。”手里抓一根棍子，心里就有了底子。

《礼记》里有专门的《乡饮酒礼》，孔子说：“吾观于乡，而知王道之易易也。”乡人在某个特定的时间聚在一起吃吃喝喝，其功能大致相当于今天城里人的饭局吧？

在乡人饮酒礼仪中，孔子总是等长者先走。

在今天的饭局中，要等领导先走，先于领导离席者不被领导穿小鞋死，也得给同侪挤压死。

10.12　乡人傩，朝服而立于阼阶。

中国人的鬼神观——

孔子参加乡人举办的驱鬼等仪式时总是穿着朝服站在东面的台阶上，行注目礼。孔子对鬼神的基本态度是敬而远之，一方面是他尊重别人的选择，另一方面这也是礼的规定。

傩，驱鬼除秽、求雨祈福之类的仪式，今天的少数民族地区和一些特定区域还能找到遗迹。在我们的印象中傩舞要戴面具，舞蹈动作简单、重复、持续时间久，就是在这种简单的重复中参与者获得了无限的高峰体验。

房子一般高于地面，有台阶连接，台阶分左右，中间是斜面，斜面一般不走人。东边的台阶叫阼阶，引领客人时，主人走的台阶；右边叫宾阶，宾客走的台阶。

孔子晚年曾跟子贡说自己做了一个梦，梦见自己坐在两根柱子之间。夏朝人死后停放在东边台阶，周人停放在西边台阶，商人停放在中间，孔子自己是商人后代。七天后孔子离开了人世。

10.13　问人于他邦，再拜而送之。

送别——

托人问候别国的朋友，孔子送行时会行再拜礼。一般都有托交的礼物，真够麻烦人家的。

10.14　康子馈药，拜而受之。曰：“丘未达，不敢尝。”

有人送药——

季康子送药给孔子，孔子客客气气地接受了，说：不敢尝药，因为自己还没有充分了解。

这里的“未达”是说对药性未充分了解，也可理解为自己尚未通达。

接受别人的馈赠，如果是可以吃的，就要尝一尝，并且要以比较夸张的语气表示喜欢。今天的礼节要求我们一定要当面拆开礼物，还要挖空心思找些肉麻的词来夸奖对方会买礼物。

古人会送药给人吗？今天送药则等同于骂人。

10.15　厩焚。子退朝，曰：“伤人乎？”不问马。

一位人本主义者——

马厩着火了，孔子下朝回家就问：“有人受伤吗？”似乎一点也不关心马匹的情况。

10.16　君赐食，必正席先尝之。君赐腥，必熟而荐之。君赐生，必畜之。侍食于君，君祭，先饭。

陪领导吃饭——

食，熟食。腥，生肉。生，活物。

国君赏赐的熟食一定要当着使者的面尝一尝，而且尝之前一定要摆正席子表示感恩。如果是生肉，一定要煮熟献祭后再吃。如果是活物，则要先养起来，大概这样才可以君恩浩荡吧？荐，进献、献祭。

陪国君吃饭，要在国君祭祀之前，先替国君尝饭。

10.17　疾，君视之，东首，加朝服，拖绅。

探病——

孔子生病，国君来探望时，病人要头朝东躺着，把朝服盖在身上，原本系在腰间的大带子拖在地上。

堂与室之间的窗户叫牖，国君来探病，病人应该移到牖前，面朝东，方便国君坐在主人位、隔着窗户探视病人。在此之前，生病时已由内室“迁坐”至外室。

10.18　君命召，不俟驾行矣。

领导召唤——

国君召见，不等座驾准备好已经开始往外跑了。

《荀子·大略》：“诸侯召其臣，臣不俟驾，颠倒衣裳而走，礼也。”诗云：“颠之倒之，自公召之。”

实在不是孔子矫情，礼就是这么规定的。

10.19　入太庙，每事问。

与《八佾》篇15章重出。

10.20　朋友死，无所归，曰：“于我殡。”朋友之馈，虽车马，非祭肉，不拜。

死不起——

归，尘归尘，土归土，哪里来的回哪去。男人一生“归”一次，女人却要“归”两次，出嫁也叫归。

人死了却“回”不去，是因为置办不起黄泉路上那套行头——死不起。遇见孝顺的儿女最后一招就是“卖身葬父”了，《天仙配》里的董永就是这么干的。如果连儿女也没有呢？那就只能指望像孔子这样的朋友了。

结交朋友并不是为了给他送终，一不小心就能攀附一个富二代，时不时给你点小恩小惠，即便是名贵如车马，你坦然接受就算是帮他忙了；其中只有一样例外，那就是“祭肉”，你一定要表现出感恩戴德的样子，因为这还真不是钱不钱的问题。

人死后，灵柩暂时停放在家里叫殡，送去墓地叫出殡；将遗体临时浅埋也叫殡。孔子三岁时父亲去世了，母亲去世时找不到父亲的墓地，便将母亲“殡五父之衢”。

10.21　寝不尸，居不容。见齐衰者，虽狎，必变。见冕者与瞽者，虽亵必以貌。凶服者式之，式负版者。有盛馔，必变色而作。迅雷风烈必变。

捕捉孔子的表情——

睡觉时不能四仰八叉的，像个死人；平日闲在家里可以随便些，不必像做客一样。容，这里读作“客”。科学的睡姿不一定舒服，孔子这里没有告诉我们晚上应该采用怎样的姿势睡觉，只说不能直挺挺，仰面朝天，大概别的姿势都不限制，他总不会知道左侧卧会压到心脏吧？仰着睡不行，趴着睡不舒服，左侧睡不科学，向右转是我们在床上唯一的选择。

见到穿丧服、戴礼帽的人和盲人，即使是熟悉的都要改容易色。见到穿丧服、戎装的人要致礼；见到有父母之丧的人要敬礼。负版，父母丧服，后背有明显标志，不同于普通丧服。

参加宴会，有美食端上来，一定要直起身子并大呼小叫，这似乎是十九世纪英国贵族的做派。

突然碰上电闪雷鸣也要有所表示，不要无动于衷，这又是为什么呢？也许是为了表示对大自然的敬畏吧。

10.22　升车，必正立执绥。车中不内顾，不疾言，不亲指。

乘车须知——

上车，从车厢尾部中间上，要拉住上车专用皮带。在车内不要交头接耳，不准大声喧哗，不要指指点点，因为对前面的牲畜而言那可能属于“无法识别手势”。

10.23　色斯举矣，翔而后集。曰：“山梁雌雉，时哉时哉！”子路共之，三嗅而作。

关于野鸡的问题——

这一章从来没有被真正解释清楚过。

色是脸色，孔子的？子路的？或者是两人的？野鸡看到人之后就飞走了，但转了一圈又回来了，于是孔子感叹说这些野鸡真懂得把握时机啊！子路投食，但那些鸟闻了闻还是飞走了。

郑玄说是子路煮了野鸡，孔子闻了闻没吃。

本章的关键词是“时”，这一点似乎没有什么疑问。前篇尾章落在“权”上，本章止于“时”，算是一种呼应吧。

孔子一生奔波，壮志未酬，回首往事，有时也难免怀疑自己到底是不是应该像野鸡一样“学会”抓住时机呢？

《论语》20 篇，从篇幅上看，上半部终结于此。仿佛是一幅中国大写意画，有动有静，画面感很强，好像很有意境，但细看又不知所云。更像是一个小清新式的 DV 短篇，只是一段情绪表达而已。

现在我们终于读完了半部《论语》，北宋宰相赵普说半部《论语》可得天下，各位还是洗洗睡吧。

“子曰·我曰”之：先进第十一

11.1　子曰：“先进于礼乐，野人也；后进于礼乐，君子也。如用之，则吾从先进。”

孔子桃李满天下——

此章歧义很多，诸多儒者求索过甚。《先进》篇主要是品评学生，前面几章先说总体印象，后面讲的是个案。

孔子晚年的某个时候谈起自己遍布天下的学生，感慨道：我早先那些学生多半出身卑微，后期学生中有不少官宦子弟，但要说委以重任，首选还是早期那批啊。

礼乐，算是孔门里的主要“课程”，“先进于”“后进于”是指接触、完成这些“课程”的时间早晚，大致相当于早期的学生和后期的学生。

君子，这里说的是“身份君子”，他们出身不凡，不是“国君”就是“家君”的儿子；相对应的是“野人”，他们无权无势，甚至曾经混迹于社会的最底层。

孔子学生很多，但有名有姓者只占很小部分。按照《史记·孔子世家》的记载，孔子一生有几个节点很重要。33 岁之前孔子在鲁国以知礼闻名，并开始设坛授徒，这一阶段招收的学生大概以“野人”为主；34～35 岁，孔子适齐求仕，适周问礼，但很快又回到鲁国；50 岁之前，孔子主要还是读书和教书，孔子许多重量级的学生出现在这一阶段；此后 3 年是孔子在鲁国从政的辉煌三年，55 岁开始孔子踏上了流浪征程，直到他 68 岁再次回到家乡，孔子 73 岁去世。在孔子生命的后半段，因为他的名气越来越大，相信投奔他的“君子”不少。

11.2　子曰：“从我于陈、蔡者，皆不及门也。”

一位留守老人——

从孔子与弟子们互动的场景来看，他们师生之间的关系更接近于父子。即使不是从孔子开始，也是孔子第一次将这种施教与受教者的近乎理想的关系发挥到了极致。此后百家诸子皆循例带领一帮核心弟子，且走且讲，伴随着他们凌乱而轻盈的脚步声，迎面向我们走来的是中国文化史上最灿烂的时代。

为人师者，最大的愿望就是自己的学生们能够早日做好走向远方的准备；孔子的愿望在接连实现，这也让他最终成了一位“空巢”老人。

陈蔡之厄是孔子一生中不堪回首的劫难之一，那一次楚国打算聘请孔子，陈蔡乃小国，切实感觉到了威胁，便试图用最激烈的方式阻止。孔子师徒绝粮数日，弟子们个个怨声载道，孔子依然弦歌不辍。

回首往事，快乐的时光当然也有很多，但能够留存下来的似乎只剩了苦难，还有苦难中的那些学生们。有历史学家称之为“悲剧记忆”，有群体凝聚力的记忆往往是创伤性的。

11.3 德行：颜渊、闵子骞、冉伯牛、仲弓。言语：宰我、子贡。政事：冉有、季路。文学：子游、子夏。

四科十哲——

《史记·仲尼弟子列传》说“受业身通者七十有七人，皆异能之士也。”《孔子世家》说“弟子盖三千焉。”

“弟子三千”的说法始自《吕氏春秋》，《史记》以为是“盖”说。“三千”是一个虚数，白发三千丈、三千里路云和月、三千世界、弱水三千等，没有人会当成数学问题。

北京奥运会开幕式上三千“弟子”齐颂《论语》的场面我们都见识过了，把孔子放在中间能把他吓死。

贤人72乃至70都只是为了凑一个整数，实际是77人，《仲尼弟子列传》如果可信的话，这77人之中，资料较翔实者35人，仅见姓名及零落资料者42人。见于《论语》者不足30人。

颜渊是孔门奇葩，接下来孔子还要死劲夸。闵损是孝子。冉伯牛。名耕。研究春秋战国社会生活的学者从他的名字判断，至少这时候牛已经被用作役牛。仲弓，就是冉雍，跟冉耕是同宗。宰我和子贡都是办外交的高手，能言善辩，但不合孔子口味。冉有和子路学的都是真本领，治国安邦，社会砥柱。

文学，主要内容就是文史哲，属于社会科学，注重对历史文献资料的研究，是孔门里的正经学问；对应的是“工科类”的“方术”，“易经”最世俗化的功能就体现在这里。子游、子夏在孔门里属晚辈，却是孔学散布的核心人物。

孔子的重要学生中至少还有曾参、有若和子张没有被列入。

11.4 子曰：“回也，非助我者也，于吾言无所不说。”

听起来很腻——

孔子的话颜回照单全收，百分之百满意，孔子“撒娇”说——颜回这孩子什么忙也帮不上。朱子说：“其辞若有所憾，其心实甚喜焉。”

孔子曾经两次以“始可与言诗”的最高奖项颁给学生，一次是子贡，一次是子夏，那次孔子说：“起予者商也”——子夏可以启发老师。

但孔子只喜欢颜回，这甚至不需要道理。

11.5 子曰：“孝哉，闵子骞！人不间于其父母昆弟之言。”

他是一个孝顺的孩子——

不间，没有异议。昆弟，即兄弟。人们对他父母兄弟的话没有不同意见——闵子骞是一个孝顺的孩子！

“二十四孝”里有他，我们在“鞭打芦花”的故事中见证了一个以德报怨，誓死将孝进行到底的孝子形象。

11.6 南容三复白圭，孔子以其兄之子妻之。

他是一个谨慎的孩子——

“白圭之玷，尚可磨也；斯言之玷，不可为也。”是《诗经》里的话，意思是说白玉上的瑕疵还可以磨掉，但说出口的就像泼出去的水。

这样的话南容每天都会念叨几次，所以孔子做主把他哥哥的女儿嫁给了他。

上章说闵子骞是一个孝顺的孩子，本章说南容是一个谨小慎微的人，算是孔子贴在他们身上的标签，除此之外他们的形象是模糊的，就像时装商店里的塑料模特，厂家在精心分配模特的身材比例后，常常会刻意将它的五官省略掉。

11.7 季康子问：“弟子孰为好学？”孔子对曰：“有颜回者好学，不幸短命死矣，今也则亡。”

他是一个好学的孩子——

“好学”是孔子最看重的品质，孔子曾说一个荒野小村都能找到忠信之人，但要找个像他那么好学的人难。（“十室之邑，必有忠信如丘者焉，不如丘之好学也。”）

颜回为什么如此合乎夫子口味？颜子好学，而且是学生中唯一好学的。

这里孔子似乎是不打算跟季康子讨论关于好学的问题，因为就这么一个好学生，还早早就死了。

好学只是一个品质问题，我们很难相信孔门中只有一位品质优良的学生。孔子夸颜回的记载很多，《中庸》说：“回之为人也，择乎中庸，得一善，则拳拳服膺，而弗失之矣。”孔门心法概括两字便是“中庸”，而颜回是真正得到真传的人。

11.8 颜渊死，颜路请子之车以为之椁。子曰：“才不才，亦各言其子也。鲤也死，有棺而无椁。吾不徒行以为之椁，以吾从大夫之后，不可徒行也。”

发乎情，止乎礼——

没有人会怀疑孔子对颜回的感情，颜回的死让孔子第一次对自己的情感不再做任何掩饰。如果人生的其中一个意义便是必须承受你无法承受的剥离之痛的话，那就让眼泪尽情地流淌吧！

但这并不等于说孔子已经放弃了所有原则，比如礼制，可以“发乎情”，尚需“止乎礼”，孔子说，乐而不淫，哀而不伤。面对爱子的离世，颜路的心里却只剩下了亲情，此时此刻他能想到的只是尽量把儿子的后事安排得体面些，按照普通人的逻辑那就是厚葬死者，比如用椁。

颜路给儿子用椁打的是孔子座驾的主意，孔子表示不能同意，原因有二：自己的儿子孔鲤死的时候也没有用椁，这不是一个谁优秀谁不优秀的问题，而是一个礼的问题；孔子出门使用座驾同样是一个礼的问题，就像西方女人在正式场合化妆的问题，还真不是漂不漂亮的问题，尊重别人才是首先考量的问题。

《中庸》首章即言“喜怒哀乐之未发，谓之中；发而皆中节，谓之和。”可以不动情，心中只有“大慈悲”，动情则要合乎礼制。

颜路是颜回的父亲，也是孔子的学生，资质普通。

椁，就是套在棺材外面的大棺材。《周礼》规定“天子之棺四重、诸公三重、诸侯再重、大夫一重、士不重。”《荀子》说：“天子棺椁七重、诸侯五重、大夫三重、士再重。”天子用五重棺、两重椁，总共是七重，每重棺椁的材质、厚薄也都有具体规定。棺与棺之间没有什么空隙，棺与椁之间留有椁室，分别叫头箱、边箱和足箱，用以摆放随葬品。但考古发现这种规定似乎从未被认真执行过，所以颜路才会想给儿子用椁。今天农村棺材上会蒙一层红布，据说是椁的遗存。

“才不才，亦各言其子也。”孔子是圣人，孔子的儿子孔鲤才智一般，但孔鲤的儿子孔汲似乎又隔代遗传了孔子的才华。老百姓是这样编排他们祖孙三代的，孔鲤跟孔子说：我儿子比你儿子强！又跟孔汲说：你父亲比不上我父亲！

11.9　颜渊死。子曰：“噫！天丧予！天丧予！”

发乎情——

“啊，这是老天在要我的命啊！这是老天在要我的命啊！”

孔子呼天抢地之情悠然可见。

11.10　颜渊死，子哭之恸。从者曰：“子恸矣！”曰：“有恸乎？非夫人之为恸而谁为？”

再发乎情——

哭是孔子的“自我表达”，其特征为不节制，不是哀哀欲绝，而是呼天抢地，这点跟国产影视作品很像，真正的“狗血”！

一个抽搐的背影比一个涕泪纵横的面庞可能更有表现力。

11.11　颜渊死，门人欲厚葬之，子曰：“不可。”门人厚葬之。子曰：“回也视予犹父也，予不得视犹子也。非我也，夫二三子也！”

厚葬颜回——

在很大程度上，中国的丧葬文化就等同于中国传统文化。中国有事死如生的传统，阴间和阳间共同构成我们的世界。另外一个独立的世界在天上，那里住着神仙，他们没有生老病死，他们架起祥云走路，那里没有爱情。阳间和阴间直接对接，但它们与仙界并无直接通道，成仙靠的是“修炼”，万物皆可修炼成仙。

阴间是我们每个人将来都要去的地方，而且那注定是一次单程旅行，为了应付难以预知的旅途，“临行”前尽可能地把行囊装满似乎是唯一的选择，厚葬之风被中国人广泛推崇。

对当政者而言，厚葬在很大程度上是与其政权的合法性联系在一起的。虽说是受命于天，但父子相袭是大家都看得见的，从这个角度讲，给逝者举办的葬礼越隆重，先人在另一个世界生活得越舒心，承袭者的合法性就越有保证。

厚葬至少包括几个方面。首先，是墓室，秦公一号大墓占地面积超过5000平方米，深度达8层楼高；其次，是棺椁，天子七重保护确保万无一失，乡野百姓可能只有一张草席随行；最后，随葬品是重头戏，最高级的“随葬品”是人，秦公一号大墓发掘人牲184具，被称为“世界第八大奇迹”的秦兵马俑坑也仅仅是秦始皇陵墓的陪葬坑。如何“保鲜”肉身也是需要认真考虑的，水银可以隔断外界微生物对细胞的侵蚀，水银的这项功能几乎就是中国人关于这种唯一液态金属的唯一知识，而且这样的保鲜工程在人还没有死的时候就开始了，所以很多时候水银充当的是“保鲜”还是“毒药”作用真的很难说得清楚。

讽刺的是，人们厚葬自己的前提逻辑是肉体永存，但事实是越豪华的坟墓保存尸体的条件越差。王公大墓里能找到的往往只是陪葬奴隶的累累白骨，车马坑里是壮硕的战马的遗骸，甚至猎狗的尸骨都清晰可见，这些配角埋葬条件简陋，没有墓室，微生物生存的条件同样简陋。这才是生命的大道理。

中国没有海盗但有盗墓贼，中国盗墓历史悠久，因为农业社会注重积攒，为今生，也为来世。相信最初的盗墓行为更多是为了泄愤，彻底阻断其生命的终极方式要通过“鞭尸三日”、锉骨扬灰来完成。价值连城的陪葬品从顺手牵羊的对象到唯一目标似乎只是一个时间问题。曹操设有“摸金校尉”，专事盗墓，用以弥补军费之不足，可以说是政府行为，规模更大的则是民间动作。中国古墓无数，但几乎没有发现过从未被盗扰过的古墓。秦公一号大墓正式发掘时发现的盗洞有247处。今天国家一般不会主动去发掘古墓，我们听到的都是“抢救性发掘”；对专家来说古墓中的所有细节都可能是难得的历史信息，盗墓贼只关心经济价值。

行囊再满终有用尽的时候，年节祭祀补充生活乃至奢侈物品大有必要，就像20世纪六七十年代中国香港亲戚逢年过节大包小包跨过罗湖桥接济内地穷亲戚一样，贫富差距让罗湖桥变成了奈何桥。

学长学弟们七手八脚终于“厚葬”了颜回，很难说孔子的反对声音中有多少真实成分。

11.12 季路问事鬼神。子曰：“未能事人，焉能事鬼？”曰：“敢问死。”曰：“未知生，焉知死？”

白羊座的子路——

大方、勇敢、富于行动力是白羊座的主要特征，其缺点包括性急、好斗、幼稚。白羊座的象征物是一只公羊，在我的想象中子路就像一只幼稚而好斗的公羊。

另外白羊座男性的面部轮廓分明、浓眉高颧，下巴结实有力，唇形紧闭也完全符合我们想象中子路的形象。

孔子关心的是“出则事公卿，入则事父兄”，子路“事鬼神”的取向显得不合时宜，所以孔子抢白说，人的事情还没管好呢，哪有工夫想鬼的事？子路简单，不知进退，继续就“死”发问，孔子则继续吐槽：未知生，焉知死?

有学者说子路像耶稣的大弟子彼得，喜欢质疑问难，不稍宽容，却也十分准确。

《说苑》里孔子曾向子贡解释自己在鬼神事上的纠结，说人死后有知吧，不知有多少孝子们会通过“送死”的方式去服侍死者；说人死后没有知觉吧，又不知有多少不肖子孙对先人会弃而不葬呢！孔子对鬼神之事采取的是实用主义态度，六合之外，存而不论。“搁置争议，共同开发”则是今天中国人面对南海纷争的务实态度。

11.13 闵子侍侧，訚訚如也；子路，行行如也；冉有、子贡、侃侃如也，子乐。“若由也，不得其死然。”

济济一堂，其乐融融——

“訚訚如也”，孔子跟上大夫们讲话时也是“訚訚如也”，随意中透着客套，那些有修养之人大概都是这种做派，感觉比较矫情，倒也符合一位旷世大孝子的风格。

“行行如也”，子路像一头公羊，傻傻的、笨笨的、冲冲的。

“侃侃如也”，和悦貌。冉有、子贡有学问，有能力，自信而谦卑，他们是孔子能指望又指望得上的人。

几个核心弟子围坐在孔子身旁，看着他们各自富于个性的神态，老师扑哧一声笑了：“像季由这样的，怕会不得善终吧?”此时此刻，好为人师的孔子内心应该是很有成就感的。“得其死”是活到他的寿限，即寿终正寝。

孔子72岁那年，卫国发生战乱，子路和高柴都在卫国做事，孔子闻卫乱，曰：“柴也其来，由也死矣。”数日后愚笨的高柴平平安安地回来了，“行行”的子路被人剁成了肉酱。

老子说：“强梁者不得其死。”

11.14 鲁人为长府。闵子骞曰：“仍旧贯，如之何？何必改作？”子曰：“夫人不言，言必有中。”

沉默为什么是金——

闵子骞在德行科排名第二，最大的亮点是孝；德行科的人都慎言，因为言多必失。张国荣相信“任你怎说安守我本分，始终相信沉默是金。”“多闻阙疑，慎言其余，则寡尤。”多听少说，无往不利，这是孔子的谆谆教诲。

“道路以目”说的是周厉王，他防民之口甚于防川，让老百姓在路上遇见了只能交换一下眼神。中国历史上因言获罪的无数个案例也一直在教育我们最保险的办法就是成为“沉默的大多数”中的一员。

“三年不言”说的是楚庄王，他即位三年没有任何政令出台，“三年不飞，飞将冲天；三年不鸣，鸣将惊人。”沉默并不是发呆，而是为了韬光养晦，沉默是为了一鸣惊人。楚庄王日后处理内政外交大刀阔斧，终成一代霸主。

平日里不说话，但一出口就能说到点子上。闵子骞在改造“长府”问题上的发言让孔子大加赞赏。闵子骞的观点是不作改造，维持原样。

要么改、要么不改，闵子骞的言论有什么特别之处吗？一般认为闵子骞这里是主张节俭，也有人认为这跟鲁昭公讨伐季氏失败后亡晋那段历史有关。如果是这样，闵子骞这里是在就政治问题表态，可能闵子骞的观点与周围相左，但与孔子相合，所以受到孔子夸奖。

主张节俭只是一个道德问题，就政治发表意见至少已经是一个智力问题了。

藏粮食的地方叫仓，仓是象形字；藏军备物资的地方叫库，广是房子，车是军车；收藏文书和财货的地方叫府，府是形声字。

11.15　子曰：“由之瑟，奚为于丘之门？”门人不敬子路。子曰：“由也升堂矣，未入于室也。”

琴瑟和鸣——

琴和瑟区别在于前者是主角，后者是配角；弹琴的常常是美女，属于表演嘉宾，鼓瑟的多半是老男人，藏在幕后伴奏或者制造背景音乐。琴瑟和鸣说的是夫妇合拍。

孔武有力、骨节粗大的子路可以带兵打仗，实在不宜琴瑟之事，传说这只公羊的琴声里有“杀伐之音”，孔子也是挤兑惯了子路，脱口而出：你这种水平，怎么好意思在我这里弹奏？

别的同学因此便看轻了这位大师兄，孔子大概觉得自己过分了，想替子路挽回几分面子，说子路也没有你们想象的那么差。

得其门而入、过庭、升堂、入室大约是拜见主人的全部过程，比作做学问也很恰当，“入门”“初具规模”“炉火纯青”，子路已经到了第二个阶段，“升堂入室”现在是成语。

长沙马王堆汉墓中出土了一架完整的25弦瑟，瑟弦用丝线合成，每根弦的匀整度及25根弦粗细变化控制的精度完全可以和今天电脑控制的精度相媲美。

11.16　子贡问：“师与商也孰贤？”子曰：“师也过，商也不及。”曰：“然则师愈与？”子曰：“过犹不及。”

要反左、也要反右——

在法国大革命时期的某次著名辩论会上，激进的革命派坐在左边，温和的保守派坐在右边；从此以后，左和右这两个表达方位的名词具备了浓烈的政治意味。

左派像火，主张继续革命，它可能给民众带来温暖，但也可能是玉石同焚；右派像冰，思维拘谨、崇尚民主，注重现实利益。

按照这种分法，师属于左派，商属于右派。

子贡问师和商谁好，孔子说前者是左派，后者是右派；子贡又问是不是左派好一些？孔子说要反左、也要反右。

师，就是子张，孔子最重要的学生之一，“子张之儒”是孔子死后的“八儒”之首。性情偏激而又沉静好学，大致属于才学兼备的实力人物。卜商，字子夏，文学科代表人物，儒家经典传承的关键人物。据说子夏个性拘谨，做人的格局不大，孔子曾当面告诫子夏："汝为君子儒，无为小人儒。"

过犹不及，现在是成语，温和或者说世故之性早已深入中国人的骨髓。

孔子说过："不得中行而与之，必也狂狷乎！狂者进取，狷者有所不为也。"如果将人群划分成三拨，分别是中行君子、狂者和狷介之士。按照孟子的排列，最好是中行，其次是狂者，再次是狷者，大致也就是中、偏左和偏右三种人，其实最坏的是"乡愿"，俗称的老好人，没有原则，没有底线，像一道神奇的墙，什么东西都能帮你"化"掉。

11.17　季氏富于周公，而求也为之聚敛而附益之。子曰："非吾徒也，小子鸣鼓而攻之，可也。"

聚敛比盗窃还坏——

冉求不顾季氏已经富可敌国的事实，作为大管家的他仍然设法为其雇主聚敛财富，孔子决定将他逐出师门。"周公"这里指谁不重要。

事情发生在鲁哀公时，季氏为了增加收入，便想改按人头征税为按田亩征税，孔子对冉求说，"施取其厚，事举其中，敛从其薄"，君子依礼行事不存在什么够不够的问题，如果不按礼行事，多少都不够。但是冉求没有听从孔子的意见，第二年季氏开始按田亩收税，孔子很生气，后果很严重，孔子决定清理门户。

《大学》说："百乘之家，不畜聚敛之臣。与其有聚敛之臣，宁有盗臣。"前者是做加法，后者是做减法，这是治国安邦的大道理。

多与少、取与予的辩证关系被讨论了几千年，对当政者而言，与民争利有其天然合理性。《战国策》中孟尝君的钱不够用，让冯谖到薛地帮他收取息钱，冯谖却将老百姓欠钱的凭证烧掉了，孟尝君的"让利"换取的是狡兔三窟中的一"窟"。

11.18　柴也愚，参也鲁，师也辟，由也喭。

认识你的学生——

高柴愚笨，曾参迟钝，子张偏激，子路莽撞。

老师也很偏激，只看学生的缺点。

11.19　子曰："回也其庶乎，屡空。赐不受命，而货殖焉，亿则屡中。"

吕不韦的大生意——

跟前面那四个比起来，颜回资质不错，可惜穷得叮当响；子贡人不安分，做生意却很有天赋。司马迁作《史记·货殖列传》对子贡的商业才能最为推崇。殖，生也，低价进高价出以生利，即货殖。

子贡有做生意的天赋，但当时经商需要国家授命，子贡没有获得这种授命。亿，同臆，大致相当于把握商机的能力和眼光，但是要说这种眼光没有人能够超过吕不韦。

据《史记·吕不韦列传》，秦昭王时，安国君为太子，安国君的其中一个儿子叫子楚，作为人质住在赵国的邯郸，事实上秦国也没有真正拿这位皇孙当回事，秦国针对赵国的战争一直没有停过，子楚的日子一直都很凄惶。在邯郸做生意的吕不韦见到子楚时立即意识到自己一生中最大的商机来临了：“此奇货可居。”

太子有二十几个儿子，子楚居中，难有机会；太子最宠爱的华阳夫人却没有儿子。吕不韦出资五百金让子楚广交名流，以备日后进身；另以五百金搜求奇货异珍设法接近华阳夫人。对华阳夫人而言，最大的危机在于以色事人难以长久，如果能在那二十几个“儿子”中挑选一位心仪者收作子嗣，并让太子予以确认，那样后半生的荣华富贵就有了保障。

吕不韦安排好这一切再次回到邯郸，重金买回一位色艺俱佳的女子，并刻意制造了一次“邂逅”，子楚与这名女子一见钟情。

子楚唯一不知道的是这位女子在与他一见钟情之前已经怀有身孕，作孽者便是吕不韦。那孩子出生后取名子政，便是大名鼎鼎的始皇帝嬴政。

吕不韦这单生意的利润是一个儿子及整个天下。

11.20　子张问善人之道。子曰：“不践迹，亦不入于室。”

谁是善人——

《述而》篇说：“善人，吾不得而见之矣，得见有恒者，斯可矣。”善人应该是那种道德水平极高的人，但就字面而言似乎也仅限于道德层面，因此“善人”的稀缺程度大约跟“仁人”相若，就其属性而言好像又没有“安人”的使命感。

如何才能成为一个善人？不循常规，也难以成为一个真正的善人。“入于室”，达至最高境界。这里讲的是继承与发展的关系，强调要继承传统。这种表达很符合孔子的说话方式。

另解：不践迹，亦不入于室。有创新，但尚未达到最高境界。是孔子老老实实讲解“善人之道”。

本章与前后内容似乎无关。

11.21　子曰：“论笃是与。君子者乎？色庄者乎？”

谁也别装——

笃，诚实。君子是真诚实，“色庄”就是装。说到诚实，关键要看是真诚实还是装诚实。与，赞同。

老实厚道一直都算是优点，现在是装也懒得装。

11.22　子路问：“闻斯行诸？”子曰：“有父兄在，如之何其闻斯行之？”冉有问：“闻斯行诸？”子曰：“闻斯行之。”公西华曰：“由也问闻斯行诸，子曰有父兄在；求也问闻斯行诸，子曰闻斯行之。赤也惑，敢问。”子曰：“求也退，故进之；由也兼人，故退之。”

孔子表演因材施教——

采取行动之前应该“三思”还是“再”思，孔子认为再——两次就可以了。即便是两次，许多人永远都不会再有行动了，大至一次改朝换代的行动，小到男女之间的一次邀约。

“酒壮怂人胆”，酒精的作用就是将“思”过滤掉。

听到后就行动吗？同样的问题孔子对子路做了否定回答，对冉有做了肯定回答。公西华表示不解，孔子说冉有谨慎有余，子路孟浪过人。

这是一个因材施教的经典课例。

子路勇敢、率直，易冲动，老师非常清楚，所以结合具体情况予以教化，这不是我们今天班级授课制能够完成的任务。但是子路死于非命的结局也证明了性格对命运的决定作用，从这个角度讲：教育是没有用的。

冉有的性格很奇怪，这里说他遇事会往后缩，但“不久前”他刚刚因为坚持帮季氏敛财而被逐出师门，子华出差时，为子华母亲乱发补助的主谋也是他。冉有是政事科的高才生，跟子贡关系融洽。孔子对冉有的定位是：“可使治赋”，这属于治国安邦的大本领，这样的人怎么会“退”？

11.23　子畏于匡，颜渊后。子曰：“吾以女为死矣！”曰：“子在，回何敢死！”

颜回不能死——

《礼记·曲礼》：“父母在，不许友以死。”《孝经》说：“身体发肤，受之父母，不敢毁伤，孝之始也。”你的生命不完全属于你。前章孔子主张子路应该三思而行的理由也是——有父兄在。

颜回不敢死的理由也是有老师在。《吕氏春秋·劝学》说，从路上行人的举止就可判断他的父母是否健在。曾点派儿子曾参外出，到了约定时间儿子没有回来，别人说可能遭遇意外了，曾点说：“彼虽畏，我存，夫安敢畏？”畏是横死，如果父亲还健在，儿子连遭遇意外的“权利”都没有。

上天让我们有父母兄弟，有相亲相爱之人就是为了用这些联系羁绊我们的自由。有许多瞬间我们甚至都会有赴死的勇气，但我们却没有伤害亲人的决心。

11.24　季子然问：“仲由、冉求，可谓大臣与？”子曰：“吾以子为异之问，曾由与求之问。所谓大臣者，以道事君，不可则止。今由与求也，可谓具臣矣。”曰：“然则从之者与？”子曰：“弑父与君，亦不从也。”

大臣与具臣——

子路和冉有都是政事科的卓越人物，他们先后担任过季氏的宰。但孔子对二人评价不高，“吾以子为异之问，曾由与求之问。”我还以为你会有什么特别点的问题呢？事关子路和冉有的问题都只能算是一般性的问题。这里说孔子是在打击自己的两个学生，不如说是在打击季氏。

大臣，犹言大师。孟子说：“所谓故国者，非谓有乔木之谓也，有世臣之谓也。”一个历史悠久的国家有几棵参天大树不算什么，关键是有一批“世臣”。这里的“世臣”大致相当于“大臣”，孔子认为那两个学生只能算是“具臣”，具备一定的办事能力，有小智慧，是称职的教育工作者，但不能轻言“教育家”。

大臣的标准是——以道事君，以教师为例，有自己的教育理想，不媚俗，不矫情，不自矜。合格的教师虽然会努力让自己合乎某种规范，但真正伤天害理的事情也不会做。

11.25 子路使子羔为费宰。子曰：“贼夫人之子。”子路曰：“有民人焉，有社稷焉，何必读书，然后为学。”子曰：“是故恶夫佞者。”

子路有狡辩吗——

子羔，就是高柴。大师兄提携这位小师弟让他去做费宰，孔子说子路这是在害人家孩子，子路狡辩说：现在有人有社稷，为什么一定要先读书呢？读书还不是为了这些？孔子说：所以人们讨厌那些花言巧语的家伙！

一般认为孔子主张先读书，再为官，子路理解读书也是为了为官，现在已经可以为官了，读不读书当然就没那么重要了，孔子说子路这是在狡辩。孔子强调为己之学，反对自己的学生太热衷于“用世”，但另一方面“学而优则仕，仕而优则学”也符合孔子的思想，读书和为官的先后顺序可能真的不是什么原则问题。

贼，害人。让子羔担任宰怎么能说是害他呢？那么子路有狡辩吗？

我认为这里的关键在于“费”是一个是非之地。费是季氏的私邑，公山弗扰曾经担任费邑的宰，作为季氏的家臣，公山弗扰曾经在鲁定公时期盘踞在费邑造反，还打算邀请孔子加盟，孔子也曾动过心。另外当时有一种论调，认为费地堪当大事，《孔子世家》记载，孔子认为“盖周文、武起丰、镐而王，今费虽小，傥庶几乎？”而在此之前的鲁昭公时期，同样作为费邑宰的南蒯也发动过一次叛乱，后来还是齐国出面才勉强摆平此事。

他日，“季氏使闵子骞为费宰”，但闵子骞坚辞不受“费宰”一职，不愿帮季氏做事的理由并不充分，因为孔子学生中帮季氏做事的不止一人，至少还有一个原因，那是一个是非之地。费邑地理位置特殊，据费叛乱似乎成了传统。

孔子知道这一点，子路当然也知道，所以孔子说子路此举是“害”人；子路明知孔子在说什么，故意说“有民人”“有社稷”，属于避重就轻，有意狡辩，所以孔子很生气。

“有民人”“有社稷”，相当于有人又有枪，要拉起一支队伍是很容易的事情。社稷，祭祀土地和谷神的地方，这在古代是政权的必要组成部分。

费有点像今天的山西，大家都在讲“问责”，山西的矿难又无法避免，在这种情况下，派谁去山西主政似乎也是在——贼夫人之子。

11.26 子路、曾皙、冉有、公西华侍坐。子曰：“以吾一日长乎尔，毋吾以也。居则曰：‘不吾知也！’如或知尔，则何以哉？”子路率尔而

对曰："千乘之国，摄乎大国之间，加之以师旅，因之以饥馑。由也为之，比及三年，可使有勇，且知方也。"夫子哂之。"求！尔何如？"对曰："方六七十，如五六十，求也为之，比及三年，可使足民。如其礼乐，以俟君子。""赤！尔何如？"对曰："非曰能之，愿学焉。宗庙之事，如会同，端章甫，愿为小相焉。""点！尔何如？"鼓瑟希，铿尔，舍瑟而作，对曰："异乎三子者之撰。"子曰："何伤乎？亦各言其志也。"曰："莫春者，春服既成，冠者五六人，童子六七人，浴乎沂，风乎舞雩，咏而归。"夫子喟然叹曰："吾与点也！"三子者出，曾皙后。曾皙曰："夫三子者之言何如？"子曰："亦各言其志也已矣。"曰："夫子何哂由也？"曰："为国以礼，其言不让，是故哂之。""唯求则非邦也与？""安见方六七十如五六十而非邦也者？""唯赤则非邦也与？""宗庙会同，非诸侯而何？赤也为之小，孰能为之大？"

年纪越大，理想越小——

《论语》500章，每章篇幅几个字乃至几十字，超过百字已属"巨制"，说是孔门的"官方微博"也算恰当；本章400余字早已不是微博的合法容量。微博字数限制各家不一，主流如新浪、腾讯者都是140个汉字；限制字数的用意在于删剪枝叶，只留话骨，要长篇大论就去写"博客"好了。

"侍坐"在《论语》中篇幅最长，内容也十分重要。

我们读书时要么在班会课上被逼迫说出自己的人生理想，要么在作文课上假装写出人生的奋斗目标。年幼时的理想当然是大而无当，随着时光的流逝，年纪越大，理想越小，当我们的人生愿景真的变得平凡而伟大时就表明我们真的长大了。

子路的理想是治国安邦，但因其发言时不知谦让被孔子讥笑；冉有吸取教训开始收敛自己，说自己只能解决物质缺乏的低端目标，精神文明建设还需另请高明，孔子不置可否；公西华继续降低身段，说自己做一个司礼官就满足了。在孔子看来两人都有毛病，一是没有充分看重自己的工作，二是没有充分看重自己的才能。

曾皙在出场前做足了铺垫，同学在高谈阔论人生目标时他在旁若无人地鼓瑟，这本身就是一种姿态，等到老师一再追问，才施施然道：暮春时节，一群大人孩子，到河里洗洗澡，在台上吹吹风，然后唱着歌回家。

对曾皙的志趣孔子为什么大加称赞？

在那次孟武伯问仁中，孔子对子路、冉有和公西华的定位分别是：为一个国家做事，治理一个地区，做一件具体工作，尽管他们都达不到仁的标准，但至少称得上是"具臣"吧？那次不涉及曾皙，究其根本，他们的格局和品位不同，不是一类人。这就是"术"与"道"的距离。

曾皙这里描述的是一个"活泼泼"的理想国，一个值得所有人为之终生奋斗的大同世界。

一群校长在谈办学理想，有人说要把自己的学校办成“国内一流，世界知名”，也有校长用一连串的数字描述他未来的学校，如果一个校长说只愿做一名麦田里的守望者，你的感觉咋样？

“千乘之国”，在当时应该是大国，但子路这里想表达的不是大国。“千乘”，不是实数，指的是有一定规模的国家。

“方六七十，如五六十”，从南到北、从东到西六七十里或者五六十里，是规模更小的国。《孟子·万章下》说：“天子之制，地方千里，公侯皆方百里，伯七十里，子、男五十里，凡四等。不能五十里，不达于天子，附于诸侯，曰附庸。”天子千里，诸侯国五十至百里不等，五十里以下连直属天子的资格都没有。

“如会同，端章甫”，国家之间举行盟会，礼服礼帽事宜。“相”，原指“导盲人”，这里指的是仪式中赞礼者。

冠者，成年人。按周制，男子二十而冠，“二十而冠，始学礼”除了学礼，从此也可以干成年人该干的事情了。但圣人不受此限制，文王受冠礼的年龄是12岁，成王是15岁。童子，未成年男子。

“子曰·我曰”之：颜渊第十二

12.1　颜渊问仁。子曰：“克己复礼为仁。一日克己复礼，天下归仁焉。为仁由己，而由人乎哉？”颜渊曰：“请问其目？”子曰：“非礼勿视，非礼勿听，非礼勿言，非礼勿动。”颜渊曰：“回虽不敏，请事斯语矣。”

轻口味的孔门“四戒”——

仁是“人”的同源字，仁就是人其人，把人当人。曾参在别的场合还认真解读过老师一以贯之的“道”：“夫子之道，忠恕而已矣。”忠是自守、自持，拿自己当人；恕是待人，拿别人当人。

“把人当人”不是一个很低的标准。仁既是孔学的核心价值观，也应是人与人之间关系的基本准则。

“克己复礼为仁。”这是孔子给“仁”下的一个定义吗？压服自己，让自己的言行符合礼的要求，把“为”解读成判断系词未必符合当时的表达习惯，何况下文就有“为仁由己”的表述。克己复礼只是“为仁”的前提条件，克己复礼然后就可以“为仁”，只要满足这个前提条件，整个天下都可以“归仁”；礼是表面的，仁才是核心。

“文革”批林批孔，克己复礼是一条重罪。“复礼”的本质是往回走、倒退，在革命岁月里这是一种典型的右倾错误。

“一日克己复礼，天下归仁焉。为仁由己，而由人乎哉？”为仁应该从现在做起，从自己做起。

颜回怕自己理解得不准确，让孔子解释得仔细些，“目”是“网眼”，对应的是“纲”，这里相当于具体要求。孔子正式提出了孔门“四戒”，颜回觉得自己懂了，并向老师表态说会努力践行。

“非礼”的现象是客观存在，如何对待就是你自己的事情了。仁的要求仅仅是要你洁身自好，即克己，这个要求似乎也不高。

12.2　仲弓问仁。子曰：“出门如见大宾，使民如承大祭。己所不欲，勿施于人。在邦无怨，在家无怨。”仲弓曰：“雍虽不敏，请事斯语矣。”

仁就是将心比心——

如果说孔子在回答颜回问仁时强调的是“内圣”功夫，那么在回答仲弓同样问题时孔子的着眼点却是“外王”的修为，孔子说过：“雍也可使南面。”这既是一次因材施教的实践，也是孔子在试图从多个侧面来解读“仁”的内涵。

孔子前面告诉颜回要做好自己，这里告诉仲弓要正确面对他人。

"出门"是为了见人，孔子的意见是要像见重要宾客一样，"人"当然不是普通百姓，"民"才是百姓，所以是"使民"；在使用民力时要考虑农时是当政者的理性选择，这里提出了更高要求，像承办"大祭"，在古代那是一件无比严肃的事情。

其中的关键词是尊重。

一般认为"无怨"是尊重他人的结果，无论在哪里别人都没有怨言；也可以理解为如何对待别人的过错，"无怨"即不怨恨，学会自己化解，不怨天，不尤人。按照后一种理解，本章孔子讲了三层意思，它们之间是并列关系。

"己所不欲，勿施于人"的关键词也是尊重，这是对待他人的一种正确态度。你无须在对方面前迷失自己，也无须高高在上、盛气凌人，利用对方从而吃定对方。

当今世界的老大美国应该听听这句话。

12.3　司马牛问仁。子曰："仁者，其言也讱。"曰："其言也讱，斯谓之仁已乎？"子曰："为之难，言之得无讱乎？"

仁就是管住你的嘴——

对司马牛来说，仁可以简单到管住自己的嘴巴。"多言而躁"是司马牛的主要毛病，子路就因为这个毛病不止一次被孔子批评，"是故恶夫佞者。"骂子路玩弄花言巧语。《侍坐》中子路的"率尔而答"遭来孔子的讥笑。

讱，通"忍"，言之钝也，出言缓慢谨慎。公共场合，发表意见，提出观点要左顾右盼，谁有资格先说，其实大家心里都有数，这跟你的观点是否精辟没有直接关系。那些"不知轻重的家伙"总会遭到与会人员的一致唾弃，中国人都懂的。

慎言很重要，但如果说慎言就等同于仁似乎也不妥，这也是司马牛的疑问，孔子的回答一副标准的老师腔调：先管好你的嘴再说吧！

"逢人且说三分话"是古训，老百姓则说：闭上你的臭嘴，没人当你是哑巴！

后来司马牛学会了慎言，并成功进身德行科。

以上三章集中"问仁"。大千世界，纷纷扰扰，其实只是三重关系在互动：人与自然、人与人、灵与肉。传统中国智慧主张天人合一，人人相仁，修身为要。相对而言，西方人讲求天人二元，崇尚个性，更注重物质。

12.4　司马牛问君子。子曰："君子不忧不惧。"曰："不忧不惧，斯谓之君子已乎？"子曰："内省不疚，夫何忧何惧？"

君子坦荡——

"君子坦荡荡，小人长戚戚。"是孔子对"君子"与"小人"内心状态差异的具体描述。君子坦荡，光明磊落，内心充实而平和，外表舒泰自然，即，不忧不惧。

"知者不惑，仁者不忧，勇者不惧。"有智慧的人不迷惑，君子在一定程度上既是仁者，也是勇者。

君子慎独，一个真正的君子可以坦然面对自己。

本章逻辑很特别。学生问什么是君子，老师说君子不忧不惧，学生反问不忧不惧就是君子吗？老师也反问，问心无愧，何忧何惧？干吗不直接说君子问心无愧呢？

12.5 司马牛忧曰：“人皆有兄弟，我独亡！”子夏曰：“商闻之矣，死生有命，富贵在天。君子敬而无失，与人恭而有礼。四海之内皆兄弟也，君子何患乎无兄弟也？”

一位蹩脚的心理咨询师——

据说司马牛有两个兄长和一个弟弟，二哥便是桓魋，兄弟三人结伴在宋国作乱，这件事让司马牛抬不起头。

没有兄弟可以让人如此纠结吗？这个世界是如此冷酷，对一个孩子来说，一个父亲是不够的，这就是“教父”的全部意义吗？没有兄弟的世界也许更加孤单吧。

但孔子与司马兄弟结仇跟另外一件事有关。相传孔子某次在宋国看见桓魋为自己建造石椁，因为工程浩大，孔子颇不以为意，就说了一句：“桓魋石椁，三年不成!”他觉得与其如此奢靡还不如让尸体早日烂掉。今日徐州城郊有桓山，山上桓魋墓室赫然洞立。《史记·孔子世家》：孔子去曹适宋，与弟子习礼大树下。宋司马桓魋欲杀孔子，拔其树。孔子去。弟子曰：“可以速矣。”孔子曰：“天生德于予，桓魋其如予何!”孔子与弟子在树下练习礼仪，桓魋来砸场——拔其树，现场应该非常混乱。

司马牛当时应该不在场，兄弟四人中三个乱臣，这让作为圣人弟子的他倍感孤独。他向子夏倾诉了这种孤独感，希望获得同学的同情与开导。

子夏尽其所能为同学提供了心理咨询，他的意见主要是两条：你命该如此，做好你自己就不愁好兄弟。

子夏的这一味心灵鸡汤有效吗？

“死生有命，富贵在天。”这一条对中国人有无比强大的心理暗示作用，它号召我们坚决向命运低头，这轻易化解掉了人世间的绝大部分戾气。

四海之内皆兄弟，听起来像个共产主义战士。

桓魋有一位弟弟叫司马牛，也有人认为并没有确证表明那位司马牛跟孔子这位学生是同一个人。

12.6 子张问明。子曰：“浸润之谮，肤受之愬，不行焉，可谓明也已矣。浸润之谮，肤受之愬，不行焉，可谓远也已矣。”

明远人生——

谮，谗言。愬，通“诉”，控告、诬告。

浸润，是说在不知不觉、日积月累中影响你。肤受，跟“浸润”相反，属于疾风骤雨、外科手术式的打击，让你有切肤之痛。

谗言主要影响的就是被进谗言的人，用蛊惑的方式往错误的方向引导对方，进谗言者就是得益方，一般不涉及第三方；诬告是无中生有，目的就是为了抹黑对方。

谗言就是要和风细雨，就像女人在枕头边向男人啰唆一样，这也是一种温水煮青蛙式的"默而化之"。你可以得罪皇后，一个女人做到了皇后，她能见到皇上的机会就不多了；但不要得罪公公，公公是皇上每天要面对的人，公公的身份最适合进"谗言"。

明，耳聪目明，看得清楚，远是看得远。

"浸润之谮，肤受之愬，不行焉"连说两次，学生问"明"，老师额外赠送"远"，一明一远，其语调之肯定仿佛孔老夫子就端坐在我们面前。

12.7　子贡问政。子曰："足食，足兵，民信之矣。"子贡曰："必不得已而去，于斯三者何先？"曰："去兵。"子贡曰："必不得已而去，于斯二者何先？"曰："去食。自古皆有死，民无信不立。"

十分迂阔——

对一个国家而言，老百姓吃饱肚子、兵强马壮和老百姓信任政府哪个最重要？孔子认为是老百姓的信任，它甚至超过了让老百姓吃饱肚子，兵强马壮最不重要。

其实孟子的排列更知名，他说："民为贵，社稷次之，君为轻。"这句话的轰动效应在于跟老百姓在实际生活中的感受反差太大，孟子似故作惊人之言。

对历代当政者而言最重要的永远都是军事实力，谁的拳头硬谁说了算；落后就要挨打，主要说的就是军事。老百姓的信任最虚幻，不听话就不给你饭吃，再不行就武力解决。

美国一年的军费开支大约是7000亿美元，占了全世界军费开支的一半；美国人均食品支出占其收入的比例是5%，权威调查表明80%的美国人不信任政府。但美国无疑是当今世界最成功的国家。

12.8　棘子成曰："君子质而已矣，何以文为？"子贡曰："惜乎，夫子之说君子也，驷不及舌。文犹质也，质犹文也。虎豹之鞟犹犬羊之鞟。"

文质彬彬，然后君子——

有人说，一个君子追求的是内容，形式不重要。子贡说，形式就是内容，内容就是形式。如果形式真的不重要，一张拔掉毛发的虎豹皮和一张犬羊皮有什么区别呢？

礼拜天上教堂是一种形式，但某种特定的仪式是为了营造庄重感，这种庄重感对于宗教信仰而言就是内容本身。婚礼当然是形式，但对于当事人而言，它显然又属于内容本身。儒学对华人的影响力堪比任何一种宗教对相关族群的影响力，但儒学终归只是一种学说而非宗教，它缺乏的就是某种特定的"形式"。

内容决定形式，形式对内容有重大的反作用，内容与形式是一种对立统一的关系。有人提出内容与形式也有一个黄金分割点，只是没有人说得清这个0.618从哪里分割。

“驷不及舌”，一言既出，驷马难追。

什么是一个人的“文”和“质”？一个婴儿急切而激烈的哭声只是表明他饿了，或者想睡觉了，这些与生俱来的属性就是“质”；等他知道用哭声来引起别人注意时，说明他开始“文”了。后来我们穿上了衣服，学会了语言，形成了一些习惯，这些都是文而化之的结果。

从根本上说，随着年龄的增长，我们的“文”会越来越多，我们更多的“质”被掩盖，我们也变得越来越复杂了。一般来说，那些“文”相对较少的人总是更容易讨我们喜欢。

老子说：“专气致柔，能婴儿乎？”“含德之厚，比于赤子。”无欲无求，至纯至真的婴儿就是道家的最高境界。

教育者的最高使命就是最大限度地保护受教育者的这种属性。

《阿凡达》中潘多拉星球上的“土著”们觉得地球上来的杰克需要“教育”，这种“教育”的真实含义就是剥离杰克身上的“文”。

12.9　哀公问于有若曰：“年饥，用不足，如之何？”有若对曰：“盍彻乎？”曰：“二，吾犹不足，如之何其彻也？”对曰：“百姓足，君孰与不足？百姓不足，君孰与足？”

生产力与生产关系——

官府与百姓的关系从根本上说就是取与予的关系。官府要的少老百姓留的就多，官府要的太多了，老百姓就会不够；但只要饿不死，老百姓照样还是会给。怕的是再碰上灾荒，日子实在过不下去了，那就只能起来造反，大不了也是一死，这就是改朝换代。换了天下，总会有几年太平日子，其标志就是休养生息，老百姓可以吃饱肚子。贪婪是人的本性，官府的胃口总会越来越大，距离再次改朝换代的日子就又不远了。

老百姓的特点就是隐忍，逆来顺受是其常规姿势，但这不等于说他们会无限地忍下去。

哀公十税其二，遇上灾年，用度不足，向有若请教，有若说应该十取其一，哀公说取二还不够呢，有若说你要是取三那就更不够了。百姓够了，你怎么会不够？百姓不够，你怎么可能会够？

猪养肥了再杀，税务部门喜欢讲涵养税源。道理简单，人性低劣，落实起来难度很大。

根据郭沫若的考证，鲁国旧制公田十取其二，私田不税；有若的意见是公田、私田一律十取其一，总量还是增加了。

其实在三代之前不可能有真正意义上的“私田”概念，溥天之下，莫非王土，天下土地唯一的所有权拥有者就是“天子”。井田制是将田一分为九，其中八份赐给农民，一份为“公田”，农民享有所赐土地的全部收益，代价是无偿耕种公田，并将公田的收获全部上缴。君的用度主要来自公田，此时还没有“税”的概念。哀公始行初税亩，土地也变为真正意义上的私有，其中也传递了井田制存废之有关消息。

几千年来生产力水平低下，物质生产总量长期处于不足状态，这直接导致了生产关系的紧张。人类的关注焦点一直是如何把蛋糕分得均匀，“不患寡而患不均”，不是不知道问题的关键其实是如何把蛋糕做大，所以说生产力决定了生产关系。

人民公社吃大锅饭，负责分饭的人总是设法给自己多分一些，按照东方的智慧是选择一个道德水平最高的人，然后授之以权；西方的方式是用规则来约束人的行为，比如负责分饭的人最后领取。

12.10 子张问崇德辨惑。子曰：“主忠信，徙义，崇德也。爱之欲其生，恶之欲其死。既欲其生，又欲其死，是惑也。‘诚不以富，亦只以异。’”

德行与理性并重——

崇，崇尚；崇德，以道德为最后依归。固守忠信，以“义”作为自己行动的指南。

辨惑，勿被感性迷惑，对错误的东西有分辨力，保持理性。孔子这里说的是女人，爱一个人，哪怕已经死了，还想着让他复活；等到不爱他了，又恨不能让他死去。同是一个人要死要活的，一点理性都没有。“诚不以富，亦只以异。”是《诗经》里的话，说的同样是一位被感情迷惑的女人，一个薄情男人另结新欢，他的理由是新欢家里比较有钱；痴情的女人说：“说什么她家富、我家穷，根本就是你变了心！”

“诚不以富，亦只以异。”很多注家都认为是错简。

一味追求道德感的人很容易被感性绑架，孔子认为同时保持理性非常重要。一个义薄云天的人，有时候很容易失之于儿女情长。

德行与理性并重，中国香港选美有一句被说烂的话就是“美貌与智慧并重”，两者都很难。

12.11 齐景公问政于孔子。孔子对曰：“君君、臣臣、父父、子子。”公曰：“善哉！信如君不君、臣不臣、父不父、子不子，虽有粟，吾得而食诸？”

分蛋糕的理论依据——

西周实行的井田制是将一块田平均分成九份，每份一百亩，“一夫授田百亩”，中间一块为公田，“雨我公田，遂及我私。”先公后私，公田的收获也全部上缴。后来十取其一成为征税的惯例，但是这种“惯例”的理论依据何在?

孔子提出的理论依据是：君君、臣臣、父父、子子。大小不等，一人一份，每个人取回属于自己的那份；在家是父子，在朝是君臣；所有人都不会有异议。

均衡不等于二一添作五式的平均，儿子跟父亲说话时，父亲坐着，儿子要站着；食物不足时应该先让年老的父亲吃饱，这是一种十分稳定的平衡。

绝对平等就意味着绝对理性，而在家庭内部主要是讲感情的。

12.12　子曰："片言可以折狱者，其由也与？"子路无宿诺。

天下尽是片言人——

日前，一段老外踐脚前座遭劝阻无效反而用中文爆粗骂人的视频在网络上爆红，乘警在与那位爆粗的外籍人士简单交流后，下结论说："拉倒吧，人家是搞艺术的，脚翘高点就高点呗！"事情出来后，聒噪一片，但多半只是简单情绪发泄，某都市报记者的一片博文抓住了要害：乘警的问题在于——片言折狱。

两片拼接在一起才是一块完整的木头（从字形看，木就是拼接在一起的两个片），但是根据其中的一片是可以判断另外一片大致情形的，这与其说是一个能力问题，不如说是一个道德问题。

A学生向你投诉B学生无故骂他，你的第一反应是生气，然后就是把B学生叫来痛斥一番；你的第一反应也可以是"怀疑"，然后听听B学生的说法。

有些人"天生"爱说瞎话，他面前的事物明明是这样的，被他说出来就变成了另外一个样子，要么夸大，要么缩小，他的眼睛变成了一面凹凸镜，他的心也成了哈哈镜。

子路率直，心里存不住东西，他天然能看清楚事物的本来面目，并坚持把它说出来。

12.13　子曰："听讼，吾犹人也，必也使无讼乎。"

听讼，古代政府管理社会的思路——

周之前实行封建制，周王把天下划分为若干区域，分封给子嗣和大臣，叫邦，各邦享有独立的军政外交权，君和臣各自享有专属的权力和义务；秦开始实行郡县制，地方行政长官原则上由中央政府直接任命，他们代表中央行使对地方的管理权。

地方最高行政长官是如何管理地方呢？以县为例，中国历史上这个官衔最小、工作职责最大的"领导"体现其权力的主要形式就是听讼。一个县衙正式编制通常只有个位数，许多工作人员都是县太爷自掏腰包花钱雇请的；县域之内事务繁杂，通过"听讼"的方式撬动整个行政管理不失为一种高效的管理模式——听讼是一个抓手。

通过这种最初级的"司法"形式向整个社会传递的是最基本也是最严厉的是非观和价值观。

这是一种典型的小政府大社会，政府只管自己该管的。中国香港特区政府管理企业的思路就是你开业，我欢迎；你赚钱，我收税；你倒闭，我不管；你犯法，我抓人。

大政府的弊端在于它无限地将自己的职权扩大化，一方面它管得太多，另一方面该管的又没有精力管好。任正非说正是因为自己的懵懂，下面的人才有更多的机会施展自己的才华，华为公司才有今天的成功。这对所有的管理者都有启发意义。老子说："我无为而民自化，我好静而民自正，我无事而民自富，我无欲而民自朴。"我不做是为了让老百姓自己做。

《周礼·秋官》说："以五声听狱讼，求民情：一曰辞听，二曰色听，三曰气听，四曰耳听，五曰目听。”察言观色，力求客观公正，这是每一个人都有可能实现的理想。

境界更高的孔子说自己希望无案可办。“道之以德，齐之以礼”才是孔子真心向往的理想国。在中国传统价值观中，“让他三尺有何妨”式的“息讼”是一种被广泛提倡的解决争端的方式，律师在古代称“讼棍”，几乎等同于十恶不赦之徒，与他们伴生的是冤比窦娥的广大苦主们，他们通常选择的诉求方式是拦轿喊冤，这种人今天叫上访专业户，各地维稳的主要对象。

12.14　子张问政。子曰：“居之无倦，行之以忠。”

公务员守则——

“居之”，在其位，指领导。“行之”，行其政，指执行者。前者要求不懈怠，后者要求忠于事。

典型的孔子式说教，没有情感，没有细节，拒人以千里之外，不免令人心生厌倦。

12.15　子曰：“博学于文，约之以礼，亦可以弗畔矣夫！”

与《雍也》篇重章。

12.16　子曰：“君子成人之美，不成人之恶。小人反是。”

你可以决定激活哪些基因——

科学家通过激活某些基因的方法让一只普通的老鼠成功进入了冬眠状态，而激活另外一些基因则可以让一只老鼠癌症的发病率降低为零。一株植物成为它目前的样子是大自然长期选择的结果，这不等于说它必须成为今天这个样子，因为至少它体内还存在着另外一些基因，使得它有可能变成完全不同的样子。

一个人也有无数可能性，他成为一个善人或者恶人都是选择的结果，一个善人本来也有机会成为一个恶人的，关键在于我们“决定”激活他身上哪些“基因”。

君子选择激活他身上好的基因，屏蔽那些坏的基因，小人则相反。

正确的教育让人成为君子，错误的教育则可能造就小人，因为教育的过程也就是选择激活哪些基因的过程。

历史上最懂得“成人之美”者当属吕不韦，他上蹿下跳、翻云覆雨终于成就了子楚的好事，让他成为秦国的太子，并最终成为秦王；但吕不韦才是这笔买卖的真正受益人，成人之美是为了成己之美。

12.17　季康子问政于孔子。孔子对曰：“政者，正也。子帅以正，孰敢不正？”

兵者，诡道也——

《三国演义》赤壁之战曹操大败，勉强躲过赵云和张飞的追杀之后来到一个岔路口，一条是宽阔大道，一条是险峻小路，小路上隐约可见烟尘。兵法说，虚则实之，实则虚之，曹操知道诸葛亮多谋，故为疑兵于小路，大军一定在大道上埋伏，便将计就计选走华容小路，结果正碰上在小路上埋伏的关羽，诸葛亮终究棋高一着，料定曹操最终会选择小路。

螳螂捕蝉，黄雀在后。大道还是小路？跟赌场上猜大小点一样，这是一个永远都纠缠不清的问题，用兵打仗，打的就是心眼，《孙子兵法》说：“兵者，诡道也。”

施政正好相反，“政者，正也。”季康子上梁不正，下面必然乌烟瘴气，对他而言，端正自己，摒弃所有“心眼”是当务之急。

我感兴趣的问题还有天天琢磨“诡道”的诸葛亮如何治军、管理国家呢？

12.18 季康子患盗，问于孔子。孔子对曰：“苟子之不欲，虽赏之不窃。”

偷窃是一种心理疾病——

害人性命是贼，非法占有他人财物是盗。盗患横行让季康子不胜其烦，孔子说，如果你自己贪念不重，行赏都没有人去偷盗。

盗人钱物大致有几种情形：穷、懒及以此为“事业”者。但据公安部门资料，真正为了活命而去盗窃者占比很低，懒人通常又没有以身犯险的勇气，偷盗多半就是一种欲罢不能的习惯，见到别人的好东西不拿过来心里不舒服。

这是一种病，得治。

12.19 季康子问政于孔子曰：“如杀无道，以就有道，何如？”孔子对曰：“子为政，焉用杀？子欲善而民善矣。君子之德风，小人之德草，草上之风，必偃。”

人随王法草随风——

老子说：“民不畏死，奈何以死惧之。”当老百姓决定以身涉险时应该已经没有别的活路了，左右是个死，不如鱼死网破，事情到了这般光景，其实已经是绝境了。

还有一种情形，“道之以德，齐之以礼”，孟子一生苦口婆心劝说那些当政者要施仁政，行王道；居上位者仁义爱人，屁民们自然肝脑涂地。

“无道”，无道之人。“有道”，有道之人。季康子理解的“政”就是杀掉坏人，亲近好人。孔子说杀人没有用。

一个组织内部真正起作用的不是制度而是文化，你不可能将所有的事情都做出具体规定，但文化可以从根本上约束人的行为。在A单位里，勤勤恳恳、加班加点、任劳任怨、公而无私是评价一个员工的首要指标；在B单位，注重实效、创新思维、公私兼顾可能被放在更重要的位置。这些都属于文化的力量。

风行草偃，文化像风，员工如草，草民嘛——

12.20 子张问：“士何如斯可谓之达矣？”子曰：“何哉，尔所谓达者？”子张对曰：“在邦必闻，在家必闻。”子曰：“是闻也，非达也。夫达也者，质直而好义，察言而观色，虑以下人。在邦必达，在家必达。

夫闻也者，色取仁而行违，居之不疑。在邦必闻，在家必闻。"

不求闻达——

吕不韦的命运是从遇见子楚开始出现重大转机的，"此奇货可居"的精准判断，以及接下来一系列的运作使得他的商业利润达到了前所未有的丰厚；乃至被封河南，食十万户，号称仲父，著有《吕览》；但他的命运也是在一夜间跌入谷底的，嫪毐之患后，吕不韦失势迁蜀，终至饮鸩而死。

司马迁在评述吕氏一生时说：孔子之所谓"闻"者，其吕子乎？

吕不韦闻而未达，符合本章关于"闻"的定义：色取仁而行违，居之不疑。色荏内厉，言行不一，装腔作势，自以为是。他们可能在一定范围内骗取声名，但也仅此而已。

达——质直而好义，察言而观色，虑以下人。天性率直，急公好义，重视别人的感受，谦卑自持。

吕不韦之后，秦王朝的另一位重量级丞相李斯再一次演绎了"闻而未达"的个人悲喜剧。

两只老鼠曾经给年轻的李斯带来过触及灵魂式的冲击，一只老鼠在厕所里，吃的是粪便，见人就逃；一只在粮仓里，吃的是米面，优哉游哉，李斯感叹说："人之贤不肖譬如鼠矣，在所自处耳！"于是西入秦，进入吕不韦门下。韩人用郑国行疲秦之计败露，秦人开始逐客，李斯上《谏逐客书》，秦王大悦，任用李斯为丞相。李斯的儿子不仅成为封疆大吏，还娶了美丽的公主，李斯的女儿也都如愿嫁入了皇宫。有一次李斯在家里摆寿宴，上门祝寿的马车有上千辆，塞满了整条街巷；"物禁大盛"，盛极则衰，李斯隐隐感到一种不祥。

秦始皇病死沙丘之后，赵高决定废长立幼，扶胡亥上位，李斯参与了此事。赵高弄权，蒙蔽胡亥，对他们而言李斯算是一个潜在的危险，因为他是了解沙丘之变真相的第三个人。赵高决定利用自己更接近胡亥的便利铲除李斯，昏君当道，这事办起来几乎不费吹灰之力。李斯入狱时拉住儿子的手说："吾欲与若复牵黄犬俱出上蔡东门逐狡兔，岂可得乎？"

是年七月，李斯被腰斩于咸阳。

从一个野心勃勃的年轻人，到如日中天的国家栋梁，再到协助胡亥弑兄夺位，最终却落得身首异处。其实当初赵高来找李斯商量废长立幼一事时，李斯坚决反对，但李斯最终无法抵御名利的束缚，在半推半就中做了一个助纣为虐者。也许李斯最终无法改变什么，但闻而未达的他根本也没有打算去改变什么。

闻人大约就是今天的"名人"，如果闻而不达，用赵本山小品里的话说，什么"名人"，那就是个"人名"！

士是一个特殊的阶层，它属于贵族，但是最底层的贵族，天子、诸侯、大夫、士；它也可以是平民，在平民中他们又属于最上层的，士、农、工、商。士是读书人或者具备某种才能的人，往上可以进入贵族行列，往下又可以回归平民，日后他们又演化为儒和侠。这里的"士"大体上可以和"君子"重合。

12.21 樊迟从游于舞雩之下，曰："敢问崇德，修慝，辨惑。"子曰："善哉问！先事后得，非崇德与？攻其恶，勿攻人之恶，非修慝与？一朝之忿，忘其身，以及其亲，非惑与？"

事关情商——

崇德、辨惑是老问题，子张已经问过了，老师也解读过，樊迟这里又提出来，属于"刚才没有认真听讲"；对老师而言同样的问题对于不同的学生也算是新问题了，这就叫因材施教。

"先事后得"，吃苦在前，享受在后。这其实是一个事关情商的问题，后享受是为了享受更多。大浪淘沙，留下来的都是宝贝。好货沉底在舌尖领域一贯拥有市场，营养专家也支持这种说法，他们认为汤底的营养价值要高于汤本身；在开发商那里表现为一定要把好房子珍藏到最后，销售大厅里最初的销售业绩基本上都是虚拟的；在婚姻市场上该理论同样得到支撑，网络上有一篇叫作《娶剩女的十大好处》的网文可供参考。

"攻其恶"，调侃自己；"攻人之恶"，指责别人。慝，怨恨；修慝，消除怨恨。遇事习惯于指责别人是情商不高的标志，懂得自我调侃才能让自己真正立于不败之地。我知道你想说我的长相只能得60分，那我就先说我只值30分。对方的匕首找不到投掷方向，怨恨自然也就消解了。

一朝之忿，一时之气。没有预谋，也没有深仇大恨，但没有管控自己情绪能力的人会任由它发作，以致伤及无辜，这同样是情商不高的标志。

如果是旅游，去哪里当然没有跟谁去重要，如果是跟孔子一起，就算是绕着一个土台子转几圈都可能比欧洲十日游更有价值。舞雩，求雨台，曾点的人生理想就是在这个台上吹风。"从游"是"孔子学院"里的主要课堂形式，不同的人、不同的场景、不同的话题，但这一切都是真实的，它与班级授课制有本质上的区别。

12.22 樊迟问仁。子曰："爱人。"问知。子曰："知人。"樊迟未达。子曰："举直错诸枉，能使枉者直。"樊迟退，见子夏曰："乡也吾见于夫子而问知，子曰：'举直错诸枉，能使枉者直'。何谓也？"子夏曰："富哉言乎！舜有天下，选于众，举皋陶，不仁者远矣。汤有天下，选于众，举伊尹，不仁者远矣。"

枉则直——

老子说："曲则全，枉则直，洼则盈，敝则新，少则得，多则惑。"老子讲的是哲学，不满才可以满，弯才能直，诸如此类。为什么弯才能直？怎样让弯的变直？

老子鄙视这样的问题，孔子则设法解决这样的问题。

怎样让一块弯曲的木头变直呢？孔子的答案是在上面压一根直的木头，弯的自然就直了。

舜就是这样让自己远离小人或者让小人变好——重用皋陶。皋陶，传说是虞舜的名臣，专司刑罚，以严明传世，中国司法之鼻祖，古代监狱里有供奉皋陶的传统，称“狱神”，《玉堂春》中苏三起解前首先想到的是去拜别狱神。历史上大约真的有伊尹此人，证据之一是甲骨文中有相关记载。一般认为是伊尹协助商汤灭掉了夏，传说伊尹是个厨子，对烹饪中的火候问题有深刻的理解，并从中悟出了料理天下的大道理。

皋陶、伊尹都是历史上著名的贤能之才，他们被推上前台等于是树立了一个标杆，它像是一个具备倾向性的过滤系统，将不仁者自动屏蔽并删除。

设置一个科学的“系统”，让好人得到重用，让坏人变好，这既是“爱人”，也属于知人用人之道，这就是仁。

12.23　子贡问友。子曰：“忠告而善道之，不可则止，毋自辱焉。”

从此只是朋友——

“朋友数，斯疏矣。”小孩子交朋友不懂得节制，总想着天天一起玩，总有一天其中一方会郑重宣告：“我不跟你玩了!”对双方来说，这都叫自取其辱。

如果说爱人之间的“距离”是一个星期，朋友的“距离”至少应该是一个月。

臧天朔的《朋友》中唱道：“如果你正享受幸福，请你忘记我。如果你正承受不幸，请你告诉我。如果你有新的彼岸，请你离开我。”

朋友要往火坑里跳，你应该提醒他，帮他分析跳下去的后果，这就是“忠告而善道之”，告而导之通常都不会有结果；他还是坚持要跳，你悄悄走开就是了，这就是“不可则止”。电影《非诚勿扰2》里香山身患绝症，决计有尊严地死去，秦奋为他主持了一场“人生告别会”，然后坐船去看海，并心领神会地将他的轮椅推到船边，这才叫朋友。

12.24　曾子曰：“君子以文会友，以友辅仁。”

朋友是没有用的——

文友跟酒友的区别就是他们之间的介质不同，一个是浓烈的液体，一个是缥缈的文字，从本质上说借助于这些东西聚集在一起的那些人对彼此都没什么用。但曾子说朋友可以“辅仁”，没有用，是说不能帮你找工作，弄贷款，搞项目，对提高你的仁德还是有帮助的。

而对彼此都有用的人其实都做不成朋友。国家之间的来往遵循一个原则，没有永久的朋友，只有不变的利益，打不过的敌人就是朋友，人与人之间也是这样。

20世纪初，辅仁大学与北大、清华、燕大并称北平四大名校，1952年院系调整，燕大主体并入北大，校园也归了北大；辅仁大学主体并入北师大，校园也归了北师大。

大学以“辅仁”命名，其办学理念十分明确，就是要培养现代君子。

“子曰·我曰”之：子路第十三

13.1　子路问政。子曰：“先之劳之。”请益，曰：“无倦。”

孔子的管理哲学——

“先之劳之”中的“之”指谁是一个问题。钱穆肯定地说是“指其民”，先之，做老百姓的表率；劳之，让老百姓卖力干活。李泽厚则认为前一个“之”是自己，自己带头，后一个“之”他认为可以指自己，也可以指老百姓，笼统一点就是自己带头，大家努力。

这种解读与“无倦”之间的逻辑关系并不清晰。

《孟子·滕文公上》说：“劳之来之，匡之直之，辅之翼之。”劳，慰劳、犒劳。给予实惠让他来归附，然后匡正他，帮助他。

孔子在谈及为政之道时，大概也想表达类似的意思，尊崇重视他们，把他们放在优先位置，并施以恩惠，当子路继续求索时，孔子说要坚持不懈地做下去。

如果这种解读通顺的话，这里的“之”也应该指为政者身边的“人”，即下文的“有司”，类似于今天的“有关负责同志”，跟老百姓扯不上边。

子路做过季氏宰，做过卫国蒲邑的大夫，做过卫大夫孔悝的邑宰，这些工作基本不需要直接面对老百姓。

我相信周代老百姓跟政府之间的关系还非常简单。当时是分封制，天子封邦，邦君封家，老百姓耕种，税负也不高，农闲时节有劳役，即便是“有关负责同志”跟老百姓打交道的机会也不多，更不要说那些大夫们了。一直到明清时期，一个县衙的正式工作人员也常常只有个位数，“听讼”就是他们的主要工作，普通老百姓靠天吃饭，还是相当自由的。尧的时候，有农夫击壤而歌，歌曰：“耕田而食，凿井而饮，日出而作，日没而息，帝力于我有何哉!”

13.2　仲弓为季氏宰，问政。子曰：“先有司，赦小过，举贤才。”曰：“焉知贤才而举之？”曰：“举尔所知，尔所不知，人其舍诸？”

为什么他是领导——

子路问政，孔子说要把下属放在心上，还要给他们实惠。孔子在回答仲弓同样的问题时提出了三项原则：把下属放在心上，宽仁、举贤。很难说两次问政之间有什么逻辑关系，《论语》中的“问政”超过十次之多，提问者的身份不同，提问的场景不同，孔子的回答也各有侧重，即便把它们串联起来也没有更多实用价值。

司，掌管。古代设官分职，各有专司，故称“有司”，一般解作“官吏”，大致相当于“有关负责同志”。可以摆在优先位置的除了有司，还有百姓和自己，这里孔子的选项是有司。当政者平时基本不需要跟老百姓发生关系，相信这也是符合孔子身份的思维习惯，下文中樊迟学稼被孔子认为是身份倒错——焉用稼？

赦小过，不要跟你身边的人计较，只要不是原则性问题，就“只眼开只眼闭”吧！再说他们的过错从根本上说都是你造成的，如果问责起来，首先受处分的是你。

如何对待别人的过错是一个价值观和世界观的问题，“如得其情，则哀矜而勿喜。”捉奸在床是一件让所有人尴尬的事情。班里发生情况，成功“捕获作案分子”后，至少不能像公安部门那样大摆庆功宴，老师心里的喜悦大抵也无法掩饰其哀痛吧。

举贤才，“举直错诸枉”，把好人放在坏人上面是孔子的具体方案。

那怎么知道谁是贤才呢？孔子说举荐你认为是贤才的人好了，你没发现，不代表别人也发现不了。典型的孔子语气，总是一副权威的架势。

天下没有怀才不遇这回事。作为鬼谷子的高徒，苏秦自认为才高八斗，“出游数岁，大困而归”被家人取笑，后西游说秦依然不能成功，皆因时机不对。此后苏秦改变策略，游说东方六国合纵抗秦，配六国相印，使强秦不敢出函谷关15年之久。所谓的怀才不遇者，要么其才可疑，要么时机不到，不知把握时机者也不能算是“怀才”。

一方面大家认为领导只重用自己视野范围内的人，另一方面，离领导太近，又往往会成为“灯下黑”现象的受害者。

13.3 子路曰：“卫君待子而为政，子将奚先？”子曰：“必也正名乎！”子路曰：“有是哉，子之迂也！奚其正？”子曰：“野哉由也！君子于其所不知，盖阙如也。名不正，则言不顺；言不顺，则事不成；事不成，则礼乐不兴；礼乐不兴，则刑罚不中；刑罚不中，则民无所措手足。故君子名之必可言也，言之必可行也。君子于其言，无所苟而已矣。”

名，公器也——

孔子两度在卫国做事，第一次遇见的是懦弱的灵公，南子弄权，太子作乱，失败后逃往晋国，灵公的孙子即位，是为出公；太子在晋国的帮助下回到卫国赶走自己的儿子，自立为庄公；后来庄公又被赶走，出公再次回到卫国。孔子第二次来到卫国遇见的是出公。

灵公死后应该由太子即位，庄公和出公本是父子关系，父子为争位不惜大打出手，在国人看来算是一桩丑闻。在孔子看来名正言顺才更重要，子路亲自求证，孔子做了肯定回答。子路不同意老师的意见，该谁即位是一回事，但事已至此，迎回太子只能让卫国陷入混乱。孔子大骂子路，并论述了一番“正名”的重要性：只有名正了，事情才好办，事情好办了，礼乐才会复兴，礼乐复兴则天下太平。

子路被骂是因为这只好斗的公羊试图挑战孔子的核心价值观，“君君，臣臣，父父，子子”其实就是孔子主张“正名”的核心内容，这跟孔子有关“礼乐”思想一样，孔子内心真正在意的其实是他心目中那个理想化了的有序社会。

名实问题是中国哲学的基本问题，《道德经》说“名可名，非恒名。”说出来就已经错了；杨朱说：“实无名，名无实。名者，伪而已矣。”“实者，固非名之所与也。”语言作为一种工具，它在帮助我们交流的同时，其实又何尝不是在限制我们的交流？

《春秋》中孔子将“弑”字的内涵进行了无比苛刻的设定，臣杀君，子杀父应该称“弑”，但是如果这个君和父该死，那就只能称杀或诛。“天子适诸侯，曰巡狩。”“孔子读史记至文公，曰‘诸侯无召王’、‘王狩河阳’者，春秋讳之也。”《史记·晋世家》说晋文公大会诸侯于温，周天子也参加了，但天子是不能听命于诸侯的，孔子只得以“王狩河阳”为尊者讳。

名家是先秦诸子百家之一，他们以善辩著称，执迷于“名”“实”之间的区别，寻找机会为概念的内涵和外延之关系大逞口舌之强。

名正言顺也是事涉“名”“实”，不可不慎。《庄子·天运》说：“名，公器也。”每个人都需要使用的东西，当然要符合每个人的趣味，这就是正。

刘邦死后，吕后专权，这个不可一世的女人最大的理想就是由吕氏后人坐上天子宝座，但最终都不能成功，因为天下应该姓刘，这才是名正言顺。宋高宗赵构当了35年皇帝后决定将皇位让给赵昚，是为孝宗。从太宗至高宗大宋皇位已传9代，高宗最终决定再次传回给太祖一脉，似乎也只能用名正言顺来解释。秦汉之际，中原混战，赵佗在岭南自立为帝，汉孝文帝时派遣陆贾出使南越，赵佗第一时间上书称“老臣妄窃帝号，聊以自娱，岂敢以闻天王哉?”并表示愿称臣进贡。对赵佗而言称“帝”还是称“臣”并无实质区别，但很多时候我们觉得表面的东西更要紧。

名正言顺在中国有无比强大的能量，有名才有分，即使没有分，能守住名也不错。朱安，那个目不识丁的小脚女人，她既是鲁迅的原配，也是鲁迅的遗物，终其一生她默默守护的只是一个“名分”。尽管如此，在普通百姓的价值观里，许广平的身份似乎永远都是可疑的。

今年“世界老年痴呆日”的其中一个话题就是为“痴呆”正名。

13.4 樊迟请学稼。子曰：“吾不如老农。”请学为圃。曰：“吾不如老圃。”樊迟出。子曰：“小人哉，樊须也！上好礼，则民莫敢不敬；上好义，则民莫敢不服；上好信，则民莫敢不用情。夫如是，则四方之民襁负其子而至矣，焉用稼？”

君子谋道不谋食——

先秦诸子百家中的“农家”虽非主流，也算是重要的一派，许行是其主要代表人物，他主张“贤者与民并耕而食，饔飧（yōng sūn）而治。”真正贤明的君主应该亲自耕种，亲自下厨。孟子对此大不以为意，农家表面上站在社会最底层说话，反对不劳而获，其实是沽名钓誉，“是乱天下也!”最终的结果必然是“害于耕”。孟子认为社会有分工，有大人之事，有小人之事，或劳心，或劳力，原本是天底下最自然的事情，圣人以天下为忧，根本没有时间、也不需要去耕种。这就是《孟子·滕文公》上篇中著名的“农”“儒”论战。

墨子讲“兼爱”，但他并不简单地主张去身体力行，《墨子·鲁问》说：一农之耕分诸天下，不能人得一升粟。教人耕比独耕更有意义，相对而言，通圣人之言，诵先王之道最重要。

樊迟是孔子的重要学生，他的“重农”思想常被后世提及。孔子属于“少也贱，故多能鄙事”，稼穑之事自然不在话下，但樊迟向他请教农事时遭到明显冷遇，过后还被老师破口大骂，小人哉——这个没出息的家伙！君子最要紧的是礼、仪、信。领导者依礼行事，老百姓自然尊敬领导；领导重仁义，百姓则驯服；领导讲信用，百姓肯效命。如果为上者能做到这些，老百姓再远都会拖家带口来投奔。

关耕种鸟事！

13.5　子曰：“诵《诗》三百，授之以政，不达；使于四方，不能专对。虽多，亦奚以为？”

诗，中国人的最高指示——

普通中国人对《诗经》的了解大致不会超越“风雅颂、赋比兴”六字，很少人会意识到《诗经》跟自己的真实关联。

孔子说《诗经》可以用“思无邪”来概括，大致是说诗经完全没有偏离儒家核心价值观，“仁”“礼”等价值取向才是它首要关注的，至少孔子删定之后是这样，这也是《诗经》可以成为儒家经典之首的理由。从这个意义上讲，儒家思想对中国人的影响有多深，《诗经》的影响就有多深。“子曰”和“诗云”就像中国人心灵的两道枷锁，中国人聆听孔子说教的历史几乎等同于中国文化史，《诗经》所要抒发的情感早已远远超越男欢女爱。

《诗经》是中国诗歌史甚至中国文学史的起点，《诗经》也是西周时中华民族精神风貌的写真，它甚至还是一部百科全书，孔子说学习《诗经》的其中一个好处是可以知道更多的鸟兽虫鱼。

“诗，可以兴，可以观，可以群，可以怨。”抒发情志，体察民情，交流情感，针砭时弊，读诗可以让人们获得最高审美体验，也可以让人最大程度融入社会。

“不学诗，无以言。”是孔子对儿子的谆谆教诲，诗歌从一开始就显现出它的实用主义功能，它可以治国安邦，可以合纵连横。如果无法实现这个功能，读再多的诗都没有用处。

分析英国、法国和德国在18—19世纪初的国家特征可以发现一个有趣的现象，英国、法国先后成为当时的世界科技中心，而日耳曼还处于分裂状态；日耳曼学者似乎仅仅是以文史哲见长，并不善于科学技术，被取笑为“云雾中之王国”。19世纪晚期，德意志开始社会改革，那些看似无用之学，此时却成为改革的理论基石，科学也随之突飞猛进，将英法两国远远抛在身后。

实用主义的中国在今天教育领域的体现就包括跟就业无关的“学问”基本进不了大学校园，跟应试无关的“知识”基本进不了中小学。与此形成鲜明对照的是“以柏拉图为友，以亚里士多德为友”的哈佛大学却培养了40多位诺贝尔奖获得者。

《礼记》说："诗之失，愚。"诗歌的功能原本只限于风花雪月，指望它可以修齐治平，实在是愚蠢之极。

13.6 子曰："其身正，不令而行；其身不正，虽令不从。"

有一种力量叫文化——

一个单位几十个人，高矮胖瘦，秉性各异，人性低劣，防不胜防。有些人任何时候都知道该做什么，但更多的人不知道。你可以叫所有的人做某些事，你也可以叫某些人做所有的事情，但你无法叫所有的人都让你满意。

很多时候等你说的时候其实已经很晚了。《孟子·梁惠王下》中邹穆公曾向孟子提出自己的疑问，战争中军官死了33名，竟没有一个百姓来救他们，真想把那些百姓全杀了。孟子说，灾荒年百姓流离失所，官府也不肯开仓济民，这就是"出乎尔者，反乎尔者也"。"君行仁政，斯民亲其上，死其长矣。"老百姓不看你说什么，你平时对他们好，关键的时候他们就会效命。

率先垂范、以身作则是效率最低的管理，一个组织内部真正起作用的是信仰、价值观或者说是文化，你可以最早上班，但你不可能把每件事都做到最好。小布什在清华的演讲中说："……信仰是如何影响了我的一生，信仰是如何充实了我们国家的生活，信仰为我们指出一种道德的规范，这超越人们的法律，也号召我们承担比物质利益更为崇高的使命。"

核心价值观、文化最终上升为信仰。

你自己"正"，更主要的是让它发酵成一种组织文化，在这种文化的影响下，他们本能地知道应该怎么做；否则的话，即使你下命令也没有用。

13.7 子曰："鲁、卫之政，兄弟也。"

一对难兄难弟——

封建制和宗族制是西周社会政治的两大基石，血缘关系是周天子封建的主要考虑，除此之外贡献大小、"兴灭国，继绝世"都是分封的理由。西周的邦国很多，主要以姬姓为主，其中鲁国、卫国都是姬姓诸侯国。

孔子时代的鲁国，公室衰微，三桓妄为，政出多门；礼乐征伐本应出自天子，但当时多半出自诸侯、大夫，甚至是家臣，"陪臣执国命"，天下大乱。

当时的卫国也是一地鸡毛，卫灵公孱弱，南子专权，太子作乱失败后逃往晋国；灵公死后，大家拥立灵公的孙子即位，后来太子回国赶走自己的儿子，再后来太子又被赶走。孔子两次来到卫国，情况一次比一次糟糕。

鲁、卫两国就像一对难兄难弟。

13.8 子谓卫公子荆善居室，始有，曰苟合矣；少有，曰苟完矣；富有，曰苟美矣。

这家公子不贪心——

居室，居家过日子，孔子称道卫国的公子荆很会居家过日子。刚有一点就说，够了，凑合了；又有了一些就说齐备了，等什么都有了，就说真是太完美了。

"客不修店，官不修衙"是古训，皆因铁打的营盘流水的兵，为官一任区区数年，等新衙门修好了你也该"交流"了，就像没有租客会考虑装修租来的客舍一样；"修衙"意味着衙门的主人要长驻，即无法在最短的时间内获得升迁，这于官场几乎是最不吉利的暗示。苏轼到杭州赴任时发现府衙还是五代时留下来的，早已破烂不堪，打报告申请维修经费，朝廷很快就批下来了，据说苏轼只是用其中很少的一部分钱维护了府衙，更多的钱拿来疏浚西湖。

但这个问题在今天之中国比较复杂，许多地方曝光出来的豪华办公场所似乎表明那些官员们并不在意是否能够快速升迁。

"万里长城今犹在，不见当年秦始皇。"还是看开些自在。

13.9 子适卫，冉有仆。子曰："庶矣哉！"冉有曰："既庶矣，又何加焉？"曰："富之。"曰："既富矣，又何加焉？"曰："教之。"

富而教之——

孔子到卫国去，冉有负责驾车。孔子注意到卫国人丁兴旺，冉有提出人口众多以后应该做什么？孔子的答案是设法让他们富裕起来，接着是教化他们。

这里孔子没有阐述富民的具体措施，前些年的地方官员都知道围绕"要想富先修路"大做文章，至少那些地方负责修路的官员们在路修好之前先富起来了。

古代中国以农为主，在生产力低下的日子里"富"民其实是一件十分简单的事情，一亩地收获一百斤粮食，官府收走十斤，百姓可以剩下九十斤；官府收五十斤，百姓只能留五十斤。"夏后氏五十而贡，殷人七十而助，周人百亩而彻，其实皆什一也。"从夏至周，十取其一是常例，孟子甚至认为"十一而税，王者之政也。"而历史上十五取一、三十取一甚至一百取一都有先例，汉文帝时曾经连续超过10年免除百姓的全部"皇粮"，文景盛世由此开启。

富而教之符合孔子的认识水平。儒家对人性审慎乐观，士可以没有恒产而有恒心，民则不行。"饮之食之，教之诲之。"可算是一种平实而理性的治国理念。

孟子在谈及自己的治国方略时，认为在老百姓富裕之后，就应该"设为庠序学校以教之"。"皆所以明人伦也。人伦明于上，小民亲于下。有王者起，必来取法，是为王者师也。"

今天改善贫困地区老百姓收入的最有效办法就是把那里的劳动力转移到富士康，这就是——富之，富了以后呢？回家盖房娶媳妇，想办法多生孩子，为下一轮的劳动力转移创造条件，谁会在乎这些人是否需要"教之"呢。

不能简单地说政府不重视教育，因为大家本能地认为重视教育就应该是富裕之后的事情；如果不读书就可以一夜暴富，那就更没有人读书了。

13.10 子曰："苟有用我者，期月而已可也，三年有成。"

三年什么也做不了——

期月，满一年，我们的一学年是从九月一日到第二年的八月三十一日，从今年的九月到明年八月就是期月。孔子说如果有人用他，他相信一年之内可以初见成效，三年可以大获成功。

孔子51至54岁之间仕鲁，从中都宰到大司寇，并摄行相事，施展的舞台不能算小，时间也足足有三年之多。其间有三件事值得一提，其一是相鲁定公夹谷之会，不卑不亢，似乎让鲁国略占上风，但他冷血地诛杀一名普通舞者，并坚持让死者手足异门而出的血腥场面也让我们隐约洞察了孔子心中的某种恶欲；其二诛杀少正卯，孔子上任仅数日的激烈行为很让人怀疑这究竟是属于为国除害还是公报私仇；其三是堕三都，这件事充分表现了孔子的眼光与气魄，但此事以失败告终，并最终导致孔子的离家出走，失败的原因主要是孔子选择的时机不成熟，这也表明孔子在政治上的幼稚。

孔子55至68岁之间两次仕卫，一次仕陈，三次时间加在一起也有九年左右，但孔子在这九年里可以说是一事无成。

今天各级领导也喜欢面对各自的受众大肆宣讲什么——一年一小变，三年一大变，谁来评估？

13.11　子曰："'善人为邦百年，亦可以胜残去杀矣。'诚哉是言也！"

一百年可以做什么——

"为邦"者是诸侯，"善人为邦"，是诸侯中有贤德者。

残，以伤害人的身体为目的，指各种酷刑。中国人以"身体发肤受之父母，不敢毁伤"作为孝的最低要求，施政者偏偏以毁伤人的身体作为对冒犯者的处罚。终极解决办法是杀，即便是杀，中国人讲究的是杀人细节。

司马迁在《史记》中专门为酷吏书写传记一篇，历史上强势人物如汉武帝、武则天、朱元璋者都大肆任用酷吏，他们人为制造出白色恐怖气氛，并借此维持一种他们需要的秩序；更多的时候老百姓宁要一群贪官，也不想遇见一个酷吏。除此之外，酷吏的结局大多无比悲催。

去除酷刑、死刑是为政的最高境界，有德者历经百年的努力才可以做到。上章说"三年有成"，三年能做到的最多只能是一些"穿衣戴帽"的面子工程而已。

清朝从顺治始，经康熙、雍正、乾隆，大约经过150年，大清气象渐至隆盛，随现康乾盛世。明朝从洪武至弘治中兴大致经过了130年，汉唐宋从统一到强盛也都大致经过了百多年。

中国历史这根曲线一直都很有规律，第一个一百年强劲攀升，之后几乎是在一夜间轰然倒塌，此后再苟延残喘上百年。

13.12　子曰："如有王者，必世而后仁。"

换了人间——

见到效果，孔子的心理预期是三年，贤君一百年可以打造一个清平世界，王者需要多久呢？孔子说：30 年。

"王者"受命于天，他们不仅德行高尚，而且奉天承运，大约跟"圣人"的概念接近。

为什么是一世，因为换了一代人，一切都是新的了。这是否说明要真正改变一个人是不可能的呢？

老百姓说一百年学吃，三百年学穿，五百年才造就一个贵族。

13.13　子曰："苟正其身矣，于从政乎何有？不能正其身，如正人何？"

政者，正也——

学高为师，身正为范。一名合格的师范生"从政"应该是不在话下了。

前文说"其身正，不令而行"，这里说只要身正，从政是一件很简单的事情。因为自己不正，怎样正人呢？能够正人，当然就能够号令天下。

13.14　冉子退朝。子曰："何晏也？"对曰："有政。"子曰："其事也，如有政，虽不吾以，吾其与闻之。"

有本早奏，无事退朝——

这里称冉求为"冉子"不寻常，是冉求门生记下此章吗？但这里明显是批评冉求，不应该为尊者讳吗？冉子很晚才退朝回来，孔子问他为什么这么晚，冉子说：有国事。孔子说：是有私事吧？如果真有国事，我不可能不知道的。

本章的关键是"政"和"事"的区别。当时鲁君暗弱，季氏当政，但国事和家事还是应该区分清楚的，国君的事叫"政"，季氏的事只能叫"事"，这也是孔子"正名"思想的具体体现。

冉子此时为季氏宰，那么晚下班还要回到孔子那里汇报工作，这本身就够奇怪了；本想蒙混过关，没料到老师目光如炬，一针见血。

研究古代帝王们何时上朝、下朝也是一件有趣的事情。"君王从此不早朝"，这是唐明皇在拥有杨贵妃之后首先要做的事情。据说明朝皇帝特别勤政，大臣们凌晨 3 点就要在午门外集合完毕，5 点钟正式进入太和殿参加早朝，真是"为君难，为臣不易"。明朝皇帝中末帝崇祯最勤政，每天批阅奏章到凌晨两三点钟，早上还要起来上朝，真正的席不暇暖，最后还是葬送了大明江山。明朝万历皇帝在位 48 年，后面连续有 28 年不上朝，但那几乎是明朝最鼎盛时期。

"有本早奏，无事退朝！"相信万历年间大臣们在太和殿门口听完这句话之后就各自散了，这种情况一直持续了数十年；那么大的国家竟然什么事情也没有，想想都神奇。

13.15　定公问："一言而可以兴邦，有诸？"孔子对曰："言不可以若是。其几也，人之言曰：'为君难，为臣不易。'如知为君之难也，不

几乎一言而兴邦乎？”曰：“一言而丧邦，有诸？”孔子对曰：“言不可以若是。其几也，人之言曰：‘予无乐乎为君，唯其言而莫予违也。’如其善而莫之违也，不亦善乎？如不善而莫之违也，不几乎一言而丧邦乎？”

蜘蛛侠的意义——

鲁定公希望找到可以让国家兴旺的一句话，孔子认为不该如此绝对，但还是认为知道为君之难是让国家兴旺的关键；鲁定公又问有没有可以让国家毁灭的一句话呢？孔子同样认为其实一句话很难有那么大的作用，但是以其言没有人胆敢违抗为乐者大致也可以带来严重后果。

我理解孔子这里试图论述的是政府的权力和责任的关系问题。知道为君之难，意味着他更多地意识到自己的责任，这当然是国家之福、人民之幸；以其言没有人胆敢违抗为乐者更多的是在“享受”权力带给他的好处，但权力从来都是双刃剑。

“蜘蛛侠”说：“能力有多大，责任就有多大。”对政府来说，权力有多大，责任就应该有多大。当政者能充分意识到自己责任，国家就会兴旺，太过迷恋自己权力的当政者其实是在葬送自己的国家。

教者惑人，你站在台上，面对一群安静而清纯的幼童，你的每句话都可能被他消化掉，所以教者亦当慎言。

13.16　叶公问政。子曰：“近者说，远者来。”

好国家的标准——

孔子在回答叶公问政时提出好国家的标准是国内人民幸福指数高，国外的人都想移民过来。

这里说的就是老百姓，中国历来有人口崇拜情结，人多好办事，人多力量大，“开疆拓土”一直都是中国帝王们的最高理想。汉唐宋元明1800年，中国人口大体保持在五六千万，遇见连年灾荒和战乱，人口常常在很短时间内锐减过半。据说南宋时四川人口多至千万，但因为战乱到了明末清初四川全省人口不足十万，康熙遂下令大规模移民，这就是著名的“湖广填四川”。就历史而言中国堪称幅员辽阔，在生产力低下的情况下，对政府而言人口即财富国力，这大概就是孔子见到卫国人口众多时的第一反应。

美国好学校的标准就是学生每天早上喜欢去，“背着炸药包，我去炸学校。”则一定是有问题的。

但儒家这里的标准在墨家看来是有问题的，墨家更重视行动，把身边的人喜欢，远方的人想来作为好国家的标准等于没有标准，因为如何让“近者悦，远者来”才有意义，“政”一定是行动，要有计划和举措，至少跟墨家比起来，感觉儒家像是在耍嘴皮子。

13.17　子夏为莒父宰，问政。子曰：“无欲速，无见小利。欲速则不达，见小利则大事不成。”

慢一点，等等我们的灵魂——

我们正处在一个“速度”说了算的时代。连续三十年的快速增长之后使得我们置身其中的这架速度机器积蓄了强大的惯性，更悲催的是我们似乎已经无法松开那只踩住油门的脚。

我们已经出发得太久，加之我们又走得太快，我们终于忘记了我们此行的目的地以及我们为什么出发。

跟三十年前相比，我们已经拥有了太多的东西，但是我们发现自己并不开心，“太忧伤了!”——像一团挥之不去的迷雾，而我们就像一根被激素一夜间催熟的巨型黄瓜，这真的是我们原本想要的吗?

我们明明知道罗马不是一天建成的，可我们还是在一夜间建成了无数个“罗马”，在这样一个崇尚“速成”的情景中，也许我们正在跟理想渐行渐远。

停下脚步，去关注我们身边那些鸡毛蒜皮的小事。

子夏格局不大，孔子因材施教，让他不要迷恋速度，不要被小利遮蔽了双眼，要勇于做一个理想主义者。

我们是希望自己的孩子走得更快吗？孟子说：“其进锐者，其退速。”老子说：“飘风不终朝，骤雨不终日。”世上从来都没有又快又远的好事。

13.18　叶公语孔子曰：“吾党有直躬者，其父攘羊，而子证之。”孔子曰：“吾党之直者异于是，父为子隐，子为父隐。直在其中矣。”

父之孝子，君之背臣——

《史记·循吏列传》载：石奢是楚昭王的相，其父杀人，石奢纵父自系，他说如果治父亲杀人之罪就是不孝，但是放走父亲自己又属于不忠，所以请求昭王治自己的罪；楚昭王决定赦免他，石奢说放走父亲是为了孝道，负荆请罪是臣道，王赦其罪是王道，“伏诛而死，臣职也。”无论楚昭王还是石奢都难以抉择。

舜为天子，皋陶为士，假如舜的父亲杀了人应该怎么办？皋陶当然要把杀人犯抓起来，舜也可以放弃天子之位，带着父亲远走他乡。

上海一位母亲犯诈骗罪潜逃，公安部门到学校找她12岁的儿子了解案情，被学校拒之门外，对学校而言那不是什么疑犯的儿子而是自己的学生。

2012年春的《刑事诉讼法修正案》规定：“经人民法院依法通知，证人应当出庭作证，没有正当理由，人民法院可以强制其到庭，但是被告人的配偶、父母、子女除外。”

父亲偷了羊，儿子去举报，叶公认为这就叫——直；孔子说，父为子隐，子为父隐才是真正的直。叶公的“直”应该叫卖直，刻意显示自己的直，类似的如“卖老”。

13.19　樊迟问仁。子曰：“居处恭，执事敬，与人忠。虽之夷狄，不可弃也。”

君子慎独——

居处，在家里独处。人类属于群居动物，人的行为方式在很大程度上受同类的影响。

李商隐在《花下醉》里写道："客散酒醒深夜后，更持红烛赏残花。"此番做派该是君子慎独的最高境界吧？

做事诚敬，待人忠诚的教导则是孔子时时挂在嘴上的，本章的独特之处在于孔子强调即使去到蛮夷之地，这三条也不能丢。孔子胸怀天下，格局不小。

13.20　子贡问曰："何如斯可谓之士矣？"子曰："行己有耻，使于四方，不辱君命，可谓士矣。"曰："敢问其次。"曰："宗族称孝焉，乡党称弟焉。"曰："敢问其次。"曰："言必信，行必果，硁硁然小人哉！抑亦可以为次矣。"曰："今之从政者何如？"子曰："噫！斗筲之人，何足算也。"

从政也是为了混口饭吃——

哪些人称得上"士"？严于律己，爱惜自己名声，替国家办差，能够不辱使命者可称士；孝敬父母，尊重族长者也算不错。言必信，行必果虽说是小人之信，但能做到也勉强过关吧。

最恶心的是当下那些混饭吃的从政者，他们就是个屁，放了就算了——何足算也？

对国家有点用、对家乡有点用、管好自己、今之从政者——孔子这里的排序非常有趣。

"宗族称孝""乡党称弟"孔子这里的意思是家族和乡邻都称赞其孝悌，没有字面上分得那么清晰。孝是对父母，弟（悌），敬顺兄长，传统中国属于熟人社会，一个村落、千百口村民，不一定都有血亲关系，但俨然就是一个大家庭，这样算来可以称为兄长的人随时可能都有数十上百之多。

"言必信，行必果"的欺骗性是显而易见的，孔子说是小人之信。孟子说得更明白："大人者，言不必信，行不必果，惟义所在。"

斗筲，此处强调的是它的容量小，孔子是说当下那些从政者器量小，格局不大；有人这里理解成数量多，有车载斗量的意思。斗和筲都是饭器，也有人将"斗筲之人"解作混饭吃的人，倒也十分有趣。

13.21　子曰："不得中行而与之，必也狂狷乎。狂者进取，狷者有所不为也。"

岂不欲中道哉——

《孟子·尽心下》篇对三种人有十分精辟的论述。

第一种是狂者。"何以谓之狂也？曰：其志嘐嘐然，曰'古之人、古之人。'夷考其行而不掩焉者也。"言必称古人，夸夸其谈，言过其实，语言的巨人，行动的矮子。

第二种是狷者。"狂者又不可得，欲得不屑不絜之士而与之，是狷也，是又其次也。"不屑不絜，是不屑于做坏事，而在大多数时候他们其实也不屑于做好事。这些人洁身自好，但在某种程度上也有点胆小怕事，说是"不屑"，其实也不敢。

第三种是中行者，他们心智成熟，进退有据。

还有一种被孔子称为“乡愿”的人，他们跟“中行者”表面上很像，其实是最可恶的一群。“居之似忠信，行之似廉洁，众皆悦之，自以为是，而不可与人尧舜之道。”他们八面玲珑，巧言令色，嬉皮笑脸，其实一肚子坏水。

孟子说，天下之言不归杨即归墨。杨朱和墨子是两个极端，相对而言，儒家要温和得多。

13.22　子曰：“南人有言曰：‘人而无恒，不可以作巫医。’善夫！不恒其德，或承之羞。”子曰：“不占而已矣。”

医不三世，不服其药——

《礼记·曲礼》里的这句话是警告那些准备做医生的人要做好长远打算，让时间去检验一切。

“南人”，有版本为“宋人”，作为殷商后裔，他们应当继承了殷商对卜筮的狂热。先秦时期，“南人”大体还是一个歧视性称呼，孟子在嘲讽农家许行时曾说“南蛮鴃舌之人”，说他们南方人说话像鸟叫一样，但这一次他们用鸟叫般的声音说出了一句让孔子称赞的话——人如果没有恒心是不可以做医生的。

“不恒其德，或承之羞”是《易经》恒卦九三爻辞，没有恒心者，不免自取其辱。

没有恒心，再占卜都没有用。占卜就是赌博，只讲概率不讲科学。古书常说，三人占则从二人之言。孔子曾跟子贡讨论过占与德的关系，孔子认为如果不修德，将希望全部寄托在占卜上，不如不占，“吾求其德而已矣。”孔子好易，与史巫属于殊途同归。

古代科学技术落后，医巫不分。巫师地位很高，因为他们高度垄断了与神灵沟通的渠道和方式，但医官地位并不高。清代皇宫设有太医院，御医的医术应该是全国顶尖水平，皇帝的小命就拿捏在这些人手中，但他们永远都是奴才，据说他们的官阶最高不过七品，这是否从一个侧面反映出中国有轻视技术的传统呢?

13.23　子曰：“君子和而不同，小人同而不和。”

五味八音——

食物有五味，酸甜苦辣咸，五味俱全，方能成就天下人生。

世间有金、石、丝、竹、匏、土、革、木可以描摹你我一生之悲欢离合。

五味相异成就一番舌尖上的狂欢，八音不同奏出一段天籁。

君子如五味、八音，小人一味嗜甜，但独木不能成林。

“君子群而不党”，“君子周而不比”大旨相类。

13.24　子贡问曰：“乡人皆好之，何如？”子曰：“未可也。”“乡人皆恶之，何如？”子曰：“未可也。不如乡人之善者好之，其不善者恶之。”

网络暴民——

有时候表扬可能是一种伤害，表扬是高度认同，但被你不认同的人“高度认同”却是一件十分不爽的事情。如果全乡都在夸奖某一个人，他要么是个神仙，要么就是个骗子。

如果全乡都说某个人坏话呢?

有人说网络就是一个公共厕所，成为一个网络暴民的收益为零，但成本也为零，试问在网络上谁不骂人？谁不被骂？你不是网络暴民就有可能是“五毛党”。

网民不是乡党，因为网民只负责骂人。平面媒体也不是乡党，至少以前的平面媒体只负责夸人。长时间占领报纸头版头条的领导干部们后来可能变成了腐败分子，网络上都骂的人也有发现骂错了的。

如果有一天平面媒体开始骂人而网络在实名制后开始夸人了，估计离升平社会也就不远了。

13.25　子曰：“君子易事而难说也。说之不以道，不说也；及其使人也，器之。小人难事而易说也。说之虽不以道，说也；及其使人也，求备焉。”

为君之道——

《孟子·公孙丑下》：“汤之于伊尹，学焉而后臣之，故不劳而王；桓公之于管仲，学焉而后臣之，故不劳而霸。”良禽择木，伊尹的选择是先做商汤的老师，把领导培养好，再做他的下属；管仲也是先培训齐桓公，然后才做他的相。

真是“为君难，为臣不易”，好的老板太难找，强势的人干脆自己培养。

说，同悦，取悦、讨好。这里的“君子”不是一般的读书人，可能更接近有道德的大夫，属于领导阶层，好的领导容易打交道但不容易讨好，一味地讨好效果很差，你不能讨好他，但不代表他不重用你。坏的领导则相反。这里的“小人”是指领导中的小人。

如果在这里把“说”读作 shuì，说服，意思完全顺畅。

13.26　子曰：“君子泰而不骄，小人骄而不泰。”

大象与猴子——

泰，舒泰，似有王者气象，但不会恃强，感觉有点像一头雍容华贵的大象。这是君子。

小人相反，上蹿下跳、嬉皮笑脸，就像一只猴子，仗着自己的样子有几分像人，一派轻狂孟浪。

人为什么讨厌猴子，因为它太像人；日本人为什么讨厌中国人，因为大家太像。

13.27　子曰：“刚、毅、木、讷，近仁。”

一个苦行僧的画像——

刚指硬度，毅是韧度；刚是表面，毅是实质。外表刚强，内心强大。

木是没有表情，讷是少言寡语。

怎么看都像一位苦行僧。据说清华老校长梅贻琦就是这样一位苦行僧，他大智若愚，为人木讷，奉行无为而治，直接影响了清华气质。

周星驰塑造的电影形象刚好相反：表情夸张、动作夸张、声音夸张、油腔滑调、心如浮萍、猴性十足，活着似乎就是为了哗众取宠。

13.28　子路问曰：“何如斯可谓之士矣？”子曰：“切切偲偲，怡怡如也，可谓士矣。朋友切切偲偲，兄弟怡怡。”

同志加兄弟——

哪些人称得上“士”？这个问题子贡刚问过，孔子抓住机会把那些混饭吃的领导同志奚落了一番，说他们算个屁！

孔子在回答子路同样问题时就严肃多了：士是那些能够分得清朋友和兄弟的人。朋友之间相互砥砺，兄弟之间亲密无间。

以前中国有几个“同志加兄弟”的国际盟友，苏联、越南、朝鲜什么的，现在没有人这样说了，因为国家之间只有利益；也有的人分不清同事和朋友之间的区别，结果要么挤眉弄眼、窃窃私语，要么兵戎相见、不欢而散。

雪村有一首歌就叫《同志加兄弟》，“同志加兄弟，团结起来咱们没问题。”听起来就像一首反动歌曲。

13.29　子曰：“善人教民七年，亦可以即戎矣。”

七年之痒——

世界上的大部分事情发展到第七年之后往往会出现一些不以人的意志为转移的变化。婚姻的保质期也是7年，小朋友6周岁可以入学了，两个大人也要开始重新寻找自己的人生意义了。

养兵千日，7年已经超过了2000日，不拉出来较量一番太可惜。

13.30　子曰：“以不教民战，是谓弃之。”

兵者，国之大事也——

长平之战是直接影响中国历史走向的一次战役，在这次最血腥的剿杀中赵国惨败，历史似乎只为我们留下了一个“纸上谈兵”的成语，另外就是作为战胜国的秦国之后的统一战争似乎变得轻而易举了。

战争历时3年，双方投入的兵力超过100万，赵国的45万亡灵永远留在了长平，秦国也有超过15万个家庭永远献出了他们的儿子。

《史记》在不同的篇章都对这场战争进行了比较详尽的记述，而通过对同一场战争不同角度的记录相互佐证，有一个数据似乎不容置疑：赵国有40万降卒被秦国将领白起下令坑杀，另有240名幼小兵士被放了回去，加上前期的数字，赵军的死亡人数应该是45万。

长平就是今天的山西高平，高平烧豆腐的香味在这个内陆小城的街头飘荡了 2000 年。比较有趣的是，当地人竟然把手上这块一寸见方的嫩白之物跟白起联系在了一起，是那里的吃货们为了吃得更加冠冕堂皇，还是为了让自己显得有文化点？但如果你想象自己在咀嚼的竟是白起那豆腥味的脑髓，无论如何都是一件倒胃口的事情吧？

孔子主张对送上战场的士兵要进行专业训练，相信这 45 万人都是训练有素的战斗人员，历史几乎将所有的责任都记在了纸上谈兵的赵括身上，“弃之”的直接责任人是赵括，主要责任人是赵王，关“教”何事？战争的机器一旦启动，所有的人都无法幸免。

孔子对于战争的发言书生气十足。卫灵公曾经向孔子请教战阵之事，孔子以“军旅之事，未之学也”为由一口回绝了卫君。决定战争胜负的因素很多，其中军事长官的情绪会直接关系到战争的走向，《孙子兵法》说，攻城时“将不胜其忿而蚁附之，杀士三分之一”。《教父》中的说法是，不要恨你的敌人，那会影响你的判断。

“子曰·我曰”之：宪问第十四

14.1 宪问耻。子曰：“邦有道，谷；邦无道，谷，耻也。”“克、伐、怨、欲不行焉，可以为仁矣？”子曰：“可以为难矣，仁则吾不知也。”

一位著名隐士的心路历程——

原宪做过孔子家的宰，孔子付的人工是“粟九百”，原宪坚辞不受，孔子劝他收下来，如果吃不完还可以周济一下邻里嘛。这里的“粟九百”也就是本章中的“谷”，相当于俸禄。我们读书时学校还发饭票，可能就是“谷”的遗迹吧。

本章原宪问耻，孔子拿俸禄说事，国家清明领取俸禄那是按劳取酬，国家无道还领取俸禄那就是——耻。取人钱财替人消灾，领完俸禄就要干活，关键是为怎样的政府干活。

这次答问一定发生在原宪辞“粟九百”之后，否则很容易让人怀疑原宪是否在暗示孔子领导的是一个“无道”之家。

原宪辞粟时没有说清楚是嫌“九百”多，还是他原本就打算以“义工”的身份进入孔家的，但至少说明原宪不是一个贪婪的人，这样的人在官场其实也不会有什么发展。孔子死后，原宪隐居于卫，并留下一个“安贫乐道”的虚名。《史记·仲尼弟子列传》说子贡相卫时曾去看望原宪，看到同学很落魄就随口问了一句：“你不是病了吧?”原宪说：“学道而不行的人才是有病!”卫国无道，子贡相卫，应该觉得羞耻，孔子就是这样教导的。

作为言语科的优秀学生，子贡应该很会说话的，作为隐士的原宪显然是过于刻薄了。

残唐五代有一位名叫刘道“不倒翁”，一生侍奉五朝八姓十帝，竟有30年卿相的辉煌经历，对他来说“谷”是最重要的，说什么耻不耻的，未免奢侈!

克伐怨欲，争强好胜、自吹自擂、愤愤不平、贪婪多欲，这些毛病都不存在可以称仁吗?孔子说可以称难，仁还算不上。狷介的原宪清贫自持，不屑为不洁之事，并最终修炼成一位著名隐士。

14.2 子曰：“士而怀居，不足以为士矣。”

我们都是丧家犬——

怀居，恋家、贪图安逸。贪恋家乡温暖的人不是真正的士。

苏秦从北到南成功说服六国结为同盟国，并自任“从约长”，相六国，连周天子对他都要礼让三分。这一次回到家，“昆弟妻嫂侧目不敢仰视，俯伏侍取食。”苏秦的嫂子更是“委蛇蒲服，以面掩地而谢。”苏秦感慨地说：“此一人之身，富贵则亲戚畏惧之，贫贱则轻易之，况众人乎！且使我有雒阳负郭田二顷，吾岂能佩六国相印乎！”

“我的家乡并不美，低矮的草房苦涩的井水。”对苏秦而言，既然家乡没有良田也就没有什么好留恋的。我们抛别故土的原始动机都是为了功名，但有人在落魄中客死他乡，也有人有机会衣锦还乡，其中有他们的努力，但更多的是他们的命运吧？

有人天生“怀居”，这是一种特质，他们喜欢把家整理得舒舒服服，然后宅着。农业民族讲求精耕细作，在一亩三分田上绣花，所以安土重迁；游牧民族逐水草而居，哪里的水草丰美，哪里就是家乡。

汉民族是一个善于“等待”的民族，因为急也没用，就算你今年播了种，收获也是明年的事。“好男儿志在四方”说的是游牧民族吧？

然而在今天一个不容置辩的事实是——我们的故乡都在沦陷，在一块沦陷的土地上哪有什么现实的温暖，在这个意义上，我们都是丧家狗。

丧家犬也有乡愁吗？

14.3　子曰：“邦有道，危言危行；邦无道，危行言孙。”

国家清明，教育无道——

国家有道，则直言直行；国家无道，则低调直行。

“卫灵公”篇孔子称赞史鱼“邦有道如矢，邦无道如矢。”不管面前是宽阔大道还是万丈悬崖都是直挺挺地冲过去，这是勇者，当然难能可贵；孔子称赞蘧伯玉“邦有道则仕，邦无道则可卷而怀之。”前者是英雄，但做英雄往往是要付出代价的。孔子不主张充当英雄，但不会放弃；道家则归隐山林——孙行孙言，只做自己的孙子。

如钱理群所言，中国今天之教育从本质上讲已经不值得继续做任何事情，说是“无道”也不算为过，但我们不选择正面对抗，更不试图去打碎它。我们选择理想的同时选择沉默，勇做有理想、有策略的“二有”新人。

14.4　子曰：“有德者必有言，有言者不必有德。仁者必有勇，勇者不必有仁。”

立德、立功、立言——

京戏舞台上左右两边有两扇门，一边写着“出将”，另一边写着“入相”。演员从“出将”那扇门出来，剧目表演完毕，再从“入相”那扇门回去，理想人生的上下半场至此完结，观众可以退场了。

“立德立功立言三不朽，为师为将为相一完人。”说的是满清重臣、千古第一完人曾国藩，有人说他的《曾文正公全集》只有两个铁杆粉丝，一个是毛泽东，一个是蒋介石。

《左传》说，太上立德，其次立功，其次立言。尧舜禅让天下，夷齐耻食周粟，为后世立下身德；神农尝百草，大禹治洪水，嬴政一统六国，立下齐天大功；著书立说是为立言。坊间言说达到这三个标准的人，历史上不足三人：孔子、王阳明和曾国藩（算半个）。

冯友兰说西方人的排序应该是：立功、立言、立德。

必，一定。跟立德和立功比起来，著书立说最不重要。

仁者同时一定是勇者，因为仁者不惧不忧，但并非所有的匹夫都是仁者。

14.5 南宫适问于孔子曰：“羿善射，奡荡舟，俱不得其死然。禹、稷躬稼而有天下。”夫子不答。南宫适出，子曰：“君子哉若人！尚德哉若人！”

清算历史——

可以射落太阳的后羿、能够陆地行舟的奡，这些都是传说中的英雄人物，但没有一个中国人会当真。后稷是周的始祖，传说曾为夏掌管农业，大禹治水的故事同样也是真假莫辨。

老子说强梁者不得其死，道家相信上善若水，主张示弱；孟子说春秋无义战，卫灵公向孔子讨教“军旅之事”，孔子次日便离开了卫国，儒家反对战争的态度非常明确；墨家子弟善守城，但兼爱、非攻才是墨家的核心价值观，他们走的是以战止战的路数；即使是兵家，强调的也是“攻城为下”“不战而屈人之兵”。

从本质上我们都不喜欢“强梁者”，在中国成为一个让大家“不喜欢”的人是一件很可怕的事情。

孔子显然不赞成武力，跟武力比起来德行应该更重要，他多次敲打子路，这都跟子路太喜欢逞强有关；但“躬稼”之事也是孔子看不上眼的，樊迟被责骂就是因为他热衷于耕种，还向孔子请教农圃之事，而禹稷以稼穑有天下的“事实”也无法否认。孔子于是选择了沉默。

但是沉默又不符合孔子的风格，他等南宫适出去之后才把他狠狠地夸奖了一番。

14.6 子曰：“君子而不仁者有矣夫，未有小人而仁者也。”

君子与小人——

君子有不仁的时候吗？也许会有，但小人永远都是小人。

聪明蛋也会有失手考砸的时候，但笨蛋永远不会“失手”考好了，所以考试是公平的。

14.7 子曰：“爱之，能勿劳乎？忠焉，能勿诲乎？”

如何去爱一个人——

爱是上对下，忠是下对上。对待下属或者晚辈要乐于为他们操劳，对上司要勇于劝谏。也有人将“劳”理解为让下属或晚辈付出辛劳，意思是历练之才是真爱之；还有人将前句解作：爱他就要让他变得勤劳。

我以为将这里的“劳”理解为慰劳、犒劳也许更顺畅。下属更需要你的实惠，上级需要的是你的精辟。口惠而实不至终非负责任的爱，爱他就先从物质开始吧。

本章歧义很多。某一天孔子从门外走了进来，嘴里嘟嘟囔囔地说了一句什么，你也不知道他今天看见了谁，别人跟他说了什么或者他刚刚干了什么，仅凭他的片言只语，谁知道他究竟想说什么?

14.8 子曰："为命，裨谌草创之，世叔讨论之，行人子羽修饰之，东里子产润色之。"

好文章是改出来的——

命，辞命，国家的正式文书。行人，古代负责出使的官员，据说后有以"行人"为氏者。东里，指居住地。裨（pí）谌、世叔、子羽、子产皆为郑国大夫，其中子产职位最重，称郑国名相，所以国家正式公文由他最后把关。

"草创"是出思路、搭框架，"讨论"可能主要是填写内容，"修饰"大概包括补充、修改，"润色"其实是最后把关，大约也会改几个错别字。我们今天政府部门的各类报告、总结、讲话稿大抵走的也是这个路数，尤其是最后一关，阴毒的笔杆子说你一定要留几个明显的错别字给领导"把关"，否则整个讲话稿可能让你拿回去重写。

孔子这里想要称赞的是子产用人所长？工作作风严谨?

政府公文可以这样出炉，如果一篇文章数人经手，中正严谨应该是没有问题的，但是文章更讲究的个性化色彩则无从谈起。"文革"时期，重要文本都由"创作组"完成，其基本运作模式是领导出思想，群众出生活，作家出技巧。

14.9 或问子产。子曰："惠人也。"问子西。曰："彼哉！彼哉！"问管仲。曰："人也。夺伯氏骈邑三百，饭疏食，没齿无怨言。"

好人、英雄及其他——

子产是郑国贤相，以清廉、宽仁著称，孔子以"古之遗爱"予以褒扬。惠人，给别人实惠的人。

子西是楚平王的庶子，两次让王位，对楚国有大功也有重大失误，并最终付出代价。孔子对他评价不高，"彼哉！彼哉!"——就他呀！不屑之情溢于言表，大概是觉得他有点沽名钓誉的味道。南非世界杯时出了个"章鱼哥"，预测成功率超过八成，一时间被传为神话，当时有中国球迷假托了一次对章鱼哥的专访——中国球迷问："请你预测一下中国队什么时候可以……"章鱼哥打断球迷的提问："下一个问题。谢谢!"那不屑的情形堪比孔子。

孔子对管仲有批评，但总体评价很高，因为他"不以兵车"，九合诸侯，一匡天下，在一定程度上维护了天下的秩序。这里称赞管仲的一次铁腕而不失智慧的壮举，他削夺了伯氏的食邑，伯氏从此没落，生活潦倒，但一生毫无怨言。

管仲强拆了伯氏的合法建筑物，还能让伯氏心甘情愿充分证明他的工作能力之强。

"人也"，人通仁。也有人把这里的"人"解作"人物"，孔子这里是赞许管仲是个人物!

骈（pián）邑，在骈地的食邑，三百，三百户，不算大。吕不韦为丞相，封文信侯，食河南雒阳十万户。

子产不错，值得尊敬；管仲有勇气而不鲁莽，更符合孔子的价值取向；子西不值一提。

14.10　子曰：“贫而无怨难，富而无骄易。”

宝马中的哭泣——

中国的剩男剩女们曾一度在“宝马中的哭泣”和“单车上的欢笑”之间纠结过，这与其说是剩男剩女们的问题，不如说是穷人们的问题，说到底他们仅仅是在抱怨自己的命运。

俗语说贫贱夫妻百事哀，贫贱中一定有人抱怨。

富人多骄矜也是普遍规律，但孔子说有钱人不傲慢是一件容易的事情，多半是装的吧？装得久了也就成真了。

14.11　子曰：“孟公绰为赵、魏老则优，不可以为滕、薛大夫。”

找对自己的坟头——

晋国是当时的超级大国，晋国之政在六卿，范、中行、赵、韩、智、魏，他们共主国政，利益纠葛中有说不清的烦扰，经过一番斗争，最后剩下韩赵魏三家，他们将晋国一分为三，便是后来战国七雄中的韩赵魏三国了。这里的赵魏是晋国的两卿。

老，公卿的家臣。滕、薛是当时的小国。

大国公卿的家臣跟小国的大夫从“级别”上可能差不多，但前者单纯，主要工作就是处理跟领导的关系，也许需要更多的是你的理论水平；后者复杂，需要协调处理更多具体问题，因此权力很大，曾有县委书记没有“识破”央视记者的“暗访”，居然讲出“我上管天，下管地，中间还管着空气”的雷人语录。前者像是上级机关里的处长，后者像是县委书记，都是处级干部，工作的难度和压力不可同日而语。

孔子说孟公绰适合当处长，不适合当县委书记。

14.12　子路问成人。子曰：“若臧武仲之知，公绰之不欲，卞庄子之勇，冉求之艺，文之以礼乐，亦可以为成人矣。”曰：“今之成人者何必然？见利思义，见危授命，久要不忘平生之言，亦可以为成人矣。”

成人游戏——

“成人”在《论语》中出现仅此一例，没有更多的信息来解读这一概念，但就本章看，“成人”接近于“大人”或者理想人。

《周易·文言传》说：“夫大人者，与天地合其德，与日月合其明，与四时合其序，与鬼神合其吉凶。”但这样说多少有些抽象。

像臧武仲那样智，像公绰之那样清，像卞庄之那样勇，拥有冉求那样的才艺，进退有据、彬彬有礼，这算是接近理想了。利益面前不忘仁义，危难时机勇于担当，安于贫困不改其志，在今天看来也算不错了。要，同约，物质生活简单。

两句“亦可以为成人矣。”显得很勉强，在孔子心中“成人”其实还有更高的标准，应该是“仁人”甚至“圣人”了，所以“成人”可能只是一个模糊的概念，类似于“完人”或“理想人”。

孔子在描述“成人”时，玩的是“拼图游戏”，抽取4个人身上的优点拼凑在一起，再用“礼乐”装饰一番，这种方式的好处是直观形象。孔子有一次在郑国跟学生们走散，有人向子贡描述孔子：“其颡似尧，其项类皋陶，其肩类子产，然自要以下不及禹三寸。累累若丧家之狗。”额头像尧，脖子像皋陶，肩膀像子产，下半身比禹短三寸，看上去像条丧家狗。关于这次“拼图游戏”，孔子的态度非常积极——孔子欣然笑曰：“形状，末也。而谓似丧家之狗，然哉！然哉！”

14.13　子问公叔文子于公明贾曰：“信乎，夫子不言，不笑，不取乎？”公明贾对曰：“以告者过也。夫子时然后言，人不厌其言；乐然后笑，人不厌其笑；义然后取，人不厌其取。”子曰：“其然？岂其然乎？”

公叔文子不是神——

有人说公叔文子是神，他从不出声不玩笑，什么东西都不要。孔子不信，向公明贾求证此事，公明贾说传言有误，公叔文子该说的时候才出声，所以人们喜欢听他说话；他笑是真笑，人们喜欢他的笑；该拿的他才拿，谁都没有意见。

“是这样吗？真是这样吗？”孔子大概觉得难以置信，竟然有如此“达人”，或者是感慨传言误人。

本章的关键词还是“适度”，这是儒家的核心价值取向。滥言与不言都是极端，整天绷着脸和整天嬉皮笑脸都不可取，没有人可以清高到可以完全超越物质需求，君子爱财，取之有道。上章“其父攘羊，而子证之”式的“卖直”是孔子明确反对的，因为这里面太多的刻意，一刻意便虚假了。

这三条中最后一条最难，义然后取，合乎义的才拿，义者宜也，该拿的才拿，顺其自然就好了；刻意争来的东西最后也不会属于你。

14.14　子曰：“臧武仲以防求为后于鲁，虽曰不要君，吾不信也。”

事实俱在，岂容狡辩——

防，鲁国地名，紧挨着是非之地费邑，是臧武仲的食邑。为后，立后，确立继承人。臧武仲因开罪于季氏而遭围攻，被迫离开鲁国，他以防为交换条件，请求鲁君批准他哥哥继任臧氏。

《左传》载有此事，臧氏请辞甚卑，时人多以其诚，孔子偏不认账，明明就是要挟，事实俱在，岂容狡辩？

本章的意义在于孔子总是能够穿越纷乱的世相洞察世事的本质，表面的形式永远都不是最重要的。

14.15　子曰：“晋文公谲而不正，齐桓公正而不谲。”

齐桓晋文之事——

谲，狡诈、喜欢耍手腕，与“正”相反。

君王家里是非多，主线主要是两条：后宫争宠、夺嫡大战。晋文公（重耳）是这两出大戏中的关键人物及受害者，但接下来19年的流浪生活最终造就了一个眼光、气魄和能力都非同一般的英明君主。在他死后晋国延续了一个多世纪的强盛。

对晋文公来说，19年的颠簸是他一生无论如何都绕不开的，当他饥肠辘辘时，有人拿起土块打发他，也有人割取自己腿上的肉服侍他；有国家送钱送美女给他，也有国家对他冷嘲热讽，这一切让他充分见识了人间冷暖、世态炎凉，也对人性的复杂有了无比深刻的认识。

齐桓公的履历要清白得多。尽管也参与了夺嫡大战，好在有鲍叔牙的帮助，再加上一点运气，公子小白顺利上位成为著名的齐桓公。此后得贤相管仲的辅佐，遂成为春秋首霸。齐桓公一生好酒、好猎、好女人，但他也是一个“御人”的天才，管仲跟他本有“射钩之恨”，皆因鲍叔牙一句——你是打算做齐君还是做天下之君，便捐弃前嫌将国家交给管仲。孟子说：“五霸，桓公为盛。”但齐桓公死后，几个儿子将已经生蛆的父亲丢在一边而专心争位，齐国也很快一蹶不振。这种事情发生在老谋深算的晋文公身上是不可思议的。

晁福林在《春秋战国的社会变迁》中说，齐桓公受王室恩典少，但对王室更加敬重；晋文公好耍手段，但他理想远大，勤政能干。

晋文公有点像朱元璋，曾经充分品尝过生活的艰辛，对人情与人性有切身的体验；齐桓公有点像刘邦，无赖泼皮但有大智慧。

晋文公只是“谲”，齐桓公也仅仅是“正”吗？谲和正在此两人身上都有深刻体现，无非是六四开还是四六开的区别罢了。

14.16　子路曰：“桓公杀公子纠，召忽死之，管仲不死。”曰：“未仁乎？”子曰：“桓公九合诸侯，不以兵车，管仲之力也。如其仁！如其仁！”

管仲为什么可以成为偶像——

《左传》载：公子小白和公子纠是两兄弟，鲍叔牙侍奉小白，管仲和召忽侍奉纠，两兄弟为了避难都离开了齐国。后来齐国发生变故，两个人竞相往国内赶，通常情况下谁先回去谁将继位。他们为了阻挠对方都在路上采取了狙击措施。管仲一箭射中了小白，但最终小白还是抢先回到了齐国，并顺利即位成为齐桓公。

此后公子纠被杀，召忽自杀，但管仲在鲍叔牙的大力举荐下转投齐桓公。子路说的就是这件事，主人被杀，属下如果不能报仇就应该自杀，而管仲却改换门庭投奔了“敌人”。子路心思单纯，认为管仲此举明显属于不忠不义。

对孔子而言，问题的关键是故事的下半场。管仲辅佐齐桓公九合诸侯，一匡天下，且为“衣裳之会”非兵车相加，完全符合孔子的口味，随将轻易不许人的“仁”授予管仲——如其仁！如其仁！其赞许之情溢于言表。

14.17　子贡曰：“管仲非仁者与？桓公杀公子纠，不能死，又相之。”子曰：“管仲相桓公，霸诸侯，一匡天下，民到于今受其赐。微管仲，吾其被发左衽矣。岂若匹夫匹妇之为谅也，自经于沟渎而莫之知也。”

管仲的影响力——

“春秋”和“战国”的区别还是很明显的，春秋有五霸，战国有七雄，不管五霸心里怎样想，至少表面上还尊周天子为天下共主，“尊王攘夷”是大家共同的口号，每个霸主只是想做其他诸侯国的老大，属于兄弟中的“大哥”，你听我的就行，开疆拓土是具体目标，但不一定要灭掉对方，更没有人想取代天子的意思。

到了战国时期，大家的脸皮完全撕破了，每个人由“公”升级做“王”了。战争的目的就是为了消灭对方，最后秦算是集大成者。

孔子生活在春秋时期，尽管已是天下大乱，但局面似乎还不算不可收拾，即使不能再指望周天子，那几个相继称霸的乱世英雄，如果能够以匡正天下为己任，离孔子的理想也不算太遥远。其中孔子最满意的是齐桓公，但功劳其实应该算给管仲。

孔子这里大胆推测了最坏情况，如果没有管仲，天下只能更乱，所有的秩序都无法遵守，我们能不能继续做中国人都成了问题。“披发左衽”头发是束起来还是披散开，衣襟向右还是向左掩，那可是事关生死的原则问题。

既然如此，其他问题都不再重要了。管仲当然可以像匹夫匹妇一样，动辄要死要活，表面上守住了小信，但没有解决任何问题。

这就是儒家的思维方式。

莫言，原名管谟业，齐国管仲后代，2012年诺贝尔文学奖获得者，他的获奖是中华民族之盛事，这才是管仲真正的影响力。

14.18　公叔文子之臣大夫僎与文子同升诸公。子闻之，曰：“可以为‘文’矣！”

他创造了新的难度——

原本是坐在台下听你做报告的人现在跟你一起坐在主席台上了，相信对很多人来说，这种身份的倒错感需要花很长时间去适应。在注重层级的传统中国社会中“官大一级压死人”是一种普遍被大家接受的明规则。电影里的国民党军官不高兴的时候可以直接扇副手的耳光，如果经常被你扇耳光的副手某一天荣升了，开始自己带队伍了，可能你比他还要尴尬吧？

公叔文子不仅不扇他手下的耳光，还常常提携他们，他手下一个叫僎的大夫已经可以跟他站在一起同朝听政了，孔子听说后赞不绝口，说以“文”谥之算是实至名归了。

子贡曾经跟孔子讨论过孔文子为什么谥“文”，孔子说孔文子“敏而好学，不耻下问”所以谥之以“文”。

本章的“文”似乎又有了新的含义。《逸周书·谥法解》说：“赐民爵位曰文。”后有研究者解作“与贤同升曰文”，用在公叔文子身上算是十分合适了。

有人说当老师的最怕自己的学生毕业后变成了同事（同升诸公），因为自己的本事全在那本参考书里，现在学生手里也有一本了，自己的光辉形象瞬间轰然倒塌。

美国也有这种焦虑。美国享受超级大国地位的历史超过了100年，这种感觉让她越来越不能容忍有人试图与它平起平坐，从这个角度看，老二是最尴尬的，也是最危险的。从苏联、日本，到今天正在迅速崛起的中国，使得享受唯一超级大国清梦的美国心里始终不是滋味。

14.19　子言卫灵公之无道也，康子曰：“夫如是，奚而不丧？”孔子曰：“仲叔圉治宾客，祝鮀治宗庙，王孙贾治军旅。夫如是，奚其丧？”

灵公无道与“四人帮”——

孔子认为卫灵公属于“无道”之君，季康子说既然如此，他为什么做得好好的，孔子说主要是他用对了三个人，仲叔圉办理外交，祝鮀负责祭祀，王孙贾管军事。丧，失位。

军事、外交办好了，来自外部的威胁就排除了，古代祭祀是大事，政权的合法性就体现在这里，这属于国家内部事务的核心内容。

但是能够用人所长，尤其是在关键岗位上，最合适的人能够尽心尽力，这样的领导能算是“无道”吗？

提起卫灵公就绕不开南子，南子也算是一个不寻常的女人，能够驾驭这样女人的人自然也有其非凡之处。《逸周书·谥法解》说：“乱而不损曰灵。”对卫灵公来说有三个得力干将加上一个美丽女人，“乱”就乱呗，反正他也不损失什么。

14.20　子曰：“其言之不怍，则为之也难。”

讲大话要脸红——

能言善辩、夸夸其谈在孔子看来已经是缺点了，如果说大话假话还不脸红，就更不可原谅了。怍，惭愧。

有良心的媒体说不能保证每次都只讲真话，但绝不讲假话。孔子似乎在说讲假话也行，但要知道脸红，否则，那可真难办了。

不知道孔子这一次在背后骂谁。

14.21　陈成子弑简公。孔子沐浴而朝，告于哀公曰：“陈恒弑其君，请讨之。”公曰：“告夫三子。”孔子曰：“以吾从大夫之后，不敢不告也。君曰‘告夫三子’者。”之三子告，不可。孔子曰：“以吾从大夫之后，不敢不告也。”

知其不可为而为之——

陈恒就是田常，齐桓公曾经收留过陈国的一位落难公子，田常就是这位落难公子的后人，一个春秋版中山狼的故事。公元前481年田常杀了齐简公，拥立平公，自任太宰，三代后田氏攻齐，姜齐变为田齐。

陈成子弑简公，这件事让孔子怒不可遏，“唯器与名，不可以假人”，是可忍孰不可忍？于是一位年逾花甲的退休老人沐浴更衣去见鲁哀公，请求哀公发兵讨逆，哀公暧昧的态度应该是在孔子意料之中的，三子的态度也应该在孔子意料之中，但孔子坚持去禀告三子。

明知不可为，但执意行事的动机是什么呢？不是说不在其位，不谋其政吗？“本人曾忝居大夫之列，依礼不敢不告。”这句话孔子连说了两次，其执着与无奈之情跃然纸上。

但这是公然干涉他国内政，美国常常会“干涉他国内政”，美国人心里想的是国家利益，嘴上喊的是替天行道，但至少大家看见的是那个国家的独裁者正在欺负百姓；孔子这样做的受益者是谁呢？孔子心中的“王道”。父母之国可以是鲁国，但孔子心里装的是天下。

但这件事也许没有这么简单。《墨子·非儒》中晏子说孔子“深虑周谋以奉贼，劳思尽知以行邪，劝下乱上，教臣杀君。”与作乱的白公胜无异。“孔丘乃恚怒于景公与晏子，乃树鸱夷子皮于田常之门。”齐伐鲁，孔子派子贡劝田常伐吴，其真实目的是“勿得害田常之乱”。《庄子·盗跖》说：“田成子常杀君窃国而孔子受币。”加之子路辅孔悝乱卫，阳虎、佛肸召孔子的史实，似乎都可以证明孔子与乱党田常之间有着更复杂的关系。

“弑”是典型的春秋笔法。上天为民立君，但是君行偏斜，臣杀之属于合理、合礼行为。某某臣弑其君——臣之罪，弑某君某某——君之罪也。汤放桀，武王伐纣，孟子说：“闻诛一夫纣，未闻弑君也。”

公元前481年，陈成子弑简公，哀公获麟，颜回去世，孔子绝笔；公元前480年，子路死卫；公元前479年，孔子卒。

14.22 子路问事君。子曰：“勿欺也，而犯之。”

你我都会犯错——

如果你错了，要及时、准确报告领导，因为你解决不了的问题不代表领导也解决不了，欺瞒就意味着你看不起领导。

如果领导错了，记得要犯颜直谏，不要试图替领导掩盖错误，那只会让小错误变成大错误，最终害的是领导。

此乃事君之道。

14.23 子曰：“君子上达，小人下达。”

君子上，小人下——

上面的自然是道义，下面的自然是利益；上面的高贵，下面的卑贱；君子越来越清高，小人越来越世俗；君子是人，小人其实不算人。

14.24　子曰：“古之学者为己，今之学者为人。”

读书是为了什么——

“古之学者”和“今之学者”都要站在孔子的时代来看，孔子对当时的情形已经非常不满意了。按照孔子“十世可知”的推导模式，今天的情形更是不堪了。

学者，跟“教授”一样原本并不吓人，学者，学习的人、读书人。

读书是为了什么？这是一个问题。

读有用之书，为稻粱谋，越读内心的欲望越多，这是“今之学者”干的事；读无用之书，随性而至，通过读书让自己的内心越来越平静，这才是“古之学者”的人生愿景吧。

苏老泉，二十七，始发愤。苏洵27岁开始发奋读书，47岁两个儿子双双进士及第，人们突然发现两兄弟身后还有一位“有智慧”的父亲。苏洵20年的读书史中有两个明显不同的阶段，前10年眼睛盯着圣贤书，心里想着考功名，写了百十篇应景文章；后10年将前边写的文章一把火烧掉后开始为自己读书，写自己想写的文章。苏洵前10年“为人”读书，结果一事无成，后10年“为己”读书，并最终晋身唐宋八大家的行列。

14.25　蘧伯玉使人于孔子，孔子与之坐而问焉，曰：“夫子何为？”对曰：“夫子欲寡其过而未能也。”使者出，子曰：“使乎！使乎！”

五十而知四十九之非——

卫多君子，蘧伯玉排第一，孔子流浪到卫国时曾住在他家里。

蘧伯玉派使者去看孔子，孔子问使者蘧伯玉在忙什么呢？作为使者，他的答案可以有很多种，但谁也无法想象他“装”的境界：我们家先生正在苦恼该如何减少自己的过错呢。

这样的使者让孔子欣喜若狂，大呼小叫道：“有这样的使者！竟有这样的使者！”

“寡其过”非常符合有“道德洁癖”的孔子的口味。孔子说：“五十以学易，可以无大过矣。”泽灭木，是为大过，但小过可以有。

一个人整天在家里思考如何减少自己的过错，难免让人觉得他有点不求有功，但求无过的味道。

14.26　子曰：“不在其位，不谋其政。”曾子曰：“君子思不出其位。”

如果有人尸位素餐呢——

“不在其位，不谋其政”的前提应该是在其位者谋其政，这似乎更符合儒家“入世”的心态；一味强调“不在其位，不谋其政”时，显然已经是对当政者的不作为心怀不满了。

曾子是在解释孔子的话，他说一个君子应该站在自己的角度想问题——这也完全符合一位谨小慎微者的身份。

杨朱认为每个人都应该守住自己的“毛”，拔一毛利天下的“好事”都不干，把天下都给我，我也不会动心，这样的天下自然太平；儒家则认为每个人都应该种好自己的田，吃好自己的饭，别人的事无须你操心。从本质上讲，他们都是理想主义者。

在其位谋其政、在其位不谋其政……有多种组合方法。

14.27　子曰：“君子耻其言而过其行。”

说与做的关系问题——

说与做的关系问题既是一个技术问题，也是一个哲学问题，说得多做得少在君子们看来是一种耻辱。“言不顾行，行不顾言”，这些言行不一的家伙都被孟子归入了狂士的行列。

只做不说是大多数人奉行的处事原则，先做再说或者多做少说都算是一种美德，而先说后做，甚至只说不做的人则为人不齿。

说还是不说，这真是一个问题。

君子以其说的比做的多为耻。本章有歧义，有版本“而”作“之”。

14.28　子曰：“君子道者三，我无能焉：仁者不忧，知者不惑，勇者不惧。”子贡曰：“夫子自道也。”

子贡的马屁——

孔子说君子之道有三：仁者不忧，智者不惑，勇者不惧。大概是说一个真正的君子应该像仁者那样不忧，像智者那样不惑，像勇者那样不惧。

子贡脱口道：“说他自己呢。”

孔子说自己还做不到。

14.29　子贡方人。子曰：“赐也，贤乎哉？夫我则不暇。”

孔子方人——

方人，将人和人做比较，论人长短。歧义作“诽谤”，说人坏话。

子贡有这个毛病，孔子敲打他：“你怎么那么厉害呀？我才没有那个闲工夫呢。”

孔子这里是在跟子贡做比较，当然也是在论人短长，一部《论语》，孔子论人短长者多矣。

14.30　子曰：“不患人之不己知，患其不能也。”

一个有自虐倾向的人——

孔子常常表达这个意思：不要担心别人不了解你，关键是你有没有值得让别人了解你的本钱。

年少时总觉得别人不理解自己，“天下尽是怀才不遇人”，等你不这样想了证明你就长大了。文人尤其容易犯这样的毛病，就觉得自己的文章好，莫言获诺贝尔奖之后，原来那些抱怨评审委员会歧视中国人的人该闭嘴了吧。

加拿大一项在全球32个国家进行的调查结果显示，有将近一半的加拿大人感觉自己大材小用；觉得怀才不遇比例最高的，还是我们中国，高达84%；比例比较低的三个国家分别是卢森堡、丹麦和比利时。与之相反，感到自己小材大用比例最高的三个国家分别是意大利、日本和智利。

14.31　子曰：“不逆诈，不亿不信，抑亦先觉者，是贤乎！”

道德的“无罪推定”——

邻居到衙门告你昨夜偷鸡，县老爷预设你清白，除非他能找到你偷鸡的证据。隔壁村李寡妇作证说昨夜你莫名其妙请她吃鸡肉火锅，衙役从你家垃圾桶翻出鸡骨头做DNA鉴定，结果此受害鸡与邻居家老母鸡乃母子关系——你才算有罪。

这就是无罪推定，宁可放走一千个罪犯，也不冤枉一个好人。就算你真的杀了人，可是法律不能证明这一点，那么法庭就会宣布你无罪。

第一次国共合作失败后，国民党大肆捕杀共产党人，汪精卫公然叫嚣：“宁可错杀一千，不可放过一人。”

孔子主张道德上的无罪推定。对方有欺诈吗？对方有不讲信用吗？孔子坚持不预设立场，因为预设立场往往意味着先入为主，这似乎有点人性善的味道。但如果你真的使坏，我也能先知先觉——这才是孔子的强大处！有神通，但我不用。

逆，逆料。亿，臆，猜测。

14.32　微生亩谓孔子曰：“丘何为是栖栖者与？无乃为佞乎？”孔子曰：“非敢为佞也，疾固也。”

小信书生疑夫子——

不知道这里的微生亩是谁，古书中有个尾生高，是个很守信的人。这里直呼孔子的名，至少证明此人年龄较长；从他说话的语气看，可能还是个高士。

栖栖（西音），奔波忙碌、惶恐不安。

微生亩问孔子，你整天栖栖遑遑的，也算是一个佞者吧？孔子老老实实地回答说自己不是要做一个佞者，实在是那些人太顽固了。“疾固”至少有两解，一说“疾”解做痛恨，“固”是固陋，孔子是在表达对那些固陋之徒的不满；二说“疾”是毛病，“固”是顽固，那些人的毛病太顽固，所以自己才不惜去做一个佞者。

《孟子·滕文公下》：公都子曰：“外人皆称夫子好辩，敢问何也？”孟子曰：“予岂好辩哉？予不得已也！天下之生久矣，一治一乱。”逞口舌之利有什么用？孟子生逢“乱世”，孔子遇人不淑。

14.33　曰：“骥不称其力，称其德也！”

马语者——

一匹马称千里马是因为它的力气吗？不是，是因为它的德。

以前练武功的人喜欢讲“武德”，孝悌正义，扶危济贫，除暴安良之类。一个人的武功可以达到哪个层次，最后比拼的是跟武术没有直接关联的“德”。

何止是武术？南方人爱说做事就是做人，天分很重要，机遇也很重要，但不管你有多少聪明才智，最后看的是人品。一个教师最后成为一名教育家，他被人们记住的肯定不只是他的学识，《左传》说：“太上有立德，其次有立功，其次有立言。”跟身德比起来那些功业甚至可以忽略不计。

儒家认为智为末德，宋郭若虚说：“人品既已高矣，气韵不得不高，生动不得不至。”这里说的是书画，人品不高者，书画不会真正生动。明文徵明自题《米山》：“人品不高，用墨无法。”近人黄宾虹说：“古来画者，多重人品学问，不汲汲于名利，进德修身，明其道不计其功。虽其生平身安淡泊，寂寂无闻，处世不见知而不悔。”画者不计名利，无迎合心，用笔不勉强，画品自然高。

20 世纪 80 年代是文学的黄金时期，一大批有才华、有影响的作家开始出现，其中莫言不算是最出色的。三十年过去了，真正坚守的人不多。许多人逐渐迷失了自己，觉得自己不一定靠码字求生，他们可以做编剧，可以尝试其他文学样式，可以当文学教授，可以卖字、搞收藏，还可以搞政治，他们的人生大都变得五光十色，其中莫言是最纯粹、最踏实的一个，他坚守着小说这种文学形式，坚守着他的高密东北乡，不张扬，不急躁，踏踏实实地写小说。他说：“哪怕只剩下一个读者，我也要这样写。”诺奖就该关照这样有“德”的作家吧。

孔子似乎是一位“马语者”。

14.34　或曰：“以德报怨，何如？”子曰：“何以报德？以直报怨，以德报德。”

德字有三种写法——

有研究者指出，德字可以写作：徝、悳、德，都是从“直”得声。德字在甲骨文中是一条道路和一只眼睛，眼睛上边还有一条垂直线，有“目不斜视”的意思；金文中下面多了一个“心”字，“德”字的意义变得更丰富了。

以德报德，当然是对等的做法。

以直报怨，“直”仅仅是“德”中最不重要的一部分（声旁），用它来“报怨”也算是基本对等的做法吧？

这种说法很有趣，但未必是孔子的原意。“对等”肯定是孔子的主张——以德报德、以怨报怨，钱货两讫，简单明了；《老子》主张——报怨以德，这也符合道家以柔克刚、大小多少的价值观。

14.35　子曰：“莫我知也夫！”子贡曰：“何为其莫如知子也？”子曰：“不怨天，不尤人，下学而上达。知我者其天乎！”

孔子的心里话——

孔子嘴上讲得更多的是不要在意别人是否了解你，关键是管好自己，但他内心的真实状况究竟怎样则是另外一个问题。孔子真的强大到完全不理会别人的看法了吗？

“莫我知也夫！”没有人了解我啊！至少在某些时候孔子会感觉到一丝孤独吧。历史没有为孔子的家庭生活留下更多细节，但拥有一个或几个志同道合的家人的可能性很小，三世出妻的“绯闻”，资质平庸的儿子似乎都可以作为佐证。同僚中能让孔子激赏的似乎也不多，我们记住的却有“知我者其天乎！”“太宰知我乎？”和“斗筲之人，何足算也？”式的抱怨。孔子一生中的大部分时间都是在学生的簇拥中度过的，道实在行不通了，我就乘小船漂向大海，那时还能跟随我的，可能只有一个仲由了吧！孔子心明如镜，他从来都不是一个迂腐的人。比老师迂腐的是学生，“子路闻之喜”，倒弄得老师哭笑不得。子路忠直，但他并不理解自己的老师。即使在那次“吾与点也”的人生理想大讨论中，明确得到老师称赞的曾点竟然也是一头雾水。

除此之外，真正能够了解他的大概就只剩下天了吧？

不怨天，不尤人，下学而上达。算是孔子对自己一生的小结，孔子出身贫苦，什么“鄙事”都尝试过，但最终能够通达人生大道。

14.36　公伯寮愬子路于季孙。子服景伯以告，曰：“夫子固有惑志于公伯寮，吾力犹能肆诸市朝。”子曰：“道之将行也与，命也；道之将废也与，命也。公伯寮其如命何！”

五十而知天命——

公伯寮在季孙那儿说子路的坏话，真正的目标肯定是孔子。子服景伯到孔子那儿通风报信，向孔子分析当时的情势，并极力主张主动采取行动，除掉公伯寮。孔子果断阻止了这次“恐怖”活动，他认为自己的道最终行不行得通，那都是命，公伯寮算哪根葱？

愬，同诉，诽谤。“肆诸市朝”，大夫陈尸于朝，士陈尸于市。这里指杀掉公伯寮。

电影《孔子》中的公伯寮是一个叛徒兼狗腿子，《史记·仲尼弟子列传》中有他，但后世儒者还是决定替孔子“清理门户”。

《子张》篇：“叔孙武叔语大夫于朝曰：‘子贡贤于仲尼。’子服景伯以告子贡。”孔子死后，有人在朝中散布流言，说子贡比孔子更优秀，子服景伯就把这件事报告了子贡。子服景伯是鲁国大夫，他在《论语》中露面两次，两次都是通风报信。

孔子大概是在50岁之后真正变得内心强大的，因为他五十而学易，五十而知天命，他知道人再争也争不过命。《中庸》说：“素富贵，行乎富贵；素贫贱，行乎贫贱。”老百姓说：“谁的苦谁受，谁的福谁享。”

天有四时雨雪，地有花红柳绿，有日月，有晨昏，还有比这更完美的设计吗？诸位还是认命吧！

14.37　子曰：“贤者辟世，其次辟地，其次辟色，其次辟言。”子曰：“作者七人矣。”

万人如海一身藏——

辟，避。色，脸色。孔子内心未尝不想去做一个隐者，“居九夷”，或者干脆“乘桴浮于海”，对那些已经身体力行者至少也充满了羡慕嫉妒恨吧。

隐有不同层次：藏之深山，终老泉下，如伯夷叔齐乃至孔子遇见的各位高士，是为第一层；良鸟择木，乱邦不居，如孔子的自我放逐，算是第二层；装疯卖傻，清者自清，则只能归入三四类了。

“作者七人矣”这样做的人有七个，哪七个？历代儒者帮孔子设法列举，但都不算恰切。

14.38　子路宿于石门。晨门曰：“奚自？”子路曰：“自孔氏。”曰：“是知其不可而为之者与？”

名满天下的孔子——

子路没能赶上关城门，只得在城门（石门）外待了一夜，第二天一早进城，看守城门的人问他从哪儿来，子路说从孔氏那里来，守门的说，就是那个知其不可为而为之的家伙吗？

子路直接答“自孔氏”，表明孔子当时已是名满天下。守门者反诘——就是那个知其不可为而为的家伙吗？一则说明跟孔子一样有名的是他的明知不可为而为，二则说明这个守门人是个隐士。

石门，是曲阜的外城门。晨门，早上负责开城门的小吏，隐士不一定都躲在深山老林里。大隐隐于朝，在皇帝眼皮底下做了半辈子奴才，某一日同事们突然发现他竟然是一位大隐士。

14.39　子击磬于卫，有荷蒉而过孔氏之门者，曰：“有心哉，击磬乎！”既而曰：“鄙哉，硁硁乎，莫己知也，斯己而已矣。深则厉，浅则揭。”子曰：“果哉！末之难矣。”

孔子的知音——

孔子居卫时，有一次在家里击磬，有一个背草筐的人从他家门口经过，听见里面的人在击磬。磬声犹疑，背草筐的人就说击磬的人有心事呀！又听了一会，大概觉得磬声越发犹疑，便说，算了吧，别那么无聊了，不就是那一点心事吗？假如面前有条河，水深的话就直接趟过去，水浅的话就挽起裤腿——你不就是想说别人不了解你吗？孔子说，如果真有这么简单那就好了。

世事就像一条大河，选择什么样的方式过河是你的问题——如果你一定要过河的话。

荷篑者这里主要是嫌孔子“矫情”，既然想过河，就不要怕把鞋子弄湿，其实你完全可以选择不去蹚这摊浑水。古人喜欢拿河水说事，孔子站在河边曾大发感慨地说人生苦短，“逝者如斯夫”；隐士桀溺说：“滔滔者，天下皆是也。”世事如水，滔滔东去。

孔子最后到底嘟囔了一句什么，有歧义。

磬，古代石制打击乐器。篑，草筐。背着草筐，还应该穿着蓑衣，"青箬笠，绿蓑衣"一个标准的隐者形象，这些人一会儿"把酒话桑麻"，一会儿说出一些深奥的哲理，"渔樵耕读"是古玩字画中常见的搭配。除此以外他们通常还会是音律高手，就像这位"荷蒉"者，从别人敲击石板的声音中能听出对方的心事。司马懿从城楼上诸葛亮的琴声中听出了千军万马。荆轲失败后，刺杀秦王的使命便落在了高渐离身上，秦王严命追索同党，高渐离只得隐身埋名。"到咸阳去，消灭秦始皇!"时光如水，高渐离却发现自己离咸阳越来越远了。一日听到堂上有人击筑，高渐离"彷徨不能去"，他决定主动暴露身份以便找机会接近秦始皇，于是高渐离"击筑而歌，客无不流涕而去者。"这种声音的魔力连秦始皇都无法拒绝，明知他是刺客依然邀他进宫，因为"惜其善击筑"。

孔子学鼓琴师襄子，孔子竟然从琴声中听出了一个"黯然而黑，几然而长，眼如望羊，如王四国"的周文王。

音律乃高雅之事，至于污浊小人只是生长了一双牛耳罢了。

14.40　子张曰："《书》云，'高宗谅阴，三年不言。'何谓也？"子曰："何必高宗，古之人皆然。君薨，百官总己以听于冢宰三年。"

文化的力量——

《孟子·滕文公上》记载了滕定公死后在滕国引发的一场大讨论，孟子坚持"三年之丧"，但遭到父母百官反对，他们反对的理由是"吾宗国鲁先君莫之行，吾先君亦莫之行也。"但孟子说孔子是倡导三年之丧的，为君者应该首先做好表率。

从他们的讨论中可以确定，跟其他很多"礼"一样，"三年之丧"其实从来都没有被认真执行过，包括孔子时代。孔子的坚守，恰好说明这一规定在当时没有人当真。子张这里的提问本身就暗含着质疑：为什么要三年？为什么是三年？

高宗是殷高宗，即武丁，盘庚迁都后殷商出现了"武丁中兴"的盛世，而对普通百姓而言，武丁的妻子——那位名叫"妇好"的女将军的名气似乎更大些。谅阴，有歧义，一般认为是凶庐。三年不言，是说三年不主动说话，不是装三年哑巴。

"冢宰"是官名，即太宰，百官之首。孔子说"三年"是自古通礼，显然有夸大成分。孔子反对政和刑，主张以礼和德治理天下，这是理想主义者的一厢情愿。

亲人离世，孝子贤孙们守孝三年的"规矩"在乡下至少前些年还有，可见"三年"之说并非空穴来风。

是中国人的亲情特别充沛才有了三年之丧的礼节呢，还是因为有了三年之丧的规定，中国人才慢慢变得重视亲情呢？西方人的葬礼安静而悲戚，大家习惯把所有的情绪隐藏在心里；中国式的葬礼则是鼓乐齐鸣、呼天抢地，但中国是个善于表达自己情感的民族吗？好像又不是。

我相信解读中国人的密钥就在孔子师生的言论中。

14.41　子曰："上好礼，则民易使也。"

礼不下庶人——

《礼记》说："刑不上大夫，礼不下庶人。"跟君子们可以讲礼，对小人只能刑罚伺候。

君子好礼，小人听话，天下太平。

14.42 子路问君子。子曰："修己以敬。"曰："如斯而已乎？"曰："修己以安人。"曰："如斯而已乎？"曰："修己以安百姓。修己以安百姓，尧、舜其犹病诸。"

君子是有标准的——

祭祀主敬，"敬"原本是祭祀时应该持有的态度，后多指做事时诚恳的态度。人，身边的人，相当于有身份、有物业的"中产阶级"。百姓，包括了天下黎民，北京话里叫"苍孙"。

最低标准是约束好自己，认真做事；中间标准是管好自己，并让身边的人受益；最高标准是除了管好自己，还要让世间生民因为你的存在而幸福，这也应该是儒家"公天下"的终极理想。天下为公则意味着天下是大家的，谁最合适谁来领导天下，禅让制是自然选择，既然大家都有份，每一个人都有权从天下分一杯羹。

但孔子说连尧舜都难以做到。

14.43 原壤夷俟。子曰："幼而不孙弟，长而无述焉，老而不死，是为贼。"以杖叩其胫。

老而不——

原壤，一个在母亲棺材上鼓盆而歌的狂士。夷，屁股着地，两腿伸开，像一个放在地上的簸箕，属于坐没坐相，也叫"箕踞"，据说是夷俗。古人讲求的是正襟危坐，即跪坐，屁股放在脚跟上；但我们宁可相信那时候的人们最常规姿势是蹲着。俟，等候，原壤在家里等孔子。

孔子对原壤又打又骂是因为他不雅的坐姿，这在孔子看来是原则问题，以至于我们都不知道这一次孔子登门拜访所为何事，或者说这跟孔子的"好为人师"比起来并不重要。

骂是从小骂到老。父慈子孝，兄逊弟悌，即是说原壤小时候就不是什么省油的灯，要么没大没小，要么只顾自己。孔子自称述而不作，述当指传述，对晚辈有所教益，这一点原壤也没有做到。老了就没用了，如果赖着不死只能是浪费粮食，这在粮食总量不足的时代里等同于害人，偷人钱财叫盗，害人性命叫贼。

打则是轻轻地打。孔子可能是越说越生气，顺手用拐杖去敲原壤的小腿，有点恨铁不成钢的意味。这一历史细节的镜头感很强。

人老了没什么用，但也不能骂。"老而不"的说法在中国香港、台湾地区却相当流行，中国台湾讨厌李登辉的人就说李是"老而不"，年过九旬还不踏实，希望他早死早托生。中国香港人嘴里的"老而不"则基本上属于玩笑，很多时候可以置换成"老顽童”“老古董”。老年人有时也打情骂俏，方式比较另类，比如称呼对方“老东西”“老不死的”，效果类似于中学生骂同学“富二代”。

日前，央视有著名“你幸福吗?”的街头随机调查，如果说那位回答“我姓曾”的瘦子是一位“隐士”的话，那位说孩子都不理自己，觉得活着没意思的北京老人，大抵可以归入自骂“老而不”的范例。

14.44 阙党童子将命。或问之曰：“益者与？”子曰：“吾见其居于位也，见其与先生并行也，非求益者也，欲速成者也。”

一个野心勃勃的年轻人——

一个年轻人在正式场合负责传递辞命，大家觉得他后生可畏，前途无量，孔子却不以为意，说他年纪轻轻，举止轻浮，行事张扬，所有的欲望都写在了脸上，他太想出风头，难成大器。

阙里是孔子故里，阙党，是住在阙里的人。“冠者五六人，童子六七人。”童子是未成年人，但不是孩子，大约相当于中学生。将命，奉命或者传命。求益，追求进步。速成，急于求成。孔子通过这个年轻人的举止判定他只是一个心浮气躁的家伙。他先是大模大样地坐着，然后是与长者并排而行。

并行，并排走。《礼记》说：“父之齿随行，兄之齿雁行，朋友不相逾。”像父亲那样年纪的要跟在后面，叫“随行”；兄长年纪的要“雁行”，如果兄长在十二点的位置，弟弟就应该在三或者九点钟方向；即便是朋友，可以“并行”但不能“爬头”。

如果是陪领导，情况就比较复杂，可以并行，但须保持适当间距；可以雁行，但不能角度太大；随行就是排成一个竖排，感觉会比较怪异。

“子曰·我曰”之：卫灵公第十五

15.1　卫灵公问陈于孔子。孔子对曰：“俎豆之事，则尝闻之矣；军旅之事，未之学也。”明日遂行。

孔子装傻——

孔子的父亲是叔梁纥，《左传》说他力大无穷，曾经在关键时刻双手托起某城门口正在下坠的悬门，并立下军功；《淮南子》《吕氏春秋》都说孔子是一位身材魁伟的赳赳武夫，尽管此类记载的可信度值得怀疑，但夹谷之会中孔子的军事才能还是为弱小之鲁国赢得了足够的尊严。孔子的学生冉求曾经率领弱鲁大败强齐，季氏问他的军事才能是谁教的，冉求说是孔子，但这同样很难作为孔子具备军事才华的证据。《论语》中孔子“教民七年，可以即戎”的论断至少不能说孔子对军旅之事毫无研究。

卫灵公向孔子请教军旅之事却引起孔子的过度反应——他决定立即启程，继续流浪。孔子说自己只是一介书生。陈，同阵，军旅事。

“未之学也”仿佛在说老师根本没有教过。孔子这里的态度引发了后人的多种猜测，有人说卫灵公故意拿孔子不擅长的军旅之事刁难孔子，目的是驱赶他；也有人说孔子这里只是跟卫灵公装傻。《史记·孔子世家》中有“明日，与孔子语，见蜚雁，仰视之，色不在孔子，孔子遂行。”的记载，表明孔子是在卫灵公那里受到冷遇后才决定离开的。已经流落到了人家的地头上，礼乐之事做得，军旅之事如何做不得？荣宠不再才是根由。

俎豆，祭祀用礼器。俎，类似桌案，摆放、切割牺牲使用，周代多为青铜制，秦汉后始有木制祭器，主流还是青铜器，直到明朝朱元璋厉行节俭，规定“祭祀用瓷器”。“人为刀俎”中俎是砧板，跟祭祀已经没有关系了。豆，从字形可以看出此器物之外形，有陶制和青铜制品，最早是用来摆放谷物，后用来存放酱汁类食物。

15.2　在陈绝粮，从者病，莫能兴。子路愠见曰：“君子亦有穷乎？”子曰：“君子固穷，小人穷斯滥矣。”

弦歌不辍——

有人说孔子绝粮于陈就发生在他们离开卫国之后，《孟子·尽心下》说：“君子之厄于陈蔡之间，无上下之交也。”将绝粮地点进行了进一步界定，有人主张将此章与上章合为一章。这不是重点。

孔子的陈蔡之厄与“子畏于匡”、宋司马桓魋砸场却是他周游列国途中三次著名的磨难，它甚至对孔子一生都产生了影响。

《孔子家语·在厄》：“芝兰生于深山，不以无人而不芳；君子修道立德，不为穷困而败节。”芳香是芝兰自己在芳香，君子修德也不会为外界而改变。西方人本主义认为人是万物之尺度，人从自身出发看世界，人不见芝兰时，芝兰是不存在的，芳香之事根本没有意义。

陈蔡之厄是一次不堪回首的经历，粮食吃完了，似乎一时也想不出别的办法，大家都饿坏了，爬都爬不起来。子路情绪低落，跟孔子发脾气，说君子就该饿肚子吗？孔子说君子也会饿肚子，但小人饿肚子就会乱发脾气。滥，不懂得节制，没有底线。

《孔子家语》在讲到这件事时，额外补充了另外一个细节：子贡设法弄了一点粮食，子路和颜回给大家煮粥，期间子路有事走开，子贡无意间看到颜回用勺子吃了一口粥；子贡便去请教孔子，说像颜回这样的人贫穷也会改变其气节吗？孔子说不会。子贡说见到颜回偷吃粥，孔子说自己还是相信颜回，然后告诉颜回说自己打算用煮好的粥祭祀祖先，颜回说那些粥已经不能用了，因为刚才煮粥时有脏东西掉进了粥里，觉得丢掉可惜便自己吃掉了，但用来祭祀祖先是不行的。孔子说如果是我，我也会这样做。

到底是圣人门下的事情，明明是绝境，却能生发出许多酸文假醋的教义，除了孔子的识人术，孔子还留下了弦歌不辍式的执着与淡定。

《史记·孔子世家》中说孔子师徒陈蔡绝粮时“孔子讲诵弦歌不衰”。《庄子·秋水》：孔子游于匡，宋人围之数帀（zā），而弦歌不辍。

西南联大校歌：“万里长征，辞却了五朝宫阙，暂驻足衡山湘水，又成离别。绝徼移栽桢干质，九州遍洒黎元血。尽笳吹弦诵在山城，情弥切！”算是对孔子“弦歌不辍”最传神的解读。

15.3　子曰：“赐也，女以予为多学而识之者与？”对曰：“然，非与？”曰：“非也，予一以贯之。”

一就是道——

对中国人而言，《论语》即使不是最好的，也是最重要的。

历史上解读《论语》者不计其数，总要涉猎有代表性的十家八家吧？《论语》大体读懂后，就想知道“四书”中其他三书说什么，四书读完以后，就想对“五经”有所了解；《孔子世家》和《仲尼弟子列传》相信是信得过的“史料”，除此以外《史记》中还有很多春秋战国时期的史料。

这是儒家，跟儒家对着的还有道家、墨家等，《道德经》《主子》及《墨子》接着就会进入你的视野。

至此，你开始走进的是中国传统文化，而《论语》只是一个“入口”，这也是一种——一以贯之吧？

就好像挖一个山洞，选择入口很重要，挖进去以后从里面向四周围扩挖，起初可能只是一个勉强容身的小山洞，扩挖之后渐渐会变得开阔壮观，假以时日，你还有机会在某个“方向”挖破天，这大概就是读书读通之后的境界吧！

孔子告诉子贡说自己并非多学多识，自己只是有核心价值观。从另一个角度讲，一个人博学多才本身没有那么重要，或者说没有核心价值观的人不可能真正博学多识。

15.4　子曰："由，知德者鲜矣。"

一位批判现实主义者——

老百姓视仁如水火，水火可以死人，仁也会死人吗？这是孔子的质问。"吾未见好德如好色也！"当时看见卫灵公在南子面前完全迷失的情形，曾发出这样的感慨。

知德者鲜矣——这是孔子对现实的判断，礼乐不兴，世风日下，知德者越来越少，没有一件如意的事情。

其实这是儒道两家共同的起点，这个社会已经不可救药，但是在如何面对这个无药可救的社会时，两家分道扬镳。儒家认为正因为社会出了毛病才需要我们去改变呀，至于能否改变得了，那也只能听天由命了；道家则认为这个社会不可救药，也没有必要去救，反正我不会去救；墨家往前走得更远，提出了如何救，并坚持身体力行。儒道墨三家之间也有互动，道家直指儒家的错误，墨家则告诉儒家什么是正确的。

孔子作《春秋》，为242年的混乱历史记下了一个"备忘录"式的东西，其间"弑君三十六，亡国五十二"，究其根源，大道不行，知德者鲜。

15.5　子曰："无为而治者其舜也与？夫何为哉？恭己正南面而已矣。"

激发生命的力量——

社会出问题了，接下来该怎么办？无为而治肯定是一个选项，舜就是这么干的，他做什么了？管好自己坐在那儿而已。《易经》说："黄帝尧舜垂衣裳而天下治。"有德者虚己用贤，居其所而众星拱之。

禅让制是上上选，把天下完全交给有德者；无为用贤者次之。儒家主张恭己而正南面，道家是无为而治，法家主张用法术，墨家则崇尚强力躬行。

恢复植被的最好方法就是封山，只要没有了人的破坏，只要有足够的时间，大自然本身的力量足以让它郁郁葱葱，人工造林从本质上造就的只能是一片绿色沙漠。

地球上从最简单的细胞到人的出现期间经历了40亿年的艰难历程，在人类生命被孕育的最初时刻的某一瞬间，有一个将来会发育成心脏的细胞无意中似乎悸动了一下，这就是生命最初的动力，看似若有若无，实则惊天动地。

《大戴礼》："昔者，舜左禹而右皋陶，不下席而天下治。"天下治是因为有禹和皋陶；"恭己""正南面""垂衣裳"同样不能算是真正的无为。道家则完全相信"自然"的力量，自己不必做也不会做。

教育就是一个激发生命力量的过程，美国教师雷夫说："一个老师的工作是为学生打开一扇门，并且让学生自己走进来。我不会使劲地把学生推进这扇门，也不会拉他们进来，走进来必须是学生自己的事情。"教师是养蜂人的说法也很有趣，教师的价值仅仅在于把蜂箱带到春暖花开的地方，采花粉一定是蜜蜂自己的事情。

此章与上章逻辑关系清晰，但这在《论语》中没有代表性。多数儒者认为《论语》编排混乱，但也没有见到真有人重新按照某种规则把《论语》排排顺序，这也算是一种

“无为而治”吧？

15.6　子张问行。子曰：“言忠信，行笃敬，虽蛮貊之邦行矣。言不忠信，行不笃敬，虽州里行乎哉？立，则见其参于前也；在舆，则见其倚于衡也，夫然后行。”子张书诸绅。

谨言慎行走天涯——

行，出行，孔子这里讲的是另一种跟老皇历不同的宜忌，不限于出使之类的国家行为；还有人将“行”解释为“行得通”。“言忠信，行笃敬”就是谨言慎行，能做到这一点走遍天下都不怕，做不到则寸步难行。走路不能忘记，坐车也不能忘记！这样的名言警句应该立即记下来，子张手边没有纸张，就顺手写在了腰间垂下的大带上——子张怎么随手带着笔墨呢？

参，平齐、平视。见其参于前，总在眼前晃悠，《中庸》有“可以与天地参”。舆，车厢。衡，车辕前端的横木，用来固定牲畜，坐在车上的人抬眼即可望见。

秦始皇三十四年，齐人淳于越诵法孔子，上书劝谏秦始皇分封天下，后因遭到李斯的坚决反对而失败。李斯为了巩固这次儒法大战的胜利成果，决定焚烧诗、书等百家之言。

三十五年，一众术士劳力费时炼不出仙丹，却将责任归于秦始皇的专擅，并试图一走了之终于激怒了秦始皇，秦始皇下令追查，那些手无缚鸡之力的读书人相互推诿，最后有460名儒生被坑杀。

焚书坑儒是一段扑朔迷离的无头公案，假如这件事情真的发生过，至少说明那些读书人没有认真遵循“言忠信，行笃敬”的谆谆教诲，引火烧身其实只是时间问题。

蛮貊，属于老少边区，有南蛮北貊的说法。绅，古人用来束腰的布带，长短材质有规定，系法也有规定，一头要长长地垂向地面。搢绅，把笏板插在腰带里，这是官员的装束。

子张书诸绅，《论语》如何辑录成书？这里透露了一个关键细节，孔子每有妙言警句，身边的学生立即记录，有时候找不到纸笔，就顺手记在了裤带上。

15.7　子曰：“直哉史鱼！邦有道如矢，邦无道如矢。君子哉蘧伯玉！邦有道则仕，邦无道则可卷而怀之。”

史鱼尸谏——

《孔子家语》等旧书都有史鱼尸谏蘧伯玉的故事，史鱼临死前对儿子说：“吾不能进蘧伯玉，退弥子瑕。生不能正君，死不能成礼，置尸北堂足矣。”卫灵公来吊孝，被史鱼的“尸谏”忠行打动，决定任用蘧伯玉，赶走弥子瑕。

史鱼将他的“直”延续到了死后。国家清明他直冲冲，国家无道他还是直冲冲；生前他忠于国家，死后还不忘发挥“余热”。

被他举荐的蘧伯玉却有自己的风格，国家有道就大展拳脚，国家无道则“卷而怀之”，像一幅山水卷轴，没人欣赏就收起来，藏之名山，以待圣人君子。

15.8　子曰：“可与言而不与言，失人；不可与言而与之言，失言。知者不失人，亦不失言。”

说还是不说——

该说的时候不说会错失朋友，不该说的时候说那叫多嘴。聪明人永远不会乱说话。

人在两种情况下会失言，一是冲动，这属于性格缺陷，二是酒喝高了。酒后失言，酒话常常是真话，平时想说又没有胆量，酒就是胆。能够让你错失朋友的话往往也是真话，我们都爱听假话，真话虽真却会伤人。

说还是不说，没有孔子说得那么简单。

15.9　子曰：“志士仁人，无求生以害仁，有杀身以成仁。”

志士谭嗣同——

中日甲午战争以清政府的惨败而告终，《马关条约》的签订更激起了一大批仁人志士“救亡图存”的变法请求，谭嗣同是其中的代表。变法失败后，谭嗣同深知古今中外没有未经流血而变法成功的先例，如果流血无可避免，那就从自己开始吧！“不有死者，无以召后起。”他毅然放弃求生的机会，慷慨赴死，面对刽子手的大刀，在如堵看客的面前，年仅33岁的谭嗣同疾呼：“有心杀贼，无力回天，死得其所，快哉快哉！”用自己的鲜血抒写了一曲杀身成仁的壮歌。

对谭嗣同来说，仁是什么？变法图存，变法强国，不过回头看历史，那个懦弱而幼稚的光绪皇帝并非他可以倚重的仁君。当时他完全有机会逃生，但他选择在家里等待抓捕他的人，这便是杀身成仁。

15.10　子贡问为仁。子曰：“工欲善其事，必先利其器。居是邦也，事其大夫之贤者，友其士之仁者。”

选择跟谁在一起——

“无友不如己者”，不要跟不如自己的人交朋友，这是孔子的谆谆教诲，应该跟谁交朋友呢？士之仁者，知识分子中的精英，这是八小时之外；工作呢？应该选择一个开明的领导，这些说的都是跟什么人相处的问题，这对“为仁”是很有帮助的，就像一个工匠在开工之前先要将工具磨锋利一样。

15.11　颜渊问为邦。子曰：“行夏之时，乘殷之辂，服周之冕，乐则《韶》《舞》。放郑声，远佞人，郑声淫，佞人殆。”

孔子是个有重点的人——

恭己正南面、垂衣裳而天下治都是儒家“为政以德”“齐之以礼”行政理念的具体体现，跟法家的严刑苛政比较起来，也算是一种无为而治吧。

这里孔子用拼图的方式提供了另外一种治理国家的模板，其核心思想同样是无为而治。

夏之时，夏朝的历法，就是我们今天依然沿用的阴历、农历。传统节日都是以阴历计的，从一月到十二月，每三个月为一季，分别是春夏秋冬，种长收藏，非常适合黄河流域的农事，它由直接观察大自然的变化而来，虽然不尽科学，但贵在实用。殷历以夏历的十二月为一年的首月，周历以十一月为首月，以冬至日为元日，其实已经相当科学了，广东人“冬至大过年”的说法该是起源于周历的。

殷之辂，周代车多以金玉为纹饰，殷辂主要特点是简洁实用。

周之冕，孔子说：“麻冕礼也；今也纯。俭，吾从众。”周冕用丝，合礼而俭。

韶武之乐，韶是舜乐，尽善尽美；武（舞）是周乐。

以上孔子高屋建瓴地列举了四条治国方略，第一条强调夏历便于农事，后面三条则只关礼乐，孔子说，友于兄弟，是亦为政。

接着孔子从反面提出要“放郑声，远佞人”，郑为殷商故地，其乐似是而非，靡曼幻眇，缺乏中正之气。五胡乱华，中华之气脉若存若续，晋室南渡，一并带去的当然包括华夏文化之正宗气韵；两个半世纪之后，隋文帝灭陈，并将陈后主精心驯养的千名歌伎带回了长安，再次听见这些歌伎的歌声，隋文帝感慨道：“此乃华夏之正声也！”

“郑声”究竟属于什么样的音乐？中原大发现中“郑韩故城”出土的郑国乐器在一定程度上回答了这个问题。郑韩故城中出土的编钟钮钟为10枚一套，每架二套，另配4件1套的镈钟，共24件，这样的配置在春秋中期以前是从来没有过的。郑国音乐在宫角徵羽基础上增加并固定了商音，使音域更宽广，编钟的演奏能够达到4个8度的音程，可以旋宫转调，演奏出声色优美的旋律。

《孟子·梁惠王下》：齐宣王曰：“寡人非能好先王之乐也，直好世俗之乐耳。”郑声作为当时流行音乐的代表，成为各国仿效的样板，其乐舞人才在列国也备受青睐。郑声不拘于礼乐之节，它和古代的雅乐相对，自成一种新乐或称俗乐；其实当时的俗乐不限于郑国，各国均在流行，只是郑国地处中原，交通便利，商业经济、文化艺术发达，其影响力也最大。

15.12 子曰：“人无远虑，必有近忧。”

人生苦长——

如果一定要在“远虑”和“近忧”之间做出选择的话，还是选择前者吧，毕竟没有切近的苦痛。

因为有远虑，所以消弭了近忧。

远近可以是时间上的，还可以是空间上的。一只南美洲亚马孙河流域热带雨林中的蝴蝶，偶尔扇动几下翅膀，可以在两周以后引起美国得克萨斯州的一场龙卷风。世界万事万物的关联度远超你的想象，一切还是从早、从长计议吧。

15.13 子曰：“已矣乎！吾未见好德如好色者也。”

此章与《子罕》篇重出，多了“已矣乎！”——算了吧！表示彻底绝望。

15.14　子曰："臧文仲其窃位者与，知柳下惠之贤而不与立也。"

贤者在位——

窃是非法占有不属于自己的东西，臧文仲就是那位为乌龟修建漂亮居所的鲁国卿大夫，孔子从来都不认为他是一个有智慧的人。"大国三卿，皆命于天子。"如此重要的岗位，其中一个主要职责就是发现并任用贤能，但是臧文仲明知柳下惠有贤能，却不授予职位，属于没有知人善用，因此孔子说他是占着茅坑不拉屎——窃位。

立、位是同源字。柳下，一说是封地，属于以封地得氏；一说以居处得氏，那算是一个十分风雅的姓氏了。日本姓氏超过10万，以居处为姓是一大特征，松下、山口、田边什么的。

"贤者在位，能者在职"是孟子的政治理想。

15.15　子曰："躬自厚而薄责于人，则远怨矣。"

严于律己，宽以待人——

躬自，是自己对自己。"躬自厚（责）"与"薄责于人"相对，大致就是严于律己，宽以待人。孔子说这样做可以让你远离怨恨。

一视同仁还不行吗？生活中类似的智慧包括要勇于自我调侃，自我解嘲，自己找台阶，虽说有点"自虐"的嫌疑，但可保你立于不败之地。

15.16　子曰："不曰'如之何，如之何'者，吾末如之何也已矣！"

怎么办——

对那些不说"怎么办"的人，我也不知道该怎么办了。

孔子这里还是在劝人遇事要三思，在中国把"没问题""包我身上了"挂在口上的人永远都是大家嘲笑的对象。

怎么办？古人有事问自己——三思，现代人没事都问"百度"——外事不决问"谷歌"，内事不决问"百度"，或者发微博求助。

巧用三个"如之何"，多少有点耍嘴皮子的意味。

15.17　子曰："群居终日，言不及义，好行小慧，难矣哉！"

整天挂着QQ的人——

整天挂在QQ上的人，有事没事喜欢把脑袋凑在一起，家长里短，鸡毛蒜皮，东家孩子钢琴考了九级，西家老公提了副处，说一些内部笑话，传播一些暧昧段子，完了还要对世事发表一通不负责任的批评。小慧，小聪明。

孔子说这样的人谁也没有办法。

夫妻的距离应该是1周，朋友的距离应该是1个月，这样既有助于保鲜彼此的关系，也有助于提升他们的品位。

15.18　子曰："君子义以为质，礼以行之，孙以出之，信以成之。君

子哉！”

君子这种东西——

义是内核，别人不一定看得出来，能表现出来的是谦逊的姿态，但不能是一味地谦逊，应该约之以礼，最后能不能有结果靠的是诚信，说了就一定要去做。

孔子试图从另一个角度给“君子”下定义，这是他常干的事。

15.19　子曰：“君子病无能焉，不病人之不己知也。”

名气真的很重要——

你不要担心别人不了解你，你应该担心的是自己是否拥有让别人了解的本钱。

在《论语》里这已经属于“陈词滥调”。一方面说明这是孔子挂在嘴上的话，另一方面也说明孔子觉得自己很有“本钱”，但别人却有眼不识泰山——听起来怎么有一种酸酸的味道？

但这笔钱存得够久，孳生的红利也足够壮观。2000年里，有“数据控”测算出在地球上生活过的中国人超过250亿，这里面有几个人不知道孔子？

15.20　子曰：“君子疾没世而名不称焉。”

出名还不能太晚——

张爱玲说，出名要趁早呀，来得太晚的话，快乐也不那么痛快。

孔子说不出名不可怕，关键是要有资本。

如果资本足够，但到死都不被认可怎么办？孔子说这正是最遗憾的事情。称，符合，“名不称”即名实不相符。也有人将“称”理解为“称道”。

看来名实问题把孔子折磨得够呛。

15.21　子曰：“君子求诸己，小人求诸人。”

双倍优胜——

美国第一位黑人女性国务卿康多莉扎·赖斯的传记《双倍优胜》（Twice As Good）中赖斯父亲曾经告诫她：对于种族歧视，不要否定，但也不要被它锁定。力争双倍优胜，你一定会成功。

这是一个“求诸己”的最好案例。小人相反，喜欢从外界和别人身上找原因或靠山。

网络社会臣民的习惯动作是“百度一下”，说起来也算是“求诸人”的小人，而君子们是通过思考自己解决问题。

15.22　子曰：“君子矜而不争，群而不党。”

君子矜贵——

矜，庄肃，内心的高贵感。因为庄肃，所以显得无比高贵，但高贵是要本钱的。比如大象，那大概是陆地上最具王者气象的生物了，作为一种食草动物，它不必像斑马、牛羚或羚羊一样经常性地与它们的天敌共同上演生死时速，任何一次输掉比赛都意味着将输掉它们的全部人生；大象让自己的身高高达数米，体重重达十数吨，这就是它的生存之道。

大象食草，又没有天敌，所以它可以“矜而不争”。

大象是群居动物，但他们只是结伴吃草而已。这就是“群而不党”。

孔子这里论述的是人与人之间的关系，内心高贵而淡定，与周围人群若即若离。矜是有实力的标志，虚张声势的人则骄。

孤独是一个人的狂欢，君子是一群人中最孤独的那个。

15.23　子曰：“君子不以言举人，不以人废言。”

听其言，观其行——

美国总统奥巴马获得连任之后，继续推进美国重大战略调整，加快美国战略重点向亚洲和太平洋地区转移的步伐，加强在亚太地区的军事部署。国防部部长帕内塔称美国将其海军力量的60%部署在亚太地区是为了亚太地区更好的和平与稳定。

美国人说他们关心的是亚太地区人民的幸福生活，我们可以先假定这话靠谱，接着看他的实际行动。

巧言令色是现代人的基本属性。大多数时候一个人说了什么并不重要（写什么就更不重要了），《小王子》中狐狸告诉小王子说：“本质的东西，眼睛是看不见的。”

大自然中许多动物之间有更本真的沟通方式，我们的语言却“屏蔽”了很多本质的东西。诗人把语言当橡皮，随写随擦，“无言之言”才是他们追逐的境界。三国时有位隐士叫孙登，隐居在河南辉县苏门山，他跟世界沟通的方式就是啸——撮口作声，随心所欲，既无既定格式，也不承担任何实质内容，一腔心曲而已。

15.24　子贡问曰：“有一言而可以终身行之者乎？”子曰：“其恕乎！己所不欲，勿施于人。”

从“恕道”到“人权宣言”——

《世界人权宣言》第一条说：“人人生而自由，在尊严和权利上一律平等。”

17世纪末，第一批法国基督教传教士抵达中国，并开始观察并了解中国。在许多法国思想家看来，中国实行的是德治，这是中国有别于欧洲国家的一大特点。更多的法国思想家则认为，中国人的道德核心是孔子关于“仁”的论述。孔子及其学说被传教士介绍到法国之后，许多人大为震动，很快获得了普遍的崇敬和仰慕。颇有深意的是，法国1793年宪法所附《人权和公民权宣言》以及法国1795年宪法所附《人和公民的权利和义务宣言》都写入了孔子的名言“己所不欲，勿施于人”，就自由的道德界限和公民义务的原则进行界定。

高调慈善家陈光标曾正式建议把这句话印在人民币上。

一言，一个字。可以让人终生奉行的一个字不好找，或者说这样的字可以有很多，比如“仁”。曾子曰：“夫子之道，忠恕而已矣。”忠恕就是仁，从消极层面说是“己所不欲，勿施于人”，积极一点则是“己欲立而立人，己欲达而达人”，即忠。这是一种理解。

从另一个角度看，忠是人的内在品质，对人尽其所能；恕是推己及人，更注重外在行动。恕更符合中国人的方式，西方人要积极得多，他们视己欲立而立人，己欲达而达人为黄金规则，视己所不欲，勿施于人为白银规则，因此西方文化中有侵略性的一面，极端情况下，他们甚至想去改变别的人种。

子贡也说过：“我不欲人之加诸我也，吾亦欲无加诸人。”如果这是子贡理解的恕道，孔子当时明确告诉子贡这是不可能的。孟子讲“恻隐之心”，你应该习惯于站在对方的立场想问题，将心比心，这其实是一个人最重要的能力。

但忠恕之间有时候是相互违背的，你不喜欢的不要给别人，但是你喜欢的就可以给别人了吗？

15.25　子曰：“吾之于人也，谁毁谁誉。如有所誉者，其有所试矣。斯民也，三代之所以直道而行也。”

直道而行——

孔子是主张直道而行的，他说夏商周三代就是这么干的。这里的“直道”专指在对人进行评价时实事求是，该夸就夸，该骂则骂。

其实孔子除了颜回基本上没有夸过人，被他骂过的很多，从学生到当政者，他说凡是他夸过的都是值得夸的，他没有夸错过。

不知道他究竟想说什么。

15.26　子曰：“吾犹及史之阙文也。有马者借人乘之，今亡矣夫！”

接受不完美——

朱熹说此章不可解。阙文，模糊错失的字迹，在书写工具简陋的古代这种情况很常见，负责任的史官遇上这种情况就让它空着，这是一种尊重历史的做法，接受不完美。今天的考古文献研究中我们常常见到的“□□□□”也是这种情况。

问题在于这种情况跟把马借给别人骑之间有什么关联？

可能是自己骑不好，干脆让给别人，对马、对自己这也是一种负责任的做法。

孔子感慨地说这些美德现在都见不到了。现在人追求完美，有“补白”强迫症，空白的文字不行，马身上空着也不行。

15.27　子曰：“巧言乱德。小不忍则乱大谋。”

忍……然后……残忍——

孔子讨厌巧言令色的家伙，他们不是女人便是小人，这些人存在的价值就是祸乱世界。

我们更熟悉的是第二种“惑乱”：小不忍则乱大谋，它教导我们从小要学会忍耐。千百年来，每一个中国人心上都插着一把刀。缺衣少穿时忍着，被人欺侮时忍着，即便肉体被消灭时依然会选择忍着，这样的一个“被侮辱与被损害的”群体最后成就的心理底色必然是——残忍！

在我的印象中“凌迟”是中国杀人艺术之集大成者，及至看完莫言的《檀香刑》才知道凌迟至多只能算是登堂者；一根浸透了香油的檀香木棍可以游走于人的五脏六腑，最后从你的锁骨上透出，你有机会亲眼见到自己的身体长满蛆虫。

15.28　子曰：“众恶之，必察焉；众好之，必察焉。”

群众是愚昧的——

装睡的人是唤不醒的，因为他其实是清醒的；能被唤醒的一定是群众，因为他们是愚昧的。

“人民群众的眼睛是雪亮的！”喜欢把这句话挂在嘴上者多半是大奸大恶之人。孔子深知其中的道理，他说群众都说坏的人其中必有蹊跷，群众都说好的人其中也必有蹊跷，你怎么看？

15.29　子曰：“人能弘道，非道弘人。”

道在屎溺——

庄子说道无所不在，包括屎溺里面。这种屎溺里面的东西究竟可以干什么？孔子说它不能干什么，它存在的意义就是让人供养着。

仿佛在说人活着就是为了赚钱，赚钱是为了赚更多的钱。

15.30　子曰：“过而不改，是谓过矣。”

错了就改，改了再犯——

老百姓说狗改不了吃屎，我们不吃屎，因为我们不是狗。

从根本上说，除了口误、笔误之类的错误，我们下次不一定再犯之外，其他错误都会被重复。狗有了更可口的狗粮之后已经不吃屎了，但依然有人常常被骂：你就是狗改不了吃屎！

从正面来说，我们历练越来越多是否意味着我们心中的印迹也就越来越多呢？

什么是过错？犯了错不改才是错。孔子的要求其实非常高。

15.31　子曰：“吾尝终日不食，终夜不寝，以思，无益，不如学也。”

冥想——

蓝天白云下，山水鸟鸣间，你在无边的黑暗中无限下坠但永远不会触地，此时此刻我们的左脑开始平静下来，我们的意识似乎可以听见右脑的声音，我们的脑波会自然转成α波，想象力、创造力与灵感便会源源不断地涌出，此外对于事物的判断力、理解力也会大幅提升，接下来我们的身心会呈现安定、愉快、心旷神怡的感觉，此时我们已经与天地共呼吸，与日月同辉映。

以冥想开启直觉，即使不能参透人生，也有可能洞察宇宙的秘密。

这般境界还去读什么书呢？学，其实不光是读书，孔门六大学科，礼乐射御书数都是学习的内容，但后世逐渐窄化成了读书，造就了无数书呆子。

吃货们说：“吃而不喝则罔，饮而不食则殆。”孔子完整的说法是：“学而不思则罔，思而不学则殆。”至少说明孔子从未进入到冥想阶段。

15.32 子曰：“君子谋道不谋食。耕也，馁在其中矣；学也，禄在其中矣。君子忧道不忧贫。”

道可道——

道跟食比哪个重要？仓廪实而知礼节，饭都吃不上，还奢谈什么道不道呢？孔子清高，说道更重要——谋道不谋食。

墨子说，一农之耕分诸天下，不能人得一升粟；一妇之织分诸天下，不能人得尺布。不若诵先王之道而求其说，通圣人之言而察其辞。耕织远没有王道圣言重要。

樊迟曾经向孔子请教农圃之事，被孔子破口大骂，对于君子而言，没有什么比礼仪信更重要的了，“焉用稼？”孔子生气是因为自己的学生没有出息，从古至今，饿肚子的都是耕田人；书中自有黄金屋、千钟粟、颜如玉。

耕田可能会挨饿，读书也可以直通大道。这些都不是你可以决定的，既然这样，还是把“道”放在心里吧。

如此看来，孔子不是清高，而是洞明世事。

15.33 子曰：“知及之，仁不能守之，虽得之，必失之。知及之，仁能守之，不庄以莅之，则民不敬。知及之，仁能守之，庄以莅之，动之不以礼，未善也。”

还是礼最重要——

知（智）、仁、庄、礼，哪个最重要？

智慧是天生的，它跟人的能力直接关联，有的人拥有，有的人缺失，这是谁也没有办法的事情；仁心同样也很重要，否则再聪明都是白搭。除此之外庄肃的态度也是不可或缺的，如果你在老百姓心目中没有足够的威严，一切又在瞬间归零。

还有呢？礼是一味鸡精，不能说没有它就不行，但出锅前请出它一定更能突显你舌尖的尊贵。

智是定量的必达指标，其余三项都是定性指标，属于“说起来重要，忙起来不要”类。

15.34 子曰：“君子不可小知而可大受也，小人不可大受而可小知也。”

君子和小人——

小知，从细小处察看、了解。大受，委以重任。

对君子而言，不能从细节上来评判他，但可以委以重任；小人不可委以重任，但可以从细节处了解他。

看不出里面有什么微言大义。

15.35　子曰："民之于仁也，甚于水火。水火吾见蹈而死者矣，未见蹈仁而死者也！"

水火有用——

水火无情，伤人性命，但人离不开它。

仁是好东西，但只是对别人而言。

15.36　子曰："当仁不让于师。"

当仁不让——

这句话有点"对事不对人"的味道，但打算整人的人常常会把这句话搬出来。说什么对事不对人，所有的事情还不都是人干的！

古希腊亚里士多德说："吾爱吾师，吾更爱真理。"

他曾用诗一般的语言赞美柏拉图："在众人之中，他是唯一的，也是最初的。……这样的人啊，如今已无处寻觅！"然而，在探究真理的道路上，亚里士多德表现出极大的勇气：他不畏权威、不畏传统，毫不掩饰他在哲学思想的内容和方法上与老师所存在的严重分歧，并毫不留情地批评自己的恩师的错误。

仁就是孔子的真理。

15.37　子曰："君子贞而不谅。"

言不必信——

"元、亨、利、贞"是乾卦的卦辞，《文言》："元者，善之长也；亨者，嘉之会也；利者，义之和也；贞者，事之干也。君子体仁足以长人，嘉会足以合礼，利物足以和义，贞固足以干事。"

贞，有主心骨，不会轻易变更。谅，小信。

孔子说，言必行，信必果，是小人之信。孟子说，言不必信，行不必果，唯义所在。君子有核心价值观，不会拘泥于小信。

15.38　子曰："事君，敬其事而后其食。"

报酬？看着办吧——

做下属的，要先把事情做好，至于报酬方面，相信领导不会亏待你的。这是我们中国人的方式，我们相信只要有为，就一定会有位。

这里是从另外一个角度论述说与做的关系。

15.39　子曰："有教无类。"

夫子之门何其杂——

孔门弟子3000，有鲁国当政的贵族子弟如孟懿子，也有被人称为“贱人”的仲弓父和“鄙人”的子弟子张，有以货殖致富，家累千金的子贡，也有穷居陋巷、箪食瓢饮的颜渊。南郭惠子曾问子贡说：“夫子之门何其杂也?”子贡回答说：“君子正身以俟，欲来者不拒，欲去者不止。且夫良医之门多病人，隐栝之侧多枉木，是以杂也。”有需就有供，孔子确实做到了“有教无类”。

孔子说过：“自行束修以上，吾未尝无诲焉。”孔子对学生的要求就是一捆风干的猪肉。

这里的“类”，一般理解为类别、种群，是说孔子不刻意选择教育对象，大家都有受教育机会。义务教育的基本特征就包括普及性，九年义务教育强调的是年限而非质量，孔门的“义务教育”则连年限也不讲。

也有研究者理解为“有教”然后“无类”，经过教育，让大家都得到提升，乃至没有区别。似乎孔子对教育结果有很高的期待。

15.40　子曰：“道不同，不相为谋。”

我们不是同一类——

在老子和孔子之间可能发生过的那次会面中，《孔子世家》的记述里没有任何细节，末了只有老子送孔子的一句忠告：“聪明深察而近于死者，好议人者也。博辩广大危其身者，发人之恶者也。为人子者毋以有己，为人臣者毋以有己。”规劝孔子为人子、为人臣勿论人是非，勿发人之恶。《老子韩非列传》中老子则是警告孔子：“去子之骄气与多欲，态色与淫志。”孔子说自己见到了真龙。

儒道当然不是同一类。

同时代中，上司、同僚及学生中让孔子激赏的人可以说一个都没有，其中自然也找不出可以让孔子“相为谋”的同道者。

尧舜禹、文王周公，“殷有三仁”之类似乎可以算作是孔子的同道，但他们都已作古，如何为谋?

15.41　子曰：“辞达而已矣。”

信达雅——

辞，可以是正式辞命，也可以是言辞。

严复说：“译事三难：信达雅。”搞翻译的人都知道准确、通畅、优美是判断翻译功底的三大标准。清末民初有一位名叫林琴南的古文大家，他用无比优美的古文“翻译”了百多部世界名著，神奇的是这个自称“沧海孤臣”的福建人根本就不懂外语，他完全是在重写那些名著，“信”和“达”都谈不上，雅是足够了的。

“Google在线翻译”常常连“信”都做不到，中国香港人会以地道粤语翻译西片，西式的冷峻与幽默中处处透着属于湾仔和旺角的烟火气息，其电影字幕甚至常常超越了“雅”的范畴。

孔子这里的标准则中庸得很：通畅即可。孔子一贯反对雕琢浮饰、巧言令色。

15.42 师冕见，及阶，子曰：“阶也。”及席，子曰：“席也。”皆坐，子告之曰：“某在斯，某在斯。”师冕出，子张问曰：“与师言之道与？”子曰：“然，固相师之道也。”

尊重世俗礼仪——

孔子在一位叫冕的乐师面前谦卑周到，一会提醒乐师前面是台阶，一会提醒乐师前面是座席，大家坐定之后还不忘提醒乐师与会人员各自的位置，让我们充分见识了这位老愤青的另外一面。子张不以为意，他的问话里似乎有几分质疑，也有几分讥讽：“你在跟乐师论道吗?”“此乃相师之道。”孔子说。

子张年轻，平时看见的老师总是满嘴格言，微言大义，大概很少看见老师说“人话”，“这就是你与乐师的说话方式吗?”孔子说：“这就是跟乐师相处的方式。”贝多芬在国王面前扬长而去，歌德却会主动行脱帽礼，孔子心高气傲，在权贵面前嬉笑怒骂，但在现实生活中，他通常会选择尊重世俗礼仪。

相，以木为目，盲人手上那根用来看路的木棍，也指导盲人。

孔子的谦卑是因为对方是乐师？还是因为他的失明?

古代优秀乐师多是盲人，没有了影像的干扰，一个人感知声音的能力才会进入到出神入化的境界。传说春秋时有个叫师旷的音乐人为了音乐而用针刺瞎了自己的双眼。

跟许多篇的尾章一样，本章的“补白”性质明显，就像明清许多地方史志后面附设的节妇烈女传记一样，将本章放在专事孔子日常起居的“乡党”篇不是更合适些吗?

“子曰·我曰”之：季氏第十六

16.1 季氏将伐颛臾。冉有、季路见于孔子曰：“季氏将有事于颛臾。”

孔子曰：“求，无乃尔是过与？夫颛臾，昔者先王以为东蒙主，且在邦域之中矣，是社稷之臣也。何以伐为？”

冉有曰：“夫子欲之，吾二臣者皆不欲也。”

孔子曰：“求，周任有言曰：‘陈力就列，不能者止。’危而不持，颠而不扶，则将焉用彼相矣？且尔言过矣，虎兕出于柙，龟玉毁于椟中，是谁之过与？”

冉有曰：“今夫颛臾，固而近于费，今不取，后世必为子孙忧。”

孔子曰：“求，君子疾夫舍曰欲之而必为之辞。丘也闻，有国有家者，不患寡而患不均，不患贫而患不安。盖均无贫，和无寡，安无倾。夫如是，故远人不服，则修文德以来之；既来之，则安之。今由与求也，相夫子，远人不服，而不能来也；邦分崩离析，而不能守也；而谋动干戈于邦内。吾恐季氏之忧，不在颛臾，而在萧墙之内也。”

孔子的战争观——

孔子反战吗？教民七年，可以即戎是孔子的主张，战争不是不可以，只要先做好教化工作。“以不教民战，是谓弃之。”是从反面提醒当政者要在战争中对百姓的性命负责。电影《孔子》中就有孔子主导的场面宏大的“战争”，本来是“隳三都”，属于拆除“违章建筑”，因为是强拆，效果火爆，银幕上呈现出来的直接就是战场了。

准确地说，孔子或者说儒家只是反对非正义的战争，比如季氏伐颛臾；真正反战的是墨家，墨家利他，认为战争对双方都没有意义，主张非战；兵家对战争不持立场，侧重于战术的研究；道家对兵法也有涉猎，道家是俯视战争，毛泽东说他是用《道德经》打仗的。

战争就像人类的影子，荀子说有人就有欲望，欲望没有止境，所以只能通过战争解决。有人统计公元前2070年至1911年中国历史上共发生战争3801次，摊开来差不多是每年一次；孔子活了73岁，战争发生了110起，日本人说好战是中国传统。从另外一个角度看，自夏至清中国共出现过611位帝王，他们分属30余个姓氏，而日本大和王朝从公元前660年建国，延续至今历125代天皇，真正的万世一系。

季氏准备征伐颛臾，孔子向在季氏家做事的学生发表了一次谈话，谈话内容有三个要点：分析目前的形势，反思前期的错误，强调今后的工作。第一，颛臾不该伐，因为它是先王分封的国家，负责东蒙山的祭祀，“不能五十里，不达于天子，附于诸侯，曰附庸。”作为鲁国附庸的颛臾，它对鲁国没有任何威胁。第二，子路、冉有表面上不作为，其实是乱作为。冉有先是把责任往主家身上推，孔子斥之为不作为，并引用周任的话说，一个人应该量力而行，不能胜任就该主动让贤；野兽从围栏里跑出来伤人不能怪围栏，龟甲珠玉烂在盒子里也不能怨盒子。

学生被逼说出了心里话，季氏伐颛臾的真正原因是担心将来鲁君对付季氏的时候借助颛臾的力量。

这让孔子怒不可遏，他最不能容忍的就是口是心非，心里明明是这样想的，偏偏要另外找一些说辞。于是孔子尖锐地指出了季氏真正应该担心的事情，跟均衡比起来，多点少点不是问题，安定团结也远比人口多寡重要。季氏的当务之急是要修睦四邻，把自己的事情办好，否则祸端就在眼前。

萧墙，竖在门口的墙，用以隔断外面偷窥的目光，也是一条区分内外的界线。“天子外屏，诸侯内屏，大夫以帘，士以帷。”虽然礼是这么规定的，但也没有多少人当真，“管氏亦树塞门”，管仲是大夫，被孔子斥为僭越。来自内部的威胁这里当指鲁君，孔子的意思是鲁君迟早会收拾跋扈的季氏。

季氏伐颛臾不见于《春秋》等史籍，有人猜测是孔子的这次谈话化解了一次不义之战。

本章字数仅次于“侍坐”，容量大，名气也大，孔子的一些说法影响深远，“不患寡而患不均，不患贫而患不安。”撇开文字上可能的错失，它很容易指向平均主义大锅饭。孔子不是物质主义者，他真正在意的是一种理想化的社会秩序。朱熹说，均就是平衡、各得其分，有多有少，但合情合理，大家都能接受——因为彼此之间的差异毕竟不大！贫是财富的数量，但更多的是人的心态。“大道之行也，天下为公。”公天下才是儒家的终极理想，货恶其弃于地也，不必藏于己；力恶其不出于身也，不必为己。有用的东西谁用都是用，只要没有浪费，付出劳动只是人们的一项权利，其中并无更多的功利性。战国后贫富分化严重，孟子为此开出的药方是恢复井田制。巨富和赤贫都会伤害社会秩序，儒家不是平均主义者，他们主张政府适当限制财富的过度集中，让富者不骄，贫者不至于铤而走险。

更多的人认为本章是孔子反战思想的体现，孔子肯定不是好战分子，因为他明白战争对百姓意味着什么。现代屌丝们百无聊赖常常需要去消费一场口舌上的战争，他们习惯于匿名叫嚣谁和谁多少年之内必有一战，十分狂躁。

赵普对太宗说自己靠了半部《论语》帮助太祖取得了天下，即使孔子不好战，也不影响他的徒子徒孙们借他的名义去策划一次次大大小小的战争。

16.2　孔子曰：“天下有道，则礼乐征伐自天子出；天下无道，则礼乐征伐自诸侯出。自诸侯出，盖十世希不失矣；自大夫出，五世希不失矣；陪臣执国命，三世希不失矣。天下有道，则政不在大夫；天下有道，则庶

人不议。”

孔子与乱党的深层关联——

《左传》说“国之大事，在祀与戎。”戎自然是征伐，礼乐的集中体现场合便是祭祀了。礼乐征伐属于国家大事，其决断权自然应该属于天子，但春秋时期社会失序，诸侯代行王命，当时的五霸算是典型。一些诸侯的国政又被大夫们把持，鲁国有三桓，晋国有六卿，这些大夫们又被自己的家臣（陪臣）挟持，如阳虎、公山不狃流，这就叫天下大乱，或十世，或五世，乃至三世，祸乱只是迟早的事情。天下有道，诸侯在位，大夫在职，哪里有百姓置喙处?

周朝800载，殷商600年，汉是400年，此后成气候的唐宋明清大抵都是三百年的气数。十世就是300年，也算是一种宿命吧。

孔子对当时的乱象十分不满，并四处游说试图恢复西周文王周公时期的礼乐文明，但历史的另外一个侧面也值得注意。

孔子第一次被加封谥号是在公元元年，称“褒成宣尼公”，加封者是有“汉代孔夫子”之称的王莽，而王莽永远无法抹去的是他篡逆者的标签。王莽一生读孔子书，听孔子话，按孔子的指示办事，汉平帝时王莽官至大司马，已经是事实上的皇帝，他自比周公，力行井田制，似乎要回到孔子的理想社会。王莽篡汉历15年而亡，当汉军将他围住时，他口中念念有词道：“天生德于予，汉兵其如予何?”他以为自己真的就是孔子。

蒙元时期，孔子称“大成至圣文宣王”，这是孔子获得的最高荣誉。首次加封孔子的是一位篡逆者，历史上赐予孔子至高无上荣誉的却是蒙古人。

孔子一生以天下为己任，但几乎所有正统的公室对他都敬而远之，同时几乎所有的叛臣都曾经向他招手，如阳虎、公山不狃、佛肸等，而且孔子每次都动心。《墨子·非儒篇》晏子说孔子“深虑周谋以奉贼，劳思尽知以行邪，劝下乱上，教臣杀君。”与作乱的白公胜无异。至少在晏子眼中孔子挖空心思、念兹在兹的就是祸乱天下。

劝下乱上，教臣杀君——如果这是真的话，也可能是孔子以另一种形式对天下大乱表达的不满，在孔子看来这未尝不是一条救治天下的路子。

也许孔子真的没那么简单。

16.3　孔子曰：“禄之去公室五世矣，政逮于大夫四世矣，故夫三桓之子孙微矣。”

怎一个乱字了得——

本章的五世、四世，连同上章的十世、五世、三世，我相信仅仅是孔子情绪化的一种表达，不一定都有具体指向。一世是30年。

中国历史上有两个比较典型的混乱期。一个是春秋战国，周王室衰落，各诸侯国相互争霸兼并，天下大乱；另一个是五代十国，唐宋之间中国出现了持续半个世纪的混乱局面，中原地区先后有五朝登场，加之周边的十个割据政权，你方唱罢我登场，也是天下大乱。

有儒学践行者认为今天是中国历史上第三个混乱期。大批农民离开固守了两千年的乡下，城镇化是一个加速剥离与撕裂的过程；当整个社会开始把物质财富作为终极目标后，随之而来的必然是道德沦丧，社会失序，其实已是天下大乱。

禄，爵禄，原本是国君手中的权限，政令原本应该是大夫们的职守，但这种正常情况早已不再，所以孔子做出的判断是三桓之子孙正在衰落。

传统中国社会讲究一诺千金，表面上最靠不住的口头约定为什么比白纸黑字更让人敬畏？儒家的秩序社会里只有上下尊卑，却没有人去质疑其合理性，为什么？因为大家相信天掌管着世俗的一切，而天是法力无边的，这就是传统中国社会秩序的理论基础。

西方人讲规则、法制，因为法制的背后是上帝，上帝创造并将永远主宰世界，上帝面前人人平等，法律对应的便是这种平等。我们可以引入健全的法律，但无法请到上帝，没有上帝的法律永远都是些干巴巴的条文，百姓心中缺乏神圣感。

今天礼俗没有了，天与法制不匹配，这才是天下大乱的根源。

16.4 孔子曰："益者三友，损者三友。友直，友谅，友多闻，益矣。友便辟，友善柔，有便佞，损矣。"

交友经济学——

有益无益的朋友各有三种，正直、守信、渊博的朋友让你受益良多，谄媚、虚伪、巧言令色的家伙只会让你越来越穷。便，随意、不严肃。直、谅、多闻与便辟、善柔、便佞大体是对应关系。

孔子主张不要跟不如自己的人交朋友，子夏跟子张也讨论过类似的问题，子夏说"可者与之，其不可者拒之。"该交往的就交往，不值得交往的要学会拒绝；子张则认为如果自己足够强大，有什么容不下的呢，如果自己不行，别人也不会搭理你。

孔子的人生理想是践行君子，这里孔子的态度是要跟君子交往，远离小人，其实这种论调是"可者与之，其不可者拒之"的翻版，在现实生活中显得势利而幼稚。

苦瓜称君子菜，因为一味苦瓜炖排骨，苦瓜再苦也不会影响到排骨，这才是"修己以敬"的君子。

16.5 孔子曰："益者三乐，损者三乐。乐节礼乐，乐道人之善，乐多贤友，益矣。乐骄乐，乐佚游，乐宴乐，损矣。"

奇特的喜好——

乐，喜好。喜好可以是有益的、也可以是有害的。孔子列举的三种有益喜好分别是用礼乐节制自己的言行，称道别人的优点，多结交有价值的朋友；有害的喜好也有三种，纵情极欲、四处游荡、吃喝玩乐。

第一种喜好最奇特，喜欢用礼乐节制自己的言行——这话大概只有孔子能说出口。称道别人的优点，最容易走入的误区是流于虚伪，最适用的对象是孩子，好孩子是夸出来的，你如何称赞他，他就将变成那样。惠特曼说："有一个孩子每天向前走去，他看见最初的东西，他就变成那东西，那东西就变成了他的一部分……"

纵情极欲、吃喝玩乐既费钱又伤身，当然应该有所节制；有时间又有金钱的时候去一下桂林，或者放下身段，漫无目的地在别人的城市里四处走走至少在今天看来不是坏事。

16.6 孔子曰：“侍于君子有三愆：言未及之而言，谓之躁；言及之而不言，谓之隐；未见颜色而言，谓之瞽。”

会议潜规则——

跟君子们待在一起要预防三种过失：没轮到你说就说，该你说了却不说，不看别人脸色乱说。要么躁进，要么过于保守，要么就是盲人。隐，属于矫情、虚伪。瞽，属于没眼色、失察。

孔子这里说的是与君子相处之道，在座谈会、研讨会之类的场面上这三条也很重要。问题是作为与会人员，你怎么知道什么时候轮到你呢？“轮”字有讲究，可能是年龄、辈分、资历、级别，可能什么也不是，这些都属于潜规则，大家心知肚明。“侍坐”章里子路“率尔而对”是对潜规则的破坏，遭到了孔子的斥责，大家喜欢听你发言的前提是你“时然后言”，这跟你讲的内容没有关系——中国人都懂的。

16.7 孔子曰：“君子有三戒：少之时，血气未定，戒之在色；及其壮也，血气方刚，戒之在斗；及其老也，血气既衰，戒之在得。”

孔教三戒——

《圣经》中有“十诫”，那是上帝用手指刻在石板上的十条戒律，而对所有的基督徒来说，这些戒条一直印在他们的心上，并深深影响着他们的行为。

佛教有“八戒”，戒杀生，戒偷盗，戒淫，戒妄语，戒饮酒，戒着香华，戒坐卧高广大床，戒非时食。佛门信众会在一日一夜中奉为天条。

《礼记》有“七出”的规定，不顺父母、无子、淫、妒、有恶疾、口多言、窃盗，妇人被坐实其中一条，丈夫即可合法出妻，女人没有任何发言权。

孔教是“三戒”，戒色、戒斗、戒得。说是戒律，因为设定了年龄段，作为人生哲学更合适。三戒中没有细则，操作性不强，其重点应该是不要过分。戒，是警戒，不是戒烟的“戒”。

孔子认为一个人的好色、好斗、好得跟他的气血有关，属于可控式变量；齐桓公直言“寡人好色”，则跟血型、星座、气质类型有关，本性如此，也是没有办法的事情。

“戒之在得”的教诲最深邃，一个人年龄渐长，天机渐深，嗜欲渐浅，正是该学会“松手”的时候，所以《论语》收尾于——不知命，无以为君子。

16.8 孔子曰：“君子有三畏：畏天命，畏大人，畏圣人之言。小人不知天命而不畏也，狎大人，侮圣人之言。”

无知者无畏——

三戒是行为，三畏是内心。

天命是一种你我无法改变的力量，它在冥冥中左右着我们的行为和结局。孔子五十而知天命，不知天命的人不会懂得畏惧，从这个意义上讲，所有的戒条都是为准备违反者准备的。

如果真的有一种超自然的能力，就应该有人在电闪雷鸣时暗自发抖。农村人信命，在某种程度上他们是天然哲学家，他们把所有的结局跟“命”联系在一起，他们不会遇事想不开，也不会去做伤天害理的事。君子慎独，三尺之内有神明，所以知天命者内心当有所畏惧。

《周易·文言传》：“夫大人者，与天地合其德，与日月合其明，与四时合其序，与鬼神合其吉凶。”大人是儒家“修炼”的最高境界，他们知天地、通鬼神，当然令人敬畏；大人也可以是在现实世界中改变你命运的人——你的贵人，《易经》乾卦说：“飞龙在天，利见大人。”就像你的领导，孔子主张上下尊卑，社会有序。

大人位高，圣人德隆。圣经、佛经、古兰经直至四书五经，当然都是圣人之言，他们的话将指导我们勇往直前。

16.9　孔子曰：“生而知之者，上也；学而知之者，次也；困而学之，又其次也；困而不学，民斯为下矣。”

人分三六九——

“生而神灵，弱而能言”这样的事情只能发生在黄帝他们身上，但孔子坚持认为有这样的人。

能主动学习者也不错，遇见问题被动去学习的人要差一等，“唯上智与下愚不移。”最麻烦的就是那些遇见问题还不去学习者，大约是无从学起吧，就像班里的差生，不是没有问题，而是问题多到无从问起。

困而学之如考文凭，属于为人之学，基本上是装门面。困而不学，不如博弈，且去打牌。

除了孔子自己，学生中只有颜回大概属于第二种情况，其余的都可归入第三种。

第一种人也要看“知”什么，有些人天生就会一些东西，跟一些人永远都学不会某些东西是一样的道理，说是天才也不为过；第四种人幸福指数第一，懵懵懂懂，无病无灾。

16.10　孔子曰：“君子有九思：视思明，听思聪，色思温，貌思恭，言思忠，事思敬，疑思问，忿思难，见得思义。”

九思而行——

君子要在九个方面留意，如何看、如何听，脸色如何、神态如何，说话、做事等，言谈举止无所不包。

孔子是主张“再思”的，遇事从正反两方面权衡一番就够了。这里有“九思”，就像一个学习走路的孩子，你要求他脚如何、腿如何、腰如何、胳膊如何……他无论如何是学不会走路的。

《论语》至此已经烂俗了，第一，我们很难相信孔子能脱口列举出这么多"思"，其次，我们也难以想象他自己会遵照执行——至少孔子一生的大部分时候都是合则留，不合则去，嬉笑怒骂，随性而为。如果孔子只是在为别人设定标准则不符合他的风格，因此基本可以判定这句话不是孔子说的。

乾隆自称"十全老人"，是历史上这位最自恋的皇帝总结自己一生的十大战功，跟个人品行修养没有关系。

16.11　孔子曰："见善如不及，见不善如探汤，吾见其人矣，吾闻其语矣。隐居以求其志，行义以达其道，吾闻其语矣，未见其人也。"

有图有真相——

见其人、闻其语，仿佛在说：有图有真相。光做好事不做坏事的人到处都有，真正的隐士孔子说自己没有见过。追求善、远离不善的要求尽管也不低，但真正心怀理想、默默追求的人更少。

汤是热水，大家避之唯恐不及，这些人洁身自好，对负面的东西采取消极回避态度，缺乏行动，孔子对此有所保留。

隐居以求志，行义以达道，说的大概就是下章中的伯夷叔齐。这些人让孔子心怀敬意。

真的隐士似乎仅仅是一个传说，著名隐士倒是充斥着故纸堆，很多时候，他们的"隐"不是为了去寻找自己的内心世界，而是为了让别人知道自己在"隐"。

老子真无为，何来五千言？

16.12　齐景公有马千驷，死之日，民无德而称焉。伯夷、叔齐饿于首阳之下，民到于今称之。其斯之谓与？

鱼与熊掌——

齐景公家财万贯却没有留下好名声，伯夷、叔齐最后贫困而死却被万世称颂。齐景公选择的是利，伯夷叔齐选择了名。马千驷，不宜当实数，一车四马是标配，千驷就是四千匹马。

一个是鱼，一个是熊掌，舍弃哪个都心疼，名利双收是人生最高境界。既要选择名，也要选择利——这是我们的选择！在很多时候，鱼和熊掌之间可以自由迁移转换。钱赚够了可以当政协委员，名气则像磁铁，金钱如铁屑。不图名不图利属于听说过、没见过，但符合孔子的价值取向。

"在我死后，哪管他洪水滔天！"是法国国王路易十五的名言，也是今日众多唯利是图者的心声。水可以脏，空气可以脏，而人心在此之前早已经肮脏不堪了。

16.13　陈亢问于伯鱼曰："子亦有异闻乎？"对曰："未也。尝独立，鲤趋而过庭，曰：'学诗乎？'对曰：'未也。''不学诗，无以言。'鲤退而学诗。他日又独立，鲤趋而过庭，曰：'学礼乎？'对曰：

‘不学礼，无以立。’鲤退而学礼。闻斯二者。”

陈亢退而喜曰：“问一得三，闻诗、闻礼，又闻君子之远其子也。”

易子而教——

有人说陈亢不像粉丝像媒体，媒体的最高追求就是挖到“人咬狗”的猛料，另辟蹊径的陈亢想知道平时不苟言笑的孔子跟自己的儿子之间有没有什么独家新闻——异闻。

伯鱼老老实实地回答了陈亢的问题，曾经有两次父子碰巧在庭院里相遇，父亲督促儿子学习诗、礼，并警告儿子一个不学诗礼的人在社会上难以立足、甚至连话都说不好。庭训、庭教的说法由此而来。趋，小步跑，这是晚辈跟长辈不期而遇时的标准动作。

陈亢回去越想越兴奋，因为他发现“易子而教”的古训在孔子身上得到了很好体现。“君子之远其子”，“远”是保持距离，按有关“规定”，君子抱孙不抱子。远不是不教，而是易子而教。

古书中常有“易子而食，析骨而炊”的恐怖记载，需要将儿子交换后才能下得了手的事情看来都比较恐怖。《孟子·离娄》说：“古者易子而教之，父子之间不责善。”责善，劝勉向善，属于教育的手段问题；如果一时达不到效果，手段难免会趋向血腥——但这显然不适用于父子之间。“责善，朋友之道也；父子责善，贼恩之大者。”“教者必以正，以正不行，继之以怒。继之以怒，则反夷矣。‘夫子教我以正，夫子未出于正也。’则是父子相夷也。”父子之间只讲亲情，劝勉矫正是朋友之间的事情，将两者混淆起来的结果可能是父子反目乃至父权的丧失，这属于反人类行为。

“不重则不威，学则不固。”也属经验之谈，当老师的通常情况下要端着点，否则教学效果会打折。

为人父母者需要呈现的是亲情，为人师者靠的是身德和学问，两种身份几乎没有交集。从这个意义上讲，把子女放在自己班里的教师都是一些简单的机会主义者，事实证明“教师子女”往往都是教育失效的典型案例。孩子头脑单纯，误以为教师就是天下最有权威的人，而这个最有权威的人竟然就是自己家里那位也要吃喝拉撒的家伙，某种神圣的东西轰然倒塌，这让他们在经历一个短暂的迷惑阶段后迅速获得了一种虚假的靠山感。因此易子而教是古训，却有着现实意义，至少让教师与父母的身份各自清晰化，有助于将工作和生活分清楚，借此也明白一个道理，即同事并不适宜做朋友，这属于小学教师常犯的另一个错误。

教育的前提应该是平等，为人师者本不应该板起面孔说教；聊天是一种可供选择的教育方式，就像孔子跟他的学生之间那样。如果为人父母能够选择跟孩子通过聊天的方式沟通，谁来施教也许就没有那么重要了。

易子而教的前提取决于对教者的定位，但是教者不一定就是那个经常变换面孔的人。坚持说人话，办人事，一个教者跟父母之身份自由切换也不是没有可能的。

教师兼人母者最忌讳的应该是在“管教”自己的子女时像个严厉的教者，而在面对学生时又变身为一个甜腻腻的母亲。

孔子不教子也可能是因为伯鱼的资质太差，教太多东西他也接受不了，就其要者点醒一下算了，就像孔子在这里做的。今天的家庭教育问题主要是独生子女的问题，父辈加祖辈合共六个大人面对一个孩子的畸形家庭结构使得孩子永远处在焦点位置，这是一种虚假的成长环境，辈分的差异模糊化，兄弟姐妹之间的互动缺失，没有人跟他打架，也没有人跟他争抢，而同质化环境里长大的孩子聚在一起通常上演的就是人间现实版的“动物世界”。

不学诗，无以言？《荀子·大略》说，善为诗者不说，善为易者不占，善为礼者不相。

真正读通诗的人常常选择了沉默。

16.14　邦君之妻，君称之曰夫人，夫人自称曰小童，邦人称之曰君夫人，称诸异邦曰寡小君，异邦人称之亦曰君夫人。

称谓无小事——

你舅舅的外甥媳妇的弟弟，是你什么人？春节前夕网上曾有“过年拜年称谓图”在一定范围内流布，提供给那些忙着在淘宝采买年货的亲们一并下载参考使用。

中西亲属称谓的严重不对等性在中外交往越来越频密的今日所引发的误会也越来越多。西方是小家庭，少有几代同堂现象，所以在称谓上可谓简陋。爷爷、奶奶与外公、外婆共用称呼；兄弟、姐妹不分长幼；与父母同辈的亲戚，男性统称 uncle，女性为 aunt，涵盖了伯、叔、姑、舅、姨及其配偶。平辈的旁系亲属中，以堂表称呼的至少有 8 个专门称谓，英语也只有一个可怜的 cousin，连长幼和男女都不分。汉语中的姐夫、妹夫、嫂子、大姑子、小叔子等姻亲称谓，一定要用英语表达就必须借助于定语，还是直呼其名爽快。

西方简约化的称谓背后是人与人之间关系的简单化，所以中国人心领神会的“guān xì”在英语中找不到对应的单词。

中国繁杂的称谓背后是一个严整的社会秩序，孔子的“正名”思想也该包括这方面的内容。儒家崇尚洁矩之道，一个人应该找准自己在“六合”中的适当位置，称谓是具体的确认。

辜鸿铭对本章关键词的翻译很有趣：君夫人——我尊敬的夫人；寡小君——我们善良的小公主；君夫人——我们尊敬的夫人。

另外作为本篇的末章，其“补白”性质也十分明显，或者叫“花絮”，导演 NG 过但有趣的片段。

“子曰·我曰”之：阳货第十七

17.1　阳货欲见孔子，孔子不见，归孔子豚。孔子时其亡也，而往拜之。遇诸涂。谓孔子曰：“来！予与尔言。”曰：“怀其宝而迷其邦，可谓仁乎？”曰：“不可！”“好从事而亟失时，可谓知乎？”曰：“不可。”“日月逝矣，岁不我与。”孔子曰：“诺，吾将仕矣。”

能不能见到孔子猪说了算——

如果孟子靠谱的话，“为富不仁”应该是阳货的名言，能为汉语言创造一个成语的人想必会有其非凡之处吧？《孟子·滕文公上》：阳虎曰：“为富不仁矣，为仁不富矣。”听起来这是一位很有正义感的人。《孔子世家》里的记载似乎同样在为阳货的操守作注：孔子 15 岁母亲去世，那一年季氏飨（xiǎng）士——设宴招待士子，穿着孝服的孔子也去了，正遇上阳货，阳货斥道：“季氏飨士，非敢飨子也。”这话难听，听口气阳货至少是个长者，在这一场遭遇战中孔子落荒而逃。

但历史上的阳货却是一位不折不扣的乱臣贼子，作为季氏的家臣，他把持季氏的家政，陪臣执国命，还与季氏的另一位家臣公山不狃一起叛乱，失败后奔齐奔晋，不得善终。他想招募孔子加盟，孔子也动过心。

阳货（虎）是谁？有人说阳货就是那个“一毛不拔”的杨朱，或其弟杨布，古者布虎同音，布货皆指钱币。

至少就本章而言孔子并不待见阳货。阳货想跟孔子见一面都很难，还得耍一点花招，趁孔子不在家时送头猪给他。归，馈。豚，小猪，这在当时算是比较贵重的见面礼。孔子不在家，依礼他必须回访。《孟子·滕文公下》中说得更清楚：“大夫有赐于士，不得受于其家，则往拜其门。”“往而不来，非礼也；来而不往，亦非礼也。”原本就是礼的常规，回访是不可避免的，孔子这里也耍了一回心眼，他趁阳货不在家时回访；但越怕越有鬼，竟然在半路撞见了阳货，才引出本章一段公案。

这是一段由一头猪引出的公案，或者说阳货能不能见到孔子由猪说了算，猪就是礼，孔子听猪的。

“来！予与尔言。”依然是一位长者的腔调，一身才华却不设法救国家于水火中，能算仁吗？明明想有所作为却屡屡错失机会，能算聪明吗？岁月无情，时不我待啊！

孔子说，好吧，我会考虑的。问题是这里两个“不可”是谁说的？最后一句有“孔子曰”，似乎可以证明这两个“不可”不是孔子的话，那就只能是阳货自问自答了；如果是这样，能算仁吗？不能！能算聪明吗？不能！听起来一气呵成，虽是自说自话，倒也滔滔如江。

也有人认为“不可”是孔子回答阳货的话，这样一问一答显得孔子唯唯诺诺，不免窝囊，但他在强势的阳货面前窝囊也不是第一次，学生们记下本章似乎多少有些不怀好意的味道。

礼记说：无辞不相接也，无礼不相见也。无辞无礼就是不速之客。见面礼也有规定，天子鬯（酒），诸侯圭，卿羔，大夫燕，士雉，庶人挚匹。《孟子·滕文公下》：孔子三月无君，则皇皇如也，出疆必载质。质就是见面礼，士之仕也，犹农夫之耕也。农夫离开自己的土地是不会忘记带上锄头的。

17.2 子曰：“性相近也，习相远也。”

能够保有孩子天性的教育才是正确的——

《中庸》开篇说：“天命之谓性，率性之谓道，修道之谓教。”可说是对教育本质的原始解读。天性就是人的自然禀赋，顺依本性即是道，教育的原则就是遵循这一本性行事。

“赤子”是道家修炼的最高境界，赤子即婴儿，他们最柔弱，也最强大，等我们的翅膀变硬后，我们也终于一身毛病了，这也是一个从“性”到“习”的演化过程。

李双江的儿子称得上是根正苗红，4 岁入选奥运形象大使，10 岁加入国家少年冰球队，钢琴教师是中央音乐学院知名教授，书法教师是清华大学知名教授，万千宠爱，祖国的花朵；2011 年他打人被收容教养一年，今年又因轮奸被判入狱十年。没有人敢说他是坏种，可是他的“习”“远”到今天这般天地，一定是哪里出了问题。

长大是不可避免的，教育一方面就是为了促进这种改变，另一方面正确的教育应该能够最大限度地保有受教育者的天性，实践也证明孩子保持“懵懂”状态的时间越久，他将来的创造力越强。不食人间烟火的女生迟早要变成柴米油盐的妇女，但中国台湾的文化生态就是有办法让女人永远停留在“女生”的阶段，这也是习相远。

错误的教育却造就一堆过于聪明的孩子，就像施用了过多化肥的草莓，色泽鲜亮，味如嚼蜡；这样长大的孩子，他们能说会道，目光长远，善于察言观色，深谙人情世故，自我而自私，属于“人精”，就像一群长着天使面孔的“恐怖”分子。

17.3 子曰：“唯上知与下愚不移。”

谁是我们的教育对象——

生而知之的人属于“上知”，困而不学的人就是“下愚”，在这两种人面前爹娘也没有办法，何况是老师。

对于主动学习者老师的角色是帮助者，对于被动学习者老师的作用主要是喋喋不休。

唯，句首语气词，表示判断；解作“只有”未免拘泥了。

这里的“移”是“改变他”。还有一解很有趣，“他自己做出改变”。只有最明白者和最愚蠢者不会做出改变——这里的改变是主动改变。前者是先知先觉者，迎合大众对他而言是一种不负责任的行为；后者是“野蛮人”，他的智力水平既不足以做出改变的决定，也不足以制定改变方案，所以只能将愚蠢进行到底。

17.4　子之武城，闻弦歌之声。夫子莞尔而笑，曰："割鸡焉用牛刀？"子游对曰："昔者偃也闻诸夫子曰：'君子学道则爱人，小人学道则易使也。'"子曰："二三子！偃之言是也。前言戏之耳。"

孔子的 QQ 表情——

管理一个地方，经营一个单位可以秉承的理念方法可以有多种，人治、制度管理、文化领导都算，这跟地方大小有关系吗？孔子觉得有关系，治理一个国家当用礼乐教化，如果只是一个弹丸小城，行礼乐之事未免有点小题大做，孔子说：割鸡焉用牛刀？

子游觉得这跟地方大小没有关系，礼乐可以教化君子，也可以教化小人；大生意要做，小买卖也不能放过。与其大而无当，不如从身边做起。

子游的说教令人无从反驳，孔子平时就是这样教导学生的，除非孔子原本就是一个口是心非的家伙——孔子当然不是。孔子对从游的三两个子弟说：这个子游毫无幽默感，我明明是在开玩笑嘛！

孔子这句话倒像是在开玩笑！先生心系天下，理想远大，他相信"苟有用我者，期月而已可也，三年有成。"他说的显然是一个国家，"如有用我者，吾其为东周乎！"他打算秉承的治国理念也当是文王之道、礼乐教化。

但历史似乎一直没有给他这样的机会，不知能否据此判定孔子有时候就像那个可怜的晴雯——心比天高，命比纸薄，"吃地沟油的命，操中南海的心。"或者是眼高手低，大事做不来，小事又不肯做，就算没有更大的舞台，能把你自己的"武城"打造成一片净土，不一样可以成为你的亮丽名片吗？从这个角度看，至少子游不是个虚无缥缈的人。

莞尔，微笑，很优雅的样子；但孔子这里的笑没有那么单纯，QQ 表情里可供选择的第二个"撇嘴"当更能描述孔子当时的反应，不以为意里夹杂一点嘲讽。

17.5　公山弗扰以费畔，召，子欲往。子路不说，曰："末之也，已，何必公山氏之之也？"子曰："夫召我者，而岂徒哉？如有用我者，吾其为东周乎！"

一个关于妥协的故事——

公山弗扰是季氏的家臣，具体负责管理费邑，后盘踞费邑叛乱，矛头直接对准的当然是季氏。公山弗扰以下犯上肯定属于乱臣贼子，但季氏把持鲁国国政，原本就不是什么好东西，两者的区别只在"匪兵甲"和"匪兵乙"之间；是利用甲打击乙还是利用乙打击甲，对以天下为己任的孔子而言这本来是一个关于选择的故事。

拯救天下有两个路径：从上至下、由下而上。鲁国国君暗弱，难有作为；襄助公山弗扰打击季氏自然也是一个"最不坏"的选择，但是犯上作乱显然有悖于孔子的核心价值观，于是孔子的这次出山又演变成了一个关于妥协的故事。

子路率直，在他看来问题根本就没有那么复杂——子路不说，他直接拿脸色给老师，再没地方去，也不能去公山氏那里呀？孔子的辩解十分苍白，他说他可以利用公山氏完成自己光复周道的大业。

阳货、公山弗扰、佛肸先后向孔子伸出橄榄枝，就像猎人为猎物精心布下陷阱一样，作为猎物的孔子每次都试探着伸出了一只脚。

17.6　子张问仁于孔子。孔子曰：“能行五者于天下为仁矣。”请问之。曰：“恭、宽、信、敏、惠。恭则不侮，宽则得众，信则人任焉，敏则有功，惠则足以使人。”

五行——

本章从内容到体例问题甚多，比如直呼“孔子”等。

恭敬、宽厚、诚信、灵敏、施恩，能做到这五点则能行仁于天下。

据《史记·淮阴侯列传》，韩信少有大志，曾为项羽手下，不得重用，遂投刘邦。萧何知道韩信的才华，并敬告刘邦，欲争天下，必得韩信；刘邦打算拜韩信为将，萧何说拜将不能留住韩信；刘邦说那就拜为大将，并听信萧何的意见举行隆重的典礼正式拜韩信为大将。听说刘邦要拜大将，许多立下汗马功劳的将领都以为自己有份，竟是刚刚加入汉军的韩信——“一军皆惊”。

韩信说项羽刚猛，但只是匹夫之勇。人有疾病，涕泣分食饮；人有功当封爵者，忍不能予，只是妇人之仁；项羽为人残暴，百姓多不亲附。韩信对项羽的精准判断极大地提振了刘邦最终战胜项羽的信心，“于是汉王大喜，自以为得信晚。”

虽然韩信未得善终，但他是楚汉争霸中的关键人物，就刘邦任用韩信的情节而言，以“恭宽信敏惠”概括这位汉朝开国皇帝也算合适。

17.7　佛肸召，子欲往。子路曰：“昔者由也闻诸夫子曰：‘亲于其身为不善者，君子不入也。’佛肸以中牟畔，子之往也，如之何？”子曰：“然，有是言也。不曰坚乎，磨而不磷；不曰白乎，涅而不缁。吾岂匏瓜也哉？焉能系而不食？”

孔子这道菜——

跟鲁国一样，晋国也是一锅糨糊。晋是春秋时期重要诸侯国，鲁国有三桓，晋国有六卿，分别是韩、赵、魏、范、中行（原姓荀）以及智氏，一番阴谋和阳谋之后剩下赵、韩、魏三家，日后三家分晋，而为韩、赵、魏三国，战国时代由此开端。

赵简子是晋国赵氏之大宗，春秋时期一位雄才大略的人物，执掌晋国国政十数年之久，他的儿子赵襄子是三国分晋后赵国的开创者，历史上一个著名的丑男人。20世纪80年代赵简子墓在太原市南郊被发现，其墓葬之丰富为同期之罕见，算是山西考古重大发现。当时六卿惯于挟晋君攻伐异己，各自扩张私家权利，原本没有什么公义可言。跟本章有关的情节是赵简子以晋侯名义攻范、中行，佛肸为范氏中牟邑宰，佛肸踞中牟抵抗赵简子。

其实这件事的是非很难界定，表面上看，赵简子代表的是晋君，对抗赵简子算是“叛乱”；另一方面，站在范家的立场上，佛肸至少是忠于主子，哪里有错？有人就据此为孔子开脱，说孔子帮助佛肸也有其道理。据《史记·孔子世家》这是孔子周游列国途中发生的事情，正是他走投无路的日子。

但本章中当子路质疑孔子的行为时，孔子并没有纠缠佛肸“叛乱”的是非对错，似乎表明孔子也不认可其行动。孔子这里强调的是自己内心的强大，没有什么东西能够轻易改变自己：真正坚硬的物体是磨不薄的，真正白的东西是染不黑的。

乱臣贼子们急着召请孔子究竟是出于什么考虑呢？至少很难让人相信这些武夫们的事业是打算从文化建设开始的，孔子是文化名人，他的入伙是否可以让他们更容易漂白自己呢？如果是这样，它跟日前美国社会抵制孔子学院大体属于同一种思维模式。

“亲于其身为不善者”，亲自干坏事的人——很多人这样理解，让别人替自己干坏事的人是不是比较好点呢？辜鸿铭的讲解是：发现其罪恶行为，即使是最亲近的人，君子亦不交往。

就算是一只匏瓜，孔子宁愿做一只能吃的匏瓜。匏瓜就是葫芦，分甜的和苦的两种，甜的可做菜，苦的有浮力，系在腰间可过河。匏瓜味甘性凉，入脾肺，孔子就愿意成为这样一道菜，只是两千年来我们一直没有机会换换口味；脾主运化，肺主皮毛，孔子似乎只负责我们的表面需求，如果换一味清肝明目的三味真药，作为孔子的子孙，我们大概会变得更聪明些吧！

口腹之欲或者沧海渡人，都是有益于人民的事，何必拘泥呢？

17.8　子曰：“由也，女闻六言六蔽矣乎？”对曰：“未也。”“居，吾语女。好仁不好学，其蔽也愚；好知不好学，其蔽也荡；好信不好学，其蔽也贼；好直不好学，其蔽也绞；好勇不好学，其蔽也乱；好刚不好学，其蔽也狂。”

六言六弊——

梁漱溟言之凿凿地说，六经中《论语》最可信，除了本章为假托外，其余各章大体没有问题。

仁、智、信、直、勇、刚六言皆美，但是如果不能用心体察其真意，则不免走向其反面，如愚、荡、贼、绞、乱、狂等。荡——放纵，绞——卖直，狂——狂妄。

“居，吾语汝。”坐过来，我跟你说说。一副好为人师的嘴脸。

17.9　子曰：“小子何莫学夫诗？诗，可以兴，可以观，可以群，可以怨。迩之事父，远之事君。多识于鸟兽草木之名。”

“诗”是“Web”的-3.0版——

孔子曾经正告自己的儿子说，一个不学“诗”的人连话都不会说；对于今天的“小子”们来说，没有互联网的日子就算是苦日子了吧？

“兴”就是互联网中的超级链接，滑动你桌面上的鼠标，理论上你可以去到世界上任何一个角落。

“观”就是互联网中的微博，微博环境下，有图有真相，这是我们洞察社会真相的入口。

“群”就是互联网中的QQ，人们以工作、友情、趣味等借口凑在一起，群居终日，叽叽喳喳。

“怨”就是互联网中的论坛，主题不限、形式不拘，但所有的论坛都是批判的，为广大屌丝们提供一个虚拟的出口。

互联网是今天的谋生工具，可以养家糊口，可以安身立命；一个完全游离于互联网之外的人又岂止是不会说话？

孩子们在向家长申请接通互联网时通常都会拿“学习知识”作为由头，这跟孔子的理由——学习鸟兽草木的名称——如出一辙。

17.10　子谓伯鱼曰：“女为《周南》《召南》矣乎？人而不为《周南》《召南》，其犹正墙面而立也与！”

鱼儿离不开水，我们离不开网——

这个“网”叫互联网，人类正在悉数落网。

孔子告诉儿子说，一个人不学习“诗”就像一只鱼儿没有了水一样，就像一个人生活在没有网络的世界里，寸步难行——正墙面而立！

互联网如冥界。中国古代相信有人间、冥界和天堂三个世界。天堂毕竟小众，上面的生活也太过缥缈，连帝王们都不相信那里给自己预留了位置；还是冥界比较包容，它敞开大门对所有的生灵表示欢迎。冥界拥挤，就像是世俗生活在另类空间里的一种点对点投射，人间有的，冥界都有；人间无的，冥界也可以有：这大概有点像今天的互联网——如果你同意匿名的话，理论上你可以在网上做任何事情。

我们今天大致相信世界有两维，一个是人间，一个是互联网世界。一个是真实的、“被欺凌与被侮辱的”你；一个是虚拟的、由屌丝瞬间升华为高富帅的你。两维不可或缺，就像一枚硬币的正反两面。

《周南》《召南》为“十五国风”之首，孔子的意思大概是说即使不学“诗”也不能不学《周南》《召南》。

17.11　子曰：“礼云礼云，玉帛云乎哉？乐云乐云，钟鼓云乎哉？”

礼就是送礼吗——

一则禅宗故事：每逢有人问佛？得道的大禅师总是伸出一只食指，如含橄榄，韵味无穷，问的人就跪下了。小和尚觉得只是伸伸手指很简单。大禅师出门去了，遇见有人问佛？小和尚也伸出食指，来人就跪下了。问的人懂了，小和尚却不懂。大禅师回来后小和尚把事情说了，禅师听完后走进房间，一会背着手出来了，问小和尚：什么是佛？小和尚伸出食指，禅师背后的手一挥，一把利刃割掉了小和尚的食指；小和尚尖叫着往外跑，禅师喊道：回来！再问：什么是佛？小和尚又去伸食指，发现食指没有了，于是恍然大悟，并跪倒在大禅师面前。

小和尚未开悟时把食指当成了佛本身；以手指月，但手指不是月亮。车马器服可以表达礼，它们也不是礼本身，乐器当然也不是乐本身。

孔子质问道：礼就是送礼吗？乐就是乐器吗？

17.12 子曰："色厉而内荏，譬诸小人，其犹穿窬之盗也与！"

孔子内心很厉害——

色厉内荏，外表严厉，内心怯懦。就像那些杀人越货的悍匪，表面上喊打喊杀，其实内心怕得要死；喊声越大，证明心中的恐惧越多。

孔子相反，内心严厉，外表怯懦。

17.13 子曰："乡原，德之贼也。"

君子中庸——

《中庸》说君子遵循中庸之道，小人相反。"中庸其至矣乎!"在孔子看来"中庸"是最好的"德"。

按照孔子的排序，最好是中庸，其次是积极进取的狂者，再其次是洁身自好、有所不为的狷者。但世人常常把中庸与"乡愿（原）"混同起来，《孟子·尽心下》说乡愿："非之无举也，刺之无刺也，同乎流俗，合乎污世，居之似忠信，行之似廉洁，众皆悦之，自以为是，而不可与入尧舜之道。"乡愿最大的危害在于其似是而非，迷惑性最强，孔子斥之为——德之贼，害人性命为"贼"。

中庸为孔门之第一心法，如果能让它成为你的世界观、价值观，在家可以成为合格家庭成员，出门可以建功立业；说《论语》可治天下者，是说中庸之道可治中国。

17.14 子曰："道听而涂说，德之弃也。"

ctrl + c 然后 ctrl + v——

网络是一条不归路，行走在上面的人的标准动作就是复制 + 粘贴。"复制"就像我们的左脚，"粘贴"则是我们的右脚，左右、左右，就是我们的数字化生存永恒不变的节奏。

复制的是我们网络上听来的，粘贴后就变成我们在网络上说出去的了。

传统话语环境中"文责自负"是常例，路上听来的可能是谣言，但那不是你的错；你接着在路上散布出去后，就变成了传谣者，有可能被公安部门叫去问话，有德者不为也。

网络环境下文责自负的前提是网络实名制，就像马路上每辆汽车都有一个专属数字一样，马路上有交警还有电子眼；网络上配备电子警察的日子，也就是那些穿马甲的网络水军全军覆没的日子。

17.15 子曰："鄙夫可与事君也与哉？其未得之也，患得之；既得之，患失之；苟患失之，无所不至矣。"

离开你，不容易——

“我是带着一颗不安的心离开的。”戈尔巴乔夫说，“当我离开克里姆林宫时，上百的记者们以为我会哭泣。我没有哭，因为我生活的主要目的已经达到，对于一个真正的政治家来说，其目的不是保卫自己的权力和地位，而是推进国家的进步和民主。”

20年前，苏联第一位也是最后一位总统选择了离开，他相信自己的离开对国家有好处。

2000年前，秦二世胡亥也到了应该离开的时候，带兵冲到他面前的是赵高的女婿、咸阳令阎乐。胡亥说自己只想到地方做个郡守，阎乐说不行，胡亥说那就做个平民百姓，阎乐说不行，胡亥说只要能保住性命就行，阎乐还是说不行，可怜的胡亥被迫用刀结束了自己性命。

跟害怕得不到的人比起来，害怕失去的人更可怜；努力去获取某个职位可能是为了自己的理想，不想失去某个职位时他心里想的一定是利益。

对于小人而言，得不到的时候他会忧心忡忡，为了保住已经得到的东西他往往会无所不用其极。

皇帝的风光大体是相似的，末帝的悲惨却各有各的不同。

南朝梁武帝虽将“末帝”的称号让给了自己的儿子，但因是他种下的。梁武帝一生以身事佛，数度以皇帝身遁入空门，每次都要大臣们凑巨资帮他赎身；在位48年，86岁时被活活饿死在南京台城，临终时感慨道：“天下自我得之，自我失之，夫复何恨？”

梁末帝萧绎，一个著名的读书皇帝，陈霸先杀进皇宫时，他将一生收集来的14万部图书付之一炬，被称为“焚书坑儒”之后最大之文化破坏事件。据说这位梁末帝一边烧书一边“自责”：“读书万卷，故有今日！”

陈朝末帝叔宝，著名的荒淫皇帝，隋兵杀进来的时候，他只记得抱着两个爱妃躲进水井逃命，南京至今有名为“胭脂井”的知名景点见证着当年那场闹剧；当年从胭脂井里将陈叔宝拉上来的是隋朝的末帝杨广，这是一位杀兄弑父的混世魔王，但他修运河，开科举，开疆拓土，也算是泽被千古。在他生命的最后关头，他留给人们的一句话是：“贫贱苦乐，更迭为之，亦复何伤？”

明朝末帝崇祯是一位年轻有为的皇帝，在位17年终于无力回天，李自成杀进皇宫时，陪同崇祯一起上吊的只有一位老太监，临终前他挥剑刺向自己15岁的女儿：“尔何生帝王家？”急切间只是砍断了公主的左臂。偌大一个大明江山最后只留下一个沉默的独臂神尼，她武功高强，神秘莫测——金庸笔下的一位绝世女侠。

帝王们失去的是人间极致的享乐，没有人可以泰然处之，但是若能理智处理，于己于民至少也算是一件善事。

唐宋之间偏安于西湖边上的吴越钱氏在面对“失之”时的正确态度至少带来了两个好处：保全他的三千里河山和13万带甲将士，“赵钱孙李”，“钱”姓永远定格在了百家姓中第二的位置。江南富庶，国泰民安，对于“末帝”钱俶来说，吴越国就像一场完美的梦境，如果可以忘记赵匡胤，钱俶就应该是全世界最幸福的人；但有些东西是无法绕过去的！也许仅仅是为了证明自己的存在，赵匡胤一封诏令命钱俶到开封见面，忐忑的钱俶不能不去，但是他还能再回到梦一般的江南吗？逗留了一段时间后，赵匡胤慷慨地放钱俶回去了，临行前送他一个精美的包裹，嘱咐他回家后才能打开，一出开封城钱俶就忍不住打开了包裹，里面全是大臣们请求扣留钱俶的奏折。大宋攻打南唐时钱俶再次面临艰难的选择，帮助南唐最多只能让南唐苟延残喘数日，但是这等同于跟大宋宣战；而南唐是吴越国的屏障，钱俶当然懂得唇亡齿寒的道理，钱俶最终选择了与北宋合力剪除南唐。但是只要吴越国存在，所有的问题都无法真正解决，再三权衡之后，钱俶决定主动纳土归降，这至少可以让他的万千子民们免除一场战火。

公元978年，钱俶奉旨进京，此后他再也没有机会回到梦一般的江南；十年后钱俶六十大寿，宋太宗遣使祝贺，是夜钱俶暴毙，葬于洛阳北邙山。

今杭州西湖存雷峰、保俶二塔，一南一北，如老衲、如美人，共同诉说着一千年前那个心惊胆战的故事。

如果抓在手里的是沙子，越用力剩下的就越少。

17.16　子曰："古者民有三疾，今也或是之亡也。古之狂也肆，今之狂也荡；古之矜也廉，今之矜也忿戾；古之愚也直，今之愚也诈而已矣。"

孔子纠结中——

好色与下流之间的距离可以丈量吗？狂放与放荡、有棱角与好斗、率直与卖直之间的距离有多远，孔子纠结中。狂放、有棱角、率直也许不是什么优点，但今天连这种"非优点"也没有了，取而代之的是放荡、戾气和狡诈。

《道德经》说："圣人方而不割，廉而不刿，直而不肆，光而不耀。"有棱角但不会割伤人，光亮但不会刺眼。

孔子纠结的是世界上最小的距离，老子论述的是一种境界。

"天下无能第一，古今不肖无双。"说的便是天下"一等愚人"贾宝玉。妃子、小姐、丫鬟、尼姑、妓女在贾宝玉眼中只有姐姐和妹妹，她们并无身份地位之别，他自己真而且相信所有人都真；更重要的是他天性如此，非刻意为之。人性中的嫉妒、算计、贪婪、仇恨、猜忌等在贾宝玉身上似乎丝毫都不存在，仿佛他根本就不具备这些机能，他身上只有神性和佛性。

贾宝玉算是"古之愚"，"今之愚"则是"卖萌"，为了私利，装无知、扮天真、做可爱状——甚或公然宣扬他根本不信奉的东西。

17.17　子曰："巧言令色，鲜矣仁。"

本章与"学而第一1.3"重出。

17.18　子曰："恶紫之夺朱也，恶郑声之乱雅乐也，恶利口之覆邦家者。"

爱恨一线间——

乡愿最大的危害在于其似是而非，迷惑性最强，孔子斥之为——德之贼。什么是真正的狂、矜、愚？似是而非同样可以迷惑世人。

朱原本是正色，但过多的朱便成了紫色；郑为殷商故地，郑地的音乐与“雅乐”似是而非，跟那些夷地音乐比起来，它的破坏性更强；巧言令色同样具有欺骗性，真正祸国殃民的也是这帮家伙。

阴阳和五行是中国古人认识、解释世界的两种基本模式。宇宙万物是金、木、水、火、土五种基本物质相互作用的结果，相生相克是其不变的方式。五行学说深深影响了中国的历史观，元明清分属金火水，水克火、火克金，它既是王朝更迭的理论依据，也是新生王朝期望常盛不衰的自我心理暗示。虞土、夏木、殷金、周火，取代周的秦自然属水，水克火，水属黑，因此秦代崇尚黑色。

周属火，火为红，周尚红，因而周代红为正色。《韩非子》里有一篇《齐桓公好服紫》，说齐桓公喜欢穿紫色衣服，文章讲的是“上有所好，下必甚焉”的大道理，没有说那位名叫小白的齐君为什么偏好紫色。据说喜欢紫色的还有鲁桓公等，大概紫色是当时的流行色吧？

距离有时也成了最靠不住的东西，原本爱恨如水火，但转瞬间水火已经相容。紫与朱、郑声与雅乐之间只有一层透明的纸，一个人善于花言巧语也不代表他有能力齐家治国。

17.19　子曰：“予欲无言。”子贡曰：“子如不言，则小子何述焉？”子曰：“天何言哉？四时行焉，百物生焉，天何言哉？”

沉默是金——

孔子主张多听多看、少说少动，这跟他反对巧言令色的立场是一致的，但这里的“欲无言”显然是一种情绪化的表达。某一日，不知道孔子遇见了什么人，碰见了什么事，觉得无比绝望，自己已经说了那么多，似乎情况不仅没有改变，还有越来越糟糕的趋势。予欲无言——我还是闭嘴好了！

子贡及时管控了老师的情绪。他没有追问老师是什么事惹他了，而是说如果你不说话，我们这些弟子们“转述”什么呢？

天说过话吗？四时轮换如常，万物生生不息，天需要说话吗？

树老根多，人老话多。海明威说：我们花两年时间学会说话，花60年时间学会闭嘴。老年痴呆症的前兆之一就是絮絮叨叨，嘴总停不下来。

17.20　孺悲欲见孔子，孔子辞以疾。将命者出户，取瑟而歌，使之闻之。

无言之教——

有个叫孺悲的人想见孔子，孔子让人传话说自己有病不能见。传话人一出门，孔子就开始鼓瑟而歌，并故意让孺悲听见。

上回阳货想见孔子，孔子也是不见，阳货的办法是送礼。孺悲见不到孔子是因为孺悲没有准备见面礼吗？古代拜见有身份的人，需经人介绍，阳货算是长者，孺悲肯定是晚辈；但《礼记》说孺悲曾奉命跟孔子学习“士丧礼”，“士丧礼”因此得以流布。如此算来孺悲也算是孔子的学生，尽管《仲尼弟子列传》中无此人。学生见老师肯定不需要介绍人，就本章内容看，此时他们还不存在师徒关系。

孔子为什么如此高调拒绝孺悲？有人猜测这是孔子独特的教育方式——无言之教，让孺悲独自反思去吧。如果这是真的，未免太过另类——我是说孔子。

17.21 宰我问：“三年之丧，期已久矣。君子三年不为礼，礼必坏；三年不为乐，乐必崩。旧谷既没，新谷既升，钻燧改火，期可已矣。”子曰：“食夫稻，衣夫锦，于女安乎？”曰：“安！”“女安则为之。夫君子之居丧，食旨不甘，闻乐不乐，居处不安，故不为也。今女安，则为之。”宰我出。子曰：“予之不仁也！子生三年，然后免于父母之怀。夫三年之丧，天下之通丧也。予也有三年之爱于其父母乎？”

为什么是三年——

李泽厚说《论语》500章中此章最重要。

是否可以说，在孔子3000名弟子中宰我也是他最重要的学生？至少宰我与孔子之间的互动方式明显有别于其他学生。

孔子在“宰予昼寝”的那次破口大骂，让人觉得孔子很失态。在关于“丧期”的讨论中，宰我直接表明自己的观点：一年已经足够，三年实在太久！这一次孔子不仅没骂人，还以商量的口气说：“丧期只有一年，接着就吃好的，穿好的，你会心安吗?”

宰我应该回答——不安。接着孔子就会表演好为人师的标准程式，谁知道宰我居然回答——安！孔子多少有点尴尬：如果心安，你就去做好了。宰我出去后，孔子开始破口大骂：哪个孩子小时候不是被父母一把屎一把尿拉扯了三年？三年之丧，是天下通例，难道宰我不是爹娘生的吗?

“礼崩乐坏”出自本章，“专利”该归宰我。旧谷、新谷，今天我们在超市买米，主要关注的是农药残留问题，在传统农业社会青黄衔接才是大事；钻燧改火，古人不同的季节用不同的木材来取火，四季轮回。今天海南黎族仍有这种取火方式的遗迹，央视某栏目曾做过一期节目，即使是有经验的当地猎人也不是每次都能成功取火，遥想原始人的日子，吃点熟食还真不容易。

在黄河中游地区稻子生长也不容易，居丧期间，心情不佳，不宜浪费好东西。这里讨论的“三年之丧”所涉及的对象主要包括子女和妻妾，三年之内，他们穿用“五服”中最重的丧服（斩衰），居倚庐，睡稻草，枕土块，吃薄粥，昼夜哭号无时，《礼记·三年问》说：“三年之丧，二十五月而毕。”也有研究者说全部程序进行完毕需时27个月，可能是算法不同。

三年之丧是天下通丧吗？据《孟子》，滕定公死后，关于“三年之丧”滕国就有过一次争论，反对者认为“吾宗国鲁先君莫之行，吾先君亦莫之行也。”也许“三年之丧”只是一个从未被执行过的制度。但是至少在30年前，中国广大农村地区的丧礼还是相当完备的，“五七”“百日”“三周年”之类的规定十分严格，其间孝子贤孙们应该做什么、不应该做什么的规矩也十分具体。

同为儒文化地区的朝鲜似乎保留了更多丧葬文化。据报道，朝鲜前领导人金正日逝世后，朝鲜境内发生了一系列奇异景象，冬眠中的黑熊停止冬眠出洞哀号；据日本产经新闻报道，朝鲜的工厂、企业每天规定了固定的哀悼时间，百姓被要求一天必须哭两次，每次 1 小时；据称，期间在朝鲜坐火车，必须先哭才能上火车，不哭就会被强制赶下去。

17.22　子曰：“饱食终日，无所用心，难矣哉！不有博弈者乎？为之，犹贤乎已。”

虚其心，实其腹——

博弈是两种游戏，博是一种博戏，今已失传；弈就是围棋，据说在尧舜时代就有了原始围棋。琴棋书画之棋便是指围棋，说是修身养性，里边却包含着许多中国式的哲学和智慧。围棋讲“形”和“势”，形是棋盘上看得见的，势却是无形的，“与其恋子以求生，不若弃子而取势。”形是当下的、看得见的，势是未来的、暂时看不清的；“彼众我寡，先谋其生；我众彼寡，务张其势。”这哪里是在“手谈”，分明就是战争，《孙子兵法》说：“转圆石于千仞之山者，势也。”圆石本身也许并不吓人，真正让人恐怖的是不知道它什么时候会滚下来。

饱食终日，无所用心，不如博弈。孔子在“妥协”吗？孔子当然不赞成游戏人生，但他更不能接受的是四肢发达，头脑简单。儒家主张积极介入，总得抓紧时间做点什么吧？

在这个问题上道家的看法刚好相反。《道德经》第三章：“是以圣人之治，虚其心，实其腹。”吃饱喝足，什么都不想，这样做的结果就是老百姓不争、不盗、不乱。

17.23　子路曰：“君子尚勇乎？”子曰：“君子义以为上。君子有勇而无义为乱，小人有勇而无义为盗。”

弱其志，强其骨——

这样“重口味”的问题只有那个好斗的公羊会提出来，《周易》大壮第三十四，阳爻三，“羝羊触藩，羸其角”，公羊用角撞围栏，撞坏的是羊角。以勇为荣吗？孔子认为是义——内心之勇更重要，否则只能导致乱和盗。

我们的国歌叫《义勇军进行曲》，义与勇的次序很明显。

孔子反对色厉内荏，也是一样的道理。

在这个问题上道家的看法同样相反。《道德经》第三章：“弱其志，强其骨。”让老百姓无知无欲，脑袋空空、身体健康，则天下大治矣。

17.24　子贡曰：“君子亦有恶乎？”子曰：“有恶。恶称人之恶者，恶居下流而讪上者，恶勇而无礼者，恶果敢而窒者。”曰：“赐也亦有恶乎？”“恶徼以为知者，恶不孙以为勇者，恶讦以为直者。”

君子有好恶——

乡愿没有好恶，因为他们没有原则，有人告诉他这个东西是白色的，他说有道理；另外一个人说它是黑色的，他也说有道理。他不是大彻大悟了，他只是为了讨好而有意泯灭是非。

这里孔子列举了四种自己憎恶的现象或容易犯这些毛病的人：说人坏话，毁谤上级，勇而无礼，盲动不通。子贡补充了三种：以窃取为聪明者，以鲁莽为勇者，以直为荣者。

徼 jiǎo 窃取、抄袭，以此为智是当别人傻瓜；讦 jié，当面发人之私，有人觉得这样很过瘾。

一共有七种情况要避免，共通点是他们都反对一味地“勇”以及卖直，常常把“我就是个直肠子”“我就是个大老粗”挂在嘴上者，大抵属于。

17.25　子曰：“唯女子与小人为难养也，近之则不孙，远之则怨 。”

洁矩之道——

《史记·刺客列传》：晋人豫让原事范氏、中行氏，后事智伯，“智伯甚尊宠之。”后赵襄子联合韩魏灭智伯，赵襄子对智伯“漆其头以为饮器。”豫让漆身为厉、吞炭为哑，发誓为智伯报仇。赵襄子说，你原事范氏、中行氏，智伯灭之，怎么不去找智伯报仇?豫让说：“臣事范、中行氏，范、中行氏皆众人遇我，我故众人报之。至于智伯，国士遇我，我故国士报之!”

这就是洁矩之道。在纷纭的人事中准确丈量出彼此互动的分寸，或远或近，其原则应该是“所恶于上，勿以使下。”反之亦然。

“女子”和“小人”却没有分寸感。在以前的大家庭里，部分男性下人有机会犯这种毛病，离他近点，他就蹬鼻子上脸，跟你没大没小，以为自己也成了主子；女性中无论丫鬟侍女还是妻妾姑嫂，毛病更多，离谁远了都不行，她会在所有的场合抱怨你不稀罕她了——被女人抱怨是男人最恐怖的事情之一。

清代满汉之争的其中一个表现是朝中先天自卑的汉族大臣无法客观摆正自己的位置，明明皇帝对满臣和汉臣一视同仁，汉臣还是觉得已经受歧视了，说起来也是一帮“小人”。

要么“不孙”，要么“怨”，根源还在于内心的苍白，在上级面前唯唯诺诺、战战兢兢，在下属面前则盛气凌人，分不清远近。

“女子”指谁是一个问题，至少在《诗经》中“女子”是指未成年女性；在今天陕西等地方言中的“女子”也是指女孩子。既然是未成年的女孩子，她们心智尚未成熟，分不清远近属于正常。

本章历来非议最多，女人和小人并列——听着很刺耳；难养，听着更刺耳，这些人从事的算是第三产业，都不能创造财富，所以只能养着，理解为“相处”应该准确。

17.26　子曰：“年四十而见恶焉，其终也已。”

男人要坏，四十开外——

孔子说：“四十而不惑。”是说男人到了四十终于明白，要学坏得赶紧。事业开始有成，婚姻开始变老，于是开始焦虑，缓解的方法之一就是搞同学聚会，同学聚会就是拆散会，拆散一对是一对。

孔子说：“及其老也，血气既衰，戒之在得。”人老了，就会通达，明知道最终什么也带不走，还整日蝇营狗苟，斤斤计较，活得一点尊严都没有。

孔子拿“四十”说事跟今天情况不同，那时候五十岁算高寿，换算过来，今天应该是八十岁。

有人说这是孔子在自嘲。孔子三十四五岁去过一次齐国，实质性收获不大；回到鲁国教书育人，五六年刚好是疲倦期；鲁国政坛依然乱七八糟，阳货召孔子大概就是这个时候，加盟阳货肯定不是最好的选择。一切似乎都看不到希望，孔子遂自嘲：一个人活到四十还被人讨厌，这辈子大概就算完了吧？

“子曰·我曰”之：微子第十八

18.1 微子去之，箕子为之奴，比干谏而死。孔子曰：“殷有三仁焉。”

一个关于“放下”的故事——

一个兄长、两个叔叔，在狂躁的纣王面前接连选择了“闭嘴”。微子的方式是离开，箕子选择了自虐，比干付出的是性命，相同的是，他们的“放下”都显得艰难而不自然。

微子认为父子有亲，劝而不从，则当号泣而随，但君臣之间属于有限责任，三谏不听，可以选择离开；箕子觉得一走了之难免有“彰君之恶而自悦于民”之嫌，他通过自虐的方式唯求自保；比干走得更远，在他看来，君有过臣不死争则有负天下百姓。

同样的问题在孟子那里变得很简单，《孟子·万章下》，作为贵戚之卿，“君有大过则谏；反覆之而不听，则易位。”如果是异姓之卿，“君有过则谏，反覆之而不听，则去。”要么换君，要么自己换地方，都不必一条道走到黑。按照孟子的方式，作为贵戚之卿的“三仁”应该合力把纣王换掉。

尽管孔子用“三仁”对三人进行了最高褒奖，但三个人的结局却大相径庭。周灭商后，微子臣服，周武王“兴灭国，继绝世”，封微子于殷商发祥地商丘，为宋国之始祖。孔子便是其后人。

箕子在殷商灭亡后远走朝鲜，他一同带去的还有华夏文明，史称“箕子朝鲜”，《尚书·大传》说周武王封箕子于朝鲜。比干剖心后被葬于今河南卫辉。比干墓最早建于南北朝时期，此时距比干被剖心已经过去了1500年，比干墓究竟跟比干有多少关联似乎只是一个跟良心与想象力有关的事情，唯一可以肯定的是天下“林”姓人寻根最终都指向了这里。

18.2 柳下惠为士师，三黜。人曰：“子未可以去乎？”曰：“直道而事人，焉往而不三黜？枉道而事人，何必去父母之邦？”

那个坐怀不乱的家伙——

有一次柳下惠独居荒郊，遇一女子求宿，并无其他取暖设施，便让该女子在自己腿上坐了一夜——想那女子该是如何的缺乏魅力呀。数百年之后，某地上演了类似的一幕，但这一次男子坚决不给女子开门，女子说，岂不闻当年柳下惠坐怀不乱的佳话？男子答，我正是以不开门的方式向柳下惠学习啊。

士师，古官职名，负责掌管狱讼刑罚之事，这是社会的底线和良心，不可徇枉。柳下惠是一个称职的司法官，有三次被免职的经历，别人劝他该考虑离开了，柳下惠说，直道而行的人到哪里都一样，如果徇私枉法，我也没有必要离开。话说得很通透。

坐怀不乱是“无欲”，直道而行者则“无求”，一个无欲无求的人算是一个大善人了吧？

日前有媒体关注河南濮阳一位七旬老人为柳下惠守墓十数年的故事，老人坚信柳下惠是春秋时期的大善人，为他守墓可以为自己带来好运气。

18.3 齐景公待孔子曰：“若季氏，则吾不能；以季、孟之间待之。”曰：“吾老矣，不能用也。”孔子行。

选择出发——

孔子选择出发，目的地是家乡。这是孔子30多岁时第一次离开家乡来到齐国，目的是寻找机会。此前齐景公和晏婴到鲁国访问，曾向孔子问礼。

齐景公跟孔子谈到待遇问题，像季氏那样齐景公难做，参照孟氏又有点委屈孔子，就季氏和孟氏之间吧！《史记·孔子世家》载：“齐大夫欲害孔子，孔子闻之。景公曰：‘吾老矣，弗能用也。’孔子遂行，反乎鲁。”晏婴等人对儒者的做派非常反感，为了国家利益，他决定驱赶孔子。齐景公对这件事的态度十分暧昧，他说自己已经老朽，没有办法重用孔子。

孔子决定离开。

18.4 齐人归女乐，季桓子受之，三日不朝，孔子行。

再度出发——

齐国施用美人计，对孔子而言只是压垮骆驼的最后那根稻草，那一年孔子55岁，一个不适宜出门的年龄，他毅然选择了出发，这一走就是14年。

孔子50岁以后正式出仕，至54岁任大司寇摄行相事，算是孔子一生最辉煌的时期。其间他隳三都、夹谷之会、诛少正卯，大刀阔斧、轰轰烈烈，隳三都因为既得利益集团的反对而最终成为一项半拉子工程。但纵观孔子出仕期间的政绩还是很明显的，《史记·孔子世家》：“与闻国政三月”，鲁国便开始显现政通人和的景象。鲁国的变化引起了齐国的警觉，他们已经习惯了身边这个柔弱的邻居，如果这个邻居开始变强大了，对齐国来说一定不算是好消息。

美国当年面对苏联、日本以及今天面对中国时大概也是一样的情形吧。

齐国采取的措施就是以声色犬马惑其心志，愚蠢的季桓子中计，从此君王不早朝——“三日不朝”，这让孔子心灰意冷；每年郊祭结束，依礼应该向大夫分发祭肉，但今年连这个程序都被省了，孔子彻底绝望。

“迟迟吾行也，去父母国之道也。”深爱着她，却不得不离开她，离开的脚步难免犹疑——这是孟子猜想当年孔子离开鲁国的情形。

18.5 楚狂接舆歌而过孔子曰：“凤兮凤兮，何德之衰？ 往者不可谏，来者犹可追。 已而已而！ 今之从政者殆而！”孔子下，欲与之言。

趋而辟之，不得与之言。

凤歌笑孔丘——

孔子就像一只落魄的凤凰，已经过去的事情就算了，如果能够抓住现在，面向未来，仍不失为一只识时务的凤凰。当务之急是需要先停下来——假如方向错了，停下就是前进！因为现在的当政者实在太糟糕了。

将孔子比作凤凰，且是“衰”凤凰，讥讽的语气明显。

此人高屋建瓴，一语中的；孔子知道遇见高人了，觉得有必要跟他交流交流，但是对方觉得没有必要。就像孔子对待孺悲一样，这大概又是一次“无言之教”吧？

其实他们都算是有理想的人，只是这些隐者更悲观些罢了，孔子也许仅仅是多了一点执着。他们洁身自好、惺惺相惜，彼此之间的关系十分微妙。

大家都知道社会出了问题，但如何面对这个破绽百出的社会，彼此的态度不一致。孔子觉得不能放弃，尽管努力不一定有成效；隐者们认为已经是这样了，随他去吧。

只忠于一姓者是忠臣，表现在婚姻上就是好女不侍二夫；还有一种忠臣仅限于内心对大道始终不渝的坚守。孔子属于后者。

楚狂接舆，一个叫接舆的楚国狂士。从“隐者”的命名方式看，“接舆”多半不是这位楚狂的名字，“接舆”也许只是“紧挨着车子”。一位楚国的狂士从孔子的车头前擦肩而过，就像那位鼓盆而歌的庄子，边走边唱，他眼睛看着天空或远方，但是一定不会去看孔子。

隐士是什么人？他们超凡脱俗，见首不见尾，他们不食人间烟火，喜欢对尚未觉醒者冷嘲热讽，但他们的行动也仅限于此，因为他们觉得多说无益。

但隐者本身也是一个复杂的群体，就像那些哭闹的孩子，他们有时候只是用这种方式引起大家的注意。鲁迅说，有时候隐逸反成了进身的台阶，“漫卷诗书喜欲狂”，一旦发现机会，便喜冲冲地上任去了。

朱元璋曾下令：“寰中士大夫不为君用，是自外其教者，诛其身而没其家，不为之过。”（《大诰二编·苏州人才》）在朱元璋看来，所谓的隐者就是那些自我放弃的人，不如杀掉。

李白骨子里是隐者，诗曰：我本楚狂人，凤歌笑孔丘。手持绿玉杖，朝别黄鹤楼。五岳寻仙不辞远，一生好入名山游。

18.6　长沮、桀溺耦而耕，孔子过之，使子路问津焉。长沮曰：“夫执舆者为谁？”子路曰：“为孔丘。”曰：“是鲁孔丘与？”曰：“是也。”曰：“是知津矣。”问于桀溺。桀溺曰：“子为谁？”曰：“为仲由。”曰：“是鲁孔丘之徒与？”对曰：“然。”曰：“滔滔者天下皆是也，而谁以易之？且而与其从辟人之士也，岂若从辟世之士哉？”耰而不辍。子路行以告。夫子怃然曰：“鸟兽不可与同群，吾非斯人之徒与而谁与？天下有道，丘不与易也。”

孔子怅惘——

两位隐者在耕田，子路来问津，一隐者反问赶车人是谁，得知是孔丘，便说，那他一定知道津在哪里。子路问另一位隐者，隐者说，就像旁边这条河水，滔滔而去，这是谁也没有办法改变的事情，避人不如避世！孔子听了，怅然若失：鸟飞兽走，原本就不是一家，如果天下有道，哪里需要我如此颠簸？

鸟兽是说那些隐者吧？鸟兽不可与同群，孔子的意思是自己没有办法去做隐者，只能选择跟世人待在一起。

是知津矣——十分高妙，标准的隐者用语。那位孔老师才高八斗，无所不知，他连救治天下的路数都知道，怎么会不知道渡口在哪里呢？

本章涉及耕种，研究春秋战国社会生活者非常关注。耦耕，两人合作的一种耕作方式，泛指耕种。耰，是一种农具，这里是说挖土，播种后再覆土。

隐士的名字都很特别。本章中的长沮、桀溺都不是真名，长、桀是说两人身材高大，沮、溺，水边，两个水边身材高大的人；从字面看，前者可能是个瘦高个儿，后者样子大概有点凶。桀纣是夏商末帝的名字吗？有人说是他们的谥号，桀纣两字都有凶残、粗暴的意思，还有人说是那两个“衰人”连累了这两个字。

鬼谷子是在鬼谷隐居的那位，商山四皓是隐居在商山里的四位白发高士。据《史记·留侯世家》，张良年轻时曾机缘巧合遇见一位“老父”，传他太公兵法，“十三年孺子见我济北，穀城山下黄石即我矣”。黄石公说的就是张良的师父。道家始祖老子究竟是谁也是历史上的一段无名公案，从字面上看，一位老寿的先生，历史上有关他的信息十分有限，青牛出关，遁入印度，化为佛陀，总之是见首不见尾，这才符合一位旷世隐者的风范。

18.7　子路从而后，遇丈人，以杖荷蓧。子路问曰：“子见夫子乎？”

丈人曰：“四体不勤，五谷不分，孰为夫子？”植其杖而芸。子路拱而立。止子路宿，杀鸡为黍而食之，见其二子焉。明日，子路行，以告。子曰：“隐者也。”使子路反见之。至，则行矣。子路曰：“不仕无义。长幼之节，不可废也；君臣之义，如之何其废之？欲洁其身，而乱大伦。君子之仕也，行其义也。道之不行，已知之矣。”

子路也通透——

子路跟老师走散后遇见一位老人，子路向他打听“夫子”的踪迹，老人却对“夫子”的称号不以为意，四体不勤，五谷不分的人也能算夫子吗？子路知道又碰上高人了。子路在老人家里留宿，并得到了款待，老人还特意让自己的儿子来拜见子路。子路把这件事告诉孔子后，孔子知道这是一位隐者，让子路回去找他，去到人家已经离开了。

四体不勤，五谷不分指谁历来有争议。也有人争论“至，则行矣”是出门去了还是搬家了，但隐者不想再见子路的意图是明确的。

君臣如长幼，都不可以洁身自好的名义有所偏废，君子出仕，依义而行，道之不行，也是一早就知道的。1500 年后南宋的朱熹更加通透，他说，尧舜三代周公孔子所传之道，未尝有一日得行于天地之间；此后的一千年里，当然也没有奇迹发生。

这里是“子路曰”，也有说是“子曰”的。如果是子路，他显得十分通达，可能跟年龄有关。《史记·仲尼弟子列传》：孔子说，自从子路投到门下，就没有人敢再冒犯孔子——想当年的子路应该是相当地狂躁！

孔子称许隐者，一如他对颜回的评价远高于子贡、子路他们，因为不求功名利禄的人比积极进取的人更合孔子口味。

渔读耕樵都是古代隐者藏身的方式。隐士肯定是有才学的人，他们对抗俗世的方式就是拧着来，偏去做一些跟学问没有关系的体力活。耕种、樵夫、垂钓之类，空气好，身体好，慢慢跟你们抗。

18.8 逸民：伯夷、叔齐、虞仲、夷逸、朱张、柳下惠、少连。子曰：“不降其志，不辱其身，伯夷、叔齐与！”谓“柳下惠、少连，降志辱身矣。言中伦，行中虑，其斯而已矣。”谓“虞仲、夷逸，隐居放言，身中清，废中权。我则异于是，无可无不可。”

无可无不可——

逸民就是隐者，也可指流落民间的贤人。这里列举了 7 位著名隐者，孔子将他们归为三类：第一类包括伯夷、叔齐，他们至死都能坚守自己的信念，并且身体力行之，百世流芳；第二类如柳下惠、少连，他们与伯夷叔齐相反，降志辱身，好在他们言行合度，但也不过如此；第三类如虞仲、夷逸，他们彻底将自己隐藏起来，至清而至净。

此处遗漏了朱张，原因不明。

孔子自己的方式则是：无可无不可。儒家影响中国人的气质，这一点是核心。从积极一面看，中国人平和、宽厚、不走极端；从消极面看，这个群体隐忍、内敛、懒散，容易满足现状。

伯夷、叔齐身为殷商孤竹君的合法继承人，在国家败亡后拒绝与新政府进行任何形式的合作，虽然饿死，却守住了生命的尊严；孔子对他们评价最高，以“仁人”称之。柳下惠三黜士师都不肯放弃，多少有点自取其辱的味道。孔子曾批评臧文仲明明知道柳下惠有能力却故意不给他机会，这跟柳下惠不放弃有关系吗？虞仲就是仲雍，或者仲雍的后人，他三辞天下，有让德，能放言直廉，又合乎权宜之道，也不错。少连、夷逸是谁不重要，因为孔子已经将他们归类。

18.9 大师挚适齐，亚饭干适楚，三饭缭适蔡，四饭缺适秦，鼓方叔入于河，播鼗武入于汉，少师阳、击磬襄入于海。

风流云散，一别如雨——

《桃花扇》中老艺人苏昆生唱道：“俺曾见，金陵玉树莺声晓，秦淮水榭花开早，谁知道容易冰消！眼看他起朱楼，眼看他宴宾客，眼看他楼塌了。这青苔碧瓦堆，俺曾睡过风流觉，把五十年兴亡看饱。那乌衣巷，不姓王；莫愁湖，鬼夜哭；凤凰台，栖枭鸟！残山梦最真，旧境丢难掉。不信这舆图换稿，诌一套‘哀江南’，放悲声唱到老。”

落花似水，风光不再，人生之悲凉莫过于此了。八个宫廷乐师四散而去，礼崩乐坏，这世道的确是一日坏过一日了。

《白虎通》：王居中央，制御四方，旦食少阳之始也，昼食太阳之始也，晡食少阴之始也，暮食太阴之始也。诸侯三饭，卿大夫再饭，尊卑之差也。然则四饭乃天子之制。

按礼法，王一日四餐，但很多诸侯一天也吃四顿饭，如果是诸侯的乐师，每天都要在“违礼”的煎熬中度过，不如早点散去。

《史记·礼书》：“周衰，礼废乐坏，大小相踰，管仲之家，兼备三归。……仲尼没后，受业之徒沉湮而不举，或适齐、楚，或入河海，岂不痛哉！”受业之徒当然不限于那些乐师，但其惆怅的情绪应该是一样的。

这八人是什么人？历代儒者争论不休，或说他们是殷商遗民，或说他们周王的乐官，或说他们是鲁国的宫廷乐师。

逝者如斯，本章悲凉之气袭人。

18.10　周公谓鲁公曰：“君子不施其亲，不使大臣怨乎不以。故旧无大过，则不弃也。无求备于一人。”

任前谈话——

领导上任之前会有更高级别的领导跟你谈一次话，一般是诫勉性质，这是现代的“礼”。周公是周武王的弟弟，成王的叔叔，姬姓名旦，封于周而称周公；鲁公是姬旦的长子伯禽，封于鲁，是鲁国开国之君。伯禽上任之前，周公对他有过一次诫勉谈话。

谈话的要点有四：是君子就大胆任用亲信，安抚好具体办事的大臣，尽可能安排前朝的臣子，对人勿求全责备。

施，通“弛”。如果理解为“施恩”，意思完全相反。

《左传》载，春秋时晋国大夫祁奚准备告老，晋侯问谁可以代替，祁奚推荐了自己的仇人解狐；解狐死了，祁奚又推荐了自己的儿子。《尚书》说：“无偏无党，王道荡荡。”

举贤不避亲是古风，今天则是刻意回避；古代是儒家社会，主张“扬善”，今天我们建设的是法治社会，主张“抑恶”，这也算是儒法之区别吧。西周行封建，目的是屏藩周王，天下诸侯国主要还是姬姓；一个单位里，除非你的亲信无论数量还是能量都能够强大到控制局面，否则还是让他们散了，因为你重用亲信就意味着把所有非亲信摆在了你的对立面，攻守之势还是很明显的。

求全责备是一种本能，属于人性的缺点之一。学会接受不完美应该算是人生大智慧，一个班50个孩子，总有四五个孩子你不教他也会，也有四五个你再教他也不会。

18.11　周有八士：伯达、伯适、仲突、仲忽、叔夜、叔夏、季随、

季騧。

白衣飘飘的年代——

周家有八兄弟，他们是四对双胞胎，上面列了他们八位的名字，他们从大到小排列整齐，名字押韵。虽然我们坚信大千世界无奇不有，但我们依然不会相信这样的事实。

以前人家孩子多，排行很重要，老大、老二、老三、老四叫起来太俗气，文气一点就是伯仲叔季。伯跟霸、兄同义，在封建制度下，他代表的是大宗，在家里他享有跟父亲一样的权威；仲，中间，春天分为孟春、仲春、季春；季，最小。如果家里只有三兄弟，老三称“季”而不称“叔”，刘邦排行老三，也叫刘季。

本章出现了不少人名，就像一本殷周时期 VIP 版的电话簿，相信在当时这些都是大人物，但今天除了几个若隐若现的传说之外，我们不知道他们的长相，更不了解他们的喜怒哀乐，就像这里闪亮登场的八个人，没有人知道他们是谁。

那是一个白衣飘飘的年代，仿佛每个人都过着神仙般的日子。

“子曰·我曰”之：子张第十九

19.1 子张曰：“士见危致命，见得思义，祭思敬，丧思哀，其可已矣。”

贱孺子张——

本篇记录的全部是学生的话，一定是孔子死后的情形了。

孔子死后，儒家内部开始分化，至战国时逐渐形成八派，其中子张之儒为八儒之首，在荀子看来：“弟佗其冠，神谭其辞，禹行而舜趋，是子张氏之贱儒也。”子张之儒装模作样、花里胡哨，一群贱儒而已。但就整个儒家发展历史来看，子张算是儒学传承的重要人物。

“见利思义，见危授命”的论点孔子早已经强调过。危难时刻敢拼命，利益面前会权衡，丧事祭礼中态度诚敬，《论语》读到这里，这些已经属于“陈词滥调”了吧。

见危致命对君子而言是契约中的约定还是道德上的要求？据《孟子·离娄下》，曾子在武城遇上战乱时选择了一走了之，子思居卫时遇上战乱却决定留下来守城，孟子认为他们一走一留，但恰恰属于“同道”，曾子以“师”的身份住在武城，居卫子思的身份却是臣；至少在这件事上不能说谁的道德更高尚。

卫国内乱，作为蒲邑大夫的子路主动搅进去，其实就是去送死，他说，食其食者，不避其难，遂结缨而死在一定程度上是履行契约。《史记·刺客列传》中刺客豫让誓死为智伯报仇，皆因智伯“国士遇我”，这等于说为他们君臣签订了一纸协议。孔子师徒在匡遭遇的那次围困中，颜回说：“子在，回何敢死？”师徒在某种程度上也是一种契约关系，学生不得随便赴死与老师有难学生应该无条件献身都是无形的约定。关羽败走麦城，刘备不惜以整个国家为赌注来替兄弟报仇，因为他们在“桃园”签订了契约：不求同年生，但求同日死。

“策名委质”的实质就是一份契约，周天子授予诸侯一个名号，与之匹配的当然还有土地和人民，诸侯享有土地的收益和人民的尊敬，与此同时，周天子有事时诸侯必须出兵出力；如果诸侯不履行契约，周天子一定予以惩罚，这就是周封建制度的基本框架。

从本质上讲，这种契约只是一份合同，有关的只有甲乙双方的权利和义务，以及违约责任，与道德无涉。

大自然中也有类似现象，草原上火烧起来了，篮球大小的蚂蚁集团快速滚出了火场，外层的蚂蚁被火烧得噼啪作响，但里面的蚂蚁存活了下来。蚂蚁渺小，但羚羊狂奔是因为狮子，狮子躲避是因为大象，狮子和大象一起逃命一定是因为蚂蚁军团。

“丧思哀”在传统中国社会也是大事，《左传·襄公三十一年》中，在是否立公子裯为新君的问题上大家意见不一，反对者就认为，公子裯“居丧而不哀，在戚而有嘉容，是为不度，不度之人，鲜不为患。”表情问题却可以上升到道德层面，在涉及为君资格问题时它甚至可以行使一票否决权。

今日是例子也很鲜活，延安车祸现场，官员杨达才一笑“倾城”，终至身败名裂、锒铛入狱；现代网民的逻辑是，一个不知尊重生命的人一定是恶人，贪官可忍，恶人必除。

19.2　子张曰：“执德不弘，信道不笃，焉能为有，焉能为亡。”

师也辟——

这是孔子给子张的“操行评定”，“师”是子张的名，意思是说子张这个人比较偏激；他日孔子还说过“师也过，商也不及”，认为子张太左，子夏太右，都不好。孔子是主张中庸的。

执德不弘，德重行动，目的是影响他人。弘，弘扬、光大。也有人把弘读作强，跟下句的“笃”一样强调程度。

信道不笃，笃，死心塌地，这是信仰的正确态度，对于“道”就应该这样。

这两点做不到，多你一个人不多，少你一个也不少。

子张的主张很绝对，标准的左派。

19.3　子夏之门人问交于子张。子张曰：“子夏云何？”对曰：“子夏曰：‘可者与之，其不可者拒之。’”子张曰：“异乎吾所闻：君子尊贤而容众，嘉善而矜不能。我之大贤与，于人何所不容？我之不贤与，人将拒我，如之何其拒人也？”

谁在撒谎——

如何与人交往？在这个问题上，子夏与子张意见分歧明显。

子夏认为：该交往的交往，不该交往的就拒绝他。

子张认为：君子应该更宽容，比你强的要尊重，比不上你的也要接受，优点要表扬，缺点要同情；如果你真的很强大，有什么不能接受呢？如果你不行——按照子夏的逻辑——别人早已经把你拒绝了，你根本就没有拒绝别人的机会。

为什么是子夏的门人向子张请教？虽然有易子而教的古训，难道学生也不分彼此？子张很慎重，先问子夏的观点。

这里子夏和子张的观点几乎完全相左，子张还说“跟我听到的不一样”，证明老师教过这一堂课，如果不是大家理解不一样，就是有人在撒谎。无友不如己者——不要跟不如自己的人交往，这样的话孔子讲过不止一次，这跟子夏的理解完全一致。

“师也过，商也不及”是孔子对子张和子夏的评价，一个偏激冒进，一个狷介退缩。对遇事习惯退缩者而言，最重要的不是宽容而是多讲一点原则；对一个习惯冒进的人来说，可能宽容更重要。

也许没有人撒谎，孔子只是在因材施教。

问题是子夏明白吗？子张肯定不明白。

19.4　子夏曰：“虽小道，必有可观者焉，致远恐泥，是以君子不为也！”

芝麻与西瓜——

芝麻香、西瓜甜，芝麻渺小、西瓜可观，如果一定要选择的话，还是西瓜吧。不是芝麻不好，而是西瓜更好。

小道虽有可取之处，但为长远计，不能因小失大，所以君子要为大道。泥，阻滞、妨碍。乡镇政府里的公务员和国家机关里公务员的区别就在这里，前者当然也有升迁机会，但后者空间更大。

扫一屋是小道，扫天下就是大道；用世是小道，谋道就是大道；修身齐家治国平天下是小道，止于至善是大道。

阅读是大道，漫画书是小道。抽象的文字符号在大脑中可以转换为具体的形象，在这样一个过程中我们会变得越来越有智慧；画却是直观符号，就像水滴滑过玻璃，留下的东西不多。

有人这样理解：就算是小路，也可能有独特风光，但走下去难免会遇见泥泞——真够“泥”的。

19.5　子夏曰：“日知其所亡，月无忘其所能，可谓好学也已矣。”

温故知新——

所亡，不知道的。所能，已经学过的。前者是“知”，后者是“识”，或者“志”，逻辑关系清晰。每天都要学习新东西，一个月之内还要温习，此乃好学之道。

我们今天讲究的是“遗忘曲线”，人们的遗忘进程有先快后慢的规律，如果不及时复习，一两天之后大概只剩下两成。就阅读而言，大部分书第一遍读完后你知道其实不读也罢，虽然也有可取之处，但属于“小道”，可惜了这几日的时光；少部分书你知道自己还会读第二遍，但在几个月之内看第二遍很重要，此时记住的最有“价值”，如果还记不住的就随他去吧。

19.6　子夏曰：“博学而笃志，切问而近思，仁在其中矣。”

关“仁”何事——

博学与笃志之间是什么关系？切问和近思之间是什么关系？这两句之间又是什么关系？

《中庸》：“博学之，审问之，慎思之，明辨之，笃行之。”对学、问、思、辨、行分别提出了具体要求。

博学的前提是要笃志，切问的前提是要近思。学习时眼界要宽广，但要有核心价值观；提问要有针对性，你的问题是你深入思考过的。

博士不是广度而是深度，因为有自己的专业，所以称知识分子，只有广度的叫知道分子。

仁是人与人之间的关系，一个善于学问、思辨的人跟成为仁人之间又有什么关系呢？

19.7　子夏曰：“百工居肆以成其事，君子学以致其道。”

画工与绘画艺术家——

肆，手工作坊。手工作坊里讲究流水线上的分工合作，那里不需要创新；君子为学却是独自修行，就像是一个人穿行在一条幽深的林间小道，能够发现什么样的洞天，全凭你的造化。

这里的“百工”在一定程度上就是小人。前者是画工，后者是绘画艺术家。

19.8　子夏曰：“小人之过也，必文。”

文过饰非——

同样的意思，孔子说话的口气更像教师：“过则勿惮改。”“过而不改，是为过矣。”这话让子夏说出来有点咬牙切齿的感觉——小人之过也，必文！

小人们“文”的方式是找客观原因，或者把责任推到别人身上，“坏孩子”常犯这种毛病；大人物也会犯错，身边那些刻意帮他“文”的人更像小人。

19.9　子夏曰：“君子有三变：望之俨然，即之也温，听其言也厉。”

君子的色香味——

站在远处望、靠近后看、听他说话，分别对应的是貌、色、辞，望君子之貌庄肃，看君子之色温润，听君子之言，不觉凛然，心形俱肃。

“一锅红艳，煮沸人间。”重庆火锅以其够色、够香、够味风靡大江南北，色香味除了增进你的食欲之外没有更多意义。今日之中华料理终于进化至色香味形意养了，形不能算是实质内容，意却跟文化品位有关，跟味道与口感比起来，文化与营养显然要实惠得多。

君子之三变是从形式到内容的变化。

19.10　子夏曰：“君子信而后劳其民；未信，则以为厉己也。信而后谏；未信，则以为谤己也。”

因为信任，所以简单——

表面上看，“礼”是和谐社会的润滑剂，事实上人与人之间的关系是世界上最复杂的关系，彼此之间没有信任就像一堆挤压在一起的砾石，谁也别想翻身。

信任才是真正的润滑剂，有了它老百姓就会出死力，否则他们只会觉得在受虐待；对待你的上级也一样，没有信任，你的任何建议都会被当作意见。

这里的君子主要指身份，对君而言他们是臣，对百姓而言他们又是领导。

至少在西周时期，周天子跟诸侯之间的联系主要还是靠信任，诸侯手上有圭，周天子手上有瑁，圭瑁相合，接下来便是彼此的权利与义务了；圭为周王所授，但它仅仅是一个信物。秦实行的是警察制度，人与人之间只有冷冰冰的秦律。

48 岁的"万亿侯"马云在阿里巴巴 10 周年纪念日高调宣布退休。当晚，数万名粉丝在蒙蒙细雨中听见马云对继任者陆兆禧说："因为信任，所以简单。"我们不知道现场观众是否听懂了，我们相信陆兆禧一定听懂了。

19.11 子夏曰："大德不逾闲，小德出入可也。"

抓大放小——

闲，门中置木，本义指栅栏。

这话的针对性很强，"女为君子儒，无为小人儒"是孔子对子夏的谆谆教诲，君子与小人的区别之一就是彼此格局不同，格局大的人只守护自己的原则，其余细节概不计较。

但很多时候，原则不免空洞，胜败由细节决定。

当年中国国有企业改革的思路就是抓大放小，一方面让国有经济在关系国民经济命脉的重要行业和关键领域占支配地位，对国有中小型企业给予放生，换句话说就是由它自生自灭。

1948 年国民政府在战场上节节败退，经济上陷入崩溃边缘，蒋经国临危受命赴上海整顿经济，他提出的口号是"只打老虎，不打苍蝇。"本来是一个智慧的策略，但最终老虎打不成，苍蝇也没打到。此时的国民政府已经病入膏肓，反腐败只是一剂没有疗效的毒药，蒋介石说："反腐败亡党，不反腐败亡国。"

今日中央反腐败决心如虹，要老虎苍蝇一起打，这也是世易时移，与时俱进。

19.12 子游曰："子夏之门人小子，当洒扫应对进退，则可矣，抑末也。本之则无，如之何？"子夏闻之，曰："噫！言游过矣！君子之道，孰先传焉？孰后倦焉？譬诸草木，区以别矣。君子之道，焉可诬也？有始有卒者，其惟圣人乎！"

小学之道——

一个传统中国家庭的一天是从"洒扫"开始的。当大地又一次显露容颜的时候，当一家老小还在梦乡中沉睡的时候，女主人已经收拾停当，并开始屋里屋外一天里第一次的清洁工作——洒水扫地，在很大程度上，这也是一个平和、殷实家族的象征。

"洒扫"甚至是中国式家庭生活的重要组成部分，一支扫帚在手上传递，一个家族的使命也在延续。长辈呼叫要及时答应，有问题要作答，这就是应对；进退是待人接物礼仪和举止行为，在不同身份者面前你应该站立的位置也不同，或"随行"或"雁行"；有时候家里某个座位你是不能坐的，有的位子你永远都不能靠近。

洒扫应对进退是"小学"之道，古代八岁入学，这些就是主要学习内容，中国人通过这些"课程"真正传递的是某种人生观和价值观，诸如尊重传统，守护秩序，孝敬长辈，热爱生活等，这是有灵魂的教育，也是教育的灵魂。

没有灵魂的教育有时候甚至是在培养杀人犯。林某的身份是复旦大学在读研究生，在同学的描述中那是一个略带羞涩的瘦高个男生，他的另一个身份是舍友相弑的男主角，警方始终无法明白的是这个名牌大学的高才生为什么选择向同学开战，并以专业的手法和冷血的方式消灭了另一个朝夕相处的生命，林某甚至说那只是一个愚人节的玩笑。人们能找到的所有杀人动机加在一起似乎也不能让我们相信4月1日发生在复旦校园里的这个事实，同处一室，难免摩擦，这也可以成为杀人的理由？

也许我们真的应该认真反思我们的小学之道了，我们从小就教育我们的孩子要热爱祖国，但我们忘记了告诉她们首先要爱父母、爱自己、爱身边的人；我们一直在教育他们要成为伟大事业的接班人，但我们不知道首先要教会他们饭前洗手以及见了长辈要打招呼。

子游就认为这些只是一些枝尾末节。子夏认为正如草跟木不同一样，有小节才有大道。

子游是强调“大学之道”更重要吗？《大学》开篇说：“大学之道，在明明德，在亲民，在止于至善。”“物格而后知至，知至而后意诚，意诚而后心正，心正而后身修，身修而后家齐，家齐而后国治，国治而后天下平。”大学是大人之学，让自己的心灵进化到“至善”的境界就是大学的终极目标，齐治平都是手段而已。

子夏是说小学之道是大学之道的基础吗？谁也不能把所有的事情都做好，重要的是每个人都把自己的事情做好。能通过洒扫应对进退教会学生做人，他们也便具备了继续前行的信心和力量。

基础教育是为了向高校输送人才，应试就是唯一目的；高等教育就是为了就业，人文情怀和科学精神都无法真正进入大学校园。这便是中国今日教育之殇。

19.13 子夏曰：“仕而优则学，学而优则仕。”

被误读的“学而优”——

普通中国人记住的是后半句：学而优则仕。并进而演绎出“演而优则导”之类的相关行业之间自由切换理论，而这种切换呈现的是一种“单向式”轨迹，从读书到出仕，从演员到导演，如果从出仕再切换至读书呢？如果不是在职读呢？

那至少不符合中国人官本位的思维习惯，是对手段与目标逻辑关系的反动。仕有余力就去读书，学有余力则去出仕，就像古人在“良相”与“良医”之间自由游走一般。“学而优则仕”在传统中国社会有一定的劝导空间，因为总有些读书人或失望或清高，拒绝跟政府合作，如《论语》中出现过的许多隐者，甚至包括孔子的学生原宪、闵子骞等。有时是当政者的原因，但有时候是读书人自己矫情。还有一种情况，有人以读书为目的，一辈子读书拿学位，长了一肚子学问然后终老田园，其本身有没有“止于至善”是一个问题，于国家和人民则肯定是一种浪费。对他们而言，天下如此不堪，又不能说没有余力，还是出仕吧。

事实上一旦走上仕途，就很难有余力，因为红尘滚滚，欲壑难填，只想在位子上多赖几天，读书的事就让那些落魄书生们去做吧。

仕与不仕还要结合当时的情况，至少在孔子年代，读书人的出路还非常狭窄，出仕差不多就是唯一选择；另外出仕在当时的负面性意义跟今天不可同日而言。

读书和出仕都不是人生的最终目标，止于至善才是。

19.14　子游曰：“丧致乎哀而止。”

节制我们的情感——

情感贵在节制，孩子不懂节制，碰见自己喜欢的东西就要，要不到就哭，哭不到就在地上打滚。

丧事上如何表达自己的情感本来不是一个问题，亲友离去，心里当然不舍，表达这种不舍乃人之常情；问题在于有的人会过度表达，可能是周围环境影响，也可能是出于其他目的，大呼小叫、鬼哭狼号，让人觉得他很“失态”。颜回死了，孔子“哭之恸”，大抵属于这种情况。

中国人多，不喜欢热闹的人会被吵死。含蓄内敛的中国人的葬礼上一样鞭炮齐鸣，锣鼓喧天，人山人海，中国人的丧事和喜事是不分的；西方人的葬礼却是静默的，他们是在沉静中体味生命的意义吗？

也有人拒绝表达，他们居丧不哀，甚至“在戚而有嘉容”，历史证明祸乱人间的也是这些家伙。这种情况不属于本章讨论重点。

子游认为，丧事上表达伤心就够了。这也是一种中庸。

真正打动人的可能是一个抽动的背影，而不是涕泪滂沱的面庞。

19.15　子游曰：“吾友张也，为难能也，然而未仁。”

子张不仁——

难能，人才难得，已经不容易了。子游对子张的评价很“客观”，说他人才难得，但还没到仁的境界。

子张没有，孔子的所有学生都没有，颜回排名第一，也只到了“半仁”的境界。

19.16　曾子曰：“堂堂乎张也，难与并为仁矣。”

子张不随和——

堂堂，形貌壮伟，大概是比较能装，有点酷，让人难以接近。

据说子张装扮举止比较夸张，形式多过内容，不宜同道。曾子最讲“诚意正心”，子张热衷仕途，好说好动，难免有失，也不合孔子刚毅木讷之价值取向，这里被曾子批评不足为怪。

同学之间拆台似乎多过捧场，毕竟是孔子的学生，算是“名牌”，又没有办法真刀真枪比试出一个高下，所以不免文人相轻，“为仁”首先是一个人的事情吧。

19.17　曾子曰：“吾闻诸夫子：人未有自致者也，必也亲丧乎！”

天理与人欲——

儒家主张节制自己的欲望，尤其是那些“人欲”，朱熹说“存天理，灭人欲。”冷了加衣，饿了吃饭是天理，过度追求衣服的奢华和饭菜的名贵便是人欲了。

但儒家并不主张寡情，只是强调要适度表达。“丧致乎哀而止”，即便是在丧事中，能够表达伤心就可以了。也有例外，比如“亲丧”，人会不由自主地尽情宣泄。人存于世，左右被父母和子女牵连着，平衡而安全；父母去世，人生的连接折断了一半，从此如一片冷风中飘零的树叶了，这时人会不由自主地恐惧、悲伤乃至绝望。

此语由曾子接闻于孔子，曾子很认可。《大学》是他对孔子之道的具体阐述，他的《孝经》影响中国人更深。

19.18　曾子曰：“吾闻诸夫子，孟庄子之孝也，其他可能也；其不改父之臣与父之政，是难能也。”

传承与创新——

孟庄子最难得的是他对父亲方针的传承，以及对父亲那些部下的留用。“其他”孝行当指对父亲“事之以礼，葬之以礼，祭之以礼。”这些要求尽管也不低，但不准儿子“创新”的要求更高。

父子相袭的合法性如何体现？古代建国之前先建宗庙和社稷，宗庙是安放先王灵魂的地方。如果先王是合法的，先王或其灵魂认可的东西也是合法的，“不改”的方式最保险。

三年无改于父之道，可谓孝矣。说的就是孟庄子。

传承与创新是手心与手背，政策最忌朝令夕改，让人没有安全感，但全部“凡是”也难免让人失望。选谁做接班人是最让老皇帝痛苦的事情，主要是怕新皇帝创新。

马云说，解决你不败、不老、不糊涂的唯一办法——相信年轻人！相信他们，就是相信未来！

19.19　孟氏使阳肤为士师，问于曾子。曾子曰：“上失其道，民散久矣。如得其情，则哀矜而勿喜。”

一种双输的游戏——

前些年中国台湾“华视”有一档名叫“TV 三贱客”综艺节目，收视率很高，其中一个环节叫“TV 搜查线”，电视台的工作人员接受委托后会用 DV 搜集委托人配偶的出轨证据。高潮部分是事主、节目主持人现场捉奸，因为情节极度真实，所以场面十分混乱，作为电视台的一档娱乐节目在事主的怨恨、泪水和绝望中结束，当事人的家庭随即也在嘟嘟嘟的警告声中宣布——game over!

事件过程中，无论是电视台的工作人员还是委托方都像是身负使命的战士，冷血的电视台赚取了收视率，除此之外，所有人都是输家。

教师身份复杂，常常要扮演侦探之类的角色，利用各种线索和智慧查办班里的“犯错分子”，一旦成功将嫌疑人捕获，不免沾沾自喜。

公安部门的天职就是维护社会治安，抓捕犯罪分子就是他们的工作，庆功宴的频率代表了他们的业绩。但案件背后的内容很复杂，如果真是人性堕落，罪大恶极，那也只能杀无赦；如果属于其行可恨，其情可悯，那杯酒还真的喝不下去。

士师的工作跟公安很像，曾子认为，社会失序，百姓更多情况下只是受害者，如果他们被裹挟着又害了别人，一方面是予以惩处，另一方面，惩处者也不值得为之踌躇满志，还是“拔剑四顾心茫然”吧。

“无讼”才是孔子的理想。

19.20　子贡曰：“纣之不善，不如是之甚也。是以君子恶居下流，天下之恶皆归焉。”

上流还是下流——

《道德经》说：“天之道，损有余而补不足；人之道则不然，损不足以奉有余。”西方人讲马太效应，强的愈强，弱的愈弱，人性如此。差距原本就有，而且只会越来越大。

商纣王肯定不是什么好人，但也没有大家说得那么坏，如果大家把你定性为坏人，就会把所有的坏事算到你头上。子贡说君子恶居下流，就像水的下游，所有的垃圾都会漂过去。

《道德经》说：“大国者下流。”以静制动，以下取上，大国居下流才可以取小国。

上游湍急，下游浩瀚，一动一静，或积极或包容。上游还是下游？儒道两家做出了相反的选择。

19.21　子贡曰：“君子之过也，如日月之食焉：过也，人皆见之；更也，人皆仰之。”

犯错与改错——

君子当然会犯错，就像日食月食一般，过错大家会看见，改了大家一样尊重你。

当孔子被人抓住把柄时，他说：“丘也幸，苟有过，人必知之。”这也算是公众人物的成本吧。

有人说子贡这里是替孔子开脱。圣人如孔子者一样会犯错，他死后可能有人抓住不放，子贡说圣不圣，关键在于对待错误的态度。

也有人说，凡是能够改正的错误，其实不改也罢。什么人就犯什么错，跟气血有关，怎么改？

19.22　卫公孙朝问于子贡曰：“仲尼焉学？”子贡曰：“文武之道，未坠于地，在人。贤者识其大者，不贤者识其小者，莫不有文武之道焉，夫子焉不学，而亦何常师之有？”

文武之道——

朱熹说：“尧舜三王周公孔子所传之道，未尝一日得行于天地之间也。”文武之道大概就是历代读书人称颂的王道仁政吧，问题在于这些从来都只是一个曼妙的背影。

孔子最心仪的礼乐文明如果仅仅只是一个传说的话，这个传说的源头在哪里？卫国之公孙朝一针见血。子贡说这种礼乐文明一直都存在于人世间，只是看你的眼界，在眼界开阔者面前每个人都是老师，到处都有文武之道。

孙中山说他事业之思想来源即尧舜汤文武周公孔子之道，他大力倡导“天下为公”，便是文武之道不绝于世的见证。

五四运动和“文革”是摧毁“文武之道”的两次高峰，打倒孔家店，破除四旧，但近三十年我们发现传统的生命力比我们想象的强大，有学者研究钱塘江以南及岭南地区是儒家传统保留最充分区域，该地区也是中国经济最具活力的地区。

19.23 叔孙武叔语大夫于朝曰：“子贡贤于仲尼。”子服景伯以告子贡。子贡曰：“譬之宫墙，赐之墙也及肩，窥见室家之好。夫子之墙数仞，不得其门而入，不见宗庙之美，百官之富。得其门者或寡矣。夫子之云，不亦宜乎！”

孔子之门——

孔子死后，议论很多，有人就公开说子贡比孔子更优秀，子贡说，我用“院舍”给你们打个比方，我的院墙高仅及肩，里面那几间不错的房舍你们一眼就可以看见；孔子的院墙高达数仞，隔着墙哪里能够知道里面宗庙房舍之精美，孔子的家门岂是一般人找得到的，也难怪你们这样说。

宗庙之美，百官之富。官，同馆，房舍。大夫的宗庙和房舍是连在一起的。今日曲阜从孔府穿过一个小门就是孔庙了。

子贡这里的比喻很生动，仿佛在说：你们这些凡夫俗子，想真正了解孔子？门都没有！

19.24 叔孙武叔毁仲尼。子贡曰：“无以为也！仲尼不可毁也。他人之贤者，丘陵也，犹可逾也；仲尼，日月也，无得而逾焉。人虽欲自绝，其何伤于日月乎？多见其不知量也。”

孔子就是太阳和月亮——

叔孙武叔继续诋毁孔子。子贡认为这样的行为毫无意义，因为孔子是不可诋毁的。子贡以高度作比，其他人的德行高如山丘，费些工夫和时间总有登上去的一天，孔子却是高悬太空的日月，根本就没有攀登的路径，一个人可以自绝于日月，但那除了显得他不自量之外，对日月又有什么影响呢？

丘陵可以很高，但日月却是无限高，这就是孔子门下“言语科”高才生的高度。

19.25 陈子禽谓子贡曰：“子为恭也，仲尼岂贤于子乎？”子贡曰：“君子一言以为知，一言以为不知，言不可不慎也！夫子之不可及也，犹天之不可阶而升也。夫子之得邦家者，所谓立之斯立，道之斯行，绥之斯来，动之斯和。其生也荣，其死也哀，如之何其可及也？”

假如历史给孔子一个机会——

陈子禽质疑孔子的方式是直接捧子贡：您是谦虚吧，孔子哪里能跟您比？子贡的态度十分决绝：如果是君子说话就小心点，说错话的结果可以很严重。孔子的不可企及是因为根本就不存在走近他的路径，假如历史真的给他一个机会，立邦立家，教导人民，近者和，远者来，一定可以光照千秋；他生的伟大，死的光荣，我们根本没有可比性。

其生也荣，其死也哀。曲阜孔林有“金声玉振”坊，是说孔子有始有终，活着的时候给人间带来勃勃生机，死的时候天下皆哀，其影响光照千古。

《论语》中，颜渊忠诚，子路勇直，宰予不驯，唯有孔子与子贡的关系似师似友。《孔子世家》载，孔子去世前七日，子贡来看孔子，孔子亲自到门口迎接：“汝来何其晚也？”这栏的话只合说给最贴心的人吧？孔子看着子贡眼泪也流下来了：“天下无道久矣，莫能宗予。”这分明是在托付后事，在选择接班人问题上，孔子很务实。

孔子死后，其余弟子皆依礼守丧三年，只有子贡在孔子墓前为老师守墓六年。时至今日，曲阜孔林尚有子贡守墓时亲手种植楷树的残迹，我们早已无法想象子贡当年悲戚的面容，面前是一段苍劲的枯桩似乎还在诉说两千年的师生情分。

尊崇老师也算是人之常情，但没有人能像子贡那样将这种尊崇做到极致。子贡一生有情有义、轰轰烈烈，论外交，他的一次国际斡旋可以改变数个国家的命运，“十年之中，五国各有变。”论政治，他相鲁相卫，颇有政声；论经营，他游走于天下，家累千金。

子贡对老师的尊崇与他成功的人生之间有着怎样的关联呢？

历史并没有给孔子一个证明自己的机会，孔子始终相信如果有这样的机会，中国人数千年的三道理想就一定可以实现，我们都愿意相信这一点，也许唯其如此，我们才可以永久葆有我们的理想。

“子曰·我曰”之：尧曰第二十

20.1　尧曰：“咨！尔舜！天之历数在尔躬，允执其中。四海困穷，天禄永终。”舜亦以命禹。

曰：“予小子履，敢用玄牡，敢昭告于皇皇后帝：有罪不敢赦。帝臣不蔽，简在帝心。朕躬有罪，无以万方；万方有罪，罪在朕躬。”

“周有大赉，善人是富。虽有周亲，不如仁人。百姓有过，在予一人。”

谨权量，审法度，修废官，四方之政行焉。

兴灭国，继绝世，举逸民，天下之民归心焉。

所重：民、食、丧、祭。

宽则得众，信则民任焉，敏则有功，公则说。

天下之道——

郭沫若说：“《论语》本是孔子徒子徒孙们的断烂笔记。”本章算是一个证据，七节内容庞杂，之间也没有什么关联。

前三节出自《尚书》，有明显残断。第一节是尧舜禹禅位时的命辞，天命在身，谨守中道，天下穷困时，天命永诀日。

第二节是商汤的“罪己诏”，据说是为了祈雨。玄牡，黑公牛。帝臣，汤自称。简，选择。汤在上帝面前昭告，有罪者不敢擅赦，有功者不敢遮掩，一切唯帝命是从，如果有错，全部是自己的错。

第三节是周武王语。赉，赏赐。周大行封建，以土地和人民策命有德者，如果百姓有错，则罪不在百姓。

后四节似是孔子语。“谨权量，审法度”就是规范度量衡，这算是管理天下的一个抓手，恢复职事也是。

兴灭继绝举逸的理想诉求表明革命者相信这只是一次有限度的社会矫正行为，而后世英雄豪杰们理解的革命却是完全推倒重来。

民食丧祭的重要性是孔子一直都有强调的，宽信敏也是儒家的核心价值。

一说到统一度量衡，我们会想到秦始皇，《史记·秦始皇本纪》：“一法度衡石丈尺，车同轨，书同文。”《中庸》说：“今天下车同轨，书同文，行同伦。”早在西周时，统一的度量衡已经是现实，但战国时期这种“统一”被破坏。从“平天下”的角度看，这是一项重要工作，各自为政，每家一个标准往大里说就是祸国殃民，关于这一点，你只要找找自己家里有多少个手机充电器就明白了。

古人文明，知道父子兄弟，罪不相及，惩处不能延及子嗣；封建时代的一个基本原则是兴灭国、继绝世，设法起用那些避世隐居者。周武王立商纣王之子武庚，三监之乱后又封微子于宋，即便是参与了叛乱的蔡叔，其子也有分封。君臣关系在很大程度上仅限于个人之间，封建关系纯粹而理想化，世袭罔替是王权出现以后才有的情形。灭人国者，毁其宗庙，但对待社稷的方式却是“迁”，因为宗庙直接对应的是君，社稷背后是土地和人民，革命的对象是宗庙而非社稷。

即便到了明清之际，这种传统还能看到迹象，明末帝崇祯死后葬在了十三陵，清朝皇帝怀着一分复杂的心情认认真真帮前朝末帝修建了陵墓。

20.2　子张问于孔子曰：“何如斯可以从政矣？”子曰：“尊五美，屏四恶，斯可以从政矣。”

子张曰：“何谓五美？”子曰：“君子惠而不费，劳而不怨，欲而不贪，泰而不骄，威而不猛。”

子张曰：“何谓惠而不费？”子曰：“因民之所利而利之，斯不亦惠而不费乎？择可劳而劳之，又谁怨？欲仁而得仁，又焉贪？君子无众寡，无小大，无敢慢，斯不亦泰而不骄乎？君子正其衣冠，尊其瞻视，俨然人望而畏之，斯不亦威而不猛乎？”

子张曰：“何谓四恶？”子曰：“不教而杀，谓之虐。不戒视成，谓之暴。慢令致期，谓之贼。犹之与人也，出纳之吝，谓之有司。”

家国之道——

子张问政在此处有什么特别的含义吗？孔子这一次的方案是：五美四恶。利为民所谋，不图私利，不搞形象工程，这就是惠而不费；依据农时动用民力，百姓劳而无怨；求仁得仁，贪从何来；小大少多皆一视同仁，显得安泰而不骄矜；君子衣冠楚楚、目不斜视，令人肃然起敬，这样的人有威严但不会让人害怕。

从反面来说，不教而杀，是为虐民；不预先告诫而强求成功，等同于残暴；缓于前、急于后，是有意害人；锱铢必较、小里小气，实非君子气派。

《论语》多言“为政”，此处为“从政”。前者基本上就是耍耍嘴皮子，后者却是“实操”。

20.3　孔子曰：“不知命，无以为君子也；不知礼，无以立也；不知言，无以知人也。”

君子之道——

通而论之，儒学乃君子养成之学，一部《论语》大半宣讲的也是君子之道。君子是这样一群人：他们品德高尚、才华卓著、内心和谐。

他们行为得体、世事洞明，更重要的是他们永远都心平气和，因为他们知礼、知言、知命。

杜甫说："小儿学问止论语，大儿结束随商旅。"无论如何，我们读孔子书，听孔子言，真正可能改变的只是我们内心的感受，期望靠它安身立命乃至治国平天下肯定是不现实的——孔子落寞的一生已经证明了这一点。

《论语》如何收官——关于"尧曰"篇

孔子死后，他的学生开始编纂《论语》，其影响限于齐鲁两地，在传抄过程当中有损益和错漏，汉初又在孔子旧宅墙壁中发现了古文《论语》。至此，《论语》已有三个版本，称鲁论、齐论和古论，西汉张禹将三者合而为一，称"张侯论"，大体就是今天通行的《论语》了。"齐论"是22篇，"古论"是21篇，"鲁论"和"张侯论"都是20篇，但篇次各不相同，其中"古论"中有两篇"子张"，后一个"子张"是将本篇中后两章单列为第21篇。

《论语》每篇平均大约是25章，本篇只有3章，就体量而言它在《论语》中算是另类，好像是为了凑齐20整数。

"尧曰"首章7节之间有什么关联？本篇3章之间是什么关系？"尧曰"篇与前面19篇之间是什么关系？就编纂体例而言，整部《论语》庞杂而散乱，作为《论语》的收官之篇，"尧曰"一定让编辑者费尽了心思。很难想象本篇只是一些"拾遗"和"补白"性质的零碎。

我相信"尧曰"篇是对整部《论语》的总结，而且编辑者高屋建瓴、另辟蹊径。中庸之道和君子之道是本篇的眼睛，对整部《论语》而言也算是一个很好的交代。

尧舜文武乃帝王之事，建邦立家属邦君大夫之事，整部《论语》终结于君子之事。首章7节看似凌乱，实则皆言帝王之事；从政是家国大事。

《大学》"三纲"之明明德、亲民、止于至善分别对应的即是本篇之三章，明明德乃帝王之事，亲民乃邦君之事，君子之最高境界便是止于至善。

《论语》以"学而时习之，不亦说乎"开篇，以"不知命无以为君子"收尾。"學"从字形上看像是小儿双手在把玩"爻"，爻是古人结绳记事的遗迹，人生不免迷惑，碰见疑难在绳子上打一个结，许多"结"放在一起便形成一"爻"，积爻成卦；能打开一结者为"父"，但是能够打开多少结都抵不过"命"——命中八尺，难求一丈。认真求学，坚决认命，儒家都算是十分积极了。

孔子之气度雍容在于他的自信：抱憾而终，有何不可？一如《孟子》终结于尽心篇，孟子曰：尽心焉耳矣。

本篇提出的"兴灭国，继绝世"最为动人，兴灭继绝从本质上讲是一个如何看待我们的传统与历史的问题，遥想我们的祖先该是一群怎样的理想主义者啊！秦灭六国后，秦始皇在咸阳复制了六国宫殿，并"徙天下豪富于咸阳十二万户"，此时的防范已经多过对文化的尊重了，赵宋灭南方诸国之后也有类似的做法，但其中的刻意与小心让人觉得他们的格局已经无法跟古人相提并论。

康熙六下江南，其中有五次以最高的规格到南京拜谒明孝陵，惺惺相惜应该是康熙心中最真实的想法，天下英雄同此寂寞。

更加浮躁而又缺乏自信的我们内心已经没有了对传统的些许敬重！

百年之后，谁来祭祀我们？